国家社会科学基金项目（批准号：02AKS005）

时代与文明

方世南 著

——和平与发展的时代主题与各国文明的多样性

人民出版社

目　录

导论　多样性文明奏响和平与发展的时代强音

联合国于2000年9月举行了"千年首脑会议"。来自全世界各国的150多位国家元首或政府首脑聚集在一起,共同探讨关系人类和平与发展的重大问题。这是联合国成立以来各国领导人出席最多的一次盛会。这样的主题,自然受到全世界人民的普遍关注;这样众多首脑的聚会,必然引起人们对全世界和平与发展的殷切期望。

联合国把2001年确定为"不同文明对话年"意味深长。它既如实地反映了全球多样性文明共存和发展的客观现实,充分体现了各国人民对世界多样性文明差异性共存的重视,又真实地揭示了世界各国人民渴望在和平与发展的环境下交流、沟通和友好相处的心情。21世纪应该是比以往的任何世纪都美好的世纪,应该是人类通过和平的环境加快发展,从而更加远离贫困、饥饿、疾病、灾难、恐怖和战争的世纪,应该是全世界人民自觉地克服和摒弃贫富差异、性别差异、肤色差异、宗教信仰差异、价值观念差异、语言文化差异、社会制度差异等多方面的差异性,而走向平等相处、和睦共存、相互交流、共同发展的世纪,应该是人类在发展过程中迈向一个更高的平台,进入一个更加崭新的时代,创造出更加光辉灿烂业绩的和谐的新世纪。

联合国把2001年确定为"不同文明对话年",也给我们留下了需要殚精竭虑加以研究的一系列重大课题:如何正确地认识当今时代以及时代的主题?如何正确地认识当今时代文明的多样性?如何高举和平与发展的旗帜,维护世界文明的多样性,推动各种文明和平共处,建设和谐社会和和谐世界?如何深化对人类社会发展规律的认识?深化对社会主义建设规律的认识?深化对共产党执政规律的认识?从理论和实践结合的高度,深入地研究和回答这些重大的时代问题,对于推动理论创新和时代发展都具有十分重大的意义。

进入新的世纪,在我国经济社会发展的关键时期,中国共产党坚持和平与发展是时代主题和各国文明具有多样性的科学理念,以邓小平理论和"三个代表"重要思想为指导,根据国际和国内新形势,明确提出了构建社会主义和谐社会和建设和谐世界的重大战略思想,这是建设中国特色社会主义的基本理念和实践目标在新阶段的进一步升华和具体化。表明了我党对人类社会发展规律的认识、对社会主义建设规律的认识以及对中国共产党执政规律的认识的深化,极大地丰富和发展了建设中国特色社会主义的理论。建设社会主义和谐社会和建设美好的和谐世界的理想和奋斗目标,必将极大地鼓舞全体中国人民和全世界人民在和平与发展的征程上奋勇前进,必将推动各国多样性的文明进入一个更新的发展阶段。

一、研究时代主题与文明多样性的目的和意义

时代主题与文明多样性问题是一个关联着人类命运的重大问题。在世界要和平、人类要发展、人民要合作、社会要进步的今天,这一重大问题以其全球性、公共性、民族性、时代性、艰难性和复杂

性的诸多显著特征压倒了其他问题而将成为又一汹涌澎湃的学术主潮，成为当代世界范围内的又一越来越引人注目的显学。

当代的全球化语境将和平与发展的时代主题以前所未有的鲜明特征空前地表现出来。这一时代主题内在地和必然地蕴涵着世界各国文明的差异性和多样性，蕴涵着多样性文明相互之间的尊重性和兼容性，蕴涵着多样性文明的发展需要外部环境的宽松性和祥和性。需要人们重新深刻反思文明的进程以及在新时期发展的基本规律，认真探讨多样性文明的实践以及在这一领域研究中的理论话语的权力机制、逻辑结构、价值导向和目标追求，努力解构和消除当今世界出现的文化中心主义以及与此相伴随的各种知识和文化的话语霸权，创建有助于多样性文明沟通对话的宽松祥和的环境，从而在全球化进程中倡导公平正义、互信互利、平等协商、文明有序、礼让谦逊、机会均等、包容差异的多元文化社会，使各国多样性文明的发展获得持久不衰的强劲动力。

任何理论的问世都有它深刻的时代背景。也如同黑格尔所说，密纳发的猫头鹰只有到了黄昏时才起飞。理论家们对某一问题的关注与其说是出于个人的兴趣，还不如说是出于时代的需要。问题就是时代的声音和时代的呼唤。只有在全球渴望和平，努力发展的特定氛围下，时代主题以及文明多样性问题才能以其独特的魅力吸引着人们的眼球，激发出人们巨大的研究热情。在当今的全球化时代，对这一问题的关注已经成为人们“全球意识”的重要内容之一。全世界杰出的政治学家、历史学家、社会学家、哲学家、教育学家、人类学家以及外交家、军事家等，都以空前的兴趣和热情围绕着这一问题大发宏论，各尽才智，呈现出曲水流觞、文字激扬、学派林立、观点多样的生动的研究情景。

时代问题是重大问题和根本问题。对于马克思主义执政党和社会主义中国来说，科学地认识自己所处的时代和时代的主要任务，正确地把握时代的主题，更有极其重大的理论意义和实践价值：

一方面，对时代问题的正确认识，有助于我们制定出指导人们科学地认识和实践的正确的路线、方针和政策，更好地紧密结合新的时代条件，坚持马克思主义的世界观和方法论，创造性地运用它们分析当今世界和中国的实际，科学判断和全面把握国际形势的发展变化，正确应对世界多极化和经济全球化以及科技进步的发展趋势，妥善处理影响世界和平与发展的各种复杂和不确定因素，抓住和用好重要战略机遇期，在日益激烈的综合国力竞争中牢牢掌握加快我国发展的主动权。

另一方面，对时代问题的正确认识，有助于我们正确地认识当代中国的基本国情，科学地判断和全面把握我国将长期处于社会主义初级阶段的基本事实，正确地认识和妥善处理人民日益增长的物质文化需要同落后的社会生产这个社会的主要矛盾，紧紧抓住经济建设这个中心不动摇，正确地处理好改革、发展和稳定之间的关系，推动物质文明、政治文明、精神文明、生态文明以及社会文明等文明系统的整体协调发展，不断增强综合国力，逐步实现全体人民的共同富裕。

第三方面，对时代问题的正确认识，有助于作为执政党的中国共产党科学判断和全面把握自己所处的历史方位和肩负的历史使命，正确地认识和妥善处理党在改革开放和发展社会主义市场经济条件下执政遇到的新情况、新问题，以改革的精神加强和改进党的建设，不断提高党的领导水平和执政水平，增强拒腐防变和抵御风险能力，始终成为团结带领全国人民建设中国特色社会主义的领导核心。

总之，对时代问题的认识，直接关系着对人类社会发展规律的认识、对中国特色社会主义建设规律的认识、对中国共产党执政规律的认识等一系列事关全局性、战略性和根本规律性的认识。

当今时代与以往相比发生了重大的变化，和平与发展代替了战争与革命成为了当代世界的两大问题。世界人民都渴望世界持久和平，渴望过上稳定安宁的生活，渴望建立公正合理的国际新秩序，渴望实现国际关系的民主化，渴望促进共同发展和共同繁荣，携手合作，交流沟通，共同开创人类美好的未来。

在和平与发展这一时代主题所指向的历史背景下，各国的历史文化、社会制度和发展模式越来越呈现出多样性的特征。全球化作为现代化这一持久挑战的继续，它所带来的决不是单一性和同质性，恰恰是多样性和丰富性。各国多样性的文明和不同的社会制度长期共存，在竞争比较中取长补短，在求同存异中共同发展，在对话沟通中增进了解，在友好合作中获得共同繁荣，是新世纪全世界人民共同的理想目标和共同的价值追求，充分反映了当今世界客观存在着的不可阻挡的历史进步之潮流。

多样性文明的存在是人类社会的特质和客观规律，是人类历史发展的基本趋势和必然结果，也是人类卓越的创造精神的体现，更是人类社会展示出蓬勃发展生机的活力源泉。在全球化已经成为不争的事实，世界日益成为“地球村”或“地球宇宙飞船”，所有的人都成了紧密联系的地球村的村民或地球宇宙飞船上的乘客的今天，尊重不同的文明，维护和发展人类文明的多样性，使各国能够根据自己的意愿继承和发扬其文化传统，选择自己的政治生活、社会制度、价值观念和思维方式、交往方式、行为方式、生活方式等，这对于尊重各国人民的个性自由、对生活的选择权利以及建立起公正合理文明的国际政治经济新秩序，促进人类的和平与发展事业，都是十分必要的。事实已经证明，在国际局势中置文明多样性而不顾，逆历史进步潮流搞霸权主义、单边主义和强权政治，是不得人心的愚蠢行为。当今世界欢迎的是主张和践行文明多样性的多边主义。多边主义立足于世界文明的多样性,顺应和平与发展的时代主题,符合《联合国宪章》规定的宗旨和原则。在新的世纪,要推进和平与发展的事业,必须反对单边主义以及由它表现出来的“新干涉主义”,倡导和奉行各国文明多样性的多边主义。多边主义是有效地应对人类社会所面临的共同问题和共同挑战的正确途径,是和平解决国际争端的重要手段,是推动全球化良性发展的有力保障,是促进国际关系有序化、民主化和法制化的最佳方法。

全球文明多样性的客观事实,昭示了多样性文明之间的平等性、互补性、兼容性和交融性。经济全球化趋势的日益增强,世界各国利益相互关联和相互依赖度的日益加深,对市场经济的广泛认同,在自由、平等、人权、人道主义、法治、女性权利、国家利益、生态价值、政治民主化、国际文明新秩序等问题上的共识以及人类共同利益的增多,对因全球化引发的全球问题,即那些威胁人类生存和发展,而且只有依靠全人类共同努力才能加以解决的问题,如生态环境问题、国际恐怖主义问题、人口爆炸问题、生殖健康问题、贫困扩大问题、资源匮乏问题、军备竞赛问题、核武器扩散问题、跨国毒品走私问题、艾滋病泛滥问题等的关注,都迫切需要多样性文明之间展开广泛的交流、对话、协调和沟通,并在此基础上建立起更加崭新的人文视野和合作形态。总之,认识文明多样性的存在和发展,对于建立多样性文明之间交流、对话、理解、协商、沟通的合作机制,在和平共存,求同存异,相互融合,取长补短的氛围和态势下,促进人类社会的和平与发展事业,都有着重大而深远的意义。

对时代主题的理论探求和实践认同是新世纪摆在人们面前的头等重要的事情。任何时代的主题都是该时代的基本特征和性质的总体反映,是该时代基本矛盾的最集中的汇聚和高度概括,是该时代人民的普遍愿望和共同心声。进入新世纪,国际形势继续发生着深刻而复杂的变化，世界多极化和经济全球化的趋势在曲折中发展，科技进步日新月异，人类既面临着应该紧紧抓住的发展机遇，也面临着必须应对的严峻挑战。尽管当今世界还存在着这样或那样的矛盾和冲突，不确定和不稳定的因素有所增加，但是，和平与发展已经成为深入人心的时代主题，各国文明多样性的长期共存，以及在交流和沟通中获得进一步发展的趋势，是不以任何人的主观意志为转移的历史潮流。

时代主题的嬗变和转换以及和平与发展作为时代主题的确立，是全世界人民长期坚持不懈努力的结果，是人类文明新的里程碑，标志着人类文明进入到了一个更加崭新的阶段。当代人类对和平与发展这一时代主题的理性认同、价值认同和实践认同，正是对各国多样性求得进一步发展的心灵渴求和实际推动。自阶级社会产生以来，人类因为利益的争夺而发生的各种形式的冲突一天也没有停止过。民族冲突、种族冲突、意识形态的冲突等时常发生。地球上两次惨烈的世界大战的结束，人类终于迎来了灿烂的和平曙光。但是，好景不长，冷战对峙的阴霾又将和平的柔美阳光遮盖住了。冷战结束，旧的格局在改变中，但实际上并没有结束，新的格局还没有形成。当今世界，和平与发展这两大课题一个都没有解决好。天下仍很不太平，发展问题更加严重。通往和平与发展之路山重水复，迂回曲折。多样性文明要达到和平相处、平等相待、相互融合的理想状态，还要付出很大的努力，还需要很长的岁月。

帝国主义、霸权主义和殖民主义是和平与发展的大敌。当年他们以武装入侵、暴力干预、殖民征服等手段挑起事端，发动战争，弄得世界很不安宁。如今，随着事过境迁，他们已经面目暴露，风光不再，但是其阴魂不散，本性不改，行径不变。在今天的经济全球化时代，他们通过乔装打扮和精心包装，以另一种面貌粉墨登场,即以文化帝国主义、文化霸权主义和文化殖民主义的身份出现,以狂妄的高人一等和颐指气使的姿态,大肆宣传民族中心论、种族优越论和文化中心论,竭力推行单边主义,站在本民族文化的立场上,以本民族单一的文化价值观评判是非,到处插手,随意干涉别国内政,评判别国的社会制度,对多样性文明的发展构成重大威胁。在经济全球化促使人类各国文明不断超越自己的民族疆域界限而走向世界,导致多元文明共存的今天,确有一些别有用心的人怀着唯我独尊的心理,以狂妄自大的姿态对其他文明表现出一种严重的轻蔑和歧视,并以错误的"非我族类,其心必异"的心理试图消灭之、排斥之、改造之,或者彻底同化之,试图在全球推广他们的社会制度、价值观念、思维方式、行为方式、交往方式和生活方式,将本是多样性的全球化主流硬要扭转为单一性和同质性,这种无视全球文明多样性存在的现实,无视社会是在多样性文明推动下进步的规律,企图以本民族的单一文明改造世界的做法,势必导致世界的不安宁。

本书的写作从开始到完成都是在世界并不太平的状态中进行的。先是2001年在美国发生的震惊世界的"9·11"恐怖袭击事件。接着是美国以反对恐怖主义为由发动的对阿富汗的战争。残酷的战争带来的是尸骨累累、血流成河以及民族之间的强烈的仇恨心理。此后,美国总统布什列出"邪恶轴心"名单,把伊拉克列为"邪恶轴心"之首,矛头直指巴格达。2003年3月20日美英等国家绕开联合国安理会,在师出无名的情况下对伊拉克发动了军事行动。全世界爱好和平的人民对这场战争无不表示谴责和反对,无不感到忧虑和不安。战争造成了伊拉克无辜民众的惨痛伤亡、财产和基础设施的巨大破坏、环境的严重污染,许多人家破人亡、流离失所。这不仅对伊拉克人民是一场浩劫,给周边国家也带来了诸多的灾难和困难,对中东地区的稳定与繁荣形成了巨大的冲击，对全世界人民渴望的和平与发展的心理产生了不利的影响。美国凭借自己强大的军事力量，坚持霸权主义和实行单边主义的行径，违背了世界人民的意愿和联合国宪章精神，阻碍了人类社会的进步和发展，对全世界的和平与发展事业构成了极大的威胁。同时也加剧了阿拉伯国家和整个伊斯兰世界对美国的反感和愤怒，必然会引发日后更加严重的民族仇恨和宗教冲突。战争期间，从网络、电视和报纸等各种媒体中出现的令人心悸胆寒的爆炸引起的火光冲天的画面，无数被炸伤的无辜平民浑身鲜血在痛苦地呻吟的场景，还有几乎每天都发生的巴以武装冲突的血腥惨象，仿佛都汇聚成一个强有力的声音：世界要和平，不要战争。

怀着对世界和平期盼的虔诚心理，四十多年前，美国著名的黑人民权领袖马丁·路德·金在林肯纪念堂前作过这样一个振聋发聩的演讲——《我有一个梦想》，他说“我梦想有一天，深谷弥合，高山夷平，崎路化坦途，曲径成通衢”。马丁·路德·金当年的梦想，也是今天全世界人民对构建美好和谐世界的共同憧憬和追求。

二、研究时代主题与文明多样性的基本思路

和平与发展的时代主题与各国文明的多样性，并不是两个不同的问题，而是有着内在关联性和紧密联系性的一个问题的两个方面，是走向和谐世界的重大问题。和平与发展是相辅相成的。世界和平是促进各国共同发展的前提条件。没有世界的长期而持久的和平，就没有发展的环境氛围以及发展的条件和发展的可能性。不仅新的建设无法进行，而且以往的发展成果也会因战乱而毁灭。无论对于小国弱国还是大国强国，战争和冲突都是灾难。发展具有关联性和互动性的特征，各国的共同发展是保持世界和

平的重要基础。没有世界的普遍繁荣和共同发展，世界和平不可能到来。在世界各国处于紧密联系和相互影响、相互作用的今天，发展必须强调全面性、系统性和普遍性。只有促进全球协调、平衡、普遍和共同发展，才能实现世界的持久和平与稳定。一个国家或一个地区经济上长期处于落后与贫困状态，不但容易受到霸权主义、强权政治的欺凌，在国内也往往因为不能满足人民群众的生存和发展的需要以及不能实现公平与正义而成为诱发社会动荡和矛盾冲突的一个重要因素。当前国际社会中的许多不安定的因素，都起因于发展的不平衡和不充分。全球出现的贫者愈贫、富者愈富现象，不利于世界整体的和平发展。达到全世界的普遍发展和共同繁荣，而不是贫富差距悬殊，应该成为世界各国共同的价值诉求和普遍的愿望。

和平与发展时代主题与各国文明多样性也是相辅相成的。对和平与发展时代主题的确认，是承认各国文明多样性的前提条件。世界各国特别是西方发达国家，如果承认和平与发展的时代主题，就会承认各国文明的多样性，倡导和顺应世界多极化趋势，奉行多边主义，与其他国家平等相处，主动对话，协商沟通，相互尊重，共同发展，实现互利共赢，推动世界各国多样性文明在和平氛围中获得更大的发展。而承认各国文明多样性，就会在认识上和行动上确立和平与发展是时代主题，就会为和平与发展事业作出积极的贡献。

在和平与发展这一时代主题的框架下，世界多极化趋势是一种客观的和必然的趋势。承认世界的多极化，就是承认各国文明多样性和差异性的存在。文明的多样性不是一个主观杜撰出来的伪问题，而来自人类社会所固有的客观本性。正如物质世界是多样性的构成和多样性的统一一样，世界上没有两片完全相同的树叶，没有两粒完全相同的沙子，人类文明也表现出多样性的存在，这是人类社会存在着的客观事实，也是人类社会生生不息得以发展的内在动力。“物之不齐，物之性也”，“和实生物，同则不继。”文明的多样性表现出人类社会的多姿多彩性，多样性文明之间的交互作用促进文明内容的增加，推动着人类社会从低级到高级的不断发展。北京大学校园内西南联大纪念碑中的这样一段话，道出了文明多样性是客观世界的本质，以及文明多样性推动文明发展的真谛：“同无妨异，异不害同，五色交辉，相得益彰，八音合奏，中和且平，万物并育而不相害，道并行而不相悖。小德川流，大德敦化，是天地之所以为大。”在多样性的文明形态中，不同的文明虽然存在着历史长短之分，发展阶段不同之别，但是没有尊卑和高下之分，所有文明都有自己产生、存在和发展的根据和理由，在人类文明的宝库里都有自身的内在价值，都是平等的，都应该受到尊重。所有国家的人民都为人类总体文明的发展作出了应有的贡献，各国多样性的文明犹如涓涓细流，汇成了人类总体文明的滔滔江河。各国文明只有以平等和宽容的心态与全球多样性的文明和平共处，才能使全世界出现“和而不同”、“求同存异”的生动活泼局面。

各国在长期的社会发展和历史演进过程中，由于自然环境、历史条件、观念体系、理想信仰以及心理构造、国民素质、制度设计等方面的差异性，形成了具有独特个性色彩的文明样式。各国文明多样性体现了人类的创造能力和创新精神，是人类的宝贵精神财富和文化的积淀。多样性文明作为人类智慧、热情和审美以及创造美的结晶，都具有自己的个性特征和独特优势，具有在理论上和实践上可以被别的文明所借鉴和整合的内容，它们的存在和发展使人类文明的百花园内花红柳绿、多姿多彩，使世界充满着不断发展变化的动力和潜力。人类因多样性文明而迸发出缤纷绚丽的光辉，多样性文明又给世界增添了姹紫嫣红的色调。

时代的主题并不直接等同于时代的现实。时代主题既是理想和价值追求,其实现又是一个需要付出艰巨努力的漫长过程。当今时代虽然与历史上以往任何时代相比,都出现了空前的进步,但是,它仍然是一个问题成堆、矛盾不断的时代。天下并不太平,发展很不平衡的现实强烈地呼唤着世界的和平与发展,反衬出将和平与发展作为当今时代主题的必要性和重大价值,鼓舞着一切正义之士围绕着这一时代主题而始终不渝地努力奋斗,推动着国际格局走向多极化,国际竞争走向互利化,国际关系走向民主化。

和平与发展作为时代的主题,各国文明多样性的存在就成了当今时代最为显著的基本特征,它构成了世界多极化组合的内容和形式。文明多样性的存在以及多样性文明的相互作用,是促进各种文明基因在相互交流和协调沟通中始终保持动态平衡和发展活力的根本法宝,是人类总体文明在多元互动中不断地从低级向高级发展的强大推动力。

人类文明的发展和进步的内在动因在于不同文明之间的对话、沟通、借鉴、交流和融合。全球化导致了多样性文明不断地超越各自的疆域界限而走向对话、交流、沟通和融合的新机遇和新态势。前所未有的新事实说明文明是动态的,而不是静态的;是开放的而不是封闭的;是渗透的,而不是收敛的;是交融的,而不是孤立的。凡是处于静态、封闭、收敛和孤立状态的文明都是不能存在和发展的,最终是注定要死亡的。各种文明只有在相互交流中自觉地吸收对方的优秀成果,丰富自己的文明要素和内涵,才能保持自己文明的先进性。在各国文明相互对话、借鉴、交流和融合的过程中,各国只有正确地认识自己的本土文明,才能以主动的和建设性的态度自觉地建立起协调多样性文明的内在机制,促进各国多样性的文明在交流和沟通中发展,推进全世界的和平与发展事业。

随着全球化所造成的交通和通讯的空前发达,交往的空前频繁,国与国联系的空前紧密,随着人类的经济活动、政治活动和文化活动向全球的迅速扩展,随着全球共同利益和共同问题的增多以及在此基础上人类共识的增长和扩大,必然会引起世界文化价值作出相应的嬗变、调整或重新整合,形成各民族文明的相互渗透和相互通融的过程,出现如同哈贝马斯所说的对于共同问题的"公共商谈"的结果,形成对于人类共同利益和共同问题的价值共识和共享。寻找人类文明多样性的协调和沟通机制,有利于各种文明采取平等的姿态展开广泛的对话、借鉴、交流和融合,并在此过程中促进全球多样性文明走向更加繁荣昌盛的阶段。

当今世界,国际形势正在发生深刻复杂的变化,经济全球化和意识形态的多样化正在进一步发展。国际形势的复杂性和难以预测因素的增多,需要人们具备强烈的忧患意识、责任意识和全球意识,提高对复杂形势的应变能力。在和平与发展的道路上虽然充满着急流险滩,但和平与发展仍然是人类社会现在和将来的主旋律,维护世界和平,谋求社会稳定,促进共同发展,建立起公正合理的国际政治经济新秩序,推动国际关系朝着民主化和文明化的方向前进,已成为各国人民的共同心声和呼声,成为任何人都无法逆转的客观趋势和强大力量。在此背景下,只有深入地研究在和平与发展作为时代主题下的各国文明的多样性,才能正确地把握天下大势,清晰地洞悉人类社会发展的客观规律,科学地预测人类社会未来发展的基本趋向,理性地应对各种错综复杂的国际局势,如实地制定出顺应时代发展要求,符合人民群众意愿的正确的路线、方针和政策。

将和平与发展作为时代的主题,是对马克思主义的重大发展,是马克思主义关于时代问题的学说在新时期与时俱进的突出表现。每个历史时代,都存在着自己的主要矛盾,都有需要解决的根本任务,这个主要矛盾和根本任务就是该时代的主题。不同的时代具有不同的矛盾和基本问题,相应地就有不同的时代主题。由于时代的主题和基本问题决定着该时代发展的基本趋势和基本规律,因此,能否把握时代的主题和时代的基本问题,关系到能否科学地判断形势,并制定出对内和对外的正确的路线、方针和政策等一系列重大问题。对于中国特色的社会主义现代化来说,对于时代主题问题的认识正确与否,更是事关全局和大局。实践已经证明,在时代主题问题上一旦判断失误,就不能制定出反映时代实际的科学决策,就不能正确地应对全球化出现的各种错综复杂的情况,就会给事业造成重大的损失。总之,关于时代主题问题上的失误是全局性的和根本性的失误,是最为重大的失误。列宁说得好:"首先估计到区别不同'时代'的基本特征(而不是个别国家历史上的个别情节),我们才能正确地制定自己的策略;只有了解某一时代的基本特征,才能够在这一基础上去考虑这个国家或那个国家更具体的特点"。① 总之,深入研究时代主题以及牢牢地把握当今时代的主题是和平与发展,对于我们透过风云变幻的国际形势,把握其内在的客观规律以及发展趋势,对于我们以理性的态度面对错综复杂的国际形势,牢牢地把握国际政治斗争的主动权,制定出顺应时代需要、有助于本国发展的正确的路线、方针和政策,推动中国特色社会主义事业的不断发展,都有着极其重要的理论意义和实践意义。

将和平与发展作为时代的主题,就必须承认和正视各国文明多样性存在的事实,就必须了解和把握多样性文明的存在形态和发展方向以及人类文明所表现出的许多前所未有的新特征。既然文明多样性的存在和发展已经成为当今时代的主要表现形式,那么,多样性文明的多元并存和双向建构就是当代文明发展的新形

① 《列宁全集》第21卷,人民出版社中文第2版,第123页。

式和新特征。全球化以及所导致的多样性文明之间的交流和融合并不是全球"西化"或者全球"美国化",并没有出现所谓的全球"普世文明",相反,展示的恰恰是文明的多样性和差异性。德国学者格拉德·博克斯贝格和哈拉德·克里门塔认为全球化就是同质化和单一化,甚至武断地将"全球化给世界带来多样化"的观点列为全球化的十大谎言之一。① 对于他们的观点,发展着的理论和事实都会证明,"全球化给世界带来多样化"的观点是真理,而"全球化给世界带来单一化"的观点,恰恰是全球化的新的十大谎言之一。因此,深刻认识文明的多样性是文明发展的客观规律,是时代的主旋律,有利于自觉地推动多样性文明之间的交流、对话、沟通和融合,并在此基础上进行新的整合,推动人类文明跃迁到更高的峰巅。英国文化学家泰勒深刻地指出:"……对人类和文明的研究,不仅是一个科学兴趣,它与实际生活有密切关系。在研究中,我们有着理解我们自己的生活和我们在世界上的位置的手段。这种理解尽管还是模糊和不完美的。关于人类从遥远的过去直到现在的生活过程的知识,不仅可以帮助我们预测未来,也可以指导我们去履行这样的责任:当我们离开这个世界时,它应该比我们刚来到时更美好。"②他对人类文明发展的前景充满着乐观的态度。他所预测的更美好的世界、更美好的文明,就是多样性共存和共同发展的多元文明。

将和平与发展作为时代的主题,有助于各国文明在祥和平等合作的氛围中共存和发展。从本质上讲,多样性文明的存在都是一种合理性的、平等性的以及和平性的存在,多样性文明的发展都

---

① 参见(德)格拉德·博克斯贝格、(德)哈拉德·克里门塔著,胡善君、许建东译:《全球化的十大谎言》,新华出版社2000年版,第151页。

② (美)塞维斯著、黄宝玮等译:《文化进化论》,华夏出版社1991年中文版,第52页。

是一种互补性、互馈式和共赢性的发展。经济发达的国家与经济落后的国家尽管在生产力水平所促成的物质形态、文化教育程度以及生活水平等方面存在着显著的差距，但是这并不能说明多样性的文明之间存在着高下之分和尊卑之别。文明优劣论、文化高下论和种族尊卑论等论调都是本民族文化中心主义情绪的张扬和宣泄。一种文明对另一种文明只有采取认同原则、尊重原则、宽容原则以及和平相处、合作双赢原则，才能使多样性文明之间达到互利、升华和新的建构之目的。自恃经济上强大，自以为本民族文明是世界上唯一的文明模本，自以为本民族的文化价值观是放之四海而皆准的价值观，通过采用强权政治以及文化帝国主义、文化霸权主义、文化殖民主义等不文明的手段，制造和夸大文明冲突论、种族优越论，从而达到压抑、控制和消灭别的文明的目的，是与世界潮流和文明发展的基本趋势相悖的，也是注定行不通的。"大风泱泱兮大潮滂滂"，历史决不会任凭个人的主观意志而左右，社会总是会按照自己内在的客观逻辑向前发展。多样性文明只有平等相待，友好相处，才能获得进一步发展的动力，从而给人类带来福音。正如李大钊所说："平情论之，东西文明，互有短长，不宜妄为轩轾于其间。"①因此，各种文明只有采取虚心好学的心态，以海纳百川、兼收并蓄和求同存异的包容姿势，才能达到多样性文明的新的建构，创造出"兼东西文明之特质、欧亚民族天才之世界的新文明。"②

中华文明是世界多样性文明中历史悠久、内容丰富、形式完美、表现多样、本质祥和的文明。德国著名哲学家雅斯贝尔斯早在1957 年就说过，世界上有四位思想家对人类的文明所作出的贡献

① 《李大钊文集》(上)，人民出版社 1984 年版，第 560 页。
② 同上书，第 574 页。

最大，他们是苏格拉底、释迦牟尼、孔子和耶稣。中华文明具有博大精深的内容，光辉灿烂的物质文明和精神文明都是世界文明宝库中最值得珍视的重要财富。

当代中国所确立的和平与发展是时代主题的思想、世界文明具有多样性的思想无疑是对中华民族古老的和平思想、和谐文化传统的继承与发展、返本与开新。正在和平发展道路上快速前进的中国，将会对整个世界的和平与发展事业带来福音。饱受外国列强侵略和伤害的中国人民在当代比世界上任何国家都深知和平环境之弥足珍贵，发展价值之弥足崇高，多样性文明共存和发展之弥足重要。将始终不渝地把自身的发展与人类共同进步联系在一起。

当代中国的社会主义文明是全球多样性文明中异常亮丽、异常引人注目、异常具有生命活力的文明。社会主义文明是内容全面、结构合理、功能完善、形式新颖的文明。比之其他文明，是一种在政治文明上更加具有优越性、物质文明上更加具有丰富性、精神文明上更加具有高级性、制度文明上更加具有完善性、生态文明上更加具有美好性、社会文明上更加具有全面性的文明。社会主义文明凝聚了人民群众的聪明才智和伟大创造，反映了时代进步的潮流，代表了人类文明和历史进步的方向，具有强大的竞争力、凝聚力、创造力、辐射力、战斗力和生命力。当代中国特色的社会主义现代化事业是发生在中华大地上的崭新的文明塑造工程，是前无古人的伟大的文明事业。它既是对人类历史上一切进步文明的继承和发展，更是对中华民族源远流长的传统文明的继承和发展。必将对世界整体文明的宝库增添更加丰富并具有鲜明中国特质的文明因素，为世界文明的发展作出新的贡献。

中国的和平与发展，是世界和平与发展事业的重要组成部分。中国的和平与发展，并在和平与发展中提升自己的国际地位，已受到全世界的关注。“北京共识”取代“华盛顿共识”,展示了中国文明发展模式的独特个性和强烈魅力,在世界各国多样性文明中显示出了绚丽的华章。中国作为发展中国家,为了推进现代化建设,实现全面建设小康社会的目的,尤其需要一个稳定和谐的国际环境。中国人民始终同世界上一切爱好和平与发展的人民一起,共同致力于促进世界和平与发展的崇高事业,推进世界朝着丰富多彩的多极化方向发展。

在迈向实现中华民族伟大复兴的新时期的历史征程上,如何积极地对待中华文明的历史传统,整合中华文明的积极成果,为社会主义现代化建设服务,如何积极地向全世界推介中华文明,特别是推介中国特色的社会主义文明,又积极地在多样性文明交流中吸纳别的民族的文明,达到中国古人很早就强调的“兼取众长、以为己善”的目的,这是一个重大的和富有积极意义的课题。它对于人们系统地全方位地认识中华文明的产生之源和发展之流,认识中华民族先贤的博大的智慧和高尚的德行,认识当代中国特色社会主义文明的巨大价值和功能,增强民族自信心和民族自豪感,加强对祖国以及历史文化的认识和认同,满怀信心地为建设中国特色的社会主义文明而努力奋斗,同时对外树立起良好的“中华文明形象”,让世界更好地了解中国,从心理上和情感上接纳中国,都具有重大的意义。

多样性文明的存在也就意味着文明之间的差异性。文明的多样性和差异性是同一个问题的两种表现形式。世界就是由多样性和差异性组成的矛盾统一体。多样性文明之间的矛盾和碰撞是人类社会客观存在着的正常现象,从本质上反映的是不同的民族、地区和国家之间的利益上的要求和冲突,这种利益上的要求和冲突并非都要通过战争等暴力手段解决,而可以通过友好协商和政治谈判等非战争的和平手段以及和平途径来解决。事实证明,采取非战争的和平手段是理性的和明智的并有助于人类进步的科学手段。正确认识和客观地面对人类作为共同利益体所构成的整体文明与各国文明之间的同中有异和异中有同的关系,有利于加强多样性文明之间的协调和沟通,促进人类文明向更高形态的攀升。不同文明之间差异的表现形式是多种多样的,既有内容上的差异,也有形式上的差异;既有发展水平的差异,也有发展速度的差异。差异就是矛盾,就存在着碰撞和冲突。对文明之间的碰撞和冲突既应该理性地对待,也应该从积极的方面去理解。既不能无视这种碰撞和冲突的存在,也不能过度地夸大这种碰撞和冲突。既看到这种碰撞和冲突存在着的消极方面,也看到这种碰撞和冲突对于推动文明发展的积极意义。那种认为,文明之间的碰撞和冲突必然导致你死我活的结局,多样性文明不可能共存的观点是错误的。事实上,文明的多样性和差异性本身并不是暴力冲突和战争的根源,帝国主义和霸权主义往往为了政治、经济、领土等目的,利用文明的多样性和差异性来制造暴力冲突和战争。在全球化时代,对于这一点,人们尤其需要加以警惕。

要有效地避免和减少文明之间的摩擦、碰撞和暴力冲突,就应该在多样性文明之间架起沟通的桥梁,积极展开跨文明的对话。跨文明对话是顺应和平与发展时代主题的实际行动和有效手段,是处理和解决当今世界错综复杂矛盾的正确途径。当今世界,国际局势总体和平、局部战争;总体缓和、局部紧张;总体稳定、局部动荡。人类和平与发展的事业虽然面临着严峻的挑战,但是各国只要通过积极、广泛而又真诚的跨文明对话,就能找到共识,解决纷争,迎来更加美好的前景。

推进不同文明之间的对话,以交流代替封闭,以沟通代替隔膜,以对话代替对抗,对于推进全世界的和平与发展事业,具有十分重大的现实意义。

首先,不同文明之间的对话有利于增进各国人民之间的相互理解并在此基础上的相互尊重以及和睦相处,减少因为文明之间的误读而产生的理解上的偏差,防止因为文明之间的封闭和隔膜而产生的陌生乃至敌意心理。相互理解是多样性文明之间有效沟通的前提和基础,无知者无法接近真理,而偏见比无知离真理更远。无知和偏见产生的土壤在于封闭、隔膜、夜郎自大、固执己见和自我中心主义。

其次,不同文明之间的对话有助于整合人类文明的积极成果,弘扬人类的文明精华,推动整个社会的不断进步。各种不同的文明既是民族的、地区的和本土的,又是全球性的和世界性的,多样性的文明都是人类世世代代实践的智慧结晶,是人类所拥有和共享的共同财富,是人类继往开来的人文资源和精神支柱,是社会发展和人类进步的强大的助推器,值得我们加以珍视。当今世界科技的迅猛发展,交通和通讯的空前进步,大众传播媒介的空前繁荣,为保护、弘扬和丰富多样性的文明以及全世界的整体文明提供了契机。利用现代先进方法传播人类文明中先进的和科学的内容,让人类能够从多样性文明中获取各种丰富的和新鲜的养料,将有助于实现全人类的共同进步和共同繁荣。

再次,不同文明之间的对话有助于增进国与国之间的睦邻友好和政治互信,推动建立民主、平等、公正、合理的国际文明新秩序,维护世界各国的合法权益,使世界各国在国际大家庭中和睦相处,共同发展。随着政治民主化和世界多极化趋势的进一步加强,在国际事务中倡导民主、平等、对话和共同的文明原则至关重要。国家无论大小,无论贫富和强弱,都是国际社会中的平等一员,都应该得到尊重。经济全球化会导致全球利益格局的大调整,出现围绕利益问题的矛盾和斗争。即使出现所谓的文明冲突也是正常的现象。因为承认文明多样性的命题,就得承认多样性文明的差异性,这种差异性就构成了多样性文明之间的矛盾性。开展不同文明的对话,既有助于各国文明在相互尊重基础上协调各自的利益关系,又有助于各国在世界文明体系中正确地界定自身,采取积极主动的姿态对世界多样性文明的积极成果加以博采广纳,并从中获得持久发展的强大动力。

最后,不同文明之间的对话有助于维护和促进世界文明的多样性,丰富人类共同的文明成果。经济全球化使人类获得了前所未有的发展机遇,但是全球化又是具有利弊两重效应的双刃剑。在经济全球化的发展过程中,不应该以牺牲一些国家的利益来确保其他一些国家的利益。不能指望以单一文明来实现对全球的治理。在全球化进程中将自己的经济体制、社会制度、发展模式和价值观强加于别国,妄图建立由西方价值观主导世界的做法是错误的,也是注定要在实践中碰壁的。全球化决不会出现同质化和单一化,事实上现在世界上还没有哪一种力量能够阻碍文明多样性发展的进程。将多样性文明硬要整合为单一文明的设想,是霸权主义和强权政治的一相情愿,在现实生活中是根本办不到的。现在某些国家视文明多样性的现实和发展趋势而不顾,竭力推行单边主义,大搞霸权主义和强权政治,四处插手,干涉别国内政,要全世界接受他们的文化价值观,对全世界的和平与发展事业构成了严重威胁。全球化必然促进文明的多样性,文明多样性的进程必定会使人类能够共同受惠于多种多样的文明成果,达到人类社会永续进步的目的。

人类文明的积极成果都是在与不文明和反文明现象的对立和斗争中获得的。一部人类文明史,就是一部人类文明的力量与不文明和反文明的力量较量并不断取得胜利的历史。搞恐怖主义、传播邪教、制造核战争和生态灾难、高科技犯罪、毒品和走私、卖淫和嫖娼、拐卖妇女和儿童等等丑行都是不文明和反文明的现象。

带给人类社会的是丑恶、肮脏、非人性和灾难。在共产主义还没有成为现实以前，人类文明的史册上既有辉煌壮丽的诗词，也有黑暗丑陋的画面。反文明的力量是一股强大的邪恶力量，反文明的罪魁祸首都是从潘多拉魔盒里逃出来的魔鬼。反文明的行为是阻碍着人类社会健康发展的行为。不有效地批判和阻止反文明的行为，人类文明就不能顺利地发展。认识人类文明的力量与不文明和反文明力量之间的斗争，把握文明与不文明以及反文明现象之间的原则界限，有助于人们在社会活动中进一步加深对文明本质的认识，积累和培育文明的积极成果，遏制不文明的陋习，铲除反文明的毒瘤。让文明之花到处盛开，文明成就硕果累累。

对人类文明的起源、发展规律以及文明多样性等问题作出科学阐释的是马克思的社会文明理论。把握了马克思的社会文明理论，也就把握了人类文明发展的规律性和趋势性。只有运用唯物史观，才能深刻地揭示出人类文明的本质、特征和发展规律，才能正确地说明社会活动主体对于文明进步所从事的创造性实践活动的本质，正确地说明人们对于多样性文明选择的动因和实质以及选择的价值尺度和限度，也才能从本质上揭露专制权威主义、极端原教旨主义以及法轮功等邪教反文明的本质和表现形式，从而自觉地促进人类文明的发展，推动人类社会的不断进步。

邓小平理论是当代中国的马克思主义。邓小平对于当代中国和全世界的伟大贡献在于，能够审时度势，解放思想，实事求是，与时俱进，成功地实现了时代主题的嬗变和替换。他始终站在国际大局和国内大局相互联系的高度审视中国和世界的和平发展问题，思考和制定中国的和平发展战略。他坚持用马克思主义的宽广眼界观察世界，科学地将和平与发展作为时代的主题，把对中国和人类前途命运的思考置于对国际格局和国际力量的科学分析之上，并根据和平与发展的时代主题点明中国工作重点、制订路线方针政策、谋划未来发展。中国特色的社会主义是世界多样性文明园圃中异常鲜艳夺目、绚丽多姿的花朵，它植根于社会主义制度和最广大人民群众这一肥沃的土壤，具有蓬勃成长的旺盛生命力。邓小平建设中国特色社会主义的理论，从本质上说是中国的和平与发展理论，是在确认世界文明多样性的前提下倡导中国特色的文明理论。中国特色的社会主义，就是和平发展的社会主义。建设中国特色社会主义现代化的实践，就是中国始终坚持和平与发展道路的生动体现。

当代中国坚持科学发展观，构建社会主义和谐社会的理论，是对中国特色社会主义理论的丰富和发展。努力谋求国际社会的和平化、国内社会的和谐化以及两岸关系的和解化，是当代中国的重大战略任务。从事中国和平与发展的伟大实践，需要一个稳定的国内环境和一个和平的国际环境。必须坚持独立自主的和平外交政策，高举和平、发展、合作的旗帜，始终奉行独立自主的和平外交政策，坚持走和平发展的道路，同全世界各国人民一道，积极促进世界多极化和国际关系民主化，推动经济全球化朝着有利于共同繁荣的方向发展，坚持反对霸权主义和强权政治，反对一切形式的恐怖主义，致力于建立公正合理的国际政治经济新秩序。中国的发展需要和平的国际环境，中国的和平发展也有利于促进世界的和平与发展，中国发展本身就是对全世界和平与发展的最大贡献。中国发展的最大特点就是和平发展。在全球文明多样性共存的态势下，中国决不使用过去殖民主义强国或者帝国主义列强那种掠夺别人、欺负别人、剥削别人的办法，壮大自己的国力。中国靠的是和平发展，中国走的路就是维护世界和平、积极参与国际上的平等互利合作，促进共同发展。中国的和平发展给邻国、给全世界带来的不是障碍，不是威胁，而是机遇，是福音。随着中国综合国力的不断上升，在国际事务中发挥的作用会越来越大。世界也正期待着一个强大而又负责任的中国对全球的和平与发展事业承担更多的责任，作出更大的贡献。

“立足本土，面向全球”是研究和平与发展时代主题与各国文明多样性的双重视界。有着几千年悠久历史的中华文明是世界文明宝库中的一颗熠熠生辉的无价之宝，中华文明的价值既是属于民族本土的，又是属于全人类的。中华文明既有传统性，又有现代性和全球性。中华文明在空间上是开放的，在时间上是与时俱进的。在世界文明大潮中展示中华民族文明的绚丽风采，更好地让中国文明走向世界，让世界文明进入中国，使中国文明在与全世界多样性文明的交流和对话中充实、丰富自己，已经成为建设中国特色社会主义现代化的题中应有之义。今天的世界是开放的世界。中国文明不能游离于世界，它是世界文明的重要有机组成部分，只有从世界文明中吸收有用的成分，才能完成现代化的任务。因此，认识和研究和平与发展的时代主题与各国文明的多样性，一方面，有助于在全球文明中正确地界定中华文明的位置，促进中国传统文化走向世界、走向未来、走向现代化。另一方面，有助于中国文明在走向世界、走向未来和走向现代化的过程中既保持自己的民族性，同时又体现出自己的世界性，特别是保持自己的社会主义文明的特质，在世界多样性文明中充分地展示自己的形象特质，向全世界昭示社会主义文明具有无比丰富多彩的内容和强大的生命力，是人类文明发展的必由之路和文明进步的高级形态。

三、时代主题与文明多样性的研究方法

由于时代的主题问题是一个十分重大的问题，文明以及文明多样性问题也是一个十分宽泛的概念，考察在和平与发展这一时代主题所指向的各国文明多样性问题，其研究范围的广泛，涉及问

题的众多,研究内容的深度,研究难度的艰巨,都是超过研究者的预料和能力的。为了保证研究成果的质量,在研究中作者从如下几个方面进行了努力:

第一,运用马克思主义的时代观和文明观,对时代、时代主题、文明以及文明多样性等基本理论问题进行分析,揭示当今时代的特征、文明发展的特征以及将和平与发展作为时代主题所具有的重大理论意义和实践意义。阐明在和平与发展作为时代主题语境中文明多样性的价值、功能以及对于推动社会进步、促进世界和谐的作用,论述时代主题与文明多样性之间的内在联系。

第二,运用马克思主义关于人类多样性文明模式的理论,结合当代特点,分析总结世界不同文明模式,如以西方文明为中心的欧美文明区、以中国文明为中心的东亚文明区、以印度文明为中心的南亚文明区、以伊斯兰文明为中心的中东与北非文明区,它们各自的主要内容和个性特色,存在哪些共同之处,有哪些价值观的主要差异,如何建构相互调适的机制,达到多元文明的和平共存。力求运用唯物辩证法关于矛盾的普遍性和特殊性以及相互关系的原理和基本方法加以科学的说明。

第三,运用马克思主义社会系统的理论,从普遍性和系统整合的角度揭示人类文明的本质与规律、结构与模式、内容与形式、共性与个性,说明文明与文化、文明的普遍性与特殊性的关系,以及文明与生产方式、生活方式、文化教育等因素的关系,还要重点研究人类文明的时代差异性与民族文明多样性的关系。阐明文明与不文明、与反文明之间的差异与对立,以帮助人们自觉地用人类文明的积极成果来抵制不文明与反文明的潮流。

第四,运用马克思主义关于社会基本矛盾理论揭示时代特点和人类文明的关系。当代世界,和平与发展虽然是时代的重大主题,但是,和平与发展这两大课题至今一个都没有解决好,天下仍很不太平。地区冲突、种族冲突、宗教冲突、民族冲突等愈演愈烈,贫富分化现象有进一步加剧的趋势。在各种有形的或无形的冲突背后潜伏着的是深层次的利益冲突。如何建构规避各种利益冲突的合理机制,有效地避免因利益纷争而引起的各种冲突,对于这一重大的问题,只有运用马克思的唯物史观才能得到正确的说明和科学的解答。对于人类文明多样性以及时代主题问题的研究,力求通过系统地梳理马克思主义经典作家的理论和邓小平理论,紧密地联系当代实际作出科学的解答。

第五,运用马克思主义唯物辩证法阐明各种文明多元并存和双向建构的辩证关系。各国文明作为多样性的存在,是一种动态性的存在,充满着多元并存和双向建构的辩证关系。一是多样性文明通过互动和交流,促使民族、地区和种族的个体文明以及人类整体文明的丰富和提高;二是多样性文明通过双向建构和互补得到充实和提高,会极大地改善文明的质态,促进文明的总量;三是多样性文明的和谐并存和共同发展是全球化态势下文明发展的基本趋向。多样性文明通过交流、沟通、互补、融合,在使文明共性增多的同时,反过来又强化了多样性文明各自的个性,使多样性和统一性互馈式地得到丰富和充实。本书运用马克思主义文明观,从历史和现实结合高度剖析"历史终结论"、"文明冲突论"的错误实质,揭示民族文化中心主义这一现代新普雷维什主义对于和平与发展时代主题以及各国文明多样性的反动作用。

第六,揭示在和平与发展作为时代主题的条件下中华文明特别是中国特色社会主义文明的时代价值和未来走向。认清在全球化格局下,文化帝国主义、文化霸权主义和文化部落主义、文化保守主义等的危害和实质。说明各国只有以更加务实和更加开放的胸襟主动与世界其他文明交往,取长补短,兼收并蓄,才能建立起更加新型的多元文明互动的崭新格局。

本书所要阐明的总观点是，和平与发展是当今时代的主题，世界各国文明具有多样性，当今世界的基本格局仍然是一球两制——社会主义制度与资本主义制度。两种不同的社会制度既存在着对话、交流和合作的一面，又存在着竞争、对抗和冲突的一面。社会主义文明取代资本主义文明虽然是一个必然的趋势，但又是一个长期的过程。世界是丰富多彩的，文明的多样性是人类社会的客观规律和基本特征，是人类历史发展的基本趋势和必然结果，也是人类卓越的创造精神的体现，更是人类社会展示出蓬勃发展生机的活力源泉。和平与发展作为当今时代的主题，各国多样性文明在发展中呈现出的总格局是文明多元并存和双向建构。其基本运行轨迹是在对话中沟通，交流中理解，冲突中共处，竞争中整合，合作中共赢。多样性文明发展的总体态势是多元交融、竞争合作、相互学习、取长补短，共同推动人类文明走向新的高峰。多样性文明发展的基本规律是文明多样性推动世界朝着多极化、国际关系民主化、世界文明秩序出现新的构建方向迅猛发展。中华文明是世界多样性文明中历史悠久、底蕴深厚、内容丰富、形式完美、活力巨大、魅力无穷的文明，构成当代中国文明发展的深厚的思想资料。当代中国以和平发展战略来推进自己的文明进程。中国的和平发展是当代世界历史事件中伟大的事件之一，中国的和平与发展是对世界和平与发展事业的杰出贡献。中国坚持科学发展观，构建社会主义和谐社会的理论和实践既有助于国内的和平发展，又有助于和谐世界的建设。全球化具有经济、政治和文化等多方面展开的纬度，全球化决不等于文明的单一化、同质化或美国化，恰恰是文明的多样化。跨文明对话是促使多样性文明交流、沟通并在此基础上获得新共识的桥梁和纽带。多样性文明发展的总趋势是从低级向高级攀升，社会主义文明和共产主义文明是人类最理想、最高级和最伟大的文明，是多样性文明发展的必由之路。

科学的研究必须采取正确的研究方法。“工欲善其事,必先利其器。”正确的研究方法是科学发展的工具或武器,对于保证研究质量具有十分重要的意义。在研究方法上,作者力求以马克思的科学研究方法为指导,做到如下几个方面的结合:

第一,共性与个性相结合。和平与发展的时代主题与各国文明多样性命题就反映了各种文明的存在都是有差异性的存在。和平概念本身所蕴涵的就是文明的多样性、差异性。如果世界上的文明是单一的或一致的,那么,和平发展的概念就是多余的。世界的组合是多样性的,发展必然是走向文明多样性的过程。由于人类本性和实践方式所具有的共同性,文明概念所蕴涵着的基本内容必然存在着共同性和普遍性,多样性文明中必然存在着许多具有共性的东西,然而,因其多样性,就必然各具个性特色,多样性文明必然表现出差异性的存在。多样性与统一性并不构成悖论,而恰恰是辩证统一的关系。只有通过共性与个性的比较和对照,才能从中发现人类文明所具有的共性以及多样性文明存在和发展的一般规律和特殊规律。从文明多样性中发现统一性,又从统一性中发现多样性。这种认识论和思维方式,就是黑格尔所推崇的智者认识事物的方法,既看到事物的差异性,又看到事物之间的同一性,特别能够指明事物的同中之异和异中之同,推动认识不断地从个别走向一般,又从一般走向新的个别,达到反映事物本质和规律的深刻程度。

第二,逻辑与历史相结合。就是采用马克思所说的逻辑与历史相统一的研究方法。在研究和平与发展作为当今时代的主题和各国文明具有多样性的时候,采用历史的方法,就是遵循历史的顺序,把握历史现象的基本线索以及内在联系,揭示历史发展的必然性,以考察过去,说明现在,预示未来。对于人类文明的研究而言,采用历史的方法,就是既要追溯多样性文明的发生之源,又要把握多样性文明的发展之流。而逻辑的方法则是以理论思维的形式，从最基本的关系出发，从中揭示出一切矛盾的萌芽，把握事物发生发展的规律性。对于时代主题的演变、文明的起源以及文明多样性的成因和多样性文明发展的规律性等问题的说明，必须借助于逻辑，注重理论发挥思维的抽象性和推演性的力量，从而达到透过事物的现象把握本质和规律的目的。恩格斯说："历史从哪里开始，思想进程也应当从哪里开始，而思想进程的进一步发展不过是历史进程在抽象的、理论上前后一贯的形式上的反映。"①历史是第一性的，历史的东西决定逻辑的东西；逻辑是第二性的，是对历史的理论概括。两者是辩证统一的。对各国文明多样性的说明，对差异性和多样性的现象的说明是需要的，也是必要的，但是，更加重要的是，要透过这些多样性和差异性的现象，揭示出多样性文明发展的内在本质和规律，预见其发展的内在的必然趋势。

第三，求异与求同相结合。事物的同和异，不是非此即彼的相互排斥的关系，而是可以兼容的辩证统一关系。和平与发展也好，各国文明多样性也好，都存在着共性和个性的关系。和平与发展作为当代社会基本矛盾运动呈现出的显著的和具有普适性的方面，在各国多样性文明发展中都会体现出明显的个性特色。而多样性文明发展的个性特色，也会反映出和平与发展作为当今时代主题的一般要求。求异，即是对多样性文明模式个性的说明，但它不能代替对文明共性的说明，说明共性才能发现不同文明之间的共同点，从而找到多样性文明之间具有普适性的东西，又在此指导下更好地说明多样性文明的特殊性。但是，求异和求同的方法应该辩证统一起来运用，不能割裂开来，更不能把两者背离开来推向极端，在各国文明多样性问题上采取普遍主义和特殊主义的观点

① 《马克思恩格斯选集》第2卷，人民出版社1995年版，第43页。

都是片面的和错误的。文明的多样性和差异性既不是缺乏内在的有机联系的孤立性、分散性和离合性,也不是抹杀多样性文明之间存在着区别性的一致性、同质性和融合性。同中存异,异中有同,是客观事物固有的辩证法,也是各国多样性文明的本性。既看到同中之异,又看到异中之同,这是如实地、全面地认识事物的正确路径。

第四,局部与整体相结合。对和平与发展的时代主题以及各国多样性的文明作区域性和地方性的局部研究有助于人们通过局部把握整体,但它不能代替对时代主题以及多样性文明作整体系统的研究。只有将局部的研究上升为系统整合的研究,才能建构新的范式,从更高的平台和更宽广的视野了解人类文明的多样性与丰富性。也只有在对多样性文明作整体鸟瞰的基础上,才能更好地认识局部。只有在研究中既注重宏观上的鸟瞰,又注重微观上的剖析,才能更加全面地和系统地把握事物的多方面的属性,认识事物的多方面的内在联系,达到对事物本质和规律性的全面了解。中国的和平与发展是世界和平与发展的重要组成部分,中华文明也是世界文明的重要构成要素,研究中国的和平发展与世界和平发展的关系,研究中华文明与世界文明的关系,对于正确地认识和平与发展这一时代主题的国别性和世界性,以及正确地认识文明的国别性和世界性,并将多样性文明的国别性与世界性紧密地联系起来,都是十分必要的。

第五,静态与动态相结合。时代,总是指社会发展的一定时期或一定阶段。从静态的角度看,在这个特定的时期或特定的阶段,社会基本矛盾都有自己运动的相对稳定的特征。但是,时代又处于不断发展之中,出现前后相继的承接关系。时代主题与人类文明是个历史发展的过程,具有历史的延续性,即不断地从过去走向现代,再走向未来的发展过程。从历时性的眼光看时代主题,不同的时代都有不同的生产力与生产关系、经济基础和上层建筑的矛盾运动状态，都具有不同内容的时代主题。从历时性的眼光看人类文明，则有传统文明与现代文明以及未来文明的区别。传统是过去的历史，现在是历史的延伸，未来则是历史的发展。传统文明和现代文明以及未来文明之间存在着割不断的联系线索。不了解传统文明，也就无法从根本上认识现代文明以及未来文明；不了解现代文明和未来文明，也无法深刻认识传统文明。从共时性的眼光看，有因不同的体制和制度、不同的宗教信仰、不同的意识形态和价值观而区分开来的不同的文明模式。只有将历史的眼光、现实的当代眼光和前瞻的未来眼光结合起来，才能既说明传统文明与现代文明的联系与区别，又说明传统文明如何走向现代，走向未来，走向世界的问题。同时，也只有通过联系的、比较对照的以及动态发展的眼光，才能认识不同文明赖以形成和发展的根基和土壤，赖以协调和平等相处的原则和机制，以及多样性文明发生、发展和向未来演变的基本趋向。

第六，现象与本质相结合。科学研究的任务就是透过现象看本质。认识了本质，也就认识了事物的必然性和规律性。对于和平与发展时代主题与各国文明多样性的研究不能舍弃丰富多彩的现象，现象是对本质认识入门的向导，通过对大量现象的研究才能把握本质。和平与发展的时代主题以及文明多样性命题本身就既表现为现象的多样性，又表现为本质的多样性。对于多元文明表现出来的差异性乃至冲突性，其深层次的问题是什么，价值观的差异引发的文化冲突，其实质是什么，有没有规律可寻找等问题，要通过对大量现象的分析去发现本质，又在本质指导下了解现象和说明现象。事物的本质就是事物的内在联系。要把握事物的内在联系，就应该通过对事实的全部总和以及事实的内在联系去掌握事实。正如列宁所指出的："在社会现象领域，没有比胡乱抽出一些个别事实和玩弄实例更普遍，更站不住脚的了。……如果从事实的、从他们的联系去掌握事实，那么，事实不仅是‘顽强的东西’，而且是绝对确凿的证据。如果不是从整体上、不是从联系中去掌握事实，如果事实是零碎的和随意挑出来的，那么它们就只能是一种儿戏，或者连儿戏也不如。”①

2001年4月，作者应美中友好协会主席悉尼·格拉克的邀请，作为中国社会主义学者代表团成员赴美国参加“2001世界社会主义学者大会”。在资本主义最繁华的纽约市，来自中国、美国、英国、法国、德国、加拿大、墨西哥、南斯拉夫等国家的1000余名学者出席了会议。这么多来自多样性文明国度的会议代表，聚集在一起，热烈地讨论着如何在经济全球化的态势下加强全世界社会主义力量的联合，尽快用联合了的社会主义力量迎接社会主义新高潮到来的课题。会议结束，作者再一次来到纽约唐人街。唐人街上，高高矗立着的孔子雕像底部镌刻着《礼记·礼运篇》上的这样一段文字：“大道之行也，天下为公，选贤与能，讲信修睦。故人不独亲其亲，不独子其子，使老有所终，壮有所用，幼有所长，矜寡孤独废疾者皆有所养，男有分，女有归。货恶其弃于地也，不必藏于己；力恶其不出于身也，不必为己。是故谋闭而不兴，盗窃乱贼而不作，故外户而不闭，是谓大同。”古人所憧憬的马放南山，刀枪入库，自由、平等、博爱，天下祥和太平的大同世界以及和谐社会的美好理想，令后人浮想联翩，心驰而神往。与此同时，费孝通先生的“各美其美，美人之美，美美与公，天下大同”的充满诗情画意的话语仿佛就在耳边响起。作者为此而默默地在心里祈祷，祝社会和谐，世界和平，地球安宁，人类幸福。

① 《列宁全集》第28卷，人民出版社中文第2版，第364页。

第一章　时代主题与国际文明新秩序

人类文明是时代的产物。是在历史的潮流中冲破一个又一个急流险滩曲折多致地向前发展的过程。人类文明作为文化累积的复合系统，在不同的时代具有不同的内容和表现形式。当今时代，正在朝着世界多极化、政治民主化、经济全球化、信息网络化的方向发展，科技进步日新月异，全球和亚太地区的局势发生了深刻的变化，和平与发展已成为不可抗拒的历史潮流。世界的和平就是各国多样性文明之间的友好共存、协调沟通、合作包容。世界的发展就是多样性文明的相互作用，形成合力，推动经济、政治和文化的不断进步。在当代，世界要和平，人民要合作，国家要发展，社会要进步，是时代的主旋律和势不可挡的历史趋势。但是，影响世界和平与发展的各种复杂和不确定因素依然存在，一元与多元、单极与多极、分离与整合、断裂与重构、冲突与融合、紧张与缓和、在场与不在场、虚拟与现实之间的相互交织、相互作用和相互碰撞，时时存在，处处发生。多样性的全球文明需要在一个有序、良好、规范、和谐的国际新秩序中共存。建立公正、合理、民主、平等、友好的国际文明新秩序虽然任重道远，但是其价值已经越来越重大，呼声已经越来越强烈。人类文明发展的前景是美好的。

一、对时代和时代主题的认识历程

（一）列宁关于时代的思想

马克思主义经典作家都有关于时代问题的丰富论述。在马克思和恩格斯的著作中，在论述一定社会发展的历史时期时，使用过诸如"蒙昧时代"、"野蛮时代"、"文明时代"、"历史时代"、"古希腊罗马时代"等概念。在论述社会形态时，马克思按照生产方式或社会经济形态的发展和变化，把直到他所生活的年代为止的人类社会的发展，大体划分为四个历史时代。他在《政治经济学批判序言》中指出："大体说来，亚细亚的、古代的、封建的和现代资产阶级的生产方式可以看做是经济的社会形态演进的几个时代。"①在其他著述中，马克思则把亚细亚的和古代的生产方式归并为一种，统称为古代生产方式，把人类社会分为古代社会、封建社会和资产阶级社会三大历史时代。在另一些著述中则把人类历史划分为原始社会、奴隶社会、封建社会、资产阶级社会。总之，生产方式和社会经济制度的变化，是马克思划分时代的基本标准和依据。

现代意义上的时代理论，在社会主义国家领导人那里，最早主要是列宁提出来的。列宁认为，时代是一个关乎全世界的发展变化和国际整体联系的概念，严格意义上的时代概念如同国际概念一样，都是在资本主义兴起以后才出现的。对于无产阶级政党来说，正确地认识时代、把握时代以及界定时代主题具有十分重要的意义。列宁认为，无产阶级政党只有研究和把握时代问题以及时代主题，才能把握时代的各类矛盾和各种错综复杂的关系，并据此

① 《马克思恩格斯选集》第2卷，人民出版社中文第2版，第33页。

制定出正确的路线、方针和政策，才能团结一切可以团结的力量，尽快地推翻资本主义以及各种反动势力，推动人类文明的发展。列宁指出："首先考虑到各个'时代'的不同的基本特征（而不是个别国家的个别历史事件），我们才能够正确地制定自己的策略。"① 列宁所讲的时代，就是根据阶级斗争的观点确定的历史阶段，其含义包括这个阶段起决定作用的阶级，以及这个阶段的主要内容、无产阶级和资产阶级的力量对比、基本特征和发展趋势等。列宁还强调时代的世界性，认为时代的特征具有普遍性，不能限于个别国家。他认为要把时代同国际形势和革命运动联系起来，按照全世界资本主义发展状态和革命任务的阶段性来划分时代。在1903年的《我们纲领中的民族问题》一文中，列宁最早地提出了时代问题。他说19世纪后半期是"最后的资产阶级革命运动的时代"，而现在则是"处在无产阶级革命前夕的，反动派十分猖獗，各方面力量十分紧张的时代。"并说"这两个时代的区别是极其明显的"。② 1913年，列宁在《马克思主义学说的历史命运》一文中提出马克思主义诞生后的"世界历史三大时代"，即1848年到1871年，1871年到1905年，1905年以后。③ 在1915年的《打着别人的旗帜》一文中，列宁对时代问题作了比较系统的论述，第一次提出了"帝国主义时代"。在1916年出版的《帝国主义是资本主义的最高阶段》中，列宁对帝国主义作了全面分析，更多地提到了"帝国主义时代"。④ 1917年二月革命后，社会主义革命提到了议事日程，列宁第一次提出"无产阶级社会主义革命的时代"，并说明

① 《列宁全集》第26卷，人民出版社中文第2版，第143页。
② 《列宁全集》第6卷，人民出版社中文第2版，第474页。
③ 《列宁选集》第2卷，人民出版社1995年版，第305页。
④ 参见《列宁选集》第2卷，人民出版社1995年版，第559—560页。

这种革命是"世界无产阶级革命"。① 但是列宁并没有使用过"帝国主义和无产阶级革命的时代"的提法。这个概念是斯大林1924年在《论列宁主义的基础》的讲演中,给列宁主义下定义时首先使用的。此后就被看作是列宁主义的经典提法。虽然列宁的提法主要是指世界资本主义发展和无产阶级革命运动所处的特定的历史阶段,斯大林则在于说明列宁主义产生的时代背景和世界意义,两者并不完全是一回事。但是后来人们在使用时已经不加以区别,含义也就没有什么不同了。

列宁关于帝国主义时代和无产阶级革命时代的思想,主要是在1915年至1920年形成和发展起来的。基本内容大体上可以归纳为以下几个方面:第一,帝国主义是资本主义的特殊历史阶段,这种特殊性表现在:帝国主义是垄断的资本主义;帝国主义是寄生的或腐朽的资本主义;帝国主义是垂死的资本主义;帝国主义是无产阶级革命的前夜。第二,由于帝国主义政治经济发展的不平衡性,争夺市场和原料、争夺投资场所和势力范围、争夺世界霸权和扼杀各弱小民族的帝国主义战争是不可避免的,而且会接连发生。第三,战争必然引起革命,引起资本主义世界的崩溃。帝国主义战争造成的恐惧、灾难和破产,使现阶段的资本主义成为无产阶级共产主义革命的时代,这个时代已经开始。第四,这种革命是世界性的,要求各国工人阶级结成紧密的联盟,采取尽可能一致的革命行动。已经取得胜利的国家,要为推翻国际资本承担最大的民族牺牲,否则,一个国家的革命是不可能巩固的。第五,世界革命不是一天天地,而是一小时一小时地成熟起来,胜利已经为期不远了,参加共产国际成立大会的代表们也会看到世界苏维埃联邦共和国的成立。

① 《列宁全集》第29卷,人民出版社中文第2版,第474页。

任何理论都是时代的产物，都应该结合理论所处的时代背景加以认识，不能用超越时代的眼光来分析前人的思想，更不能忽视一个理论的前后演变和顺应变化了的时代需要而加以调整的过程。列宁关于时代的思想，是在资本主义面临着巨大的危机，工人阶级和资产阶级的矛盾日益尖锐化的产物。是革命处在高潮时的提法。从当时一些欧洲国家特别是俄国的形势来说确实是有根据的。并且为以后的十月革命的胜利所证实。但是，受当时各方面条件的限制，列宁在对帝国主义战争和战争与革命的关系的认识，对资本主义的生命力、自我调节能力和发展潜力的认识，对世界革命的进程和取得胜利时间的认识，对国际阶级斗争与民族国家的作用的认识等，也存在着认识上的局限性。

1920 年以后，德国和匈牙利的革命失败了，资本主义世界走向了相对稳定，苏维埃俄国打败了 14 国的武装干涉，取得了国内战争的胜利，世界形势出现了一定的均势和相对稳定性。列宁虽然始终寄希望于世界革命，但是随着形势的变化，他已经认识到第一次世界性的战争与革命周期已经结束，形成了社会主义制度能够在一个国家首先胜利的理论。其要点为，世界革命推迟了，但帝国主义也消灭不了苏俄，两种制度有可能长期共存。苏俄可以同资本主义国家建立经济贸易关系，苏俄一国也可以巩固无产阶级政权，并且具备了建设社会主义的经济条件；苏俄应当抓住机遇，全力进行社会主义经济建设，提高自己的综合实力，对外提出了和平共处，对内提出了新经济政策，致力于俄国的社会主义建设，而不再完全着眼于世界革命了。列宁这些正确的决策，挽救了苏俄和社会主义，并为建立苏联以及促进社会主义的发展奠定了基础。

（二）斯大林对于时代问题的认识

如何对待马克思列宁主义？是死守马克思列宁主义的个别结

论，还是根据新的实践和新的情况，在实践中推进马克思列宁主义的理论创新？这是一个十分重大的问题。长期以来，共产国际和斯大林存在着用教条主义的态度对待马克思列宁主义的错误。列宁在第一次世界大战期间，先后提出了“帝国主义时代”和“无产阶级革命时代”。这一提法，在共产国际和国际共产主义运动中就一直使用。第二次世界大战以后，世界形势发生了重大转折和时代交替。第二次世界大战属于反法西斯民主性质，世界无产阶级的任务不是进行夺取政权的国内战争，而是积极参加反法西斯战争。战后的革命高潮也主要是民族民主革命性质，而不是无产阶级社会主义革命性质。因此在战争期间和战争结束以后，包括主要资本主义国家在内的世界各国，都没有爆发无产阶级社会主义革命。这次世界范围内的战争与革命周期，出现的不是社会主义革命高潮，而是民族民主革命高潮。在这次高潮中，占人类大多数的殖民地和附属国获得了独立，殖民主义体系彻底崩溃，资本主义各国人民也争取到了一些政治上和经济上的民主权利，迫使资本主义作出一定的让步，还有一些国家走上了社会主义道路，大大改变了人类历史发展的进程。

斯大林创立了社会主义苏联模式。这一模式的产生在当时的背景下有着合理性，也给苏联带来了巨大的变化，使苏联只用十几年的时间完成了资本主义国家用 50 年至 100 年时间才完成的工业化进程。1937 年，苏联工业产值跃升世界第二位，欧洲第一位；建立起了部门比较齐全的国民经济体系，大大地提高了经济独立性和国防能力，后来得以成为世界反法西斯战争的主力军。苏联所坚持的一些基本做法，在当时总体上都是正确的。如经济上在大力发展生产力的基础上，实行生产资料公有制、按劳分配和国民经济有计划按比例的发展；政治上坚持工人阶级和劳动人民的政权，坚持共产党对这个政权的领导；意识形态上坚持共产主义思想体系的指导。但由于苏联是在没有现成的经验可以借鉴，又处于国内外错综复杂和异常险恶的环境下建设社会主义，因此，社会主义苏联模式也存在着一些较大失误，需要加以认真总结和从中吸取教训。特别是在对时代主题理解上存在的失误，导致了实践上的偏差。如仍然坚持战争与革命时代的发展模式和国际战略，实行了与战争和备战相适应的发展战略和集中管理体制，大肆扩军备战，人民生活水平得不到提高，社会主义的优越性无法得到充分发挥，共产党的执政能力以及党与人民的关系都出现重大问题，最终在与资本主义的经济竞赛中逐渐处于劣势地位，共产党的执政地位遭遇重大危机，执政形象严重受损。

（三）毛泽东对时代形势的判断

长期以来，在对时代和时代主题的认识问题上，受到了教条主义的束缚和极左思潮的影响，唯上唯书，唯苏联是从，闭关自守，对国际潮流和时代发展大势缺乏应有的正确认识。早在抗日战争时期，毛泽东写下了作为中国民主革命的理论和纲领的《新民主主义论》，基本观点是正确的，他制定的关于新民主主义的政治、经济和文化等方面的路线、方针和政策，对于中国革命的胜利起了重大的指导作用。但是在对时代的认识上，毛泽东认为，"现在的世界，是处在革命和战争的新时代，是资本主义决然死灭和社会主义决然兴盛的时代。"指出："封建主义的思想体系和社会制度，是进了历史博物馆的东西了。资本主义的思想体系和社会制度，已有一部分进了博物馆（在苏联）；其余部分，也已'日薄西山，气息奄奄，人命危浅，朝不虑夕'，快进博物馆了。"[①]在1947年发表的《目

① 《毛泽东选集》第2卷，人民出版社1991年版，第686页。

前形势和我们的任务》中，毛泽东乐观地认为："美国的战争景气，仅仅是一时的现象。它的强大，只是表面的和暂时的。国内国外的各种不可调和的矛盾，就像一座火山，每天都在威胁美国帝国主义，美国帝国主义就是坐在这座火山上。这种情况，迫使美国帝国主义分子建立了奴役世界的计划，像野兽一样，向欧亚两洲和其他地方乱窜，集合各国的反动势力，那些被人民唾弃的渣滓，组成帝国主义和反民主的阵营，反对以苏联为首的一切民主势力，准备战争，企图在将来，在遥远的时间内，有一天发动第三次世界大战打败民主力量。这是一个狂妄的计划。全世界民主势力必须打败这个计划，也完全能够打败它。全世界反帝国主义阵营的力量超过了帝国主义阵营的力量。优势是在我们方面，不是在敌人方面。以苏联为首的反帝国主义阵营，已经形成。没有危机的、向上发展的、受到全世界广大人民群众爱护的社会主义的苏联，它的力量，现在就已经超过了被危机严重威胁着的、向下衰落的、受到全世界广大人民群众反对的帝国主义的美国。……现在是全世界资本主义和帝国主义走向灭亡，全世界社会主义和人民民主主义走向胜利的历史时代，曙光就在前面，我们应当努力。"①毛泽东的话对于鼓舞士气，激励斗志，起着极大的作用，但是，他对时代发展趋势的预测并不符合客观实际。

新中国成立以后，我们仍然坚持"帝国主义和无产阶级革命时代"的理论，过高地估计战争危险和世界革命的来临，认为"社会主义和民族解放运动的发展剧烈地加速了帝国主义的没落过程"，"帝国主义各国的社会，由于深刻的阶级矛盾和这些国家之间的尖锐矛盾，正在分崩离析"。"我们时代的主要特征，是世界社会主义体系正在成为人类社会发展的决定性因素"，"社会主义

---

① 《毛泽东选集》第4卷，人民出版社1991年版，第1259—1260页。

力量日益明显地超过帝国主义”，“社会主义在世界生产中的比重方面，也占有首要的时候已经不远了”，“世界资本主义体系处在一个深刻的衰落和瓦解的过程中”。① 这种对形势的判断，虽然具有当时深刻的时代背景，但是，与以后形势的发展并不相吻合。

中苏关系破裂和美国侵略越南战争的升级，我国安全受到了严重的威胁，在严峻的形势下，就更加过高估计了战争的危险，把备战放在了第一位，认为世界大战不可避免，要立足于“早打、大打、打核战争”。说什么：“美苏的激烈争夺，总有一天要导致世界大战”，“战争迫在眉睫”，“敌人一天天烂下去，我们一天天好起来”，“当前世界的主要倾向是革命”，“战争与革命因素都在增长”，特别寄希望于亚、非、拉的新民主主义革命，甚至提出世界范围内的“农村包围城市”的战略。对时代主题判断的失误，导致巨大损失。从打仗和打大仗、打恶仗特别是打核大战出发，大搞三线建设，但是，也要客观地说，在当时那种“山雨欲来风满楼”的国际形势下，本着未雨绸缪的态度，对未来形势的判断，想得严重些和糟糕些，并且做好应付可能随时发生的险恶形势的各种准备，也是必要的和情有可原的。

党的十一届三中全会以来，坚持解放思想，实事求是，科学地认识形势和分析时代的矛盾，人们的思想终于从关于时代主题是“帝国主义和无产阶级革命时代”的唯一的理解中走了出来，关于和平与发展是当今时代主题的思想逐渐被人们所接受。和平与发展作为时代主题的科学论断，是中国对时代发展和国际形势的根本判断，是制定现代化建设总路线的基础，是中国推动对外开放，对内搞活的重要前提条件，是中国对内建设和谐社会，对外建设和谐世界的重要行动指南。确定和平与发展是时代主题的理念，主

① 1960 年 12 月 4 日《人民日报》。

张在这一时代主题下认识和承认各国文明具有多样性,建立起国际文明新秩序,是邓小平建设中国特色社会主义理论的重要组成部分,是他对科学社会主义理论的重大贡献。

二、邓小平的时代主题与国际文明新秩序思想

正确判断世界形势,把马克思主义的普遍真理与中国的实际相结合,用发展着的马克思主义指导实践,实事求是,解放思想,开拓创新,抓住和平与发展的时代主题,根据各国文明多样性的事实,制订出建设中国特色社会主义的发展战略,抓住机遇,用足时机,加快发展自己,是邓小平作为中国改革开放总设计师的杰出贡献。

(一)在和平与发展时代主题语境下构建国际文明新秩序

第二次世界大战结束以后,世界处在相对平静和缓和时期,尽管战争的危险始终存在,局部战争也从来没有停止过,但是没有爆发出超出地区性局部战争的大规模战争,关于“世界大战不可避免”、“和平只是两次战争的间歇”的判断以及关于资本主义矛盾激化必然导致无产阶级世界革命的预言都没有成为现实。邓小平根据资本主义发展出现的新情况和世界形势出现的新特点,果断地抛弃长期固守的战争与革命的错误判断,使用和平与发展是时代主题的新判断。邓小平对于时代主题的正确判断,建立在他具有高明的全球意识以及全球政治意识的基础上。

当今世界,全球化的趋势越来越明显,所谓全球意识就是对经济全球化所促成的世界普遍联系事实的反映。全球政治意识则是关于全球政治关系、政治格局的现状以及未来走向、政治价值判断

标准、政治发展的目标模式和动因以及全球政治发展的共性与一国政治发展的个性之关系等思想观点的总和；是一种既立足又超越于民族本土范围和世界历史空间的政治远程意识和政治系统意识。邓小平具有极其宽广的全球政治意识视野。

首先，纵论天下，概括全球性的战略问题。邓小平的全球政治意识突出地表现在他以非凡的胆略，放眼世界、扫描全球、前瞻未来的远大视野，科学分析和精辟概括了全球性的战略问题，并以此为宏观背景，制定中国的政治路线、政治目标和政治任务。

邓小平运用唯物史观关于社会基本矛盾的原理，将观察视线和思维空间置于当今世界的制高点上，考察分析了第二次世界大战以来国际形势的发展和变化，根据全球范围争取世界和平、争取经济发展的时代潮流，鲜明地提出和平与发展是当今时代的两大问题。邓小平指出："现在世界上真正大的问题，带全球性的战略问题，一个是和平问题，一个是经济问题或者说发展问题。和平问题是东西问题，发展问题是南北问题。概括起来，就是东西南北四个字。"①他多次谈到，现在世界上的问题很多，"但都不像这两个问题关系全局，带有全球性、战略性的意义。"②邓小平认为和平是有希望的，现在南北问题即发展问题十分突出。"发达国家越来越富，相对的是发展中国家越来越穷。南北问题不解决，就会对世界经济的发展带来障碍。解决这个问题当然要靠南北对话，我们主张南北对话。不过，单靠南北对话还不行，还要加强第三世界国家之间的合作，也就是南南合作。第三世界国家相互交流，相互学习，相互合作，可以解决许多问题，前景是很好的。发达国家应该清楚地看到，第三世界国家经济不发展，发达国家的经济也不可能

① 《邓小平文选》第3卷，人民出版社1993年版，第105页。

② 同上书，第96页。

得到较大的发展。”①邓小平纵论全球两大问题，提出了他的全球利益观和全球利益协调观。基于此，他语重心长地说：“应当把发展问题提到全人类的高度来认识，要从这个高度去观察问题和解决问题。只有这样，才会明了发展问题既是发展中国家自己的责任，也是发达国家的责任。”②

以全球政治意识鸟瞰世界大势，邓小平看到了世界人民反对战争，主张和平，反对强权政治和霸权主义的强大历史潮流，改变了世界大战不可避免的传统观点，对战争与和平作出了新的科学论断，邓小平认为，我们所说的和平，主要是指不打世界大战。他说：“因为我们讲的战争不是小打小闹，是世界战争。”③从第二次世界大战结束至今，局部的战争从来没有停止过，但是局部战争破坏的只是局部和平。虽然规模大一些的战争还会引起国际关系的紧张和国际局势的动荡不安，但是都影响不了国际和平的大局，改变不了世界和平发展的总趋势。邓小平满怀信心地说：“总起来说，世界和平的力量在发展”，“虽然战争的危险还存在，但是制约战争的力量有了可喜的发展。”④因而，“在较长时间内不发生大规模的世界战争是有可能的，维护世界和平是有希望的。根据对世界大势的这些分析以及对我们周围环境的分析，我们改变了原来认为战争的危险很迫近的看法。”⑤邓小平还科学地论证了和平与发展之间的辩证关系，认为和平是发展的前提条件，没有和平的局面无法发展；发展有助于保证和平，他特别重视通过全球发展来维护全球和平，指出：“现在看来第三次世界大战短时期内不会打。

① 《邓小平文选》第3卷，人民出版社1993年版，第56页。
② 同上书，第282页。
③ 同上书，第104页。
④ 同上书，第105页。
⑤ 同上书，第127页。

当然战争的危险依然存在。但是可以争取相当长一段时间的和平。如果世界和平的力量发展起来,第三世界国家发展起来,可以避免世界大战。"①他进而预测:"争取比较长一点的和平时间是可能的。如果下一个世纪五十年里,第三世界包括中国有一个可喜的发展,整个欧洲有一个可喜的发展,我看那个时候可以真正消除战争的危险。"②

邓小平揭示了全球性的两大问题,也就是全球性的两大基本矛盾。他精辟概括的全球性的战略问题,实质上是对全球基本矛盾的科学概括和总体性的说明,客观如实地反映了当今世界形势和时代发展潮流,为我们正确地观察和判断全球政治发展大势和未来走向,利用好机遇加快发展,在新形势下推动文明进步提供了方法论的指导。

其次,面向未来,预见全球化的发展趋势。全球化现在已成为一种新的世界话语和时代主流。它不仅发生在经济领域,而且也反映在政治领域。与经济领域中各国在资本、资源、技术、信息等方面的高度融合和相互依存,以及经济形式、经济活动主体、经济活动空间呈现出"全球一统"的大格局相伴随,在政治领域,全球化引起了多元政治体系、多元政治制度以及多元政治文化的碰撞、渗透、融合和新的构建,导致各个民族国家的政治发展相互承认、尊重以及维护和促进世界政治体系的共同标准,形成有关政治民主、政治公正、政治平等、政治权利、政治价值、政治评判、政治秩序、政治发展等方面的共识。在《邓小平文选》中虽然没有"全球化"一词,但是,他从全球政治的角度,对全球化及其发展趋势作了深刻的论述。邓小平的全球化思想内容极其丰富,见解非常深

① 《邓小平文选》第3卷,人民出版社1993年版,第249页。

② 同上书,第233页。

刻。在当今的全球化理论中有着独特的话语权和重大价值。

其一,揭示了全球政治朝着多极化方向发展的趋势。在邓小平看来,多极化是全球政治发展的基本趋势。从历时性看,全球政治依次经过了欧洲中心,由欧洲中心向美国中心转变,再由美国中心到多极政治格局并存的三大阶段。邓小平深刻地指出:"现在旧的格局在改变中,但是实际上并没有结束,新的格局还没有形成。和平与发展两大问题,和平问题没有得到解决,发展问题更加严重。""美苏垄断一切的情况正在变化。世界格局将来是三极也好,四极也好,五极也好,苏联总还是多极中的一个,不管它怎么削弱,甚至有几个加盟共和国退出去。所谓多极,中国算一极。中国不要贬低自己,怎么样也算一极。"①同时,邓小平还清楚地看到,当今世界多极格局的形成和并存,并不意味着多极均势的形成。多极格局在力量对比上是不平衡的,存在着强势和弱势之分。以美国为首的一些西方发达国家凭借着强大的经济实力和军事实力,在多极化并存的政治格局中处于强势地位,而一些发展中国家则处于弱势地位。邓小平指出:"过去两个超级大国主宰世界,现在情况变了。但是,强权政治在升级,少数几个西方发达国家想垄断世界,这点我们看得很清楚。"②对于全球政治未来发展的趋势,邓小平很乐观,他说:"现在出现的新的霸权主义、强权政治,是不能长久维持的。少数国家垄断一切,这种形式过去多少年没有解决任何问题,今后也不能解决任何问题。"③

其二,揭示了霸权主义和强权政治在当代的新战略。全球化意味着经济、政治、文化等活动日益超越民族和国家的界限,走向

---

① 《邓小平文选》第3卷,人民出版社1993年版,第353页。

② 同上书,第329页。

③ 同上书,第360页。

国际化的过程;意味着当今世界各国都面临着在经济、科学技术方面的激烈竞争,都需要和平安宁的国际环境。在当今国际政治舞台上遏止战争、维护世界和平的力量占据主导地位的情况下,霸权主义和强权政治不得不改变过去那种对社会主义国家、对第三世界国家采取的赤裸裸的颠覆、硬性渗透、强行倾销意识形态的露骨手段,而采用柔和的文化价值观渗透的战略,企图使"整个共产主义世界瓦解","达到不战而胜"的目的。当国际资本主义势力在东欧和苏联大力推行和平演变战略时,邓小平就指出:"我希望冷战结束,但现在我感到失望。可能是一个冷战结束了,另外两个冷战又已经开始。一个是针对整个南方、第三世界的,另一个是针对社会主义的。西方国家正在打一场没有硝烟的第三次世界大战。所谓没有硝烟,就是要社会主义国家和平演变。"①现在,以美国为首的霸权主义势力,乘全球化之机,凭借着强大的经济实力和雄厚的知识智能的积累,凭借着科技力量的绝对优势,强行地传播和推销着他们的政治意识形态和价值观,加强和平演变的政治攻势,打一场没有硝烟和枪炮声的新的战争。这些事实从另一个侧面充分印证了邓小平这一观点的正确性。

其三,提出政治家应具有全球政治责任意识,为全球的和平与发展作出积极贡献。在全球国与国之间的联系越来越紧密,全球政治相关性越来越强的情况下,邓小平认为各国政治家具有强烈的全球政治责任意识越来越重要。这种全球政治责任意识要求政治家应该本着既对本国负责,又对全世界全人类负责的责任感协调好全球政治关系,保证全世界和平与发展事业的顺利发展。邓小平指出,中国人考虑问题,不是从自己的角度,而是从全球战略的角度来考虑的。他尖锐地批评了霸权主义和强权政治,指出他

① 《邓小平文选》第3卷,人民出版社1993年版,第344页。

们动不动就干涉别国内政，干涉别国的社会制度，是一种极不负政治责任的做法。他说："要求全世界所有国家都照搬美、英、法的模式是办不到的。世界上那么多伊斯兰国家就根本不可能实行美国的所谓民主制度，穆斯林人口占了世界人口的五分之一。中华人民共和国不会向美国学习资本主义制度，中国人口也占了世界人口的五分之一。还有非洲，非洲统一组织的强烈的普遍的呼声就是要求别国不要干涉他们的内政。这是世界局势的一个大背景。在这样的背景下，如果西方发达国家坚持干涉别国内政，干涉别国的社会制度，那就会形成国际动乱，特别是第三世界不发达国家的动乱。第三世界国家要求有稳定的政治环境来摆脱贫困。政治不安定，谁还有精力搞饭吃？更谈不上发展了。"[①]针对以美国为首的霸权主义到处插手，唯恐天下不乱，特别是在东欧、苏联制造动乱得逞后，妄图在中国制造政治动乱的阴谋，邓小平指出："东欧事件发生后，我跟美国人说，不要高兴得太早，问题还复杂得很。现在东欧的问题尚未解决，再捅别的乱子干不得！可以设想一下，如果中国动乱，那将是个什么局面？……一打内战就是血流成河，还谈何'人权'？一打内战就是各霸一方，生产衰落，交通中断，难民不是百万、千万而是成亿地往外面跑，首先受影响的是现在世界上最有希望的亚太地区。这就会是世界性的灾难。所以，中国不能把自己搞乱，这当然是对中国自己负责，同时也是对全世界全人类负责。外国的负责任的政治家们也会懂得，不能让中国乱。"[②]在全球化趋势越来越明显的今天，邓小平关于保持安定良好的国际秩序需要政治家们确立全球政治意识的论断是何等的重要和富有现实意义！

---

① 《邓小平文选》第3卷，人民出版社1993年版，第359—360页。

② 同上书，第360—361页。

再次,雄观五洲,倡议建立新的全球政治、经济新秩序。在和平与发展已经成为时代主题的新形势下,建立一个什么样的全球政治、经济新秩序,已成为国际社会普遍关心和当代最重大的战略问题。显然,只有增强全球政治意识,才能对这一问题作出科学的构想。邓小平率先提出了建立国际新秩序的问题。他说:"世界上现在有两件事情要同时做,一个是建立国际政治新秩序,一个是建立国际经济新秩序。"①1988 年 9 月,邓小平在同斯里兰卡总统谈话时提出,中国坚定不移的对外政策是反对霸权主义和强权政治,维护世界和平。现在需要建立国际经济新秩序,也需要建立国际政治新秩序。新的政治秩序就是要结束霸权主义。随着雅尔塔格局崩溃后,世界格局的变动必然要求国际新秩序的相应转变。邓小平强调,现在的国际政治出现了新的情况,由对抗转到对话,由僵持转向合作,由紧张转向缓和,看来应当提出建立国际新秩序的问题了。

建立国际新秩序的问题,是关系到全球政治格局的稳定、公正、合理以及各国政治有序发展,各国多样性文明共存的时代大课题。以往旧的国际秩序的本质特征都是由一、两个或几个大国操纵和垄断国际事务,推行强权政治和霸权主义。无论是拿破仑战争后建立起来的维也纳体系,第一次世界大战后建立的凡尔赛—华盛顿体系,还是第二次世界大战后形成的雅尔塔体系,都是如此。现在,全球要探索建立的是一种既能反映当今时代特征,又能为各国所接受并付诸实施的国际新秩序。为此,唯有摒弃民族主义的狭隘眼光,摒除霸权主义、强权政治或条约组织的做法,确立具有远见卓识的全球政治意识,才能达到目的。从全球政治关系、政治利益和政治发展的角度考察,邓小平主张,国际关系新秩序的

① 《邓小平文选》第 3 卷,人民出版社 1993 年版,第 282 页。

最主要原则,应该是和平共处五项基本原则。

邓小平认为,和平共处五项基本原则之所以是最有生命力的,是最经得起考验的,是最能够为不同社会制度的国家服务,能够为不同发达程度的国家服务的,这是因为这一原则站在全球政治利益和政治关系协调发展的高度,充分反映了全球政治共性与各民族政治个性的兼容性和相关性。因而他指出:“处理国与国之间的关系,和平共处五项原则是最好的方式。其他方式,如‘大家庭’方式,‘集团政治’方式,‘势力范围’方式,都会带来矛盾,激化国际局势。总结国际关系的实践,最具有强大生命力的就是和平共处五项原则。”①

要推动和平与发展事业,建立稳定、公正、合理的国际政治和经济新秩序,邓小平认为全球各国都应该确立如下基本信条:世界是丰富多彩的,文明具有多样性,各个国家的情况存在很大的差异,每个国家的人民有根据本国国情,选择适合自己的社会制度和发展道路的权利,其他国家不得干涉;国家之间的政治和经济关系都应当建立在互相尊重主权和领土完整、互不侵犯、互不干涉内政、平等互利、和平共处五项原则的基础上;国家无论大小、贫富、强弱,都应作为国际社会中平等的一员参与国际事务,绝不能由少数几个国家垄断和操纵,发展中国家和人民有权自行选择和决定他们自己的经济和社会制度,中国支持发展中国家对自己的自然资源享有和行使永久主权;各国之间应该相互尊重,平等相待,求同存异,友好相处;国与国发生争端,应遵循联合国宪章和国际法准则,通过协商和平解决,不得诉诸武力或以武力相威胁;发达国家不能用损害发展中国家利益的办法来谋求自己的利益;国际贸易应当建立在平等互利、互通有无的原则基础上,中国支

① 《邓小平文选》第3卷,人民出版社1993年版,第96页。

持发展中国家建立各种原料输出国组织，进行反对殖民主义和霸权主义的联合斗争；对发展中国家的经济援助，应当严格尊重受援国的主权，不得附带任何政治、军事条件，不要求任何特权和借机牟取暴利；对发展中国家的技术转让必须实用、有效、廉价和方便。

邓小平关于和平与发展是时代主题，各国文明具有多样性，必须以和平共处五项基本原则为指导，建立国际政治、经济新秩序的主张，体现了对各国独立和主权、领土完整的尊重、对各国所选择的社会制度、发展道路、发展方法以及发展模式的尊重，完全符合《联合国宪章》的宗旨和原则，因而在国际关系领域中具有很强的针对性和适应性，受到了全世界爱好和平与发展的人民的拥护和支持。

（二）在和平与发展时代主题下设计当代中国政治发展蓝图

邓小平的全球政治意识的一个重大特点是，既以宏观鸟瞰的远程视野全息扫描了全球政治态势和国际秩序格局，又以全球政治和国际格局作为参照系，把民族本土政治问题置于全球政治系统中加以比较考察，并以此来确定民族本土政治的个性特色、模式选择、目标任务、发展趋势等问题。这就正确地处理了开放的全球性与民族性、发展的全球性与民族性、现代化的全球性与民族性、民主政治的全球性与民族性等一系列重大的和现实的关系问题。

首先，开放的全球性与民族性。邓小平关于中国对外开放的思想是在全球开放的宏观背景下提出来的，又在实践中将这一思想作为建设有中国特色社会主义的战略方针和基本国策。

全球大开放的格局是资本主义的生产力发展所促成的。马克思和恩格斯指出："资产阶级，由于开拓了世界市场，使一切国家的生产和消费都成为世界性的了。”①马克思用“历史向世界历史的转变”的命题论证了全球大开放的发展趋势。邓小平遵循马克思的这一思想，在新的历史条件下指出：“现在的世界是开放的世界”，②从而深刻地揭示了当代世界政治、经济发展是一个大系统的基本特征和总趋势，并且以此出发，强调摒弃陈旧落后的思想观念，树立开放创新的思想观念的必要性。他认为，世界从封闭型转向开放型，世界各国各地区的联系更加紧密，交往更加频繁多样，全球发展逐步呈现出系统化和网络化的趋势，人们的观念必须适应这一变化，必须从封闭保守转向开放创新。他说：“世界形势日新月异，特别是现代科学技术发展很快。现在的一年抵得上过去古老社会几十年、上百年甚至更长的时间。不以新的思想、观点去继承、发展马克思主义，不是真正的马克思主义者。”③

将当代中国的开放置于全球化和全球开放的宏观背景下加以考察，邓小平向人们昭示了这样一个清晰的事实：一个民族开放则兴，封闭则衰，封闭只能导致落后。而落后就会挨打。他总结了中国近代史和新中国成立以来的教训，强调中国只能开放，不能封闭。他指出：“因为现在任何国家要发达起来，闭关自守都不可能。我们吃过这个苦头，我们的老祖宗吃过这个苦头。”“如果从明朝中叶算起，到鸦片战争，有三百多年的闭关自守，如果从康熙算起，也有近二百年。长期闭关自守，把中国搞得贫穷落后，愚昧无知。中华人民共和国建立以后，第一个五年计划时期是对外开放的，不过那时只能是对苏联东欧开放。以后关起门来，成就也有一些，总的说来没有多大发展。④“以史为鉴，可知兴

① 《马克思恩格斯选集》第1卷，人民出版社1995年版，第276页。

② 《邓小平文选》第3卷，人民出版社1993年版，第64页。

③ 同上书，第291—292页。

④ 同上书，第90页。

衰”。邓小平语重心长地说：“历史经验教训说明，不开放不行”。“你不开放，再来个闭关自守，五十年要接近经济发达国家水平，肯定不可能。”①“关起门来，故步自封，夜郎自大，是发达不起来的。”②

邓小平还就全球大开放格局下民族开放的必要性和紧迫性作了深刻的论述。他认为：“科学技术是人类共同创造的财富。任何一个民族、一个国家，都需要学习别的民族、别的国家的长处，学习人家的先进科学技术。我们不仅因为今天科学技术落后，需要努力向外国学习，即使我们的科学技术赶上了世界先进水平，也还要学习人家的长处。”③这就深刻揭示了在全球大开放的格局下，任何民族、任何国家都不能脱离世界，一个民族、一个国家的开放与全球开放具有对流性、互补性的哲理，为囿于民族本土的人们观察问题洞开了一个崭新的视域。

其次，发展的全球性与民族性。将中国发展置于全球发展的宏观背景下认识，进而提出中国发展的必要性和紧迫性、中国发展与世界发展的关系、在全球发展大趋势下中国发展的模式选择等问题，是邓小平发展理论的显著特色。

第一，邓小平揭示了在全球发展态势下中国发展的必要性和紧迫性。全球化推动了全球大发展。邓小平洞察了20世纪60年代以来新技术革命对西方发达国家经济发展的巨大推动作用，并从中找出了我国的差距。他指出：“中国六十年代初期同世界上有差距，但不太大。六十年代末期到七十年代这十一二年，我们同世界的差距拉得太大了。这十多年，正是世界蓬勃发展的时期，世

① 《邓小平文选》第3卷，人民出版社1993年版，第90页。

② 《邓小平文选》第2卷，人民出版社1994年版，第132页。

③ 同上书，第91页。

界经济和科技的进步,不是按年来计算,甚至于不是按月来计算,而是按天来计算。"①正是基于与全球比较后产生的强烈危机意识,邓小平反复强调中国发展的紧迫性。

第二,邓小平论述了中国发展与全球发展的辩证关系。他认为中国发展与全球发展是相互影响和相互作用的。一方面,"中国的发展离不开世界。"②另一方面,邓小平论证了中国发展的世界意义,指出:外国企业家、专家"帮助中国的发展,对世界有利。""从世界的角度看,中国的发展对世界和平和世界经济的发展有利。西方政治家要清楚,如果不帮助发展中国家,西方面临的市场问题、经济问题,也难以解决。经济上的开放,不只是发展中国家的问题,恐怕也是发达国家的问题。现在世界上占总人口四分之三的地区是发展中国家,还谈不上是重要市场。世界市场的扩大,如果只在发达国家中间兜圈子,那是很有限度的。"③邓小平进而指出,中国发展的世界意义还在于,中国的发展是世界和平的基础。因为"中国的发展是和平力量的发展,是制约战争力量的发展"。因此,"中国越发展,世界和平越有基础"。"中国发展得越强大,世界和平越靠得住。"④基于这一认识,邓小平"希望国际工商界人士,从世界角度来考虑同中国的合作"。⑤ 要求各国政治家"应当把发展问题提到全人类的高度来认识,要从这个高度去观察问题和解决问题。"⑥

第三,邓小平阐明了全球发展的共性与中国发展的个性的关

---

① 《邓小平文选》第2卷,人民出版社1994年版,第231—232页。

② 《邓小平文选》第3卷,人民出版社1993年版,第78页。

③ 同上书,第79页。

④ 同上书,第104页。

⑤ 同上书,第79页。

⑥ 同上书,第282页。

系问题。全球发展表现为全球的进步进程,体现在全球生产力的发展、社会文明的进步和人类整体素质的提高等诸多方面。全球发展的质和量的规定性对于任何民族的发展都起到指导和参照作用。但是,各国由于发展的起点不同、国民综合文化素质不同、历史条件不同、环境不同、面临的任务不同,又具有各自的个性特征。因此,邓小平认为中国的发展不能照搬照抄别国的模式,必须走自己的路。他说:"改革开放必须从各国自己的条件出发,每个国家的基础不同,历史不同,所处的环境不同,左邻右舍不同,还有其他许多不同。别人的经验可以参考,但是不能照搬。过去我们中国照搬别人的,吃了很大苦头。中国只能搞中国的社会主义。"①在党的十二大开幕词中,邓小平以鲜明的语言,郑重地宣布:"把马克思主义的普遍真理同我国的具体实际结合起来,走自己的道路,建设有中国特色的社会主义,这就是我们总结长期历史经验得出的基本结论。"②

再次,现代化的全球性与民族性。现代化已经成为全球的潮流。中国的现代化是全球现代化的一个重要组成部分。邓小平认为中国的现代化蓝图既要反映全球现代化的共性,又必须依据中国的国情,建设有中国特色的社会主义现代化。

从全球现代化的共性来说,现代化是一个包容了社会的经济、政治、管理、文化、心理等各个方面变革的艰巨而漫长的过程。一方面,现代化是与传统相对的,现代化是对传统的变革过程。人类社会对传统的变革是从工业革命开始的,人类通过工业革命和不断积累,发展着科技力量,彻底摧毁着旧的传统和落后状态,将社会推进到一个崭新的历史发展阶段。现代化带来的划时代的变革

① 《邓小平文选》第3卷,人民出版社1993年版,第265页。

② 同上书,第3页。

有:传统农业文明向现代工业文明以及后工业文明(知识、信息文明)的转变;从自给自足的自然经济向现代的商品经济的转变;从专制政治向现代民主政治的转变;从地方性的历史向世界历史的转变;从封闭狭隘的人际交往到复杂开放的多样的人际交往的转变;从传统思维方式到现代思维方式的转变。另一方面,现代化对传统的变革是一个整体的变革,而不是某一局部和某一领域的变革。人类社会是一个有机联系的统一整体,社会生活的各个领域都是相互联系、相互制约和相互影响的。传统的生产方式必然造成传统的政治结构和组织形式、传统的管理模式、传统的生活方式和思维方式、传统的价值观念等。因此,只有通过整体变革,才能实现社会现代化。此外,全球现代化还有量化了的指标体系,如世界银行报告、英格尔斯的现代化指标体系、恩格尔系数等。

中国的现代化既要考虑全球现代化的共性,借鉴其成功的经验,更要从中国的实际出发,建设中国特色的现代化。邓小平认为,中国特色的现代化必须从中国处在社会主义初级阶段这一国情出发,制定中国现代化的战略方针和各项政策,都不能无视或忽视这一国情。党的十三大前夕,邓小平指出:“我们党的十三大要阐述中国社会主义是处在一个什么阶段,就是处在初级阶段,是初级阶段的社会主义。社会主义本身是共产主义的初级阶段,而我们中国又处在社会主义的初级阶段,就是不发达的阶段。一切都要从这个实际出发,根据这个实际来制订规划。”①邓小平提出的三步走的现代化发展战略,就是根据中国社会主义初级阶段的基本国情而定的,它为我国的社会主义现代化建设指明了方向。

最后,民主政治的全球性与民族性。民主政治是全球的理性选择,也是社会主义的本质属性和内在要求。在邓小平的全球政

① 《邓小平文选》第3卷,人民出版社1993年版,第252页。

治意识视野里,中国的民主政治建设既要兼顾全球民主政治的一般原则,如主权在民的原则,自由平等公正的原则,法治和顺序的原则,公开性原则和人权原则等,同时,更要从社会主义民主政治的质的规定性,从中国社会主义初级阶段的国情出发,处理好民主政治的全球性与民族性的关系问题。

其一,邓小平认为发展社会主义民主是我们党长期的奋斗目标,民主政治是社会主义的根本特征。他说:"没有民主就没有社会主义,就没有社会主义的现代化。"①他提出要将社会主义民主政治建设放到社会主义现代化建设总体布局的战略位置上加以考察,视为中国共产党必须长期坚持的坚定不移的奋斗目标。他强调指出:"我们进行社会主义现代化建设,是要在经济上赶上发达的资本主义国家,在政治上创造比资本主义国家的民主更高更切实的民主,并且造就比这些国家更多更优秀的人才。"②

其二,邓小平指出,发展民主政治,只能搞社会主义民主,不能搞资本主义民主。"我们实行的民主不是搬用西方的民主。"③他又说:"关于民主,我们大陆讲社会主义民主,和资产阶级民主的概念不同。西方的民主就是三权分立,多党竞选,等等。我们并不反对西方国家这样搞,但是我们中国大陆不搞多党竞选,不搞三权分立、两院制。我们实行的就是全国人民代表大会一院制,这最符合中国实际。"④他认为,社会主义民主的本质,决定了我们不能走西方民主制的道路。因为"资本主义社会讲的民主是资产阶级的民主,实际上是垄断资本的民主,无非是多党竞选、三权鼎立、两院制。我们的制度是人民代表大会制度,共产党领导下的人民民主

① 《邓小平文选》第2卷,人民出版社1994年版,第168页。

② 同上书,第322页。

③ 《邓小平文选》第3卷,人民出版社1993年版,第211页。

④ 同上书,第220页。

主义制度，不能搞西方那一套。”“我们必须进行政治体制改革，而这种改革又不能搬用西方那一套所谓的民主，不能搬用他们的三权鼎立，不能搬用他们的资本主义制度，而要搞社会主义民主。我们要根据社会主义国家自己的实践、自己的情况来决定改革的内容和步骤。每一个社会主义国家的改革又都是不同的，历史不同，经验不同，现在所处的情况不同，各国的改革不可能一样。但是，共同的一点是要保持自己的优势，避免资本主义社会的毛病和弊端。”①

其三，邓小平阐明了社会主义民主是一个逐步发展和完善的过程。他说：“民主和现代化一样，也要一步一步地前进。”②要从中国的实际出发，有领导有步骤有秩序地逐步推进，欲速则不达。比如普选制，中国也可以搞，但是现在条件还不够成熟，如果匆忙搞，形式上竞选可能很热闹，实际上达不到真正体现民意的目的。邓小平指出：“即使搞普选，也要有一个逐步的过渡，要一步一步来。”“因为我们有十亿人口，人民的文化素质也不够，普遍实行直接选举的条件不成熟。其实有些事情，在某些国家能实行的，不一定在其他国家也能实行。我们一定要切合实际，要根据自己的特点来决定自己的制度和管理方式。”③邓小平在这里既阐明了民主是逐步发展的历史进程，又说明了民主建设在不同的国家和不同的社会制度下的特殊性问题。

（三）邓小平时代主题与国际文明新秩序思想的当代价值

邓小平关于时代主题和建立国际新秩序思想所表现出来的全

---

① 《邓小平文选》第3卷，人民出版社1993年版，第240—241页。

② 《邓小平文选》第2卷，人民出版社1994年版，第168页。

③ 《邓小平文选》第3卷，人民出版社1993年版，第220—221页。

球政治意识，是我们党和人民实践经验和集体智慧的结晶，是马克思主义普遍真理与中国实际相结合的典范，是当代中国时代精神的精华。它对于我们立足本土，放眼全球，建设有中国特色的社会主义有极其重要的方法论意义。

首先，有助于我们自觉地用全球政治意识观察全球化现实，促使当代中国政治更加开放化和国际化。当今世界，经济全球化已经成为不争的事实。经济全球化的一个显著特点就是经济超越民族国家的界限，成为世界性的经济。游离于世界经济之外的封闭状态的民族经济已无法存在。同时，经济全球化必然全方位地向社会生活的各个领域渗透和深化，在政治等领域表现出来。总而言之，经济全球化会带来政治全球化，而政治全球化必然导致不同政治体系、政治价值准则、政治文化主张、政治话语等的交流、沟通对话以及融合互补，使全球政治在多元并存的格局下迈向更大的开放性、平等性和融合性，使政治霸权主义和单一政治模式妄图一统天下的努力成为泡影。

面对经济全球化的现实，深刻领悟邓小平全球政治意识的意蕴，会极大地拓宽人们的政治视域和政治思维空间，改变人们特别是政治家们往往从本国或本民族出发观察和处理问题的狭隘眼界，促使人们更加自觉地从全球视角去处理国际关系和国际事务，把握国际政治局势和发展趋势。中国政治与全球政治具有相关性。中国是国际社会的重要一员和重要力量，中国应该将国际社会视为自身发展的现实背景。全球政治影响到中国政治，在某种程度上甚至会限制中国制订和执行战略、政策的自主性。同样，中国政治也对全球政治以重要影响，中国的政治理想、政治信念、政治目标、政治价值观宣传面越广，宣传力度越大，对全球政治影响的广度和深度也越大。因此，只有养成全球思维习惯和全球决策艺术，才能自觉地将中国政治置于全球政治格局中加以考察，才能在战略上继续奉行独立自主和对外开放的方针，广泛寻找合作伙伴并与之交流、沟通和互补，倡导国与国之间的相互尊重与求同存异，坚定地维护国家主权和民族尊严，积极创设有利于中国和全世界健康生存和发展的大环境。

其次，有助于我们协调好全球化与中国政治本土化的关系。邓小平的全球政治意识是既立足于全球，又始终着眼于当代中国政治本土建设的理论意识，是始终将中国本土政治置身于全球政治中加以比较对照，并从中确定中国本土政治建设的目标、任务和发展方向的理论意识。学习和研究邓小平的全球政治意识，处理好全球化与当代中国政治本土化的关系，确立全球化与当代中国政治本土化并行不悖的观念，尤其显得重要和必要。

在推进当代中国政治的发展过程中，要求我们以博大的胸襟，前瞻的视野，将当代中国政治纳入全球政治的格局中加以认识，既要看到全球化对当代中国政治所造成的良好机遇，又要看到压力和挑战。一方面，当代中国政治的发展要借助于并利用好全球化的契机，将全球政治的积极成果内化为自己的丰富养料。建设有中国特色的社会主义民主政治不能拒绝人类文明的积极成果。人类文明都是在相互交流、取长补短中发展的。任何民族的文化，既有自己的长处，也都有自己的不足之处，只有和谐相处，相互交流，取长补短，才能共同发展。封闭自守，拒斥世界文化的最新成果，只能停滞和倒退。因此，要维护国际和平与发展的良好秩序，并在这种秩序下搞好中国的事情，就必须主动地积极地与世界各国进行积极的政治对话，认真借鉴全球政治文明的积极成果，包括借鉴资本主义民主政治理论和实践中合理的能够为我所用的成分，以丰富中国的政治和文明的内容，使政治民主、人权、法治、秩序、政治权威、政治认同、政治参与、政治社会化等概念从陌生到成为日常经验话语，使当代中国政治在兼收并蓄、综合创新过程中显示出自身的优势、特色和活力。另一方面,当代中国政治又面临着巨大压力和挑战,应该立足于中国本土政治的发展。要充分地认识到,中国步入全球化进程,中国社会主义文化价值观体系与资本主义的文化价值观体系会发生更加尖锐激烈的矛盾冲突。下述矛盾斗争会更加趋向明朗化和尖锐化:霸权主义和强权政治要求各国遵守它们所要求建立的国际政治经济秩序与我国以及广大发展中国家要求并着手建立平等互利公正合理的国际政治经济新秩序的矛盾;霸权主义和强权政治要建立起以它们为霸主的单极世界与欧盟、日本、俄罗斯、中国等国家和地区的发展,使世界呈现出多极化发展趋势的矛盾;美国等一些西方发达国家随时挥舞"人权"的大棒任意干涉别国的内政,同我国和世界上其他国家坚持"国家主权不容干涉"的原则的矛盾;霸权主义和强权政治要把自己的价值观、社会制度、行为规范强加于世界与中国等发展中国家要维护自己的民族文化和传统的矛盾;霸权主义和强权政治所实行的资本主义制度与社会主义国家所实行的社会主义制度之间的矛盾。因此,理性地应对全球化,借鉴和吸纳全球政治文明的优秀成果,必须正视这些矛盾的客观存在,必须坚持独立自主的原则,走自己的道路,建设具有中国民族本土特色的社会主义民主政治。由于每一个国家、每一个民族都有自己独特的历史文化背景、人文传统、社会制度、价值观、意识形态等,因此,必须从本国的国情出发,以自己独有的方式,实现自己的理想和使命。总之,全球化并不排斥和否定多样化和本土化。全球化作为多元政治、经济、文化的共存、融合、互渗和互补,绝不是全球同质化或西方化甚至美国化。在抓住和平与发展的时代主题发展当代中国政治时,只有确立全球政治意识,既审时度势,呼应全球化潮流,又始终以独立自主为基准,不盲目照搬照抄,才不至于使中国独立的政治模式扭曲为依附性政治,丧失民族的尊严和国格。

再次，有助于我们处理好政治发展的普遍性与特殊性的关系。邓小平的全球政治意识充分阐明了两者的辩证统一关系。政治发展的普遍性和特殊性的关系，亦即全球政治发展的共性与中国政治发展的个性的关系。两者虽然有着区别，但又是相互联结的。由于当代中国的政治发展是在全球化这一宏观背景下发生的，因此就应当吸纳全球政治发展的有益经验，遵循全球政治发展的普遍规律，如规范化、制度化的政治运作，科层化的政治体系，扩大化的政治系统职能范围，大众化的政治参与，民主化、法制化的政治生活，受监督和制约的政治权力，开放化、透明化的政治舆论氛围，丰富多样化的政治文化，等等。如果以中国国情的特殊性为理由，丝毫不理会全球政治共性中的合理和积极的成果，是不利于当代中国政治发展的。相反，在符合我国法律、维护我国主权、不损害我国利益的前提下，作出某种程度的妥协、让步，政策随着时势的变化作出适度的调整，则是十分必要的。与此同时，又要充分考虑当代中国政治发展的特殊性，建设有中国特色的社会主义民主政治。中国共产党的领导是中国政治发展的根本保证、社会主义初级阶段是中国政治发展的特殊的生态环境；中国特色的社会主义是中国政治发展的模式选择。当代中国政治发展模本是社会主义政治理论的普遍原则与中国政治实践紧密结合的产物。工人阶级领导的、以工农联盟为基础的人民民主专政制度，人民代表大会制度，共产党领导的多党合作制度和政治协商制度，民族区域自治制度以及一国两制等，都是适合中国国情的独创，在世界上别无他例。既坚持和发展了马克思主义，又为全球政治理论与实践作出了重大的贡献。这些富有中国特色的政治成果，只能在实践中进一步巩固和不断完善，而绝不能借口与全球政治接轨而否定之。

“天下大势，浩浩荡荡，顺其者昌，逆其者亡”。尽管霸权主义和强权政治还在全世界颐指气使，不可一世；尽管冷战思维依然存在，不文明的旧国际秩序的特征还没有消失，但是和平与发展的潮流汹涌澎湃，势不可挡。建立主权平等、公平合理、文明多样、互利互惠、友好合作、共同发展的国际新秩序，已经成为全世界人民的共同愿望和历史发展的必然趋势。

三、时代主题与文明多样性呼唤国际文明新秩序

和平与发展虽然已经代替了战争与革命成为当代世界带有全球性和战略性的两大问题，但是，这两大问题在今天一个都没有解决好。虽然各国文明多样性的事实，意味着文明之间的平等性和相互尊重性，意味着必须确立国际文明新秩序，但是，由于西方文明中心论等观点的影响，由于对文明多样性理念的模糊，由于霸权主义、强权政治、恐怖主义以及极端民族主义、无政府主义等的存在和作祟，国际文明新秩序还只是一种美好的理想、奋斗的目标和价值追求，在现实生活中还不存在。这也说明在和平与发展作为时代主题与各国文明多样性的情况下，确立国际文明新秩序是一个长期而艰巨的奋斗过程。

（一）传统国际秩序是无视文明多样性的旧秩序

国际秩序是指某一时期国际社会中的国家行为主体（主要是主权国家）之间，围绕一定的目标，在某种利益基础上相互作用、相互影响而确立的国际行为准则和相应的保障机制。它所要解答的问题是国际社会要按照什么原则并通过什么手段和机制来处理彼此之间的政治关系、经济关系和文化关系。简要地说，就是处理国际关系的准则和行为规范。这些准则和行为规范有的是通过国际条约和约定等成文的法律性文件所确定的，有的则是不成文的

约定俗成(习惯法)内在发生作用的结果。

国际秩序是由国际关系决定的。在探寻国际政治中的秩序时,可以发现存在着几种结构模式,即霍布士的敌人角色模式、洛克的竞争对手的角色模式、康德的朋友角色模式、格劳秀斯的国际主义的角色模式等。这些不同的模式对国际关系,对和平与发展的时代主题以及各国文明多样性问题都会产生这样或那样的影响。

霍布士的敌人角色模式。霍布士把国际关系看作是处于《利维坦》所描述的自然状态中的一种所有人反对所有的人的战争状态。国际关系是敌意的,是一个每个国家都在其中依据零和博弈规则反对所有其他国家的竞技场。人性是恶的,人与人的关系如同狼与狼的关系,一个人对另一个人都处于潜在的战争状态。由于人与人的关系是对立的,因此,国与国的关系也是对立的。国际关系的行为原则是不承认其作为独立的行为主体享有的安全权利,并且可以无限制地使用暴力。和平是不可能持久存在的。和平只是一个从上次战争中恢复元气和为下一次战争作准备的时期。国际关系的行为取向是:一是力图摧毁、消灭和改变对方;二是时刻把对方意图向最坏处着想,任何事情都要与敌意联系在一起;三是军事实力被视为是至关重要的因素,军事方式是唯一可以具有最终决定权的手段,发展军事力量是国家安全最可靠的保证;四是认为如果爆发战争,就会无限制地使用暴力,直至消灭对方或被对方消灭,存在的是你死我活的关系。① 从方法论的角度看,霍布士的国际关系敌人角色模式理论建立在他关于人性的解释上。他认为大自然赋予人类个体以平等能力。按照他的逻辑,这种能

① 参见(美)亚历山大·温特著,秦亚青译:《国际政治的社会理论》,上海世纪出版集团2000年版,第328—335页。

力的平等引发自信的缺乏和萎缩，由此哺育了战争。霍布士为国际活动提供的行为指南是，一国在与其他国家的关系中应该自由地追求它自己的目标而不受任何种类的道德或法律的限制。霍布士的观点完全受冲突所支配，排除了不同民族和国家之间在利益上能和谐协调的任何可能性。①

洛克的国际关系模式。洛克的模式是由竞争对手的角色结构建立的，它的核心内容是竞争。竞争和敌意有着本质的不同。竞争的双方相互承认生存和财产权利，这种承认由主权制度表现出来。竞争对手不像敌人那样具有生死攸关的威胁，不会试图统治和消灭对方。如果国家之间的关系是竞争对手的关系，它们往往表现出以下的行为取向：一是相互承认主权。虽然国家之间的竞争和争执会涉及边界甚至出现领土变动，但是主权作为一种制度是得到普遍承认和遵守的；二是重视绝对收益。因为生存问题不是最紧迫的问题，所以行为主体趋向于重视绝对收益，重视未来效应；三是军事实力比重减弱。虽然竞争导致的冲突可能使得国家诉诸武力，但是军事力量的意义已经不像霍布士状态那样显得至关重要；四是暴力受到限制。一旦战争爆发，竞争对手会限制暴力的使用程度，不以消灭对方为最终目的。② 洛克的逻辑是“生存和允许生存”。所以，国家之间的关系不是相互杀戮。洛克已经充分认识到了国与国之间建立友好竞争关系的必要性和可能性。

康德的国际关系模式是由朋友的角色结构确立的，核心内容是友谊。康德认为国际政治的实质并不在于国家间的冲突，而在于连接作为国家臣民的人类个体之间跨国的社会契约，遵循着非

① 参见（美）熊玠著，余逊达、张铁军译：《无政府状态与世界秩序》，浙江人民出版社 2001 年版，第 214 页。

② 参见（美）亚历山大·温特著，秦亚青译：《国际政治的社会理论》，上海世纪出版集团 2000 年版，第 350—354 页。

暴力和互助规则。这两条规则界定了康德国际关系中的基本行为取向:非暴力规则意味着不是用战争和战争威胁的手段解决国家之间的争端;互助规则意味着一方受到威胁的时候另一方将予以帮助。这不是说朋友之间没有利益冲突,但是朋友之间可以不使用暴力来解决利益冲突。按照康德的看法,国际关系最终归结为在人类共同体中所有的人和人之间的关系。联合国宪章序言的开头语"我联合国的人民……",就无可争辩地体现了康德学说的精神。按照康德的观点,在人类共同体中,所有国家的利益只有一个并且是同样的。所以,和平是不可分割的东西,一如全世界的公有地是整个人类共享的遗产一样。从这一视角来看,国际政治不是纯粹分配性的,也不是零和博弈,而是一种合作博弈。虽然自然状态是一种战争状态,但是对康德来说中心问题是在可感知世界为能使人们自由地依据道德行为而创造条件。康德的模式简化到最简单的状态,是要求创立一个自由共和国的联邦,作为永久和平的基础。康德关于民主国家联盟的设想为威尔逊主义所复活,从而推动了现代集体安全体系的建立。这一体系制度化的体现是诸如国联及其后继者联合国等世界和平组织。这种民主国家倾向于和平的信念在很久以前就预示了当今的人们对自由和平的兴趣,对各国文明多样性的确认,同时它也推动联合国宪章(第 4 条第 1 款)规定联合国成员席位只向"热爱和平的国家"开放。①

格劳秀斯国际主义传统的立场介于现实主义传统和普世主义传统之间。格劳秀斯认为人的本性在于人的社会性,他相信由于人类共同生活于社会之中,能理解和分辨保存社会的必要原则和规定,因此乃有自然法的产生。所以,格劳秀斯认为国家必须要遵

① 参见(美)熊玠著,余逊达、张铁军译:《无政府状态与世界秩序》,浙江人民出版社 2001 年版,第 218—219 页。

守国际法,因为遵守国际法是合乎于每个国家的自身利益的。更进一步,他也认为国际社会中的国家,彼此均受制于国际法的最高规范的"普遍至高的正义原则"(universal supremacy of justice)。格劳秀斯认为只要人民继续保有他们的自由,国家则继续存在。他认为,无论是君主、贵族或是民主统治,对国家的存在不会产生差别,只要主权权力集体存在于人民之中,而且统治政府也属于集体的一部分。与霍布士的观点不同,格劳秀斯强调国家并不像古罗马角斗场的角斗士一样介入简单的争斗,而是通过公共规则和制度来限制它们的冲突。这种国家行为特征的形成来自格劳秀斯的一个假设:国际政治不是发生在真空中或荒漠中,而是发生在一个国际社会里,不管这个社会是多么原始。与康德的或普世主义的视角相对照的是,格劳秀斯接受了霍布士关于主权国家是国际政治中主要行为者的设定。国际法是由国家组成的社会为了满足相互间对秩序的需求而作出的创造,为此各国愿意在对彼此相关的和在整体上对共同体相关的行动自由上确定一些界限。从反循环路线来看,国际法反过来又成为由国家组成的社会活动背景的一个部分。在这个背景之下,由国家组成的社会必须采取行动,通过制定一系列能够影响行为者激励、成本和收益选择的规则,来对国家自身加以约束。① 熊玠先生认为,尽管沃尔兹的新现实主义忽视了国际法,但是仍然有可能把国际法和沃尔兹范式所描述的无政府体系调和在一起。如果我们选择无政府、自助和国家的自由作为代表沃尔兹的新现实主义范式意涵的三个关键概念,国际法中与之对应的三个关键概念则是主权、独立和平等。在这两组平行的概念之间存在一种紧密的对应性:由于体系是无政府的,因

① 参见(美)熊玠著,余逊达、张铁军译:《无政府状态与世界秩序》,浙江人民出版社2001年版,第222页。

此每个国家都是享有主权的,在它们之上没有更高的权力。在无政府体系中每个国家都必须通过自助去照料它们自己,这种状况也正表明了一个国家保持独立的结果。事实表明每个国家在无政府体系中都享有和任何一个其他国家同样多的自由,这意味着各国之间具有同等程度的平等。可见,国际法的三个观念上的支柱——主权、独立(它同时也意味着不被其他国家干涉)和平等——都是无政府体系中的国家的引申物,尽管沃尔兹的新现实主义不承认这个事实。①

当代主流的国际关系理论都倾向于接受国际无政府状态的假设,并把它作为分析一切国际问题的起点。国际体系的无政府性使得国际体系必然是自助体系,使得国家必然寻求和推行权力政治。以亚历山大·温特为首的美国社会建构主义国际关系理论对此提出了异议。温特认为,无政府状态是国家认同的产物。国家间并非永远注定要为敌,军备竞赛和战争并非国家间关系的常态,冲突决不是不可避免的。国家不必始终担心由于力量的不同分配而使彼此陷入悲剧性的冲突之中。无政府状态来自国家的认同,国家可以通过社会实践过程来重塑结构,改变构成结构的互主性文化,发展国家的非利己主义观念,争取国际关系的持久和平。

尽管人们对于国际秩序有着这样或那样的构想,但是长期以来,国际秩序是旧的不文明的秩序占据主导地位,霍布士模式被主张霸权主义和强权政治的人们所推崇和运用。

现代意义上的国际秩序是近代以来,随着西方资本主义的兴起和对外扩张,国家之间经济和政治、文化等方面的交往不断加深的基础上逐步形成的。十七、十八世纪,资本主义生产方式在欧洲

① 参见(美)熊玠著,余逊达、张铁军译:《无政府状态与世界秩序》,浙江人民出版社 2001 年版,第 223 页。

率先崛起，使最早确立资本主义制度的欧洲国家拥有了先进的科学技术和优越的经济与军事实力，随着垄断资本和民族主义思潮的泛滥，自由资本主义开始向垄断资本主义和帝国主义过渡，西方帝国主义列强开始了争夺殖民地的疯狂角逐。广大落后国家和民族迅速沦为帝国主义的殖民地和半殖民地或保护国。人类文明史上第一次由少数帝国主义国家支配了全世界大部分国家和人民。同时，帝国主义国家之间为了重新瓜分世界和争夺世界霸权，展开了你死我活的斗争，终于将欧洲和整个世界卷入了世界大战的灾难之中，人类文明面临着前所未有的巨大威胁。旧的不文明的国际秩序主要表现为：

第一，弱肉强食的社会达尔文主义。将达尔文的生物进化论推广运用到社会领域，极力鼓吹弱肉强食的社会达尔文主义，鼓吹种族优越论和民族沙文主义，为推行殖民主义政策提供舆论准备。社会达尔文主义者通过论证某些民族优越于其他民族，为欧洲列强征服非洲和亚洲的"落后"民族提供所谓的理论依据。社会达尔文主义是单一文明论的狂热鼓吹者和实践者。好战的民族主义、各国之间非理性的经济竞争、对殖民地和世界霸权的争夺共同导致了一个充满战争威胁和血腥屠杀的帝国主义时代的来临。在19世纪末和20世纪初瓜分世界的狂潮之后，1914年列强所控制的领土已经达到了全球陆地的84%。殖民地人口总数将近5亿。当时，全世界几乎所有的土地和民族都被置于欧洲帝国主义工业强国包括美国和日本的统治、压迫和剥削之下。殖民地和半殖民地的资源和财富源源不断地流向帝国主义宗主国，而给殖民地和半殖民地人民留下的却是贫穷和屈辱。这必然导致被压迫民族和人民的民族意识的觉醒和对外来民族压迫的强烈反抗。此外，各帝国主义国家和国家集团为了重新瓜分世界和争夺世界霸权也展开了激烈的斗争。进入20世纪以后，正是这些矛盾和斗争的激化使欧洲乃至整个世界卷入了人类历史上空前惨烈的战争旋涡。弱肉强食的社会达尔文主义的野蛮逻辑必然引发战争。两次世界大战是欧洲乃至世界近现代文明史上最黑暗的时期。曾在世界上泛滥一时的法西斯主义严重地阻碍着世界的和平与发展进程,摧折了人类多样性的文明成果,使欧洲和全世界几乎倒退到野蛮时期。特别是第二次世界大战是人类历史上一场规模最大的也最为残酷的战争,其规模和损失均超过第一次世界大战的数倍。

然而,对和平与发展的渴望毕竟是一切进步的有识之士的共同心声,多样性文明的存在和发展也是单一文明论者扼杀不了的。人类进步力量终于赢得了第二次世界大战的最后胜利,摧毁了反人类、反文明的法西斯势力,挽救了人类文明。同时,两次大战导致了近代以来的欧洲世界霸权逐渐衰落,波及全球的争取国家独立和民族解放的历史潮流最终冲垮了几百年的殖民体系。

第二,以强凌弱的不平等的等级式结构。世界文明的国际秩序要求的是平等的结构。但是旧式不文明的国际秩序实行的是金字塔式的一层压一层的等级式结构。少数几个西方列强,如英、法、德、俄以及20世纪后的美国和日本处于这种结构的顶点,作为霸主和既得利益者,它们规范和维护着由其主导下的国际秩序。并通过殖民掠夺、不平等的贸易、价格剪刀差等手段从这一不平等的秩序中获得最大的经济、政治、文化和安全利益。处于结构边缘或外围的广大的亚非拉落后国家和地区则不但在西方列强的扩张和侵略下毫无国际地位可言,而且大多数丧失了国家的独立和主权,长期沦为殖民地和半殖民地。有些国家尽管在政治上已经取得了独立,但是在经济上仍然处于发达国家经济殖民主义的剥削和控制之下。它们通过资本输出、国际贸易、技术转让等手段与发展中国家进行不平等的经济往来,给发展中国家造成严重困难。在近代国际秩序的演进过程中,无论是拿破仑战争还是“神圣同盟”，无论是维也纳体系还是凡尔赛体系，其目的都在于维护和增进强国，尤其是战胜国在体系中的权力和利益，采取的方式也是对弱小国家实行赤裸裸的政治压迫和经济掠夺。

第三，无视国家主权的单边主义和干涉主义。西方列强任意干涉别国的内政，把自己的价值观、意识形态和发展模式强加于别国。利用强大的经济、政治、文化和军事实力，鼓吹“人权高于主权”，打着“人道主义”的旗帜，推行霸权主义和强权政治，用施加压力的办法来解决与发展中国家、社会主义国家的分歧和争端，动不动就以武力相威胁，实施制裁、颠覆、军事侵略等。搞得世界很不安宁，使世界和平与发展的态势难以形成。

第四，非稳定状态。从单纯的结构态势看，等级式结构秩序似乎是稳定的。美国学者莫顿·卡普兰在其著名的国际秩序模式中也曾坚信：“等级制国际系统的特点是它具有极大的稳定性。”①但实际上，频繁的战争和暴力冲突证明近代等级式国际秩序显然是不稳定的，是少数几个列强强加给世界各国的不平等、不公正也是不合理的秩序，不可能为绝大多数国家真正接受，根本没有稳定性可言。

旧式国际秩序的非民主、非文明的性质说明了资产阶级民主的虚伪性。尽管民主是近代欧洲启蒙运动的基本口号，被普遍视为近代资产阶级革命最具有进步性的主张，但是在国际关系中，西方列强从来没有试图将这一政治原则推及到和其他国家与地区的相互关系中，这是近代国际秩序呈现出等级秩序的重要根源，也决定了国际关系在霸权主义和强权政治的泛滥下几乎没有多少公平

① （美）詹姆斯·多尔蒂、（美）小罗伯特·普法尔茨格拉夫著，阎学通、陈寒溪等译：《争论中的国际关系理论》中译本，世界知识出版社1987年版，第176页。

和民主可言。这种国际秩序的不文明状态,也是引发战争与和平、暴力和非暴力、干涉主义和反干涉主义、单边主义和多边主义、对抗和反对抗等对应关系长期存在的重要原因。

(二)全世界人民为建立国际文明新秩序的努力

全球本是一家,应该和平友好。各国多样性的文明本来都是世界整体文明中具有平等性、互补性和交融性的文明。用和平友好的协商方式解决国家之间以及地区之间的矛盾和纠纷,争取文明的国际新秩序是推动人类文明进步的重要内容,在国际社会建构起一个用公正、合作、互惠的行为规则来加以治理的理性秩序,全世界人民为此进行了不懈的努力。取得了重大的成果。迫使国际社会制定出一些基本的规则,促进了世界多极化和国际关系民主化进程。

国际文明新秩序主要在于促进国际关系的民主化、公平合理化。世界公认的一些国际关系基本原则都是在近代以来国际关系的长期实践中逐步确立起来的。国际法等规则在近代就制定出来了,以 1648 年的《威斯特伐利亚和约》为起点的国际法体系经过 300 多年的不断发展和完善,在今天已经构成了国际法规范体系的主要成分。目前国际社会所奉行的大多数国际规则都没有超出传统国际法的基本视野和范畴。以国际机制运作的国际组织更无论是区域性、全球性还是专业性组织大多数都是过去时代的产物。

标志着近代等级式国际秩序发生根本性地位动摇的里程碑是 1917 年俄国"十月革命"的胜利和苏俄社会主义制度的确立。十月革命的胜利使人类世界有史以来出现了第一个社会主义国家,苏维埃政权的建立和巩固不仅本身就打开了西方主导下的国际秩序的缺口,而且,十月革命后列宁主持下发布的《和平法令》、《被剥削劳动人民权利宣言》、《告俄国和东方全体伊斯兰劳动人民书》和三次《对华宣言》等重要文件中，苏俄都提出了与西方截然不同的国际秩序新主张，主要内容有：一是严厉谴责帝国主义国家的战争和掠夺行为，主张建立“公正的民主和平”基础上的国际秩序。二是在国际关系中坚决反对强权政治，反对民族压迫，主张民族平等和自决。在国际上受到了被压迫、被剥削国家和人民的广泛拥护。

第二次世界大战以后，随着大批新兴民族独立国家登上国际政治舞台及其国际影响的逐步增强，长期存在的等级式国际秩序才开始真正受到挑战。1954 年 4 月和 6 月，中国先后与印度和缅甸政府一起联合倡导了互相尊重领土主权、互不侵犯、互不干涉内政、平等互利、和平共处这一著名的“和平共处五项基本原则”，为新的国际秩序主张的提出确定了基本方向。随后，1958 年的亚非会议《最后公报》提出了一系列与霸权主义和强权政治截然对立的十项主张，这是有史以来，发展中国家首次独立地公开表述了自己对国际新秩序的见解，被称为奠定了建立国际新秩序的“万隆精神”。

以“和平共处五项原则”和亚非会议精神为先导，亚非拉国家的国际新秩序主张逐步走向成熟并日益为国际社会所接受。1964 年，第二届不结盟国家首脑会议发表的宣言中，首次明确提出了重建世界经济体系，建立国际新秩序的口号。1974 年 4 月—5 月，联合国召开第六届特别联大，通过了七十七国集团提出的《关于建立国际经济新秩序的宣言》和《行动纲领》，宣布“决心紧急地为建立在所有国家的公正、主权平等、互相依赖、共同利益和合作的基础上，而不问它们的经济和社会制度如何”。《行动纲领》则确立了一系列围绕建立国际经济新秩序的有关保证发展中国家对自然资源的永久主权、改善其贸易条件、克服其国际收支危机等方面的原则和具体措施。

在通过依赖强权去形成一个在“丛林规则”支配下的“自然秩序”宣告行不通的情况下，通过国际法来达到文明新秩序的建构就显得十分重要。纽约大学政治学系终身教授、著名国际政治与国际法研究专家熊玠先生认为：“国际法就其本身含义而言，只能存在于类似我们这样的民族国家所组成的国际体系中，在这种国际体系中，每个国家都是主权国家并且不存在高于它们的任何权威（用沃尔兹新现实主义的话来说即‘无政府’）。并且在这种体系中，各国间有足够的联系来保证引导其相互关系的共同标准存在之必要（因而有了秩序）。以这种结构主义的逻辑进行论证，我们发现无政府与秩序相伴而生。与新现实主义推论相反，我们所处的威斯特伐利亚多国体系中的无政府状态是现代国际法存在的一个必要前提。首先，无政府导致了各国间的和平共处，由于各国都是平等共处的主权国家，没有凌驾于其上的权威。由于主权在每个国家都是绝对的和排他的，主权国家间的平等共处界定了国际关系体系中各组成部分之间跨国界的关系。主权国家间的平等共处表明了体系的另一性质，即在各个平等共处的单位（即民族国家）之间，不存在‘垂直的’义务，只存在‘水平的’义务。之所以如此，是因为在权力分散的国际体系中，体系的各组成部分（国家）之间的关系是协调性的而非上下级的。因此，在无政府状态下，国际法既是平等共处的各个单位（即国家）之间相互协调关系的产物，同时又对这种关系起引导作用。由此看来，用体系无政府状态将权力抬到如此的高度以至否定了国际法的应有位置，甚至与沃尔兹新现实主义的结构主义的逻辑也不相符。”①他的这一观点对于确认和平与发展是当今的时代主题，各国文明具有多样性，

① （美）熊玠著，余逊达、张铁军译：《无政府状态与世界秩序》，浙江人民出版社2001年版，第9—10页。

主权国家之间通过和平对话、合作沟通,促进国际文明新秩序,无疑具有很重要的意义。

(三)建立国际文明新秩序的价值和意义

和平与发展的时代主题,以及各国文明的多样性,呼唤着国际文明新秩序的建立。只有这样,才能构建多样性文明相互协调、共同发展的新的机制,从而达到减少矛盾和冲突、增进文明之间的相互理解、保证世界在稳定和睦中发展的目的。

第二次世界大战结束以后,全球虽然从总体上出现了缓和的形势,但是不安定的因素一直存在。进入21世纪以后,全球出现的霸权主义、强权政治、新帝国主义、恐怖主义、极端民族主义、无政府主义以及宗教冲突、文化冲突、局部战争等,使文明的发展蒙受着浓重的危机氛围。这种文明发展的危机氛围既存在于发展中国家,也存在于发达国家以及搞霸权主义和强权政治的国家。当今世界愈演愈烈的恐怖主义已经成为全世界的公害。

在发展中国家或文化上处于弱势的国家,由于经济全球化过程中现代化程度和经济水平的弱势地位以及文化上的压抑感,一直催生和激发着一些国民的强烈的救亡图存的民族主义情绪。在与强大的外来文化的比较和竞争中,他们一方面深切感受到了外来强势文化对民族本土文化的挑战和打压,从中也看到了民族本土文化存在的问题,有着按照时代的需要,有针对性地吸收外来文化的积极内容,让本土文化保持与时俱进的风貌的强烈要求。但是,另一方面,他们又担心在强势的外来文化面前,民族本土文化会因为经不起外来文化的挑战而失去自我,失去对自身主体文明的身份认同,被外来文明全盘地吞并融合,从而导致本土文化的死亡。这种文明危机的氛围,严重影响着在和平与发展时代主题感召下,各国文明多样性的健康发展态势。

文明危机的氛围在发达的国家如欧洲一些国家也普遍存在。欧洲国家对文明危机的担忧主要在于:一是对强势外来文化压抑本土文化的担忧。在西方文明的框架内,欧洲受到美国文化的强烈冲击。美国的文化价值观、生活方式、交往方式和消费方式以十分强势的力量充斥全球各地,削弱了各种地方语言、风俗习惯和本土文化价值观,一种带有浓重美国腔的文化“世界语”将严重削弱并取代西方丰富多彩的文化。而美国作为霸权主义者的文化价值观在全球的大肆扩张是破坏文明多样性协调发展的最重要因素之一。二是对欧洲自身多样性文化不能形成一种强有力的整体力量的担忧。由于欧洲各种文化之间的不一致性以及矛盾冲突,导致欧洲作为一个整体其整体文明力量处于离散状态。英语和法语之争并不是一个简单的使用语言的问题,而从一个侧面说明了欧洲多样性文化之间的矛盾和冲突。“为保护魁北克文化,魁北克不仅可以提倡说法语,而且还可以用强制性手段来防止英语的垄断。目前,魁北克要求店铺招牌使用法语,要求来自非英语国家移民的孩子参加法语学校。”①因此,整合欧洲内部多样性文化,以保证欧洲整体文明的强有力的力量,一直是欧洲战后努力的方向。三是对欧洲文化今后发展前途的担忧。欧洲文明作为历史上最古老悠久的文明之一,曾经创造了巨大的历史成就,为人类的文明和进步作出过重大的贡献,但是和一切古老的文明一样,欧洲文明也存在着“历久而弊生”的问题,存在着衰落的趋势,欧洲人对自身文明发展前途的忧虑并不是杞人忧天。

作为当今世界具有“一超独霸”势力的美国,文明的危机氛围是最为浓烈的。“美国的一些单边主义政策和做法对前进中的全

① (美)约瑟夫·S.奈、约翰·D.唐纳胡主编,王勇等译:《全球化世界的治理》,世界知识出版社 2003 年版,第 267 页。

球化造成了很大的威胁。布什总统上台以来，在贸易政策上的保护主义色彩明显加强；美国反对《京都议定书》有关环境保护的条款导致全球行动放缓；美国未能发挥‘领导’能力，打破美欧农业谈判的僵局；美国鹰派的对外政策更引发地区局势动荡，军备竞赛加剧，文明的冲突导致全球价值观的‘断层’加深。美国单边主义行动引发了伊斯兰世界普遍的反美情绪，美国的国际声望也降至最低点。美国的战略显然是要谋求独霸世界的地位，但是，这种政策如果继续一意孤行，将可能严重冲击甚至葬送全球化的前景。”①在美国国内，文明危机的情绪更为严重。“9·11”事件以及随之而来的全球反美情绪和反美事件的发生，一方面，使美国人民处于胆战心惊的处境中；另一方面，激起了美国民族主义情绪的高涨。全球化的发展使得美国国内一些人的利益受到一定的影响，因而竭力反对这一进程，要求实施贸易保护主义，严格限制移民，逃避本应该承担的国际义务。美国出于对自己单方面利益的考虑，将国内法置于国际规则之上，动辄单方面对其他国家进行制裁。布什政府不顾其他国家的反对，要搁置美苏《反弹道导弹条约》，执意构筑导弹防御系统，一意孤行追求美国的绝对安全。这些都是带有强烈的民族主义情绪的单边主义的做法。另外，美国国内多元文化之间的矛盾和冲突，也加剧了美国文明的危机感。美国是一个典型的移民国家，当今美国的人口结构几乎囊括了全世界所有的种族和民族，美国文化既深受犹太—基督教精神的浸润，集文艺复兴、宗教改革以来的西方文化之大成，又汇集来自世界各地移民的共同智慧。不仅具有丰富多彩的内涵，而且具有强大的对外影响力和辐射力。但是，当今美国多元文化的演变趋势，

① (美)约瑟夫·S.奈、约翰·D.唐纳胡主编，王勇等译：《全球化世界的治理》，世界知识出版社2003年版，第7页。

又给美国主流文化的稳定和对多元文化的统摄作用带来了挑战。美国社会的主流群体是信奉新教的盎格鲁—撒克逊白种人。种族优越的观念深深扎根于美国盎格鲁—撒克逊文化之中,种族等级观念是美国意识形态的一个重要组成部分。现在,拉美文化在美国西部的延伸,少数民族族群人口比例的上升,部分族群的伊斯兰化,文化马赛克现象的固定化等,都对以美国的白人、盎格鲁—萨克逊人、清教徒所构成的主流文化造成很大压力。如果任多元文化自由发展,有可能导致主流文化逐渐失去主流地位;如果采取极右翼白人至上主义的办法压制多元文化的发展,则会动摇美国合众为一的精神之基,又与美国长期倡导的自由、民主、平等思想相悖逆,必然会导致社会出现巨大的文化离散和分裂。这也是美国所不愿意看到的。

凡此种种的文明危机都需要确认和强化对和平与发展是时代主题,以及各国文明具有多样性的理论认同和实践认同,通过多样性文明之间积极主动的对话和沟通、协商和协调,建立起更加崭新的国际文明新秩序。

首先,建立国际文明新秩序是保证世界永续和平与发展的根本前提条件。在世界联系越来越紧密的经济全球化时代,各个民族、国家都存在着息息相关的利益关系,并成为全球利益共同体中的一个重要的环节。“一损俱损,一荣俱荣”的关联法则,对世界上的多样性文明以及每个社会成员都起着作用。只有采取平等、信任和开放的态度,相互学习和借鉴,研究彼此的历史、宗教、艺术、政治和经济制度以及社会形态,进行充分的文明交流和文明对话,才能进一步增进理解和信任,消除误解和偏见,才能有助于在重大的国际问题上达成共识,并孕育出新的文明秩序。历史和现实都充分地说明,大凡战事很少的地区,都是自觉奉行和平与发展的理念,各种文明融合得比较好的地区。当今世界对和平的渴望,对发展的期盼都需要多样性文明之间加强交流和沟通，并在此基础上形成初步的共识，这有助于建立国际文明新秩序。而国际文明新秩序的建立，又反过来推动世界的和平与发展事业。“不以规矩难以成方圆”，这对于一个地方和国家是这样，对于存在着多样性文明的全世界来说，规则和规矩更为重要。建立国际文明新秩序并以此来引导和规范各地区、各国形成处理国际关系的文明行为，以对话代替对抗，以沟通代替隔膜，以合作代替冲突，以和平代替战争，人类才能充满着相互信任、相互理解和友好合作的氛围。

其次，建立国际文明新秩序是各国多样性文明凝聚起来应对全球性问题的重要途径。在全球化迅猛发展的今天，各国面临的全球性问题有增无减。不少国家和地区的生态环境恶化，国际恐怖主义事件时有发生，威胁着人民正常的生活。有组织犯罪，特别是跨国有组织犯罪日益猖獗，吸毒、贩毒问题在全球范围内蔓延。美国单边主义对全世界的挑战、恐怖主义的全球化、高科技犯罪的全球化、艾滋病和SARS、禽流感等病毒流行的全球化，这些问题严重地妨碍了各国的政治稳定、经济发展和社会进步，危及地区和国际的和平与安全，危害人类的身心健康并引发各种社会问题，对人类生存和可持续发展构成了共同的挑战。全球性问题只有通过全球性的合作才能解决。只有加强国际合作，才能克服对付全球性问题时单个国家力量之不足，才能整合起全球的智慧和力量，共同对付全球挑战，从而实现社会持久和平发展的目标。

再次，建立国际文明新秩序是促进国际关系健康发展的根本保证。全球化呼唤着全球性的治理，要求建立起具有全球性共识和全球性规范的政治文明、精神文明、物质文明、生态文明以及全球普世文明。这就需要人们具有超越本国和本地区的狭隘视野，建构起一种全新的世界性的视野来考虑多样性文明的建设。全世界60多亿人口,1万多个不同文化背景的民族或部落,200多个依据不同的政治理念建立起来的国家政权,数百个为不同利益而结合的国际组织,5000多种语言,5000多种宗教信仰,它们之间要达到真正的和而不同,杂而不乱,需要通过制定出能够指导和限制多样性的民族、国家以及团体集团行为的正式和非正式的程序和机制。现在,随着世界联系的日益紧密,一个国家或一个地区所发生的事情,都会成为全球性的问题,都可能引发国际关系的紧张和紊乱。历史和现实的实践证明,交通、通讯以及人类交往越不发达,一个国家和一个地区的事情,越难引发成为国际性的问题。1918年流感病毒波及世界各地用了大概几个月的时间,而今天波音飞机可以在24小时之内把SARS、禽流感等病毒带到全世界任何一个角落。只有建立国际文明新秩序,才能使多样性文明都能从全球的视野考虑问题,理性地认识到多样性文明之间存在着的利益关系,对相互存在差异的文明抱着尊重和友善的良好心态,建立起沟通和合作的关系,保证国际关系能够健康协调地发展。

最后,建立国际文明新秩序是整合世界多样性文明成果造福于人类的重要举措。各国多样性文明都是人类共同的宝贵财富,理应为人类所共有、共用和共享。多样性文明是平等性的关系,存在着既竞争又合作的平等关系。每一种文明都有其产生的内在根据,都有其发生作用的社会价值。一种文明在刚产生时虽然很难看到它的巨大价值,但是,一旦为全球所接受,往往会引起一场翻天覆地的革命。蒸汽机的发明引发了声势浩大的工业革命,货柜改为集装箱引发了全球海运革命和贸易革命,1946年在美国问世的第一台电子管计算机,引发了全球的信息革命,在全球掀起了知识化、信息化、自动化和智能化的浪潮。这些说明了这样的一个事实,人类的文明是在既单一又多样,既整合又分化所构成的双重进程和双向运行的机制中进行的。多样性文明的整合和分化不仅是文明发展的标志,也是文明进步的重要推动力量。没有多样性,各个部分就不能形成一个能够生长、发展、自我修复和自我创造的实体;没有多样性之间的联系和整合,不同的组成部分就不能结合成一个动态的功能性结构。在当今由信息和通讯技术促成的使各种文明越来越紧密地联系在一起的社会,整合多样性文明的作用越来越重要。但是,多样性文明都具有独立自存的价值,都具有相对特殊的个性和功能,因此,在对于如何整合、如何在整合过程中趋利避害、如何建立起有利于多样性文明共同发展的整合机制等问题上形成全球共识,就显得尤为迫切和重要。只有大力促进国际文明新秩序的建立,才能使不同的国家和人民充分认识到多样性文明整合的意义和价值,积极参与到人类文明整合的工程中,以实际行动推动文明的发展。

(四)建立国际文明新秩序的挑战和机遇

对和平与发展的渴望是人类的共识。中国古人一直主张"以和为贵",认为"和气生财",提出"两和皆友,两斗皆仇。"西方人相信上帝给予他们福音的是和平。但丁在他的名著《论世界帝国》中指出:整个人类文明的目的是实现人类发展智力的能力,而达到这一目标的最好的办法是实现世界和平。

和平与发展虽然已经成为时代主题,但是,并不意味着天下太平。达到和平与发展的目标是一个比较长期的过程。当今世界,仍然是一个合作与冲突共存的世界。全球化体现了世界性的相互依存关系,一损俱损,一荣俱荣,要求建立普遍合作关系,实行双赢或多赢,客观上要求向合作协调趋势的发展。但是问题的另一方面是,不同的国家在意识形态方面存在着差异性,因为利益和价值观的不一致而导致的冲突也日益加剧和频繁,各种人种的、民族的、社会的、经济的、政治的和宗教的新老紧张关系,影响着国际文明新秩序的形成。

国际文明新秩序的建立任重道远，它面临的严峻挑战主要有以下几个方面：

第一，由于社会制度、意识形态、价值观念、经济水平、战略利益以及历史文化传统等方面存在的差异，不同的国家对于国际文明新秩序的理解有着不同的认识，甚至存在着根本性的分歧。受物质利益、政治利益、文化利益等各种国家利益的驱动，不同的国家和民族都会自觉或不自觉地从本民族中心论、本民族利益极端重要论、本民族文化优越论以及培根所说的各种“假象”出发，为维护自己的利益而努力，从而使国际之间的矛盾和争端经常产生。霸权主义和强权政治仍然是人类建立国际新秩序进程中最大的障碍。第二次世界大战结束以后，与各国人民渴望建立国际政治、经济新秩序的美好愿望相反，国际社会从总体上看还是处于充满强权政治与霸权主义的态势下，大国之间霸权战争时有发生，中小国家受尽压迫，国际关系处于强权和专制之下，全球事务为少数几个大国所垄断，国际间充满着弱肉强食的“自然法则”。整个国际关系基本上是支配与被支配这样一种极不平等的权力关系。从理论上来说，多样性的文明之间不存在着主导和隶属的等级制关系，而是平等性的既竞争又合作的关系，但是，目前理论与现实之间存在着的反差极其巨大。因为利益关系引发出来的矛盾和冲突经常发生，有的甚至十分激烈，对国际文明新秩序的建立带来巨大的障碍。

第二，美国的单边主义战略趋向进一步发展。冷战结束以后，美国成为世界上唯一的超级大国，其利益的全球性越发凸显。为了推行美国的全球战略，确保自身利益，美国在世界政治事务中常常不顾其他国家乃至盟友的利益单独行事。从退出《京都议定书》到建立国家导弹防御体系，从宣布朝鲜、伊拉克、伊朗和利比亚为“邪恶轴心”到公开偏袒以色列，这一系列行为都完全是从美国的战略利益出发，无视国际社会的共同要求。在经受了“9·11”事件的强烈打击后，美国的全球战略进行了相应的调整。一是以“先发制人”取代冷战时期使用的遏制和威慑战略，在可预见的将来始终保持军事上的优势地位，在全球范围内尤其是在所谓“失败国家”、“失败中国家”和“脆弱国家”中大力推销美国的政治文化价值观，积极促进美国式民主和自由市场经济的发展，以消除恐怖主义的根源；二是将美国本土安全的认识和行动上升到一个新的高度。强调本土安全的重要地位并使之与国际安全融为一体。认为恐怖主义尤其是具有宗教极端主义色彩的恐怖主义已经成为美国首要的现实威胁。将支持和庇护恐怖主义的国家列为美国的敌人。尤其是拥有大规模杀伤性武器，并与恐怖组织有联系或可能向恐怖势力提供此类武器的“邪恶轴心”国家，更是美国首先要加以防范和打击的对象。为适应新的安全形势的需要，美国原有的应对威胁的政策和手段都应该加以改变。主张不惜采取包括战术核武器在内的一切手段实施“先发制人”的军事打击，以便在威胁尚未演变为现实之前将其消灭在萌芽状态，避免“9·11”事件重演。

第三，世界的民族问题依然严峻，民族分裂活动没有得到有效的遏制，加上某些大国借机介入，利用民族问题干涉别国内政，导致矛盾和冲突的解决困难重重。国际力量的对比态势进一步复杂化，特别是一些地区内的力量对比严重失衡。与错综复杂的民族问题有着紧密联系的民族主义思潮在全世界迅速抬头，已经成为影响国际关系的不可忽视的因素。民族主义是一把双刃剑，引导得当，会强化国民对本国和本民族的政治思想意识、公民意识，培养起热爱本国和本民族的民族情感和民族价值观。但是，任其发展，很容易出现极端民族主义情绪，会导致严重的民族之间的对抗和冲突,出现势不两立的民族文化价值观的对立、宗教纷争、领土纷争、种族纷争,引发原教旨主义、民族分裂主义和恐怖主义。极端的民族主义情绪将任何外来事物视为异端,采取一切手段来维护本民族的利益和自己的民族理想,其中包括针对平民或民用目标的暴力行为,即恐怖主义行为。车臣非法武装、爱尔兰共和军、泰米尔猛虎组织、基地组织等恐怖主义组织的所作所为已经给全世界的和平与发展事业带来了严重的影响。经济全球化所导致的西方发达国家对不发达国家的剥夺,以及西方文化在全世界的迅速扩张和渗透,严重影响着各民族文化和文明之间的传承和发展,激起了广大发展中国家的强烈抵制和反抗,维护民族独立和文化尊严的民族主义成了重要手段。冷战结束以后,原来隐藏在意识形态争斗之下的民族及国家之间的矛盾开始显示出来,世界民族国家体系出现了空前的危机,全世界的民族国家开始分裂为相互争斗的种族区域,民族主义开始登上历史前台,大民族主义、泛伊斯兰主义、泛突厥主义、日里诺夫斯基鼓吹的大俄罗斯主义等民族主义思潮大行其道。经济全球化更是客观上推动了民族主义的发展,全球化严重削弱了国家主权和国家利益,出现利益不平衡。利益受到一定影响的各民族国家和地区打出民族主义的大旗,甚至采取极端方式,如制造事端,挑起争斗,盲目排外,大搞分离运动等,极端民族主义已经成为阻挡现代社会进步的反人道、反人性的可怕力量,与霸权主义和强权政治一样,构成了对和平与发展事业的最大威胁。需要指出的是,号称“在美国,民族主义是不敢说出自己名号的”,给外界的印象,美国一直坚持反对极端民族主义,是民族大融合的典范,事实却不然,无论是民族主义的思维,还是民族主义的行为,在美国历史上经常可以看到。现在,出于对美国利益的考虑,充满着强烈的民族主义情绪的单边主义的做法,在国际关系中经常表现出来,给国际关系带来了很不安定的因素。

第四，国际局势存在着不稳定因素，尤其是中东地区的巴以、南亚地区的印巴等冲突不断。而一旦国际冲突得不到有效控制，国际关系连基本的秩序也难以维持，更没有新秩序可言。当今世界上最大的"火药桶"是中东。在短短的不到三年的时间里，中东已经发生了阿富汗和伊拉克两场战争，但是，美国在阿富汗和伊拉克战争中的胜利并没有给中东地区带来宁静的阳光，相反，阿拉伯和伊斯兰世界的反美情绪空前高涨。巴以冲突原因复杂，由来已久。虽然在国际组织的斡旋下，也曾经达成过许多次和平解决纷争的协议，有的还实行过一段时间，但是都被中途撕毁掉。因为双方，即以以色列及其后盾美国为一方，以巴勒斯坦及其后盾阿拉伯世界为另一方，还没有对如何正确处理中东地区民族、宗教文化和贫富差异矛盾找到正确答案。如果找不到未来的以巴两国怎样划分领土和怎样共享耶路撒冷等两种宗教共同圣地的办法，如果不同民族和不同宗教信仰的人们对相互宽容、平等和睦地相处还没有足够的认识，并且愿意切实实行和真诚地维护，那么，人们很难看到巴以地区会出现阳光明媚的艳阳天。

第五，国际恐怖主义活动猖獗。从广义的角度来说，恐怖主义是为了改变某一政治进程和达到某些政治目标而对个人、集团采取的一种极端的行动。国际恐怖主义是指国际社会中某些组织和个人采取绑架、暗杀、爆炸、空中劫持、扣押人质等恐怖手段，企求实现其政治目标或某项要求的主张和行为。现在，国际恐怖主义已经成为最令人头疼的全球性的重大问题。国际恐怖主义活动的形式多种多样，组织类型和动机也各不相同。当代的恐怖主义活动已经超越了传统国界的限制，恐怖主义分子常常来自不同的国家，为了同一目标实施恐怖主义活动。恐怖主义的活动可称为"无国界的战争"、"地下的世界战争"。

恐怖主义采用极其残忍的手段，动辄就是绑架、爆炸、纵火、暗杀，恐怖行动遍及海、陆、空。恐怖主义一般都装备有高技术的作案工具。新技术革命为恐怖主义分子提供了十分便利的条件。现代化的交通、通讯手段和各种具有极大杀伤力和破坏力的新式武器经常为恐怖主义分子所利用，增强了恐怖威力。与正规军相比，由于其隐蔽作案的特点，居无定所，对社会的危害更大。现在人们日益担忧的是，计算机黑客、生化武器甚至小型核装置等新形式的恐怖主义活动手段。当代恐怖主义活动的一个新趋势是对大批人员和基础设施进行的高科技袭击的行为明显增多，这就是所谓的“超级恐怖主义”的形式，发生在美国的“9·11”事件就是一个明显的例子。纽约世界贸易中心“双塔”其实是很结实的建筑，它的设计者、美籍日本人雅马萨奇曾自豪地说：“如果有一架波音707以每小时180英里的速度飞向大楼，也只会使它撞击到的7层遭到损坏，整个大楼不会倒塌。”每小时180英里，是纽约允许空间飞行物飞过城市的最高时速。然而，恐怖分子却不在乎这个规则，结果“9·11”事件中，纽约世贸中心“双塔”全倒了，因为撞击它的飞机时速超过了500英里。过去，人们虽然谴责恐怖主义，但对跨国恐怖主义造成的灾难估计不足。到上个世纪90年代末，人们对恐怖主义才有了清醒的认识。一些观察家在展望21世纪战争前景时就说过：恐怖主义是引发未来战争的一个重要因素。

恐怖事件正在改变着人类的生活秩序，对全世界的和平与发展事业，多样性文明发展的事业都构成了巨大的威胁。会导致由恐怖引发更大的恐怖报复、由恐怖引发战争，进而导致贫困、疾病、流离失所等一系列灾难。反对恐怖主义是当前推进和平与发展事业，促进各国多样性文明发展的重要任务。

反对恐怖主义需要世界各国在民主框架范围内的广泛国际合作。因为，恐怖主义组织相互之间具有一定的国际协调能力。来自不同国家的恐怖主义分子有时联合作案，利用发达的现代化通讯设施相互协调,他们还试图建立国际恐怖主义联盟,以协调相互之间的活动,在资金、人员、武器、情报等方面进行合作。恐怖主义活动的国家背景日益明显。在恐怖主义已经全球化的情况下,反对恐怖主义的斗争将是长期的和艰巨的。

建立国际文明新秩序面临着良好的机遇。

第一,在对和平与发展时代主题以及各国文明多样性的认知和实践方面尽管存在着障碍,但是,和平与发展仍然是时代主题,是世界各国人民共同的美好理想。正如康德所说,人类的天性是爱好和平的。反对战争,保卫和平,促进社会的发展和人自身的发展,是当今时代的主旋律。各国文明多样性共存是文明发展的理想状态,在这一理想状态中,整个人类成为一个多元文明兼容的整体,将在一起和谐相处,这是世界多样性文明一直有意或无意追求的目标。当今世界,和平与发展问题虽然一个都没有得到解决,霸权主义、强权政治、恐怖主义、军备竞赛、贫富分化等都对世界和平安宁产生不利影响。但是,由于和平与发展从根本上关乎世界人民的共同利益和整个人类的前途和命运,反映了一切热爱和平、追求幸福的良好愿望,体现了一种历史发展趋势,全世界的相互依存和理性进步逐渐促使人类将自己的行为约束到和平、和谐和生活得到改善的道路上来。面对冷战结束以后更加复杂多样的国际形势,只有坚持和平与发展的立场,通过协商、协调、理解、宽容、沟通和对话,才能正确地处理全球共同面临的世界难题,才能整合和凝聚各种聪明才智和各种正义力量,去遏制反和平的非正义和各种邪恶的势力,解决人类社会的各种矛盾和冲突。

当前将和平与发展概括为时代的主题,将各国文明确认为多样性的共存,决不仅仅只是一种美好的理性追求,也决不仅仅只是世界人民的一种共识,同时还是一种强有力的力量,是一种客观的必然趋势。第二次世界大战以来,世界上产生了多种有利于推动各国多样性文明发展的和平力量。主要表现为:一是新获得独立的发展中国家的和平力量。它们摆脱了殖民体系的统治,将发展民族经济争取和平环境作为重要任务,在国际舞台上奉行和平、中立和不结盟的政策,以维护世界和平、促进共同发展为己任。二是以资本主义国家人民为主体的世界范围内的和平运动。他们通过示威、集会、抗议和议会游说等方式,反对扩军备战,反对核试验,反对研制太空武器和缔结军事集团,对于防止世界大战的爆发起到了不可低估的作用。三是热爱和平的广大中小发达国家以及超级大国外交决策集团中的鸽派人士。他们受和平运动与和平主义思想影响很深,往往作出有利于地区和世界和平的决定。推动和促进世界和平与发展以及各国多样性文明共存共荣的强大力量之一是社会主义国家的力量。这种力量起到了中流砥柱的作用。中国一贯坚持和平共处五项基本原则,坚决反对霸权主义、强权政治,在保卫地区与世界和平方面作出了重要贡献。世界和平与发展理念的逐渐确立和推广,是推动各国多样性文明共存共荣的强大推动力量和根本保障。

第二,在和平与发展作为时代主题与各国文明多样性的框架规约下,国际关系的民主化趋势正在不断增强。自从1648年威斯特伐利亚和约问世以来的一部近400年的国际关系史,就是各主权国家追求主权平等、独立自主的历史。但是缔造国际民主的难度远远大于国内民主构建的难度。摆脱国际关系中的支配与被支配的极不平等的权力关系,要求构建国际公正、平等和民主的关系,促进多样性文明的共同发展,已经成为世界人民的强烈心声和绝大多数国家所追求的理想。国际关系的民主化就是以统治和服从为特征的强权型国际关系,向以独立自主、平等参与和互利合作为特征的民主型国际关系的转化过程。国际关系民主化的基本内容就是遵循国际法基本准则,其主要内容是:一是主权平等原则。

各国一律享有主权平等。各国不问经济、社会、政治或其他性质有何不同,均有平等权利与责任,并为国际社会之平等会员国。二是和平共处五项原则。即相互尊重主权和领土完整、互不侵犯、互不干涉内政、平等互利、和平共处。和平共处五项基本原则构成了一个紧密联系的统一整体。主权是国家固有的本质属性,互相尊重主权和领土完整是五项原则的核心,以此引申出其他四项原则。在国际关系中不得以武力或武力相威胁以及以任何借口侵犯他国,这是建立在尊重他国平等拥有的自卫权的基础上的。不得以任何形式直接或间接地干涉他国属于主权范围内的事项,这是主权原则中的独立权的推论,反映了社会制度、价值观念和意识形态多样性的世界各国对独立处理本国事务的独立权力的强烈愿望;大小国家在互利基础上实现真正的平等。实现主权平等原则的最终目标是实现世界各国的和平共处。三是民族自决权原则。即各民族有权按照本民族的意志和愿望来决定自己的事情。这是一切被压迫民族反对民族压迫的表现。表现为相互依赖的两个方面的内容,既表现为一种独立权、政治分离权,成为单独的民族国家的权利,也表现为自愿与其他民族组成国家的权利。四是反对霸权主义的原则。霸权主义是强权政治的孪生姊妹,是国际关系民主化和促进多样性文明共同发展的最大障碍。反对霸权主义,就是要反对单边主义,消除国际关系中的专制压迫、内政干涉,因而成为国际关系民主化的基本任务。

国际关系民主化,就是建立在对和平与发展时代主题的确认,以及对各国文明多样性尊重的前提基础上的。各国只有形成了和平与发展是时代主题以及各国文明具有多样性的认识框架,多样性文明之间才能平等相处,并在此基础上积极交流、友好对话、协商沟通,从而有力地推动国际关系民主化进程。

第三,和平与发展的时代主题与各国文明多样性发展的客观趋势引导着世界朝着多极化的方向发展。世界的力量组合、权力结构和利益分配为此而发生新的深刻的变化。在霸权体系或单极体系下,国际权力分布呈现出等级式样的结构,霸权国家与其他国家的关系属于自上而下的控制与被控制、支配与被支配的关系,国际上的大事都由少数几个大国操纵或由某一个大国做主。国际关系处于专制统治或近乎专制统治的格局下,国家之间特别是大国与小国、强国与弱国、富国与穷国之间的关系根本谈不上公正与平等。在国际关系中,以强凌弱、以大压小、以富欺贫等现象时常发生。失去了文明之间的平等性的多样性是毫无意义的。文明的平等性是文明多样性的前提条件和根本保障。在多极化迅猛发展的今天,国际权力的民主化、分散化或均等化程度日益加深,主张多边主义,反对单边主义的力量获得了长足的发展,霸权主义干预广大发展中国家的能力日益下降。国际压迫者、剥削者与被压迫者、被剥削者的力量对比逐渐发生有利于后者的变化。在当今世界的几大力量中,美国虽然在政治、经济、科技、军事等方面继续保持着明显的优势。但是,欧洲联盟在经济一体化取得空前成就的基础上,日益重视发展独立的安全和防务力量,与美国的战略差异逐渐扩大;俄罗斯的大国地位和实力正在逐步恢复,在许多重大的战略问题上保持着相当的独立性;中国和其他发展中国家也强烈要求发达国家重视发展中国家的利益要求,建立起与发展中国家的平等合作关系,增强对发展中国家的经济援助。随着世界多极化趋势的进一步发展,越来越多的国家在国际事务中的发言权和影响力将不断上升。美国乔治城大学国际关系教授兼美国外交政策委员会高级研究员库普乾出版的新书题为《美国时代的终结》,该书着重从美欧关系来谈美国的衰落及欧洲的崛起。库普乾认为,世界朝着多极化转化是不可避免的,美国对世界的主导大概还能维持十年。如果美国当政人物意识到这一点,明智的做法是设计一种自由世界的秩序,以适应欧盟及中国等势力的崛起,而不要一意孤行地维持美国对世界的统治。库普乾还认为,未来美国遇到的最大挑战会来自美国的传统盟友欧盟国家,虽然欧美矛盾还没有发展到对抗的地步以及战争,但是它们之间的分歧足以使美国无法再依赖二战后建立的对它有利的这套国际体系,无法再依靠跨大西洋的特殊关系来主导这些国际机构的运作。最明显的例子就是欧洲人把美国人从联合国的分支委员会中挤了出去。库普乾的观点很鲜明,美国必须为欧盟的崛起腾出点地方,因为无论如何欧盟的崛起是美国所决定不了的。如果美国处处给欧盟找麻烦,那么崛起后的欧洲一定不会把美国当朋友。① 库普乾所论述的美国时代的终结,说到底,就是单边主义的终结,多极化时代的来临。各国多样性文明的平等相待和和平共存是人类社会发展的必然趋势。

第四,在和平与发展作为时代主题以及各国文明具有多样性的态势下,大国标准和国际竞争方式已经发生了深刻的变化。现在,人们已经越来越意识到,经济大国不等于政治大国,政治大国不等于负责任的大国。"负责任的大国"已经成为新的大国标准。作为负责任的大国,在国内要积极创设和平与发展的环境,把经济建设、政治民主建设和文化建设等事业搞上去,使人民群众的生活水平得到不断提高。在国际上要践行和平与发展的时代主题,并以实际行动尊重各国文明的多样性,主持国际的公平正义,促进国际关系朝着多极化和民主化的方向发展。因此,负责任的大国,体现在该国的经济、政治和文化等方面所决定的综合国力上。现在,综合国力的竞争已经取代传统的军备竞赛成为国际竞争的主要方式。传统的大国常常以军事实力为首要标准,大国之间的竞争方

① 参见《光明日报》,2003 年 6 月 6 日,B4 版。

式则主要表现为扩军备战,凭借强大的军事实力对外扩张,争夺霸权和势力范围。在新的时代背景下,评价一个国家的国际地位和国际影响不再完全取决于该国的军事实力,而要看是否拥有强大的综合国力,以及是否能够承担自己的国际责任和国际义务,以积极的姿态为世界和平和发展做出应有的贡献。

第五,和平与发展的时代主题与各国文明多样性推动着经济全球化和区域经济合作趋势的增强和迅速发展,推动着世界经济格局发生深刻变化。经济全球化使亚太地区迅速崛起,中国、东亚和东南亚国家经济的迅速发展和经济实力的增强使发达国家已经不能再完全按照自己的愿望规划和建立国际经济新秩序,新兴工业化国家在国际经济事务中的发言权有所增强。新技术革命以及高新技术产业的迅速兴起给曾经在工业革命时期落后的发展中国家带来了超越传统工业化阶段加速发展的良好机遇。经济的发展必然带来政治地位的提高,从而对世界格局产生一定的影响。有助于推动世界国际新格局的形成和发展。

第二章　文明多样性是文明的本性和客观规律

要达到对于时代主题与文明多样性的深刻认识,必须坚持马克思主义文明观。人类思想史上各种阐释文明的理论本身构成了文明多样性的表现形式。在其中,马克思主义文明理论独具神采。马克思主义文明理论建立在唯物史观基础上,它科学地揭示各国文明多样性通过民族的多样性、民族性格、情感、气质的多样性以及语言、文化、宗教信仰的多样性等表现出来,并受到这些因素的影响。文明多样性还由人们需要的多样性、实践方式和认识方式的多样性以及人们赖以生存的自然环境的多样性等综合因素所决定。文明多样性恰恰表现和佐证了文明的本性和文明发展的客观规律性。文明多样性并没有否定它们之间的共性。文明多样性与文明的共同性是对立统一关系。坚持文明多样性,才能更好地坚持文明的共同性。坚持多样性文明存在着一致性和共同的本质属性,就是为了更好地坚持文明多样性。和平与发展的事业就是在文明多样性和共同性的辩证作用推动下进行的。

一、马克思主义的文明观

在西方,文明一词英语、德语、法语、西班牙语都为 Civilization。这一个词是法国大革命的产物。它是由 Civil 一词发展而来的。

Civil 一词原意是指在城市享有合法权利的公民。也含有比当时的外国人或蛮族的原始生活状态优越的意思。所以,人们后来用“文明”一词来指与原始社会,即与“野蛮”阶段相区别的较高的社会发展阶段。在古代罗马时期,随着城市的发展,文明与都市生活联系在一起,人们将文明用来说明新的生活方式和新的伦理关系。

(一)国外学者对文明的多样性理解

早在公元前 4 世纪,修昔底德在《伯罗奔尼撒战争史》中描述科西拉革命时,就曾指出,一旦暴力行为唤起了国民的热情,就会破坏文明的成果。他说:“就是在有法律的地方,人性总是易于犯法的;现在因为文明生活的通常习惯都在混乱中,人性很傲慢地现出它的本色,成为一种不可控制的情欲,不受正义的支配,敌视一切胜过它本身的东西。因为如果不是为了这种嫉妒的有害影响的话,人们不会重视复仇而轻视宗教,重视图利而轻视正义的。”①他认为,科西拉革命中的不文明行为重要的有如下几种:“违背信约的报复”、“破坏法律的行为”、“利用诡计取得胜利”、“宁愿称恶事为聪明”的行为等。他主要从行为方式方面说明了文明的特征以及不文明行为的主要表现。这还是比较狭隘的文明范畴。

文艺复兴时期,人们把当时由封建习俗向着资产阶级化的演变称之为 Civiliser,原意为“公民化过程”。提倡人的价值、人的地位和人的尊严的人文主义思潮,反映了文艺复兴时期的资产阶级文化的特征。文艺复兴强调古希腊和罗马人的著作中所推崇的人的价值,即被称作古典人文主义的精神。“人文主义”这个词来自西塞罗的著作。他用这个词表示对各种人文学科知识的热爱,他

① (古希腊)修昔底德著,谢德风译:《伯罗奔尼撒战争史》上册,商务印书馆 1977 年版,第 239—240 页。

认为这些学科最能表达出人的尊严。人文主义主张一切以人为中心,一切为了人的利益。主张要"从人本身来理解人自己和人所生活的世界"。它和封建文化以及宗教神学针锋相对。以人权、人性、人道反对神权、神性、神道。他们的口号是"我是人,凡是人的一切特征,我都具有。"

17 世纪英国启蒙思想家托马斯·霍布士从资产阶级的人道主义立场出发,开始"用人的眼光来观察国家了",①1651 年,他写就《利维坦》一书,提出了"文明社会"的概念,得出了人类从自然状态进入国家状态是人类文明的起点的重要观点。他认为支配人们的行动的根本力量是"自我保存"。人们在没有建立国家之前,是处在"自然状态"中,当时,人的自我保存的原则起着决定性的作用,每一个人只顾自己的个人利益,而不惜侵犯别人的利益。这就是人的自然权利。这种自然权利促使每个人照着他自己的愿望用自己的力量来保存自己的自由。于是,人对人就像狼一样,彼此之间进行着残酷的斗争。人类所处的这种状态,必然要破坏人们之间的正常生活。为了避免这种恶果,达到更好地保存自我的目的,大家就共同订立契约,把自然权利交给大家同意的国家政权,从而建立了国家。国家建立起来了以后,一方面个人的利益可以得到彼此的承认;另一方面,在个人之上有了一个超越的权力——国家政权来维护这个契约的有效性;这样就可以使社会安宁、和平得到保证。霍布士认为国家政权是绝对的,人们应该无条件地服从,个人的私有财产可以由国家政权自由处置。他认为君主专制政体是最好的政体,因为政权集中在君主一个人手里,可以避免争执,防止内乱。霍布士的社会契约论对国家的产生进行了比较正确的说明,他将国家权力看作是人们自己创造的,反对关于国家起

① 《马克思恩格斯全集》第 1 卷,人民出版社中文第 1 版,第 128 页。

源于上帝的中世纪理论，无疑具有很大的进步意义。但是他主张国家权力的绝对性，将君主专制政体讴歌为最好的政体，从本质上又体现了他的反人民和反民主的思想。

到法国大革命时代，人们把体现资产阶级大革命的新的文化气象称为 Civilization，即“公民化”的文化。它是西方文化的一种新的现象和新的趋势。18 世纪的法国思想家相对于野蛮状态提出了文明的概念，文明一词才被正式运用于欧洲的文献中，18 世纪中期以后德国学者普芬多夫、赫尔德，法国思想家米拉波等人开始使用这一概念，到 20 世纪在人文学科中得到广泛的运用。1828 年基佐在《欧洲文明史》一书中说：“长期以来，在许多国家里，文明这个词一直被使用着，人们赋予这个词以多多少少是明白和广泛的意义。”①诺贝特·埃利亚斯经过详细的考证后指出：“‘文明’这一概念在其形成初期也是反对派和中等阶层的工具，特别是中等知识分子阶层在进行社会内部斗争时所运用的工具。随着市民阶层的崛起，‘文明’这一概念便成了民族精神的体现，成了民族自我意识的传达方式。在革命的进程中，‘文明’这一概念在众多的革命口号中并没有起到特别大的作用，它所表明的是一个逐步发展的过程，一个进化的过程，而且还没有否定其原来作为革命口号的意义。18 世纪以来，当革命开始缓和下来时，这一概念却成了一个响彻全球的口号。在这一时期，文明概念已经变成了法国为自己进行民族扩张和殖民运动的辩护词。1789 年，当拿破仑率领部队向埃及进军时，他向部下大声喊道：‘士兵们，你们要去从事的事业是征服，这一征服对文明产生无法估量的意义。’与形成‘文明’这一概念所不同的是，这些西方国家认为‘文明’这一

① （法）基佐著，程洪逵、沅芷译：《欧洲文明史》，商务印书馆 1998 年版，第 6 页。

进程在他们自己的社会内部已经完成。从根本上来说,他们自以为自己是一个现存的,或者是稳固的‘文明’的提供者,是一个向外界传递‘文明’的旗手。不断向前发展的整个文明进程在他们的意识中只留下了一个模糊的印象。他们用文明的结果来炫耀自己,以示自己的天赋高于他人。至于在几百年的过程中,人们是如何形成文明行为的这样一个问题和事实,却没有人感兴趣。从这时候起,那些推行殖民政策,并因此而成了欧洲以外广大地区上等阶层的那些民族,便将自身的优越感和文明的意识作为了为殖民统治辩护的工具,就像当年‘文明’概念的鼻祖‘礼貌’和‘开化’曾经被宫廷贵族上等阶层用来为他们的统治进行辩护一样。”①英文、德文、西班牙文中的 Civilization 都是从法文中引进的。但以后人们往往用 Civilization 来代替 Culcture。在许多思想家那里,文明与文化是同义语,是没有严格区分的。如在弗洛伊德的《文明及其不满》和赫伯特·马尔库塞的《爱欲与文明》中,“文明”与“文化”两词是交替使用的。

德国著名历史哲学家奥斯瓦尔德·斯宾格勒在《西方的没落》这部以比较文化形态学为理论体系的历史哲学著作中对于文明的含义、文明的生成、文明与文化的关系等问题作了深刻的阐述。他认为,全人类的历史是不存在的,只有各个文化的历史。研究世界历史,就是研究各个文化的历史。伟大的文化是起源于性灵的最深基础之上的。每一文化都有其基本的象征,表现于这个文化的各个方面。每一文化各有自己的观念、情欲、生活、愿望、感情等,彼此是互不了解的。斯宾格勒将文明称为是文化的有机的和逻辑的(organic-logical)结果、完成和结尾。他说:“什么是被理

① (德)诺贝特·埃利亚斯著,王佩莉等译:《文明的起源——文明的社会起源和心理起源的研究》,生活·读书·新知三联书店 1998 年版,第 116 页。

解为一种文化的有机的和逻辑的结果、完成和结尾的文明呢？每种文化都有它自己的文明。文化和文明这两个词一直是用来表达一种不确定的、多少带有一点伦理意义的区别的，在这本书里是第一次当作一种周期性的意义来用，用以表达一种严格的和必然的有机连续关系（organic succession）。文明是文化的不可避免的归宿，根据这一原则，我们得出一种看法，使历史形态的最深刻和最重大的问题可能获得解决。文明是一种发展了的人类所能作到的最表面和最人为的状态。它们是一种结束，已成的跟着方成的，死跟随着生，僵硬跟随着扩展，理智时期和石建的、石化中的世界城市跟随着大地和多立斯时期、哥特时期的精神上的童年。它们是一种终结，不可挽回，但因内在的需要，一再被达到。"①

作为一名悲观主义历史学家，斯宾格勒认为文化与文明之间存在着激烈的冲突，他认为，任何一种文化的结果都是悲剧性的。他的历史哲学就是关于宿命的哲学，宿命的必然性构成了全部历史的实质和核心。他写作《西方的没落》一书的动机就是探究这种历史宿命论。他说："这本书是第一次的大胆尝试，想去预断历史，想去研究一种文化宿命中的迄未被人经历过的各个阶段，特别是关于那在我们这一时代和我们这一星球上唯一正处于完成状态的文化，即西欧美洲文化的各个阶段。"②

那么，什么是西方文化的宿命呢？他以黑格尔的否定之否定规律中的三段式论证说，所有文化都要经历三个大阶段——前文化阶段、文化阶段和文明阶段，周而复始，重新回到原始的状态。按照他所划分的体系，世界上总共存在着八个大的文化，其中七个

① （德）奥斯瓦尔德·斯宾格勒著，齐世荣等译：《西方的没落》，商务印书馆2001年版，第53、54页。

② 同上书，第13页。

文化，即埃及文化、巴比伦文化、印度文化、中国文化、古典文化、阿拉伯文化、墨西哥文化已经死亡，只剩下一种无历史、无生气的存在。只有西方文化还处在文化的第一个时期——“战国时期”。这个时期的特点是连绵不绝的大战和革命，一个文化区内的各个国家经过互相攻伐以后，最终合并于一个大帝国的统治之下。从拿破仑的统治起到第一次世界大战是西方文化的“战国时期”的序幕，20世纪则是真正战国的世纪。按照斯宾格勒的说法，战国时期结束以后，大一统的帝国开始出现，人类文明进入到了“帝国时期”。帝国时期的政治组织，斯宾格勒称之为“恺撒主义”。按照斯宾格勒关于世界历史体系的分类，西方世界今天正处于文明的第一阶段，即从1800年到2000年这一时期。

与黑格尔一样，斯宾格勒站在“西方文化优越论”和“德意志中心论”的立场上，把文明的动力归结为西方，归结为德国。斯宾格勒认为历史的危机必不可免地要到来，文化作为一个有机体，必然要经过青春期、生长期、成熟期、衰败期等各个不同的发展阶段，西方的没落是客观的规律。但是西方的没落也是全人类的没落。而德国民族是西方最后一个民族，负有完成西方历史最后一个阶段的历史使命。斯宾格勒虽然认为西方的没落是必然的过程，但他又深信，与世界上已经死亡的七个文化相比，西方文化尚未走到尽头，仍有强大的生命力，而“大一统帝国”这个最后的阶段将在2000—2200年间出现。这一观点，是以历史宿命论形式出现的历史唯心主义。

日本著名学者福泽谕吉在《文明论概略》一书中说：“‘文明’这个词，是表示人类交际活动逐渐改进的意思，它和野蛮无法的孤立完全相反，是形成一个国家体制的意思。文明之为物，至大至重，社会上的一切事物，无一不是以文明为目标的。无论是制度、文学、商业、工业、战争、政法等，若将它总括地互相比较时，用什么作标准来衡量其利害得失呢？能促进文明的就是利就是得；反之，使文明退步的就是害就是失。……所谓文明是指人的身体安乐，道德高尚；或者指衣食富足，品质高贵而说的。但是，仅以身体的安乐就能叫做文明吗？不是的，人生的目的，不是单为衣食，若仅以衣食为目的，人就与蚂蚁或蜜蜂无异了，这不能算是合乎大地自然。或者仅以道德高尚就能叫做文明吗？也不是，如果这样，天下人都将成为贫居陋巷箪食瓢饮的颜回了，同时这也并非天命。所以，如果不能使人的身心各得其所，就不能谓之文明。而且人的安乐是没有限度的，人的道德品质也是没有止境的。所谓安乐，所谓高尚，是指正在发展变动中的情况而言，所以，文明是指人的安乐和精神的进步。但是，人的安乐和精神进步是依靠人的智德而取得的。因此，归根结底，文明可以说是人类智德的进步。”①

福泽谕吉的这段关于诠释文明的话，揭示出了这些基本思想：文明是人类摆脱野蛮状态而逐渐进化的东西；文明是一个相对的概念和一个发展的过程；文明是与人际交往以及人类社会活动的发展联系在一起的；文明固然可以指人的身体安乐，或者衣食富足，但是这些还不是文明的真正内涵，文明的成果都凝结着人类的智慧，是人类智德进步的体现；各国的国体和政体各有特点，各国和各地区的人民的风俗习惯、宗教信仰、语言文化、行为方式等都具有差异性，因此文明具有多样性。这些观点对于我们正确地理解什么是文明以及文明的多样性具有很好的方法论价值。

英国著名历史学家阿诺德·汤因比的洋洋 12 卷的《历史研究》是一部真正意义上的文明史著作。汤因比的出身背景和经历（1889—1975 年）使他对文明的兴衰存亡进行了深刻的思考。汤

① （日）福泽谕吉著，北京编译社译：《文明论概略》，商务印书馆 1997 年版，第 30—31 页。

因比出生在维多利亚晚期的乐观主义时代,在壮年时经历了第一次世界大战,进入晚年时经历了第二次世界大战。他深深感到,他所处的西方社会与古代希腊社会存在着许多相似之处,而他所受到的主要教育又正是古代希腊式的。两次惨烈的世界大战,摧毁了人类所创造的许多优秀的文明,而西方文明在发展中出现的一系列危机,又使人类前程渺茫。正是出于对西方文明深刻危机的忧患意识,促使他深思这样的问题:文明为什么会死亡?古代希腊文明的命运是不是也就是现代西方文明的命运?在当代文明已走向深渊的情况下,人类能不能找到一条摆脱宿命、免于灭亡之路?对这些问题的思考,就构成了他写作《历史研究》这本书的动机。

在汤因比看来,对人类史必须作为一个整体来加以考察。而人类历史也就是文明史,分析历史的单位是文明,文明和社会在他那里基本上是同义语,他反对将历史简单化的做法,他认为历史从来没有一个命定的目标。他反对地理环境决定论和种族优越论,反对西方中心论的文明观。他很重视文明之间的交流,认为封闭的文明是不能发展的。但是,他又指出了在不同文明的接触和交流中会存在着障碍,认为文明的接触和交流不是某种抒情诗,可能会引起某种敌意。因此,汤因比提倡不同文明应该和谐相处,分享各自的有益经验。认为文明之间的交流是文明进步的动力。

对于人类文明的出路问题,汤因比的思想和分析是非常矛盾的。一方面,他认为文明所经历的"起源、生长、衰落、解体"的生命周期是客观的规律,任何人都无法阻挡,表现出了浓重的历史命定论,也就是历史宿命论的悲观观点。但是另一方面,汤因比又试图通过对西方文明的批判,找到一条文明发展的新路。从他早期对西方文明优越性的赞美到晚年寄希望于"中国文明拯救世界"都是这种努力的结果。他认为,人类文明的最高境界是博爱,而博爱并不来源于人类本身,只能来源于上帝。因此人类的最终前途是摆脱“自然的法则”而回归“神的法则”。只有建立起万能的世界性国家和超越各“文明”的世界性宗教，才能使人类文明免于过早死亡。

汤因比在《历史研究》中所阐述的文明形态史观揭示了世界文明的整体发展大势，他的所谓文明生命周期理论对于后人观察文明发展的规律也具有一定的方法论启迪，他对西方工业文明的忧虑，对田园农业文明的向往，对于后人重视人与自然和谐的生态文明，有重大的借鉴作用。当然，他对人类文明的绝望心态，最终将文明发展的希望寄托于宗教神学，又表现出了唯心主义的文明史观。

塞缪尔·亨廷顿对于什么是文明，什么是非文明有自己的评判标准。他说：“文明社会不同于原始社会，因为它是定居的、城市的和识字的。文明化的是好的，非文明化的是坏的。文明的概念提供了一个判断社会的标准；而且 19 世纪期间，欧洲人把许多思想能量、外交能量和政治能量投入于详细阐述一个标准，根据它来判断非欧洲人的社会是否充分‘文明化’到可以被接受为欧洲人所支配的国际体系的成员。”①亨廷顿把文明看作是与野蛮阶段相区别的较高的人类历史发展阶段，看作是人类社会代表真善美的东西，那么，不文明的东西则是假恶丑的东西。这种说法是具有一定道理的。也与马克思关于文明的起源的说法相一致。马克思说：“城乡之间的对立是随着野蛮向文明的过渡、部落制度向国家的过渡、地域局限性向民族的过渡而开始的，它贯穿着文明的全部历史直至现在。”②按照马克思的观点，人类从蛮荒状态过渡到文

① (美)塞缪尔·亨廷顿著，周琪等译：《文明的冲突与世界秩序的重建》，新华出版社 2002 年版，第 24 页。

② 《马克思恩格斯选集》第 1 卷，人民出版社 1995 年版，第 104 页。

明阶段才产生民族，民族是文明的产物。这一说法说明文明是文化发展到一定阶段的结果。

亨廷顿的文明概念更多地强调文明的精神方面的内容。他认为，文化实际上是所有文明的共同的主题。在所有界定文明的客观因素中，最重要的通常是宗教。"人类历史上的主要文明在很大程度上被基本等同于世界上的伟大宗教；那些具有共同的种族和语言，但在宗教上相异的人们可能相互屠杀，就像在黎巴嫩、前南斯拉夫和南亚次大陆所发生的那样。"①他接着说："宗教是界定文明的一个主要特征，正如克里斯托弗·道森所说，'伟大的宗教是伟大的文明赖以建立的基础。'在韦伯提出的五个世界性宗教中，有四个——基督教、伊斯兰教、印度教和儒教与文明结合在一起。"②

亨廷顿还认为，文明是通过文化认同来表现的。他说："一个文明是一个最广泛的文化实体。乡村、宗教、种族群体、民族、宗教群体都在文化异质性的不同层次上具有独特的文化。……因此，文明是对人最高的文化归类，是人们文化认同的最广范围，人类以此与其他物种相区别。文明既根据一些共同的客观因素来界定，如语言、历史、宗教、习俗、体制，也根据人们主观的自我认同来界定"③。

由于文明是对人最高的文化归类，是人们文化认同的最广范围，因此，亨廷顿得出这样的结论：文明是文化实体，而不是政治实体。他说："既然文明是文化实体而不是政治实体，它们本身并不维持秩序，建立公正，征缴税收，进行战争，谈判条约，或者做政府所做的任何其他事情。文明的政治组成在文明之间各不相同，在

① （美）塞缪尔·亨廷顿著，周琪等译：《文明的冲突与世界秩序的重建》，新华出版社2002年版，第25页。

② 同上书，第32页。

③ 同上书，第37页。

一个文明之内也随着时间而变化。一个文明可能包含一个或多个政治单位。这些单位可以是城市国家、帝国、联邦、邦联、民族国家、多民族国家,所有这些单位都可以有不同的政府形式。当一个文明演变时,其政治构成单位的数量和性质一般也会发生变化。"①由于文明是文化实体而不是政治实体,所以,亨廷顿认为,当今世界的冲突并不主要存在于政治实体之间的纷争和对抗,而是具有不同的文化认同的文明的冲突,它涉及的可能是许多政治实体的对立。

德国知名学者、政治学家哈拉尔德·米勒的《文明的共存——对塞缪尔·亨廷顿"文明冲突论"的批判》一书,是一部对塞缪尔·亨廷顿的观点进行比较全面的原则性批评的专著。在这本书中,他对文明概念作了与亨廷顿不同的独特的分析说明。他认为,"文明"这一概念,在德国从来没有实现真正的本土化,其原因在于18世纪末至19世纪初,德国受到良好教育的市民阶层,对"文明"一词在概念和行为理解上产生了偏差,并且观察的眼光也很狭隘。"我们的欧洲邻居以及美国人认为'文明'是在一定历史阶段,用于克服生存问题的社会工具总和:包括经济方式、有影响力的社会关系、政治上的社交举止、移民体系结构、教育体系,同时也包括宗教、价值体系和美学。总之,文明是涵盖社会实践的一个非常广泛的概念,那些具有共同重要特征的社会实践体系,则应该被视做相同的'文明'群体。"②

米勒认为,对文明概念的理解不能仅仅局限于精神世界和价值体系,不能把宗教作为举足轻重的划分标准。考察文明必须重

① (美)塞缪尔·亨廷顿著,周琪等译:《文明的冲突与世界秩序的重建》,新华出版社2002年版,第28页。

② (德)哈拉尔德·米勒著,郦红、那滨译:《文明的共存——对塞缪尔·亨廷顿"文明冲突论"的批判》,新华出版社2002年版,第31页。

视两个重要的社会变量，一是人作为社会动物所具有的集体概念；二是人面对各种不同的状况和挑战的社会适应能力。他指出："现在，只要我们看一看这些社会因素及其相互之间的作用和影响，就马上会豁然开朗，这里并没有任何文化停滞不前的迹象：各种文化总是在不断地交汇前行，它们不断发展、不断改变各自提出的特性——大多数时候这种变化非常缓慢，但有时也会突飞猛进，产生质的飞跃——我们可以将它们理解为文化的重构和重建，这是一种自我完善的发展过程。正是基于这个原因，我们不能因为不同的文化在一个特定的历史阶段表现出不同特征，而固执地将它们对立起来，预言它们的冲突和不可调和性。"①

西格蒙德·弗洛伊德是在人类文明的内在机制和本质内容等方面作出重大贡献的科学家。美国历史学家和政治学家爱德华·麦克纳尔·伯恩斯在《冲突的各种思想：当代世界各派政治理论》一书中说："弗洛伊德的心理学在重要性上必须和达尔文学说、马克思的理论以及边沁与米尔的哲学相提并论。"美国心理学家 E. G. 波林在其《实验心理学史》一书中对弗洛伊德评价说："他是一个思想领域的开拓者，思考着用一个新的方法去了解人性。尽管他的概念是从文化的潮流中取得的，他仍是这样的一位创始人，他忠于自己的基本信念而辛勤工作 50 年，同时他对于自己的观念体系不殚修改，使它趋于成熟，为人类的知识工作贡献。……他的观念日益扩展，直至他的有关人类动机的全部思想普及于心理学家们和普通人之间，在他们看来，弗洛伊德的这一形容词几乎与达尔文同样耳熟了。他已使潜意识心灵这一概念变成了常识。"②从潜

① （德）哈拉尔德·米勒著，郦红、那滨译：《文明的共存——对塞缪尔·亨廷顿"文明冲突论"的批判》，新华出版社 2002 年版，第 35 页。

② E. G. 波林：《实验心理学史》，纽约，英文版，1950 年版，第 707 页。

意识的角度研究人类文明的发生机制和心理动因,表现了弗洛伊德在文明研究领域的独创性。

弗洛伊德虽然不太喜欢在文化和文明之间做出区分,但是他说明了文明具有物质方面、精神方面和规章制度方面等多维内容,而且论证了从文化到文明的发展历程。他把人的意识结构分为本我、自我和超我,揭示出从本我、自我到超我的发展历程实际上就是从文化到文明的发展历程。他认为,本我按照快乐原则行事,是非理性的人,相当于人类社会的蒙昧时期和野蛮时期。自我按照现实原则办事,是人的精神的较高层次,是理性人。超我是道德化了的自我,是根据社会行为标准和要求而形成的禁忌、道德伦理观、宗教戒律、民族情感等行为准则的体现。是在一定文化影响下,内心世界逐渐形成的凌驾于本我、自我之上的心理监督机构。它表现为人的良心和理想。超我按照至善原则办事。超我作为道德化了的自我,是文明的自我。在他看来,"每一种文明都必须以对本能的强制和否定为基础。"①把人类文明建立在对人的本性的强制和否定的基础上,显然是唯心主义的观点。但是,他把文明说成多维的,潜在地蕴涵着这样的意思:有文化不一定有文明。文明是后起的,是文化发展到了一定阶段的产物。这种见解是有道理的。

对于弗洛伊德的文明理论,马尔库塞在《爱欲与文明》一书中作了进一步的引申和阐发。他试图将弗洛伊德主义和马克思主义结合起来对文明作出新的阐释。首先,马尔库塞把弗洛伊德的爱欲本质论与马克思的人类解放论结合起来,提出了一种新的理论——爱欲解放论。马尔库塞指出,当马克思说人的解放时,实际

① (奥)西格蒙德·弗洛伊德著,徐洋译:《论文明》,国际文化出版社 2000 年版,第 3 页。

上就是指爱欲的解放。当然,不能把爱欲的解放简单地理解为性欲的解放。性欲与爱欲是有区别的。爱欲作为生命本能,具有十分丰富的内容。爱欲既包括性欲,也包括食欲、休息、消遣等其他生物欲望。性欲对个人来说只能获得局部的和短暂的快乐,而且还时常伴随着痛苦和给社会带来混乱。可是,爱欲则会给个人获得一种全面和持久的快乐,并使社会建立起一种新的人际关系。这是因为,爱欲的器官遍及人体的各个部位,爱欲的活动囊括了人类的一切活动。马尔库塞认为,解放爱欲的关键就是要解放劳动,要使爱欲进入劳动领域,使人摆脱异化劳动的痛苦,在劳动中获得快乐。因为,马克思把劳动看作人的本质,认为人的解放就是劳动的解放。因此,只有把劳动与爱欲相联系,认识到劳动的解放就是爱欲的解放,才能说明人如何能在劳动中实现自己而获得快乐。其次,马尔库塞把弗洛伊德关于在现代文明中爱欲受压抑的观点与马克思关于劳动异化的观点相结合,发起了对现代资本主义的总批判。人的本质要求解放,但是在现代资本主义社会中,它却受到了压抑。现代资本主义社会是压迫爱欲的社会。

(二)中国学者对文明的认识

在中国古代,就有"文明"的说法。《易经》中有:"文明以止,人文也。"《礼记》称:"情深而文明,气盛而化神。"《乐记》解释道:"志起于内,思虑深远,是情深也;言之于外,情由言显,是文明也。"《易·乾·文言》中有"见龙在田,天下文明"的说法。唐代孔颖达疏云:"天下文明者,阳气在田,始生万物,故天下有文章而光明也。"《书·舜典》说:"睿智文明"。唐代孔颖达疏云:"经纬天地曰文,照临四方曰明"。说明文明是民族的精神气象和民族的人文景观,是民族精神和民族气质的集中体现,是社会中的光明而美好的事物。如《革卦·彖传》曰:"文明以说,大亨以正,革而当。”孔颖达疏云:“文明以说者……能思文明之德以说于人,所以革命而为民所信也。”(《周易正义》卷五)在这里,文明与教育相联系,指的是文德与教化的意思。《同人卦·彖传》又说:“文明以健,中正而应,君子之正也。”魏王弼、晋韩康伯注:“律健不以武而以文明用之相应,不以邪而以中正应之,君子正也。”①他们把文明等同于人的中正行为。因此,在中国的殷周社会,“文明”一词已经得到了广泛的运用,被用来说明社会事物、道德、教育以及人的行为。随着社会的进步以及中国与西方交往的增多,人们对“文明”涵义的理解有了更深的程度。清人李渔著的《闲情偶寄》中写道“辟草昧而致文明”。显然,文明已成为与愚昧和野蛮相对应的概念,已经将文明看成是人类社会的进步状态。

到了中国近代,中国思想界受西方文明观念的影响,在原来只是将文明理解为文治和教化的基础上,将文明解释为科学技术的进步和民主法制的发展。梁启超在分析人类文明进步的原因时说:“大抵一社会之进化,必与他社会相接触,吸收其文明而与已之固有文明相调和,于是新文明出焉。”他进而认为,中国与西方文明发展程度以及发展速度的差别都可以从这里找到原因。他指出:“欧洲各国所以进化无已,而我国所以数千年凝滞不进者,则与他社会接触之多寡难易使然也。”②他还认为,促使文明发生变化的重要因素是社会原因。他指出,西方近代文明的发生,有两大事件为之先导:一是十字军东征;二是欧洲的文艺复兴运动。十字军东征的成果不在于它的武功,而在于使欧洲人从其他民族那里学到了不少先进的科学技术;十四、五世纪发生在欧洲的文艺复兴

① 《周易正义》卷二。

② 《初归国演说辞》,《饮冰室合集》之二十九,中华书局1936年版,第24页。

运动，则使“全欧精神，为之一变”，从而为欧洲启蒙思想开辟了道路，终致酿成以后欧洲新制度的确立。①

孙中山先生是近代中国历史上对文明研究最为深刻、最为全面的人。他认为文明的境界就是“三民主义”和社会主义。他在《建国方略·自序》中提出了中国文明建设所要达到的目的：“以我五千年文明优秀之民族，应世界之潮流，而建设政治最修明，人民最安乐之国家，为民所有、为民所治、为民所享者也。”②在《建国方略·心理建设》中，他发出了这样的誓言：“孙文正心诚意，当众宣誓：从此去旧更新，自主为国民；尽忠竭力，拥护中华民国，实行三民主义，采用五权宪法；务使政治修明，人民安乐，措国基于永固，维世界之和平。”③辛亥革命后，中国社会出现了宣传社会主义的思潮，孙中山也大力主张社会主义学说，他明确地将社会主义与民生主义联系起来，指出：“处今日中国而言社会主义，即预防大资本家之发生可矣。”“鄙人对于社会主义，实欢迎其利国福民之神圣，本社会之真理，集种种生产之物产，归为公有，而收其利。实行社会主义之日，即我民幼有所教，老有所养，分业操作，各得其所。我中华民国之国家，一变而为社会主义之国家矣。”他还具体阐明了社会主义的基本政策，认为，社会主义国家，是真正自由、平等、博爱之境域。国家拥有铁路、矿业、森林、航路的收入以及地租、地税等收入，故国库很充盈，有取之不竭用之不尽之势。社会主义学者遂可进为经理，以供国家经费之余，谋社会种种之福利。④ 但是，由于时代的局限，孙中山的博大抱负和远大理想难以

① 参见《论中国学术思想变迁三大势》，《饮冰室合集》之六，中华书局 1936 年版，第 111 页。

② 《孙中山选集》，人民出版社 1981 年版，第 117 页。

③ 同上书，第 177 页。

④ 参见《孙中山文集》上册，团结出版社 1977 年版，第 325—342 页。

实现。

(三)马克思主义的文明观

马克思主义文明观的理论基础是唯物史观。正是唯物史观为文明以及文明多样性研究指明了正确方向,使马克思主义文明观得以超越以往的文明观而成为科学的文明观。

马克思主义经典作家在他们的著作中多次使用过文明概念。恩格斯曾经对文明下过这样一个简洁的定义:“文明是实践的事情,是一种社会品质。”①恩格斯这句话深刻揭示了文明的本质特征,文明体现了人的本质,具有实践属性,是人类从事实践的产物,文明还具有社会属性,是人类社会的进步状态和人类社会创造的一切进步成果。

马克思和恩格斯曾经在三种意义上使用“文明”这一术语。

其一,文明表现了人的成长进步,是人类社会发展到一定阶段的产物,表示所有具有阶级对抗性质的社会形态的一般典型特征,人类超越原始社会进入奴隶社会,表明人类跨进了文明的门槛。文明产生于阶级社会。马克思和恩格斯根据摩尔根的分期,把文明看成是和原始社会以及以前时期的愚昧和野蛮相区别的社会现象。文明体现了人的理性的觉醒和人的本质力量的壮大,文明的发展是人类在劳动生产实践中推动的,人类能动性的生产实践是文明前进的强大动力。

其二,文明在时间和空间上都是一个特指,将它用来说明资产阶级社会的特征,是资本主义社会形态形成的标志。文明社会是资本主义生产力发展所导致的,前资本主义社会都是非文明的社会。马克思和恩格斯在《共产党宣言》中揭示出资本主义到处安

① 《马克思恩格斯全集》第1卷,人民出版社中文第1版,第666页。

家落户，开拓市场的目的是为了使那些非文明的社会成为像资本主义那样的文明社会。“资产阶级，由于一切生产工具的迅速改进，由于交通的极其便利，把一切民族甚至最野蛮的民族都卷到文明中来了。它的商品的低廉价格，是它用来摧毁一切万里长城、征服野蛮人最顽强的仇外心理的重炮。它迫使一切民族——如果它们不想灭亡的话——采用资产阶级的生产方式；它迫使它们在自己那里推行所谓的文明，即变成资产者。一句话，它按照自己的面貌为自己创造出一个世界。”①这里所说的文明，就是一种在生产力有了较高发展基础上的较高的文明。与文明产生于阶级社会的观点并不矛盾。前资本主义社会作为非文明的社会，主要在于文明形态还比较低下，处于文明的初级阶段，与资本主义文明无论是数量和质态上都不可同日而语。因此，马克思将资本主义社会称为文明社会。

其三，用以说明特殊的、更高的、典型的文明形态，即马克思所说的普遍的、真正的文明（共产主义文明）的特征。“由社会全体成员组成的共同联合体来共同地而有计划地利用生产力，把生产发展到能够满足所有人的需要的规模；结束牺牲一些人的利益来满足另一些人的需要的状况；彻底消灭阶级和阶级对立；通过消除旧的分工，通过产业教育、变换工种、所有人共同享受大家创造出来的福利，通过城乡的融合，使社会全体成员的才能得到全面发展”。②“管理上的民主，社会中的博爱，权利的平等，普及的教育，将揭开社会的下一个更高的阶段，经验、理智和科学正在不断向这个阶段努力。这将是古代氏族的自由、平等和博爱的复活，但却是

① 《马克思恩格斯选集》第1卷，人民出版社1995版，第276页。

② 同上书，第243页。

在更高级形式上的复活。”①马克思认为真正的文明社会，只有到了消灭了阶级、国家和一切人与人不平等现象的时候才能到来。说到底，只有共产主义社会才能称得上是真正的文明社会。

马克思和恩格斯在具体运用文明概念时，一般是用来对文明与野蛮之间的关系进行考察，将文明作为与野蛮相对应的概念来使用。在他们的著作中，凡是谈到人类蒙昧时期和野蛮时期低级阶段或中级阶段所创造的各种成果时，都用“文化”来表示，而不用“文明”这个词。只有到了野蛮时期高级阶段或文明时代，他们才用“文明”说明人类发展的各种社会特征，也只有在论述人类进入文明时代以后的成就时，他们才有时把“文化”与“文明”通用。作为德国人，已经注意将文明和文化两个概念适当地区分开来，说明法国和英国语用学上的文明概念对他们已经产生了深刻的影响，也说明了他们治学的严谨。

概念和范畴构成了构建理论大厦的砖瓦。关于文明概念的争论和通过争论达到逐渐明晰的程度，并在此基础上取得大致的共识，无论对于理论研究还是指导实践，都是具有很大价值的。对于文明的认识又是研究时代主题以及文明多样性问题不可忽视的重要环节，因此，正确地界定和比较全面地把握文明的概念，又是十分必要的。按照马克思主义的文明理论，综合国内外学术界众多思想家对文明的看法，我们可以从这几个方面对文明概念作出基本的规定性：

第一，文明是人类社会发展到了一定阶段的产物，是人类开始告别原始社会的蒙昧和野蛮阶段所呈现出社会进步的一种状态。文明所对应的概念是野蛮。文明总是指有益于人类的发明创造的总和或程度，而野蛮则指破坏文明的行为或程度。得到马克思好

① 《马克思恩格斯选集》第4卷，人民出版社1995年版，第179页。

评的摩尔根的《古代社会》一书把人类从低级阶段到高级阶段的发展分为蒙昧时期、野蛮时期和文明时期，说明文明社会不是从来就有的，而是人类社会发展到了高级阶段的产物。当然这并不意味着文明是突然产生的，也不意味着否定原始社会的文明，文明与人类的成长进步具有紧密的关联性。文明虽然不是伴随着人类的产生就产生的，但是，文明是人类不断告别蒙昧时期和野蛮时期而产生和发展的。

第二，文明是一个有机的整体和由各文明要素所构成的系统。文明是人类所创造的伟大成果的凝结，它既有物质的内容，也有精神的内容，既有政治的内容，也有经济的内容、生态的内容和文化的内容。因此文明可以分为物质文明、政治文明、精神文明和生态文明等方面。按照使用和制作工具的状况、科学技术的程度、生产方式和生活方式的特征，从物质文明来看，可区分为采集文明、狩猎文明、农业文明、工业文明以及后工业文明等。而政治文明则表现为政党文明、政府文明、司法文明、吏治文明以及制度文明等方面。精神文明通过社会的文明价值观、文明的意识形态和社会风气、文明的交往方式、文明的生活方式以及文明的行为方式等表现出来。生态文明主要通过人对待自然界的友好文明的态度表现出来，如具有文明的生态文化价值观、文明的环境保护意识以及有利于生态环境发展的科学的生活方式、生产方式和行为方式等。只是强调文明的一个方面的内容而忽视或者否定文明的其他方面的内容，对文明的理解就是失之偏颇的。离开了构成文明的整体系统，只是突出或强调文明系统中的某一个方面的内容，很难从整体上完整地把握文明所具有的多方面的丰富内容。

第三，文明是通过文明的特征显示出来的。文明特征是文明显示出来的与野蛮、愚昧、落后等有区别的主要特点或社会标志。当然，文明的特征是多方面的，在进行概括时要达到全面、准确的程度也是很不容易的。因此,对于文明的特征的概括,不同的学者往往有不同的观点。我们认为,文明的特征是多方面的,既有经济方面的特征,物质生产方面的特征、又有政治方面的特征、思想意识形态方面的特征等。在人类文明的进程中,农耕是文明生活的主要特征。在国家诞生之前,农业文明是一种反映人类社会进化的文明特征。在政治领域,文明社会出现了国家和自然法。宗教也是文明的主要特征之一。每一种系统化的宗教都伴生着一个民族的文明。宗教信仰是人类文明发展到一定程度的结果。宗教的进化和文明的发展是相辅相成的。在人类文明诞生之初的日子里,宗教生活与人们的生活和生命息息相关。婚姻家庭状况的演变也是文明社会的重要特征。文明时代确立了一夫一妻制的新家庭形式,个体家庭成为社会的经济单位。在精神领域,文明表现为科学的发达、艺术的繁荣、人们知书达理、人际关系和谐、精神文明水平提高等。

第四,文明具有价值属性,能够进行价值评价。由于不同的民族具有不同的价值观,文明就显示出相对性。人们生活的社会背景,所信仰的宗教类型,所接受的民族传统,所沿袭的行为方式,具有多样性。因此对于什么是文明,什么是不文明,往往具有不同甚至截然相反的价值评价。就拿"有教养"这一与文明概念最为接近的内涵来说,不同的人就具有不同的价值判断标准。"'有教养的'的一词与西方的文明概念非常接近。从某种程度来说,它是文明的最高形式,即便是在'文化上''一无所成'的人和家庭也可以是'有教养'的。与'文明'一词相同,'有教养'首先是指人的行为和举止,指人的社会状况,他们的起居、交际、语言、衣着等等。"①我

① (德)诺贝特·埃利亚斯著,王佩莉等译:《文明的进程——文明的社会起源和心理起源的研究》,生活·读书·新知三联书店1998年版,第63—64页。

们可以发现,在不同的民族和不同的国家,对于什么是有教养往往有着各自独特的理解方式。即使在同一个民族或同一个国家,富人和穷人,社会地位和文化水平高的人与社会地位低和文化水平低的人,对其涵义的解释往往大相径庭。18世纪伴随着工业化的高歌猛进,西方一些思想家大力讴歌城市化,认为只有在城市发展的地方才有文明,而在农村没有文明,现在,这种论调已经被西方逆城市化的浪潮所淹没。19世纪的西方种族主义者认为,只有欧洲先进的民族才有文明,其他地方的民族则是野蛮的,表现出了以本民族为中心的文明价值观,已经遭到有识之士的严厉批判。

第五,文明是普适性和特殊性的统一。文明的普适性,指的是文明中存在着的那些被人类所共同认可的好的东西。如对人际关系和伦理道德的重视,倡导和平,反对战争,提倡诚实守信,注重自由、民主、平等、法治,维护人权,等等。文明的多样性与文明具有普适性是不矛盾的,相反是统一的。文明的普适性与文明的多样性构成了对立统一关系,表现出一般与个别、普遍与特殊的辩证关系。文明既有普适性,又有特殊性,文明的特殊性在于文明的多样性,每一种文明都具有与其他文明区别开来的特质,这是由各种文明孕育成长的各自不同的土壤等特殊条件决定的。现在,在文明的讨论中,有些人热衷于对人类普世价值的追寻,但是,在充满着多样性的文明世界里,现在谈论普世文明为时尚早,在全球大同世界没有到来以前,不可能有什么普世文明,有的只是包含着多样性和差异性的不同文明的世界,其中每一个文明都得认真学习与其他文明的和谐相处,这样,多样性文明才能获得共同发展。

第六,文明是动态发展的。世界上每一种文明都有自己发生、发展和演变的历史。正如诺贝特·埃利亚斯所说的那样:"'文明'是指一个过程,至少是指一个过程的结果,它所指的是始终在运动,始终在‘前进’的东西”。① 文明的发展是与生产力的发展、信息传播技术的发展、教育文化事业的发展、思维方式的发展等密切相关的。在文明发展进程中,物质因素和精神因素起着不同的作用。在古代和近代初期,物质因素对文明的推动作用明显比精神因素作用大,而到了现代精神因素对文明发展所起的促进作用明显地胜过了物质因素。原始文明的发展主要凭借着原始人的体力采集块根,猎取猛兽,抗衡自然,谋求生存;在奴隶社会和封建社会,人们在生产过程中也主要依靠体力和经验春耕夏耘,秋收冬藏。即使在近代资本主义手工业阶段,也主要依靠劳动者的体力和技艺从事生产。因为初级的机器设备,具有初等文化水平的人就能操作。当然,即便如此,精神因素在文明发展中仍然起着重要作用。资本主义机器大生产的确立,使知识、智能、信息等精神因素的作用越来越突出起来。现在,全球范围内的以微电子技术、宇航技术、生命科学、生物工程等为主角的世界新技术革命的到来,使生产从“劳动密集型”和“资本密集型”的传统产业向科学技术和“知识密集型”产业转移。生产的高度自动化,从根本上改变了人们的劳动方式,当人类从工业社会进入到信息社会和知识社会时,精神因素对文明的推动作用越来越突出地表现出来。人才的智力资源已经成为第一资源。实践证明,现代科学技术是新的社会生产力中最为活跃和起着决定性作用的因素。随着世界新的技术革命的蓬勃发展,科学技术日益渗透到社会物质生活和精神生活的各个领域,成为提高劳动生产率的重要源泉,成为推动现代文明发展的重要动力。

但是,文明的发展道路并不是笔直的,而是曲折多致的。正如

① 参见(德)诺贝特·埃利亚斯著,王佩莉等译:《文明的进程——文明的社会起源和心理起源的研究》,生活·读书·新知三联书店1998年版,第63页。

埃利亚斯所说的那样："文明的进程并不是直线发展的。人们可以像这本书一样指出这一发展的总趋势，但是，如果仔细地去探究的话，在文明的进程中存在着各种各样纵横交错的发展。倘若把这一进程放在一个较长的时间背景中来观察的话，那么就可以清楚地看到，那种用武器、战争和体罚威胁而造成的强制逐渐地减少了，而人与人之间相互依赖的形式则加强了，并逐渐形成了一种自我调节和'自我控制'的情感模式。一句话，变成了一种自我的强制。……但是，倘若去研究一下历史进程中的各个阶层，那就会发现，这一发展是极其错综复杂的。……如果只关注我们这个时代的话，文明的进程似乎是朝着与这本书中所指出的相反方向在发展；似乎是朝着社会对个人的强制不断被减弱的方向发展。然而，如果仔细观察的话，则不难看出，这种现象只是一种小小的回流，只是包罗万象的文明进程中各个阶段内所一再出现的各种各样的发展变化中的一个小小的波折。"①文明发展的总趋势是前进的。但是这种前进的表现形式是曲折的，正因为文明发展道路的曲折性和错综复杂性，也由此构成了文明多样性的重要原因。总之文明的多样性意味着文明发展的曲折性，而文明发展的曲折性又导致文明的多样性。这就是文明发展的辩证本性。

二、文明多样性的表现

物质世界是多样性的统一。物质世界中各种事物和现象都是物质及其存在形式的不同表现，体现出多样性；物质世界的多样性又有着统一性，正是在具体的物质的多样性和差异性的构成中，形

① （德）诺贝特·埃利亚斯著，王佩莉等译：《文明的进程——文明的社会起源和心理起源的研究》，生活·读书·新知三联书店1998年版，第290页。

成了物质世界的统一性。多样性是物质世界的多样性,统一性是物质世界的统一性,即物质世界是多样性的统一。物质的形态是多种多样,无限丰富的。物质形态多样性的组成,使物质世界充满着蓬勃的生机和活力,也是导致文明多样性的重要物质基础。

(一)生物多样性是文明多样性的自然基础

研究文明的多样性需要我们把视角引向生物的多样性,因为文明多样性与生物多样性具有内在的紧密联系,从某种意义上说,生物多样性是文明多样性的自然基础。生物多样性是指所有来源于生物之间的差异,这包括来自陆地、海洋和其他水生生态系统,以及生态系统的各组成部分。这种生物之间的差异包括种内差异(遗传多样性)和种间差异。因此,生物多样性就是指地球上所有具有差异性存在的生物以及由这些生物组成系统的总和,它包括遗传多样性、物种多样性和生态系统多样性。文明的产生需要自然基础,正是生物多样性的存在和发展,为文明多样性形成奠定了自然基础。

在人类文明产生和发展过程中,生物多样性发挥着巨大的实际的和潜在的价值,生物多样性是探讨文明多样性不可忽视的重要环节和内容,也是文明多样性的重要的自然基础。

首先,生物多样性具有巨大的食用、药用等经济价值,构成了人的生存和发展以及人类多样性文明产生和发展的重要前提条件。人类保持自身的生存和发展,需要多样性的食品以满足多样性的营养。人类所吃的五谷杂粮、鸡鸭鱼肉、蔬菜水果、糕点烟酒,都来自于多样性的生物。生物多样性为人类提供了丰富的食物、纤维、药物和其他原材料,大量物种在保持食物链的完整、能量和物质循环以至整个生态系统的平衡中扮演着重要的角色。人类健康和幸福直接依赖于生物多样性。例如,1977 年世界上最畅销的

25 种药中有 10 种来源于自然资源，全球来自遗传资源的药物市场价值估计为每年 750 亿—1500 亿美元。75% 的世界人口的卫生保健依赖于传统药物，而这些传统药物直接来自于自然资源。① 一小段基因可以用来增加粮食的生产力，或是培育出抗病虫害的商业品系。近几十年，通过基因改良、育种的工作，亚洲地区的米、麦产值分别提高了 15 亿和 20 亿美金。世界银行估计全球每年的观光总值约达 2 万亿美金。加拿大人每年花 68 亿美金在与自然相关的活动上。美国人花费 52 亿美金在与鸟类相关的产品上，根据联合国的估计，全球 40% 到 50% 的经济直接来自生物多样性。

其次，生物多样性为人类提供着多种环境服务，为人类多样性文明的发展营造良好的生态环境。这种环境服务主要表现为调节大气中的气体组成、保护海岸带、调节水循环和气候，净化水质、形成并保护肥沃土壤、防止沙漠化、分散和分解废弃物、使多种作物受粉和吸收污染物等，这种服务直接改善着人类的生活环境，有利于人的身心健康发展。在美国，每年下水道里产生的 1.6 亿吨废物，全都靠微生物进行分解。缺乏生物多样性为人类提供的多种环境服务，整个生态系统就要失衡，人类的生存和发展就要受到严重的威胁，多样性文明就既不可能形成，也不可能发展。但是，长期以来，生物多样性对人类的环境服务，多数既不为人所知，也没有得到适当的经济评价。根据 2002 年《世界环境绿皮书》的报告，估计有 17 种环境服务的总经济价值为每年 16 万亿—54 万亿美元。因此，人类应该高度重视生物多样性的间接的使用价值。生物多样性的道德价值也是不能忽视的。各种生命形式，无论是基因、物种还是生态系统，都具有固有价值。固有价值就是人类的价值系统所定义的价值之外的价值。一种草药可用于治病，对人

① 参见《生物多样性的退化和丧失》，载《世界环境》2003 年第 3 期。

类来说就是有价值的。但是对这株草本身来说，它的生存价值不是为了给人类提供送氧服务和用于煎药的。小草的生存本无所谓目的性，但是，由于对人类的有用性，使它具有了使用价值。这种使用价值，对于推动多样性文明的发展尽管微不足道，但却是不可缺少的。

再次，生物多样性为食物和农业提供遗传资源，因而它构成世界食物安全的生物基础并维持人类的生计，成为人类多样性文明发展的重要源泉之一。许多野生植物资源对国家和全球的经济具有重要作用。例如，埃塞俄比亚的作物品种可为加利福尼亚大麦免受病毒性病原菌危害提供保护，每年创造价值1.6亿美元。从野生小麦中获得的对病害的遗传抗性在土耳其每年价值达0.5亿美元。

除此以外，生物多样性还为人类提供了享受不尽的自然美景，满足人们多样性的审美需要，为人类生活增添着无穷的情趣，激发起人们对物质产品和精神产品的创作欲望，推动着人类多样性文明的发展。人类对生物多样性讴歌和赞美形成的各种精神产品，如绘画、雕塑、电影以及各类文艺作品，都是人类文明宝库中熠熠生辉的瑰宝，成了多样性文明的重要内容。总之，生物多样性构成了自然界生生不息的基础，是地球上最有价值和不可替代的资源之一，是世界的基因库，是人类社会生存和发展不可缺少的重要前提条件，也是人类多样性文明产生和发展的自然基础和生态动力。保护生物多样性就是维护文明多样性，就是保护人类自己。生物多样性与文明多样性具有天然的纽带关系和内在的同一性。

对生物多样性的价值以及它在人类多样性文明系统中的地位和功能缺乏应有的认识，在实践中就不能自觉地保护生物多样性，其结果就会阻滞人类多样性文明的发展。

长期以来，人类对生物多样性在文明多样性中的价值的认识是极其肤浅的。20 世纪 50—60 年代以来,人口膨胀,工业化步伐加快,生产力突飞猛进。人类活动的增加和过度的消费,导致资源严重浪费、废弃和污染物增加、城市发展、民族矛盾以及财富和资源的不公平分配,生物多样性受到重大威胁。近年来,世界生物多样性丧失的迹象不断增多。导致这种现象发生的原因是土地覆被、气候变化、污染、对自然资源的掠夺性获取以及外来物种的引入。联合国环境规划署《全球生物多样性评估》报告估计,世界上大约有 700 万—2000 万个物种,今后 25 年预期约有 14 万—500 万个物种将灭绝,即大约有 2%—25% 的物种面临灭绝的威胁。

众所周知,森林在生态环境系统中有着独特的地位和功能,它为自然和人类直接地提供着环境服务,同时还为人类提供了大量具有经济价值的产品。但是,到上世纪 90 年代,森林面积的净减少量大约为 9400 万公顷。大约有 70% 的森林被砍伐改为农业用地,而且大多数为永久性的改变。商业性的砍伐作业方法是最具有破坏性的,并直接或间接地导致了森林采伐。森林生物量的减少促进了大气中二氧化碳净释放量的增加,导致了以森林为基础的野生动植物的减少。由于森林既影响气候又受到气候变化的影响,它们在全球碳循环中居重要地位,森林的破坏显著影响着全球气候的变暖过程。森林被砍伐后还使土壤和耐阴物种直接暴露在风、阳光、蒸发和侵蚀之中,加剧了坝底、河流和海岸带的泥沙淤积,并导致洪水泛滥。

湿地是连接陆地和水的纽带。与热带雨林以及珊瑚礁相比,湿地是世界上最有创造性和最多产的生态系统之一。湿地是地球上种类繁多的微生物、植物、昆虫、两栖动物、鸟类、鱼类和哺乳动物的重要的生物圈,构成生态系统中的重要粮食仓库。具有改善水质、防洪、控制海岸线被侵蚀、保护生物多样性、为人类提供休闲场所和观赏景观等多种价值。保护湿地就是保护人类自己。但是,长期进行的不合理的开发建设造成天然湿地萎缩,使得珍稀生物和植物丧失了栖息与生长的生态系统,在最近的全球调查中发现,栖息地的减少是影响83%的濒危哺乳动物和85%的濒危鸟类的主要因素,同时直接影响水流的调节和渔业的发展;乱捕滥杀使得野生动物资源日趋减少,对生物多样性构成巨大威胁。

全球二氧化碳排放骤增是人类生态环境恶化和生物多样性减少的主要原因,据统计,1996年全球二氧化碳排放量达到将近239亿吨,造成全球气候变暖,两极冰川融化,其中北美地区人均二氧化碳排放量是全球平均水平的5倍,是发展中国家平均水平的10倍。在过去的30多年里,人类释放到大气中的各种化合物已经引起许多环境和健康问题。酸雨已成为过去几十年中最重要的环境污染之一。地球臭氧层耗竭现在已经达到创记录的水平,尤其南极大陆和北极地区更是如此。

另外,外来物种的入侵,加速了生物多样性品种的丧失。150年前一种称之为晚疫病的真菌,悄悄地从墨西哥登陆爱尔兰。这种真菌会感染马铃薯,使叶片发霉,块茎腐烂。由于马铃薯是爱尔兰人的主食,种植面积广大,晚疫病菌便以星火燎原之势,迅速蔓延整个爱尔兰。在很短的时间里,马铃薯全部死亡,迫使农民废耕。从1845年到1860年间,马铃薯歉收使得人口800万的爱尔兰连年饥荒,死亡人数高达100万人。另外有164万人因为饥饿问题而背井离乡,移民美国。直到今天,马铃薯晚疫病仍每年造成30亿美金的损失。由于外来物种的入侵,现在非洲国家每年要花费6000万美金防治阻塞河道的布袋莲以及水芙蓉。美国在1992年,光是为了防治外来入侵的杂草,就花费了20亿至30亿美金。尼罗河鲈鱼引进非洲之后获得了高额的利润,却导致了100种以上的特有鱼种灭绝。上个世纪70年代,有30多种外来鱼种被引入云南滇池,不到20年,滇池的原生鱼种就由原来的25种下降到了8种。此外，登革热、禽流感、疯牛病、狂犬病、艾滋病等这些已经耳熟能详的入侵病原菌，对人畜健康已经造成了巨大的威胁，对生物多样性形成重大冲击。随着经济全球化所带来的世界贸易的增多，各国人员往来的增加，会使得外来物种的入侵现象有增无减，对生物多样性形成的冲击形势将会更加严重。必须采取相应的对策，预防和减少此类现象的发生。另外，贫困国家为了解决温饱问题而毁林造田，使水土流失严重，导致河流泥沙增多，流量下降以至干涸、干旱和洪水、植被减少，对生物的生态环境和生态系统产生负面影响。相当于地球陆地面积15%的土地由于人类活动而发生退化，在所有可用土地中有23%受土地退化的影响产量降低。土地退化的主要类型是水蚀、风蚀、化学退化和自然退化。导致土壤退化的原因有过度放牧、森林砍伐、农业活动、过度开采植被和工业活动。

惨烈血腥的现代战争更是造成生态环境危机的罪魁祸首。战争使越南近300万公顷森林被毁，越战期间，美国使用生物化学武器，使越南的生物多样性遭受巨大损失。柬埔寨的战乱，对生物多样性也造成了巨大影响。美国在南斯拉夫、阿富汗和伊拉克等地使用的贫铀弹等严重影响生态环境的武器，对生物多样性都产生着严重影响。

尘埃刚刚落定的伊拉克战争对该国乃至全世界的生态环境造成的灾难和破坏都称得上是巨大而空前的。美国所使用的大量非常规武器弹药将长期危害伊拉克人民的身心健康和生态环境，在中东地区酿成新的灾难。

日本侵略中国期间，大量使用化学武器，惨无人道地杀戮，对中国的生态环境产生严重的影响。在日军战败后，还将大量的化学武器抛弃在了城市附近的湖泊河流等水源地，或是就近掩埋在驻扎区（往往也是居民区甚至城镇）周围，在其弹体因自然或人为原因发生破损时，会对周边造成非常严重的损害。中国建国以来，因受日本遗留下来的炸弹爆炸和毒气泄露而死亡的已经超过了2000人。①

全球生物多样性正以空前的速度被改变着的事实向人们敲响了警钟，如不迅速行动起来保护生物多样性，人类的生存和发展就不可持续，人类多样性文明就会遭受灭顶之灾。现在，人们总算可喜地看到，全球保护生物多样性的行动已经开始。1972年的斯德哥尔摩大会认为森林是所有生态系统中最大、最复杂并能够使自己长久存在的系统，并强调了制定合乎土地和森林利用要求政策的必要性，并且要求继续对世界森林的状态进行监测及执行已制定的森林管理计划。1977年召开了“联合国荒漠化大会”（UN Conference on Desertification），1992年由各国首脑参加的“联合国环境和发展大会（UNCED）”把荒漠化作为影响人类社会持续发展的重要问题列入“21世纪议程”。“环境和发展大会”以后，根据联合国的决议，通过政府之间的谈判，形成了《联合国关于在发生干旱和/或荒漠化的国家特别是非洲防治荒漠化的公约》，许多国家都签署了该文件，在动员各国政府、社会团体、民营组织和科学家与荒漠化斗争方面取得了共识。1993年12月，生物多样性公约开始生效。到2001年12月已经有182个成员在该公约上签字。该公约有三个主要目标：保护生物多样性，可持续利用生物多样性中的要素，以公平的方式共享由利用遗传资源产生的利益。2002年8月，联合国可持续发展世界首脑会议在南非约翰内斯堡举行，会议通过了10年前里约热内卢宣言的《执行计划》和作为本次大会政治宣言的《约翰内斯堡可持续发展承诺》。与会各国

① 郁保宁、朱勇兵：《战争污染与环境保护》，见《环境保护》2002年第11期。

首脑重申了对于实施可持续发展的郑重承诺,并为实现全球可持续发展注入了新的动力。

鉴于生物多样性对人类文明多样性具有的极其重要的价值,人类必须以实际行动尊重生物多样性。“尊重多样性隐含了向自然界学习,以确立相应的环境价值观和社会价值观。当代社会的目标是要让全球人类同吃一种麦当劳,同看一出电视剧,组成单一形式的以商品消费为本的全球经济。这样一种社会与地球完全脱节,必然误解、贬低并最终破坏环境。尊重多样性意在强调,各不相同的地区千差万别的生活经历理应导致全球范围内多姿多彩的文化经历和各具特色的生活方式。”①美国生态政治学家丹尼尔·A. 科尔曼把自然界生物多样性与社会生活中文明多样性紧密地联系了起来,表现了将自然生物与人类文明有机结合起来看问题的辩证思维。

丹尼尔·A.科尔曼还认为,尊重生物的多样性与人们在个人向所有人负责的前提下,尊重文化的、民族的、种族的、性别的、宗教的及精神的多样性是一致的。“尊重多样性与尊重某一特定生态系统独有的自然特征是并驾齐驱的。历史地看,人类各种文化往往都能很好地适应,并且有力地促进其周围环境的稳定与活力。传统文化完全仰赖其周边的生物群,自然也因此敬重生物群,不会涉足现代社会中司空见惯的肆意毁灭物种的行为。现代经济试图让每个人都按同样的方式生活,使用同样的资源和技术,并把环境成本和社会成本嫁祸于他人。……尊重多样性将带来多样的社会形式,会为全球各地生活与社群数不胜数的多样性而欢呼和呐喊。”②在他看

---

① (美)丹尼尔·A. 科尔曼著,梅俊杰译:《生态政治:建设一个绿色社会》,上海译文出版社 2002 年版,第 117 页。

② 同上书,第 118 页。

来,由于社会与自然存在着不可分割的紧密联系,尊重生物多样性与尊重文明多样性具有互为因果的关系。

科尔曼还阐明了尊重多样性的价值观在实践中的功能。他认为,尊重多样性的价值观有时亦称为兼容并包,后者比单纯地尊重人群间和地区间的差异要更进一步。“兼容并包重在开展一场搜寻并包容多样性的转型运动,它尤其注重收蓄那些身受社会与环境问题之苦而又无能为力的社群所具有的多样性特点。在实践中,多样性本身往往是实现兼容并包的障碍。比如,不同的民族和文化经历会导向不同的目标,也因此导向各异的政治战略,并致使难于把所有的群体包容到所有的项目中去。尊重多样性是一基本原则,兼容并包则是一个十分重要有时却也难以捉摸的目标。”① 科尔曼所说的兼容并包的价值观,体现了各国多样性文明之间的共存性、平等性、互尊性以及合作性。运用于国际关系上,有利于促进国际关系朝着民主化和多极化的方向发展。

(二)文明多样性体现了人类社会生活的丰富性

以生物多样性作为前提和自然基础所形成的社会文明系统,也是共性与个性、整体与部分、一元性与多样性的统一体。如果将人类文明看作是一个由不同类型的文明所构成的共同体,那么,正是多样性文明的交互影响和交互作用,推动着社会文明系统的发展和壮大。在漫长的历史发展过程中每一个民族、国家和地区都在创造着自己的文明。由于地域、历史、传统、实践方式、生存方式等的差异,以及种种现实因素的影响,总是在社会的生产方式、生活方式和思维方式以及语言、哲学、科学、文学艺术、伦理道德、宗

① (美)丹尼尔·A. 科尔曼著,梅俊杰译:《生态政治:建设一个绿色社会》,上海译文出版社 2002 年版,第 118 页。

教信仰、公共机构、国家、政治、法律、科学技术等方面表现出不同程度的独特性,形成不同的文明类型。多样性是世界文明的一个基本特质,甚至可以说,多样性是世界文明发展的源泉,世界文明的发展是多样性文明存在和演变的必然结果。从古到今从来就没有出现过一个大一统的文明类型。每一种文明都在展示出自己的多样性,在多样性文明的共同作用中发展。这是系统平衡发展和协调进步的基础。各个不同的民族有着自己的历史背景、传统文化、社会制度、发展道路和发展模式,各国多样性文明之间的相互影响和相互作用,共同推动着人类社会的发展。每一种文明都不是僵死凝固的,而是动态演变着的,这种动态演变性随着生产力的发展以及交通和通讯的发达而表现得尤为明显。现代民族的物质文明、精神文明、政治文明、生态文明等,都决不是纯粹本土文明的产物,而是本土文明在与外来多样性文明的交流和相互借鉴中发展着和成熟着的。美国人类学家 R. 林顿早在 1936 年所写的《人的研究》一书中便说明美国文化大多是外来的。科技文明跨国界的流动,并在流动中迅速地增殖的趋势越来越明显。科学技术从来都没有国界,特别是现代科学和技术,它们不受一切语言、地理环境的阻碍与隔阂所影响,超越一切地区和民族的疆域界限,在全世界广泛地流动。一旦有新的文明问世,很快就传遍全世界,推动着生产力突飞猛进的发展。因此,文明的多样性成了人类社会发展的强大动力。

如果说,自然生态系统的多样性是指"生物多样性",那么,文化和文明生态系统的多样性则是指文化多样性和文明多样性。联合国教科文组织在 2001 年 9 月 11 日通过的《文化多样性宣言》指出:"文化多样性"是指"文化在不同的时代和不同的地方具有各种不同的表现形式",具体表现为构成人类各群体和各社会的独特性及其全部独特性所构成的多样化。与生物多样性可以从遗传多样性、物种多样性和生态系统多样性等三个层次来表述一样，“文化多样性”也可从三个层次来表述：即“民族多样性”、“宗教多样性”和“文明多样性”。奥斯瓦尔德·斯宾格勒在《西方的没落》中对文明多样性作了这样的论述：“我看到的是一群伟大文化组成的戏剧，其中每一种文化都以原始的力量从它的土生土壤中勃兴起来，都在它的整个生活期中坚实地和那土生土壤联系着；每一种文化都把自己的影像印在它的材料、即它的人类身上；每一种文化各有自己的观念，自己的情欲，自己的生活、愿望和感情，自己的死亡。这里是丰富多彩，闪耀着光辉，充盈着运动的，但理智的眼睛至今尚未发现过它们。在这里，文化、民族、语言、真理、神祇、风光等等，有如橡树与石松、花朵、枝条与树叶，从盛开又到衰老，——但是没有衰老的‘人类’。每一种文化都有它的自我表现的新的可能，从发生到成熟，再到衰落，永不复返。世上不只有一种雕刻，一种绘画，一种数学，一种物理学，而是有很多种，在其本质的最深处，它们是各不相同，各有生存期限，各自独立的，正和每一种植物各有不同的花、果、不同的生长与衰落方式是一样的。这种种文化是纯化了的生活精髓，它们和田野间的花儿一样无终极目的地生长着。它们和动植物一样属于歌德的活生生的自然，而不属于牛顿的死板板的自然。我把世界历史看成一幅永无止境地形成、无止境地变化的图景，看成一幅有机形式惊人地盈亏相继的图景。专业的历史学家却相反，他们把世界历史看作绦虫一类的东西，勤敏地把历史时代一节节地往自己身上增加”。[①] 他这段优美的文字，生动地展示出了文明多样性的表现形式，以及文明多样性推动着文明发展的状况。

---

① （德）奥斯瓦尔德·斯宾格勒著，齐世荣等译：《西方的没落》上册，商务印书馆2001年版，第39页。

文明自产生以来,就多维度地发展着。文明的多样性,是指各民族、各国家文化发展所达到的不同程度和水平,体现了各民族发展的特点和方式,也反映了人类社会生活的丰富性和多样化。文明多样性可以从多方面理解。一方面,文明类型具有多样性。人类创造的物质文明、精神文明、政治文明、生态文明是多种多样的。人类文明的结晶,即人类创造的精神产品,如音乐、绘画、舞蹈、电影、诗歌、戏剧、小说等都具有多样性。另一方面,文明的地域,即民族具有多样性。民族是一个在历史上形成的具有共同语言、共同地域、共同经济生活以及表现于共同文化上的共同心理素质的社会共同体,是源于同一远祖的文化共同体。从这个意义上,文化首先应该是民族的,其次才是全人类的。各民族的起源和居住环境不同,具有不同的生活方式、语言文字、风俗习惯、宗教信仰和气质心理,形成了不同的民族文化,这就是民族多样性。世界上的人类文化,都以民族文化的形式存在,表现出多姿多彩的丰富样态。

语言的多样性是文明多样性的表现形式之一。也是人类社会多样性、民族多样性和文化多样性的基石,是人类基因演化中的不可或缺的重要环节。语言是一个民族存在的标志,是该民族文化的重要载体。一种语言的死亡,往往象征着一种文化的消失,其影响涉及人类社会整体文化生态的稳定和平衡。世界上各个民族语言的多样性和丰富性,是世界文明多样性的重要表现。如果所有人都说一种语言,世界的单调性和枯燥性可想而知。对人类社会来说,语言多样性就像生物多样性一样至关重要。因为每一种语言都代表着一种民族和该民族的文化,是人类多样性文明的重要组成部分和重要表现形式。人类之所以能够成功地在地球上生息繁衍至今,是由于发展了适应于自己在各种环境下生存的文化。

语言是文化的外壳和文明的载体。人类多样性文化的生存、延续和发展都依赖语言的多样性,世界文明的多样性也取决于人类语言文化的多样性。正是语言文化的多样性使文化和文明的多样性直接地表现出来。民主德国1980年出版的《语言学及语言交际问题手册》记载,已经查明世界上有语言5651种,其中有1400多种还没有被公认为是独立的语言。中国语言学家估计全世界目前大约有2000多种语言。① 今天,一个十分严峻的现实正摆在人类面前,那就是人类多样性的语言生态危机已经到来。伴随着经济全球化的浪潮,人类多样性的语言正以空前的速率消失。语言学家认为,今天人类语言的消亡速度是哺乳动物濒临灭绝速度的两倍、鸟类濒临灭绝速度的四倍。他们预测,在21世纪里,目前世界上尚存在的语言,其中的一半行将灭亡,200年后,其中的80%将不复存在。现在,英语成了"语言帝国"。因为在世界的60多亿人口中,近4亿人的母语是英语,此外,大约有3亿人的第二语言是英语,大约10亿人在学英语,20亿人接触英语。以英语为官方语言的国家,约有30个。据预测,到2050年,世界一半人口的英语将达到熟练程度。因此,英语在世界范围内已经成了语言征服者。英语作为事实上的"世界语",在对全球交往带来便利的同时,其洪水泛滥般的发展态势不仅给其他民族语言造成了极大的威胁和损害,而且以它为载体的西方价值观、思维方式、生活方式、行为方式以及交往方式、情感方式,特别是"美国精神"对别国人民的思想、心灵都进行着无孔不入的渗透。因此,保护各民族的母语,维护各民族语言的多样性,不仅仅是一个语言问题,而且也是一个关系到民族的独立、主权和尊严的重大问题,世界上多样性的语言生态的平衡,是保持各国文明多样性的重要基础和前提条件。

文字的多样性也是各国文明多样性的重要表现形式之一。文

① 参见余洋:《世界语言有数千,使用最多哪十种》,《光明日报》2001年2月9日。

字既是文明的凝结,又是文明传播的重要手段。有了文字,人类文明才能够得到有效的保存,才能使文明能够世世代代地延续下去。摩尔根说:"认真地说来,没有文字记载,就没有历史,也就没有文明。"①恩格斯也认为:"从铁矿石的冶炼开始,并由于拼音文字的发明及其应用于文献记录而过渡到文明时代。"②文字是在语言形成以后又经过了漫长的历史发展以后才出现的。文字的产生与发展反映了人类文化和文明进步的程度和水平。文字的产生和演变反映出文明进步的程度。最古老的文字是各种各样的符号,包括绳结、刀刻、珠串等。绳结记事的方法是人类早期最为简单的文字的象征。当代还存在的某些原始土著民族以及我国一些少数民族仍然保留有这种绳结文字,这些都是人类文明源头的反映。文字的发明和运用推动了文学的发展,促进了人类思想能够实现世世代代的社会遗传。电脑的问世,虽然是人类文明的重大进步,但是,却改变了人们的书写方式,对人类多样性的文字也产生了极大的冲击。保护世界上文字的多样性,成了维护各国文明多样性的重要有机部分和重要内容。

民族多样性是文明多样性的重要表现形式。据统计,全世界约有200多个国家(或地区),2500多个民族。尊重、维护和促进民族多样性,是当今时代的一个重要任务。世界上任何一个民族,如果不注重维护本民族的特色,不注意保护和发展本民族文化的特点,就不可能使自己在世界民族之林中占有一席之地,就不可能使自己在国际政治舞台上发挥影响及作用。在当今时代民族问题普遍存在,贯穿于世界错综复杂的各种矛盾之中,因民族问题而产

---

① (美)摩尔根著,杨东莼等译:《古代社会》上册,商务印书馆1977年版,第30页。

② 《马克思恩格斯选集》第4卷,人民出版社1995年版,第22页。

生的对抗、冲突，甚至是流血战争，对世界的和平与发展，对各国文明多样性以及人类的可持续发展带来严重威胁。历史证明，用战争或其他手段消灭或同化其他民族不仅不能解决民族问题，反而会使问题加剧。由此，“文化多元主义”和民族区域自治政策等成了各国解决民族问题所最为关注的重要经验。不论是“文化多元主义”，还是民族区域自治政策，都是在尊重民族多样性的基础上，实现各民族的和解、共处和共同发展。

民族的多样性又与宗教和宗教文化的多样性紧密关联。世界上几乎所有的民族都存在着宗教信仰。没有任何宗教信仰和宗教信徒的民族几乎是找不到的。民族感情与宗教感情往往交织在一起。宗教是人类历史上的一种古老、深层而又普遍的社会文化现象，是人们对支配其日常生活中的自然力量和社会力量的信奉和崇拜。近年来，人们对宗教的理解有了更进一步的认识，认为对于人生有一定理解，提供了对于人生的一定信念，能指导生活作用的学说，也可称为宗教。因此，宗教反映了一个人、一个群体、一个民族，乃至一个国家的信仰。宗教多样性，一方面，体现在宗教种类的多样性和多样化。目前，全世界主要宗教类型有 30 多种，各种类型的宗教达 1000 余种，而且还在不断产生新的宗教或类似于宗教的学说。从 19 世纪中叶以后，在世界各地，包括美国和日本，形成了许多反传统宗教的新兴教派，而且发展极其迅猛，对社会的政治、经济、文化等各个方面产生的影响也日益增大。另一方面，体现在人们信仰的多样性和多元化。信仰是一个民族的心灵慰藉，是一个民族发展和前进的重要心理力量。随着社会文化日益多元化，人们的信仰日益多样化、复杂化。维护和促进宗教多样性，对于维系民族信仰和民族传统文化，促进宗教派别及其信仰群体的和解，增进人们的相互理解和支持，维护世界和平和社会安定，具有十分重要的意义。在德国著名社会学家马克斯·韦伯看来，西方和东方宗教——在基督教和印度教、佛教以及道教这些印度和中国文明中主要的救赎宗教（儒教是一种特殊情况）之间，有着明显的差别。根据韦伯的看法，南亚和东亚的救赎宗教，从起源上说，是以整个宇宙的意义问题为取向的知识阶层的宗教，虽然它们并非一直如此，在大量人口中的广泛传播已改变了它们的特征。然而它们仍被他们的起源、它们显然不同于欧洲宗教的"救赎技巧"打上了印记。这种差别当然不是全面的，普遍存在于一方的技巧并非在另一方毫无踪迹。但是在韦伯眼里，差别是巨大的，而且意味深长。①

各国文明多样性还表现为文明类型的多样性。文明从其类型上说，有物质文明、精神文明、政治文明、生态文明等。这些具有各自内容和范畴的文明类型，是文明整体系统中的不可分割的有机组成部分。在马克思主义看来，文明是作为一个整体而存在着的。文明这一整体中的各个文明因子，都是紧密联系着的。马克思和恩格斯指出："统治阶级的思想在每一时代都是占统治地位的思想。一个阶级是社会上占统治地位的物质力量，同时也是社会上占统治地位的精神力量。支配物质生产资料的阶级，同时也支配着精神生产资料，因此，那些没有精神生产资料的人的思想，一般地是隶属于这个阶级的。占统治地位的思想不过是占统治的物质关系在观念上的表现，不过是以思想的形式表现出来的占统治地位的物质关系；因而，这就是那些使某一个阶级成为统治阶级的关系在观念上的表现，因而，这也就是这个阶级的统治的思想。"②在这里，他们提出了诸如物质力量、统治阶级力量、精神力量和相应

① 参见（英）迈克尔·H.莱斯诺夫著，冯克利译：《20世纪的政治哲学家》，商务印书馆2001年版，第17页。

② 《马克思恩格斯选集》第1卷，人民出版社1995年版，第98页。

的物质生产资料、精神生产资料以及物质关系、统治关系、思想关系等范畴。就统治阶级而言，他们认为这一阶级既是物质力量，又是政治力量，还是精神力量。它既支配物质生产资料，又具有统治地位，还支配精神生产资料；既表现为思想关系，又表现为政治关系，还表现为物质关系。是物质文明、精神文明和政治文明等的统一体。另外，物质文明、政治文明、精神文明还同生态文明具有紧密关联性，离不开生态文明。生态文明构成了物质文明、政治文明和精神文明的自然基础。生态文明对物质文明、政治文明和精神文明产生着巨大的反作用。离开生态文明，物质文明、政治文明和精神文明是既不可能产生，也不可能发展的。总之，作为由各种文明所组成的文明系统之间存在着紧密联系和不可分割的关系。每一种文明在文明系统中都有着自己独特的地位，发挥着独特的功能，都不能取代或代替其他文明。人类社会进步的历程就是文明系统整体合力作用的结果。

（三）马克思主义关于人与自然的认识

马克思认为，物质资料的生产和再生产以及人自身的生产和再生产，都要以自然界的存在与发展为前提条件。一方面，人本身是自然界长期发展的产物，没有自然界就没有人本身。“人直接地是自然存在物”，是“现实的、有形体的、站在牢固平稳的地球上吸入呼吸着一切自然力的人”，①人的理性再深邃，精神境界再高尚，能动性再巨大，都不能摆脱对自然环境的依赖性和被制约性。马克思说：“人直接地是自然存在物。作为自然存在物，而且是有生命的自然存在物，人一方面赋有自然力、生命力，是能动的自然存在物，这些力量是作为禀赋和能力、作为情欲在他身上存在的，

① 《马克思恩格斯全集》第42卷，人民出版社中文第1版，第167页。

人作为自然存在物,永远不能摆脱对外部自然界的依赖关系”。马克思形象地指出,人有两个身体,一个是他的有机身体即血肉之躯,还有一个是无机身体即外部自然界。他说:“自然界就它本身不是人的身体而言,是人的无机的身体。人靠自然界来生活。这就是说,自然界是人为了不致死亡而必须与之形影不离的身体。说人的物质生活和精神生活同自然界不可分离,这就等于说,自然同自己本身不可分离,因为人是自然界的一部分”。① 另一方面,“人作为自然的、肉体的、感性的、对象性的存在物,和动物一样,是受动的、受制约的和受限制的存在物”。② 人类的生存和发展离不开劳动,但是劳动从来都不是抽象的,而是具体的,是和自然环境结合在一起的。“没有自然界,没有感性的世界,工人就什么也不能创造。它是工人的劳动得以实现、工人的劳动在其中活动、工人的劳动从中生产出和借以生产出自己的产品的材料”③马克思在《德意志意识形态》中谈到历史的前提时认为,它既包括了个人的肉体组织、生理特征,受肉体组织所制约的人与自然界的关系,也包括了各种自然条件,如地质条件、地理条件、气候条件等。他指出,任何历史记载都应当从这些自然基础以及它们在历史进程中由于人们的活动而发生的变更出发。在《资本论》中马克思指出了自然条件对劳动生产率的制约作用。他说:“撇开社会生产的形态的不同发展程度不说,劳动生产率是同自然条件相联系的。……外界自然条件在经济上可以分为两大类:生活资料的自然富源,例如土壤的肥力、鱼产丰富的水域等等;劳动资料的自然富源,如奔腾的瀑布、可航行的河流、森林、金属、煤炭等等。在文化初

① 《马克思恩格斯全集》第42卷,人民出版社中文第1版,第95页。
② 同上书,第167页。
③ 《马克思恩格斯选集》第1卷,人民出版社1995年版,第42页。

期，第一类自然富源具有决定性的意义；在较高的发展阶段，第二类自然富源具有决定性的意义”。① 这就说明不能离开自然条件抽象地谈论劳动和劳动的价值。马克思针对德国工人党纲领关于“劳动是一切财富和一切文化的源泉”的错误提法，指出：“劳动不是一切财富的源泉。自然界同劳动一样也是使用价值（而物质财富就是由使用价值构成的！）的源泉，劳动本身不过是一种自然力即人的劳动力的表现。……只有一个人一开始就以所有者的身份来对待自然界这个一切劳动资料和劳动对象的第一源泉，把自然界当作属于他的东西来处置，他的劳动才成为使用价值的源泉，因而也成为财富的源泉。”②

在马克思的视野里，人本身是自然界长期发展的产物，是能动性与受动性的统一。一方面，人从属于自然，决定于自然，受自然法则的支配，自然第一性，人第二性，人的受动性突出地表现为受自然界的制约性和支配性，人的能动性再大，都摆脱不了人的受动性，正是人的受动性，才显示出人的能动性。另一方面，人又具有能动性，并不是屈从于自然的奴隶，人可以通过实践有效地改变环境，同时在改变环境的时候改变人类自身。按照马克思的看法，环境的改变和人的活动的一致只能被理解为革命的实践。正是人的实践活动才扬弃了人与环境之间抽象的两极对立，达到了人与自然环境的对立面的统一。这就是未来理想社会的美丽图景：人道主义、自然主义和共产主义的完美统一。马克思说得好：“共产主义是私有财产即人的异化的积极的扬弃，因而是通过人并且为了人而对人的本质的真正占有；因此，它是人向自身、向社会的（即人的复归），这种复归是完全的、自觉的而且保存了以往发展的全

① 马克思：《资本论》第1卷，人民出版社2004年版，第86页。

② 《马克思恩格斯选集》第3卷，人民出版社1995年版，第298页。

部财富的。这种共产主义,作为完成了的自然主义,等于人道主义,而作为完成了的人道主义,等于自然主义。它是人和自然界之间,人和人之间的矛盾的真正解决,是存在和本质、对象化和自我确证、自由和必然,个体和类之间的斗争的真正解决。它是历史之谜的解答,而且知道自己就是这种解答。"[1]马克思所设想的未来的共产主义社会,是一个物质文明高度发达、政治文明和精神文明高度进步、生态文明非常高级的社会,是一个有利于人的全面发展的社会。

总之,人类是通过文明的综合体,如物质文明、政治文明、精神文明、生态文明等交互作用的力量来改造自然、改造社会以及改造人类自身,推动社会文明发展的。

(四)文明多样性与统一性并行不悖

当然,我们承认和提倡文明的多样性,并不是要否定文明所具有的共性,即统一性的一面。文明多样性与统一性,不是悖论,恰恰是现实世界中生动而丰富的辩证关系。其实,中国的老祖宗很早就以"君子和而不同。"[2]"夫和实生物,同则不继。"[3]来说明多样性与统一性的辩证关系。《左传·昭公二十年》记载有齐侯与晏婴的一段对话,齐侯对晏婴说:"唯据与我和夫!"[4]晏婴对曰:"据亦同也,焉得为和?"公曰:"和与同异乎?"对曰:"异。和如羹焉,水火醯醢盐梅一烹鱼肉,燀之以薪。宰夫和之,齐之以味,济其不及,以泄其过。君子食之,以平其心。君臣亦然。……今据不然。君所谓同,据亦曰可。君所谓否,据亦曰否。若以水济水,谁

① 《马克思恩格斯全集》第42卷,人民出版社中文第1版,第97页。

② 孔子:《论语·子路》。

③ 史伯:《国语·郑语》。

④ 按:"据"指梁丘据,齐侯侍臣。

能食之？若琴瑟之专一，谁能听之？同之不可也如是。”又据《国语·郑语》，有史伯回答桓公的一段话：“夫和实生物，同则不继。以他平他谓之和，故能丰长而物归之；若以同裨同，尽乃弃矣。故先生以土与金木水火杂，以成百物。”这说明，“和”与“同”的概念存在着差异。孔子说得更为明白，他说：“君子和而不同，小人同而不和。”①从以上的几段话可以看出，“和而不同”的意思是说，“不同”，即多样性和差异性的存在是事物“和”的前提和基础，在“不同”基础上形成的“和”是推动事物发展的力量。如果一味追求事物的“同”，就违背了事物的本性，不仅不能促进事物的发展，相反只能导致事物的衰败。“和”即和谐、调和、融合。“和”的前提条件是承认和允许事物之间的差异性。事物的由诸多因素构成的矛盾的统一体，各种具有差异性的成分的组合所构成的整体，推动事物的和谐发展。事物的差异是客观的和普遍的。有差异就有矛盾，事物就有发展的动力。所谓“同”，既有强调一律、一致的一面，又有承认和强调共同性、统一性和综合性的一面。和而不同的思想，揭示了多样性和统一性的辩证关系。多样性和统一性并不是决然分割的对立的两极，而是寓差异性、多样性与一致性、统一性于一体的矛盾存在的综合性系统。在多样性中存在着统一性，在统一性中又有着多样性。同中有异，异中有同，异而求同，同而存异，相辅相成，交互作用，推动事物和多样性的文明朝着具有差异性又有一致性的方向生生不息地发展。

三、文明发展阶段的多样性

人类的历史就是从蒙昧、野蛮到文明不断地向前发展的历史，

① 《论语·子路》。

是不断地告别和远离非文明状况向文明阶段迈进的历史。路易斯·亨利·摩尔根是美国人类学的创始人之一,也是对于文明发展阶段的多样性问题作出杰出贡献的思想家。他的名著《古代社会》,一直被认为是对人类早期文明状况有相当研究的一本经典著作,有着极其重要的价值。他在这本书中第一次以文化的"发明和发现"为标志,对原始社会的发展进行了历史分期。摩尔根认为,人类社会发展的"每一期各有其不同的文化,并呈现出多少独具一格的生活方式"。① 摩尔根利用当时考古学界的巨大成就,他在纽约州的易洛魁族部落整整生活了40年,从事原始社会文化的研究,收集到大量的第一手资料,按照人类文化顺序相接的不同阶段,把人类社会发展的历史划分为三个大的阶段:蒙昧时期、野蛮时期和文明时期。每一个时期又可以划分为初级、中级和高级三个阶段。当人类进入野蛮时期的高级阶段,随着文字的出现和使用,人类文明社会就开始了。恩格斯对摩尔根的理论予以了很高的评价。他说:"摩尔根是第一个具有专门知识而尝试给人类的史前史建立一个确定的系统的人;他所提出的分期法,在没有大量增加的资料认为需要改变以前,无疑依旧是有效的。"②

(一)蒙昧时期人类不文明的两性关系

按照马克思和恩格斯的说法,两性关系可以反映出人类文明的状况。从婚配来说,处在距今大约300万年左右的人类,过着与动物一样的巢居穴处、茹毛饮血的生活,还是蒙昧人。而蒙昧时期是人类的童年。人类的性关系处在一种与动物没有多少差别的混

① (美)摩尔根著,杨东莼等译:《古代社会》上册,商务印书馆1981年版,第12页。

② 《马克思恩格斯选集》第4卷,人民出版社1995年版,第18页。

乱杂交状态。当人类通过自己的劳动与动物界告别伊始,生产力水平极其低下,为了能在与自然界和动物的激烈搏斗中生存下来,他们不得不依靠群体的力量,因此形成了一群人共同生活的原始群体。在这一群体中,只要是异性就可以性交。甚至子女与父母、兄妹、叔嫂之间都可以发生性关系。这种状态称之为血亲杂交。它不是一种婚姻形式,而是一种动物性生理本能的反映。随着生产力水平的提高和人类思维的发达,男女两性的结合才出现了婚姻形式。那时,人们逐渐意识到父母和子女不同辈分的关系。于是,人类的性生活也就限定在同辈分的男女之间。同一辈分之中,男女仍是杂交,兄弟姊妹之间可以发生两性关系。这种婚姻形态称为血缘家庭。相对于血亲杂交来说,无疑是人类的一大进步。德国作曲家瓦格纳曾在一部史诗《尼贝龙根》中对这种婚姻形式表示怀疑,他在歌词中写道:"谁曾听说哥哥抱着妹妹做新郎?"马克思对此回答道:"在原始时代,姊妹曾经是妻子,而这是合乎道德的。"①随着文明的不断发展,人类进一步认识到血缘关系对人类本身的进化有重大的影响。于是,血缘家庭发展到了普那路亚家庭阶段。"普那路亚"(punaluan)是从最早实行这种婚姻形式的夏威夷群岛上的土著人那里得来的,即亲密伙伴的意思。这种婚姻形态排除了兄弟姊妹之间的性交关系,实行两个集团之间的伙婚。妇女自成一个群体组织,而其同胞兄弟必须离开他们的群体到别的男性群体中去。姐妹的群体和兄弟的群体之间,互相作为"妻子"或"丈夫",他们不互相称为"兄弟"或"姐妹",而互相称为"普那路亚"。这种婚姻关系是人类两性关系上的一次伟大的飞跃,它排除了近亲血缘的两性关系,给人类本身的发展带来了美好的前景。在这种群婚制阶段,子女无法确认自己的父亲,血缘纽带

① 《马克思恩格斯选集》第4卷,人民出版社1995年版,第33页。

便以母亲为主,这就是人类社会出现的母系氏族社会阶段。由群婚到对偶婚配不仅是人类对近亲婚姻危害的认识的结果,而且也反映了社会逐渐告别野蛮和愚昧,向文明阶段演进的清晰轨迹。恩格斯指出:"不容置疑,凡近亲繁殖因这一进步而受到限制的部落,其发展一定要比那些依然把兄弟姊妹婚姻当作惯例和规定的部落更加迅速,更加完全。这一进步的影响有多么大,可以由氏族的建立来作证明,氏族就是由这一进步直接引起的,而且远远超出了最初的目的,它构成了地球上即使不是所有的也是大多数野蛮民族的社会制度的基础,并且在希腊和罗马我们还由氏族直接进入了文明时代。"①恩格斯从人类两性关系的变化中,揭示了人类文明起源和发展的深层次原因,是唯物史观理论对文明起源以及文明多样性形成的科学说明。

(二)野蛮时期文明萌芽的形成

随着生产力的进一步提高和理性的发展,人类从蒙昧时代进入了野蛮时代。人类的婚姻形式也从群婚过渡到对偶婚。对偶婚还是一种不稳定的和不牢固的个体婚。在这种婚姻状态下,一个男子在许多的妻子中有一个主妻,而他自己对于这个女子来说,也是她许多丈夫中的一个主夫。无论男方还是女方都有权随时解除这种夫妻关系。这种婚姻关系的建立,用马克思的话来说,是"以方便和需要为基础的"的。在这种婚姻形态下,子女往往"只知其母,不知其父"。家庭是以妇女为核心组成的,同时由于妇女除了料理家庭的日常事务外,主要的经济生活,如制陶、纺织、种植等,都由妇女来承担,所以妇女地位显赫,备受崇拜。

社会发展到文明时代,使得人类的经济生活从单一的渔猎经

① 《马克思恩格斯选集》第4卷,人民出版社1995年版,第35页。

济发展到了以比较稳定的农业和畜牧业为主的时期。生理素质处于强势地位的男子越来越显示出他在劳动中的主导地位。金属工具的出现,大大提高了社会生产力,将人们从终日饥馑的窘态中解脱了出来,产品逐渐有了剩余。战争中被俘获的奴隶也不再杀掉,而是沦为奴隶。于是出现了私有财产,私有观念也应运而生。拥有私有财产的男子,无疑希望自己的子女继承其财产,也希望在婚姻中处于支配地位,因而母权制度的丧钟敲响了,父权制度的大门被叩开了。"母权制的被推翻,乃是女性的具有世界历史意义的失败。丈夫在家中也掌握了权柄,而妻子则被贬低,被奴役,变成丈夫淫欲的奴隶,变成单纯的生孩子的工具了。妇女的这种被贬低了的地位,在英雄时代,尤其是古典时代的希腊人中间,表现得特别露骨,虽然它逐渐被粉饰伪装起来,有些地方还披上了较温和的外衣,但是丝毫也没有消除。"①人类社会一迈进父权制度的门槛,它的婚姻形态亦相应地从以女子为中心转变为以男子为中心,形成了以男子为核心的生产和消费单位,担负着繁衍后代的责任。这种家庭的范围开始是广泛的,后来越缩越小,直到最后仅仅留下一夫一妻制的家庭,这种家庭称之为个体婚制。这是人类文明的形成和象征。无论是从人类婚姻发展史,还是从人的发展史和人类文明发展史角度看,都是人类文明时代真正开始的标志。人们把对个体婚制的破坏和否定,看作是不文明和不道德的。

(三)农业革命是人类文明的初级阶段

个体婚制为社会文明奠定了基础,有利于促进人的全面发展,使人类文明领域逐渐拓宽。当人类开始定居下来从事农业生产时,文明的曙光就耀眼地显示了出来。按照早期古埃及人的观念,

① 《马克思恩格斯选集》第4卷,人民出版社1995年版,第54页。

定居下来从事农业耕作具有很高的地位。在古埃及人看来，虽然野蛮人以放牧为主并且武力强悍，但是这并不意味着是文明的生活。只有农耕社会的出现，在全世界范围内的农业革命的发生，才推动了人类文明的诞生。农业革命使人类的饮食结构发生了根本性的变化，熟食和吃动物的肉类，推动着人类的体力和智能的发展；定居既有助于人类抵御大自然的侵袭，同时带动了畜牧业、手工业以及工具的革新；农业革命加快了人口的增长，促进了社会分工和商品交换关系的发展；农业革命也促使长期种族平衡的局面被打破，出现多样性的种族格局，由此使人类文明朝着多种方向发展。因此，农业革命是人类跨入文明门槛的标志，是文明产生和发展的初级阶段，也是推动人类文明朝着多样性方向发展的重要推动力量。

作为以国家为主要标志的文明形成以后，更进一步展示出文明朝着多维度方向发展的格局。表现出物质文明、精神文明、政治文明、生态文明等多种文明样态，又从不同的角度汇聚成文明的综合系统。如可以把人类改造自然界的物质成果的总和称为物质文明。物质文明包括了生产力的状况、生产的规模、社会物质财富积累的程度，人们日常物质生活条件的状况等。把人类改造客观世界同时也改造主观世界的精神成果的总和称为精神文明。它是人类精神生产的发展水平及其积极成果的体现，既包括社会的文化、知识、智慧状况，人们在科学、教育、文学、艺术、卫生、体育等方面的素养和达到的水平，还包括社会的政治思想、道德风貌、社会风尚、人们的价值观、理想、信念、情操、觉悟以及法治意识和纪律观念等。把人类社会实践所获得的政治成果的总和称为政治文明。政治文明是整个社会文明系统的主导和保证，在很大程度上反映了一个国家和社会的总体文明水准。政治文明的主要内容体现在国家政治制度和政治体制、法律制度、政治意识形态、民族政治创造、社会政治文化等方面。人类文明还可以体现在人与自然关系上,表现为生态文明。生态文明就是人类认识和协调人与生态环境的关系所取得的积极成果的总和,包括生态价值观、生态伦理观、生态生活观、生态消费观以及生态发展观等方面。所有这些多样性的文明都是内在和有机地联系着的。它们构成了人类生存和发展所不可缺少的文明系统,既表现了各个不同的地区和民族在各自实践活动中的创造性,代表了人类本质力量的发展,又构成了人类社会进步的客观尺度。

同时由于自然条件的不同和各民族发展的快慢,各民族形成了具有自己独特个性色彩的文明样式,例如,同是古代文明,就存在着美索不达米亚文明、埃及文明、阿拉伯文明、印度文明和中国古代文明的区别;同是现代文明,日本文明就与欧洲文明和美国文明存在着显著的差异;即使同是欧美国家的文明,德国、法国、英国、美国等国家的文明之间也存在着显著区别。由于文明的多样性始终与民族的多样性相伴随,因此,对各民族的文明的研究就应该遵循文明生态性的原则,即要根据各自的发展历史、传统风尚、政治制度等,本着具体问题具体分析的方法进行研究。只有这样,才能更深刻地把握多样性文明的各自特征,也才能深刻地揭示文明的共性与个性以及它们之间的辩证关系。

四、文明多样性的成因

任何文明的产生都具有深刻的内在原因,并不是单纯的自然历史过程。而是一个在人类生产力和智慧进步推动下促使社会进步的历史过程。关于文明产生和发展的历史预定论思想必然导致历史宿命论,从而根本违背历史唯物主义。只有运用唯物史观,从社会多维发展的视角考察,才能对文明多样性的成因有一个比较深刻的认识。

如同对物质世界多样性的分析以及对多样性与统一性辩证关系的认识具有很大的困难一样，对文明多样性原因的解释也有很大的难度，主要在于导致文明多样性的原因很多，也很复杂。我们只能抓住一些主要原因作一些基本的分析说明。

（一）先天的地理环境因素

先天因素是文明多样性的一个重要原因。任何文明都是发生在一定的空间地域和生态环境之中的。地球上的人类的产生和发展都是在各自的地理和生态环境中进行的，都是差异性地存在着和发展着的。人类所生存和发展的地理环境具有显著的区别，人类在进化过程中无论是生理状况还是智能状况都不是同步进行的。由于各个地区都是差异性的存在，早期形成的人类的生存方式、实践方式以及思维方式是有明显区别的，在各自相对闭塞的历史发展进程中造成了具有独特个性的文化积淀，形成了各具特色的谋求种族延续和生存发展的形式和方法。各民族在进入文明时代以前，都有过起码上百万年的进化史，在此进程中形成了各有特色的语言符号、交际方式、行为准则、伦理规范，在此基础上塑造了不同的民族性格和国民素养。正如马克思所说，文明的多样性“是依靠历史、通过历史并且同历史一起保存下来和发展起来的”。① 正因为如此，文明的多样性就忠实地记录着世界上多样性民族历史发展的轨迹和自身的特殊性。现实是历史的延续，历史是现实的前奏。现在各地区、各民族和各国多样性的文明就是人类早期各个地区各具特色的文明长期演进的结果。

研究各国文明的多样性，可以发现一个共同的现象，那就是无

① 《马克思恩格斯全集》第2卷，人民出版社中文第1版，第140页。

论是各国文明的基本特点和个性特征、还是宗教信仰或者偶像崇拜都与该国的地理环境存在着紧密的联系。文明多样性与各民族生存方式的多样性以及建立在此基础上的自然环境的多样性是密切相关的。异彩纷呈、绚丽多姿的多种多样的民族文明是人类适应多种生存环境的产物。恩格斯曾经指出,人类要能够获得生存和发展,首先必须能够适应他的生存环境。人类的生存环境并不是一样的,而是具有差异性的。人类的生存环境无论是从空间还是时间来说,都是多种多样的。高山高原和大平原不同,干旱的大陆地区和江、河、湖、海乃至大草原不同。由此决定了他们的生活方式、行为方式、交往方式和思维方式都具有各自的个性特征。我们反对 18 世纪法国启蒙思想家孟德斯鸠所谓"地理环境决定论"的观点。因为这一观点将地理环境对人类的决定作用夸大到了极端。但是,并不否定地理环境在导致人类文明多样性方面所起的积极作用。孟德斯鸠在其著作《论法的精神》中认为,气候的王国才是一切王国的第一位。异常炎热的气候有损于人的力量和勇气,居住在炎热天气下的民族秉性怯懦,必然引导他们落到奴隶的地位。英国历史学家巴克尔在他的《英国文明的历史》中认为:高大的山脉和广阔的平原(如印度)使人产生一种过度的幻想和迷信,当自然形态较小而变化较多(如希腊)时,就使人早期发展了理智。德国地理学家拉采尔在《人类地理学》一书中,把人说成是环境的产物,认为人和生物一样,他的活动、发展和分布受环境的严格限制,环境以盲目的残酷性统治着人类的命运。这些说法,虽然过度地夸大了自然环境对人的决定作用,但是,也指出了一个不容否认的事实,那就是地理环境对人类的生存和发展,对人类文明的多样性确实起着毋庸置疑的重大作用。这一现象也是物质决定精神的突出表现形式。

多样性的人类文明与人类多样性的生存环境具有内在的紧密

联系。自然环境就是指各民族居住的地域,包括气候地势、地产土壤等。地理环境对民族文化以及民族性格产生一定的直接影响。按照马克思的观点,地理环境是人类天然的衣食仓库和武器仓库。自然条件的多样性推动了社会分工,促使人们的能力的多样性、需要的多样性、劳动资料和劳动方式的多样性以及生活方式的多样性,还直接或间接地决定着人们的思维方式的多样性和语言符号的多样性。马克思说:"过于富饶的自然'使人离不开自然的手,就像小孩子离不开引带一样'。它不能使人自身的发展成为一种自然必然性。资本的祖国不是草木繁茂的热带,而是温带。不是土壤的绝对肥力,而是它的差异性和它的自然产品的多样性,形成社会分工的自然基础,并且通过人所处的自然环境的变化,促使他们自己的需要、能力、劳动资料和劳动方式趋于多样化。"①因此在否定地理环境决定论的同时,不能忽视地理环境对人类多样性文明产生和发展的重大影响,特别是不能忽视地理环境多样性是文明多样性的自然基础。

发端于4000多年前的犹太文明是世界上最古老的文明之一。犹太文明在长期的发展过程中既吸收了其他多样性文明的长处,也以自身文明的独特性对其他文明如基督教文明、伊斯兰文明乃至现在的美国文明都产生了重要影响。犹太文明的产生和发展与自身的地域空间、生态环境存在着紧密的关系。《犹太文明》一书的作者认为,"迦南自然生态环境的特征,对犹太文明的形成具有十分重要的影响。"②迦南"所处的地理位置却具有特殊的中介性。它位于三洲(亚、非、欧)和两海(地中海、红海)交汇通衢之地,举

① 《马克思恩格斯全集》第23卷,人民出版社中文第1版,第561页。

② 潘光、陈超南、余建华著:《犹太文明》,中国社会科学出版社2000年版,第5—6页。

足轻重的战略地位使它成为四方强邻埃及、巴比伦、亚述、波斯、希腊、罗马的侵扰争夺之地，以致犹太文明早在形成时期便命运多舛；它同时又是埃及、美索不达米亚两个最古老文明以及稍后的希腊、罗马文明接触交往的辐辏之所，于是这里顺理成章地成为各种外来势力及其文化和精神价值传播辐射的聚焦点。正是在这些文明的冲击交融之中，犹太文明得以孕育、诞生和扩散，并带有它特具的包容性和生命力，成为至今一以贯之的人类文化精华。”①

西欧文明的产生和发展与优越的地理环境密切相关。“西欧优越的自然环境是极为有利的生长文明的场所，为西欧人开拓文明提供了很好的用武之地。据地质学家考证，西欧南部碧波粼粼的地中海在最后一次冰河期时曾是一片陆地，大约在公元前15000年至公元前10000年之间，大西洋冲越西边山冈，将这个广大的地中区灌成世界上最大的内海，使它成为西欧文明的摇篮。南欧向地中海延伸的巴尔干半岛（含希腊半岛）、亚平宁半岛和伊比利亚半岛，气候温和宜人，适于农耕，便于航海交通；它们南和北隔海相望，东连小亚并可深入两河流域腹地，是沟通欧亚的要扼，便于当地人和早已发展的埃及文明与巴比伦文明交往，吸收它们的先进文明成果。所以，西欧文明的演进是首先以地中海域为中心，逐渐由南向北扩展。它最早起源于地中海东域和小亚交接的爱琴海域，渐次向希腊半岛及地中海西部扩展，形成希腊古典文明；罗马帝国时代，罗马文明的范围东达中亚内陆，在西欧则已向西、北推进到不列颠和莱茵河流域；北欧的低地和斯堪的纳维亚半岛开化最晚，直到公元9世纪后，才逐渐纳入西欧中世纪的文明范围。”②

① 潘光、陈超南、余建华著：《犹太文明》，中国社会科学出版社2000年版，第7页。

② 姚介厚、李鹏程、杨深著：《西欧文明》（上），中国社会科学出版社2002年版，第7—8页。

伊斯兰文明是现实国际舞台上举足轻重的文明。在人们研究伊斯兰文明时也都注意到了自然环境对这一文明产生的影响。阿拉伯半岛是阿拉伯文明的发源地、伊斯兰教的摇篮。阿拉伯半岛从地形上分为中间地带和边沿地带两个部分。中间地带少雨，气候干燥、炎热、人烟稀少，居民都是逐水草而居的游牧民。除了也门的一些地方外，不得不长期过着游牧生活，正是游牧部落的神圣社会为穆罕默德提供了伊斯兰教的大部分道德标准，穆罕默德在麦加期间，就像希伯来的先知们一样，热烈地宣传游牧民族关于公正、平等和同胞之爱的观念。边沿沿海地带，特别是西南部，约在公元前一千多年，就在农业和香料贸易的基础上产生了高度的物质文明，并在古代世界的国际贸易和政治史上占有主要地位，对整个半岛的政治经济生活也有深刻的影响。“尽管阿拉伯半岛通过叙利亚的沙漠，延伸插入在世界两大古代文明发源地——埃及和巴比伦之间，南部的沿海，又使它与第三古老文明的发源地印度的旁遮普相接。但是，由于地理环境气候所限，直到公元 7 世纪以前，当幼发拉底河流域及尼罗河流域的居民早已创造出灿烂的文明时，被包围在高山、沙漠、大海中的半岛上的古代阿拉伯人，大多数仍然过着游牧的生活。”①在太阳和月亮之间，游牧部落的贝多因人(游牧者)似乎更尊崇后者。他们认为月亮是自己生活的支配者，它使水蒸气凝结为露水，滴在牧场上，滋润植物生长；而太阳却以灼热的光无情地烤晒着贝多因人，摧残着一切动植物。作为伊斯兰教的基础和基本经典，全世界的穆斯林用它来指导宗教生活及社会道德准则的《古兰经》，列举了努海时代人们崇拜的五个神明，其中第一个就是月神瓦德，它在米奈人的万神殿中是坐头把交椅的。还有其他方面的崇拜都与游牧部落的生产和生活存在密切关系。

---

① 秦惠彬主编:《伊斯兰文明》，中国社会科学出版社 2000 年版，第 4 页。

在人类文明的发展过程中,非洲黑人文明也是一个应该值得人们高度重视的自存一体而富有独特性的文明。非洲黑人文明的产生和发展与撒哈拉以南非洲独特的自然环境始终存在着密切的关系。非洲是在世界各大洲中唯一的被赤道横贯中部而过的大陆,具有与世界上其他洲截然不同的气候特征和地理特征,是世界上唯一的热带大陆。撒哈拉大沙漠这一世界上的大面积干旱地区,严重阻碍了北部地中海地区同南部热带地区的交往,使北非和撒哈拉以南非洲人在人种构成、文化传统以及生产力发展水平等方面形成了很大的区别。《非洲黑人文明》一书的作者认为:"当生产力发展水平处于较低阶段的时候,地理环境对人类的影响起着至关重要的作用。非洲大陆在人类形成阶段和石器时代的漫长历史发展时期里,之所以能走在世界其他洲发展的前列,根本原因是得益于其有利的地理环境和气候条件。但自然环境中不利的一面又成为非洲从石器时代进入金属时代落后于其他洲的重要原因,使其在原始社会停留的时间远远长于别的洲,进入阶级社会后,其原始社会的痕迹,特别是村社制度的长期遗存,成为其继续发展滞后的重要原因。"①总之,"闭塞的地理环境和热带高原的大陆气候孕育了非洲黑人的独特文明,在欧洲殖民者入侵以前,它所受到的外部影响较小,一直循着自己独特的道路发展,在世界众多的文明之花中绽开出一朵奇葩。黑人文明在表现出某些共性的同时,在各族特定的社会矛盾和地理差异的作用下,又常常展现出其内部的多样性和复杂性。因此,非洲黑人文明是一种同一性和多样性并存的文明。"②

① 艾周昌主编:《非洲黑人文明》,中国社会科学出版社 2000 年版,第 29 页。

② 同上书,第 13 页。

中华文明的摇篮之一是黄河。中国上古文明和三代文明主要是在黄河中下游平原地区孕育发展起来的。黄河中下游平原地区特殊的自然环境,使中国上古文明和三代文明具有不同于其他古代文明的特点。汤因比先生认为,居住在黄河中下游平原的中国先民,由渔猎、采集过渡到农耕时,他们遇到了严重的自然环境的挑战,“人类在这里(指黄河中下游平原)所要应付的自然环境的挑战要比两河流域和尼罗河的挑战要严重得多。”①“在世界上最古老的几个文明地区中,黄河流域自然环境是最为严酷的一个。生活在这里的先民们必须拿出更大的体力和智慧,以不同于其他古代文明地区的方式来应付自然环境的挑战。这种应战方式的不同,使中国文明走上了一条既遵循社会发展普遍法则,又具有不同于其他古代文明的特点的道路。”②中原地势平坦,土壤肥沃,又处于北温带,适宜农业的发展,长期的农耕社会,产生了古代丰富的农耕文明。如为了推动原始的农业的发展,先民很早就关心天象的变化,探讨环境气候变化对生产和生活的影响,在新石器时代中期,就开始观测天象,积累了许多关于天体系统的知识,形成了古代既唯物又朴素的宇宙观。中华民族在长期的发展过程中,创造了与中国特定的自然环境相适应的,凝聚着自身独特的智慧结晶和精神风貌的源远流长的文明,这一文明也是世界古代四大文明中唯一存在的实体,是世界上自成一体、独具特色的文明。

中华文明的源头是多样性的,除了发源于北方外,在南方也可以发现文明的源头。1973 年发现的举世瞩目的河姆渡遗址向世人展示了长江流域灿烂的远古文明,说明早在 7000 年前,这里的

① (英)汤因比著,曹未风译:《历史研究》上册,上海人民出版社 1997 年版,第 92 页。

② 马振铎、徐远和、郑家栋著:《儒家文明》,中国社会科学出版社 2000 年版,第 5 页。

先民已经发明了农业和制陶、纺织、建筑等，脱离了茹毛饮血、洞穴而居的蒙昧状态，把中华民族有实物证据的文明历史从商周时代提前了3000多年。

（二）需要的多样性决定文明的多样性

人类文明的多样性与人的需要的多样性是紧密联系着的。人类的物质需要推动着物质文明的发展；政治需要推动着政治文明的发展；精神文化需要推动着精神文明的发展；人与自然不可分割的紧密联系推动着生态文明的发展。由于不同民族和不同地区的人们具有各自不同的需要，就使不同民族和地区人们的物质文明、政治文明、精神文明、生态文明等显示出差异性和多样性。

人是站在牢固平稳的地球上吸入并呼出一切自然力的、现实的和有形体的实体，人理所当然地具有维持自身生命存在的生物需要和生理需要。在此基础上产生更加高级的交往需要、尊重需要、审美需要、自我实现的需要等各种社会需要。马克思主义对人的研究，从来都是从现实的人出发，研究从事实际活动的人，着重考察人的历史发展，研究历史地发生变化的人的本性，反对对"一般的人"和"抽象的人"研究的做法。马克思认为，在一定意义上，吃、喝、性行为等，也是真正的人的机能；男女之间的关系，是人与人之间最自然的关系。马克思曾把满足人的生存需要的"衣食住行"视为人的"第一需要"，恩格斯则把需要概括为生存需要、享受需要和发展需要。虽然人的生物需要和生理需要与人的精神需要相比不很高雅，但它却是人类从事创造历史活动的第一个前提。恩格斯在谈到马克思生前的贡献时说："正像达尔文发现有机界的发展规律一样，马克思发现了人类历史的发展规律，即历来为繁芜丛杂的意识形态所掩盖着的一个简单事实：人们首先必须吃、喝、住、穿，然后才能从事政治、科学、艺术、宗教等等。”①需要在文明产生和发展过程中起着十分重要的作用。

需要是人类创造历史活动的前提和人类文明形成的原动力。没有人的需要，客观事物纯属自在的存在物。动物也有多方面的需要，但是动物是依靠周围环境中的现成的东西来满足自身的需要的。动物现成的生活条件是动物生存的基础。类人猿最初的需要也是以纯粹的自然形态存在着的东西，但是它们不满足于自然界的恩赐，主动向自然界索取，通过生产劳动利用和改造自然界，创造出所需要的对象。这样才使得人从动物界脱离开来，人类社会的历史和人类文明才逐渐开始形成。正如马克思和恩格斯所说：“一当人开始生产自己的生活资料的时候，这一步是由他们的肉体组织所决定的，人本身就开始把自己和动物区别开来。”②

人类文明产生的前提和人类创造历史活动的前提在于人的需要。马克思和恩格斯指出：“任何人如果不同时为了自己的某种需要和为了这种需要的器官而做事，他就什么也不能做。”③马克思和恩格斯在创立唯物史观时，特别强调必须用人们的物质需要而不是人们的思想动机说明社会的发展。他们认为唯心史观形成的一个重要根源就在于他们习惯于以人们的思维而不是以人们的需要来解释人们的行为。马克思强调指出：“我们首先应当确定一切人类生存的第一个前提，也就是一切历史的第一个前提，这个前提是：人们为了能够‘创造历史’，必须能够生活。但是为了生活，首先就需要吃喝住穿以及其他一些东西。因此第一个历史活动就是生产满足这些需要的资料，即生产物质生活本身，而且这是

① 《马克思恩格斯选集》第3卷，人民出版社1995年版，第776页。
② 《马克思恩格斯选集》第1卷，人民出版社1995年版，第67页。
③ 《马克思恩格斯全集》第3卷，人民出版社中文第1版，第286页。

这样的历史活动,一切历史的一种基本条件,人们单是为了能够生活就必须每日每时去完成它,现在和几千年前都是这样。……因此任何历史观的第一件事情就是必须注意上述基本事实的全部意义和全部范围,并给予应有的重视。”①

人类的需要促进了生产力的发展从而推动着文明的进步。人类要取得外界环境中的某些东西以满足自身的某种需要,就必须生产。马克思说:“没有需要,就没有生产”,因为生产不仅会“生产出消费的对象,消费的方式和消费的动力”,同样也会“在生产者身上引起追求一定目的的需要”。② 因此,需要推动人们能动地活动,促使生产力发展,而生产力的发展又会使人产生新的需要,“已经得到满足的第一个需要本身、满足需要的活动和已经获得的为满足需要用的工具又引起新的需要”。需要和生产互为因果,互相促进,推动了社会从低级到高级的发展。

需要在促进物质文明发展的同时,还促进和推动着精神文明、政治文明、制度文明以及生态文明等的发展,在社会各个方面都呈现出积极进步的状态。

人类社会的精神文明是在人的需要的推动下发展的。人既是经济人,还是社会人和文化人。凡是具有一定理想和抱负的人在社会生活中并不只是为了饮食男女而度过几十个春秋。除了对物质生活有一定的需求外,还有交往、审美、休闲、接受文化教育、从事体育活动、旅游活动等多方面的精神需要。人类要通过这些需要求得全身心的发展。在人的精神需要的推动下,人们就会在科学、教育、文学、艺术、卫生、体育等方面充实自己的素养,通过自觉的交往,建立起良好的人际关系和社会关系,提高个人的社会化程

① 《马克思恩格斯选集》第1卷,人民出版社1995年版,第78—79页。

② 《马克思恩格斯全集》第12卷,人民出版社中文第1版,第742—743页。

度。人的需要促进精神文明的发展，精神文明的发展反过来又推动着社会的政治思想、道德风貌、社会风尚的发展，促使着人们的世界观、信念、理想、觉悟、情操以及组织性和纪律性的提高。

人类社会的政治文明、制度文明也是在需要的推动下建立和发展的。社会是有组织的社会。现代政治应该朝着民主化、法制化、有序化、规范化的途径发展，应该在具备正当性的政治制度、政治规则的基础上形成良好的政治秩序，政治文明的对立面是政治黑暗、政治野蛮、政治愚昧落后、政治无序、政治封闭等。在美好的政治制度下达到人的全面发展，是人们树立政治理想、参与政治活动的强大动因。政治制度是社会政治领域中要求各类政治实体加以遵循的相对稳定的行为准则。政治制度、经济制度、文化制度等在一起，规范着社会成员的行为，以确保社会生活有序地正常运行和健康发展。政治文明和制度文明是文明系统中所包含的政治部分和制度部分。政治文明和制度文明强调了政治和制度不能脱离文明整体的大格局来加以处理，揭示了现代文明中的政治秩序和制度设计的价值，以及政治发展和制度规范所达到的程度和水平。政治文明和制度文明不仅是人类文明的重要组成部分，而且也是人类文明的主要标志。它在很大程度上反映了整个社会和国家的文明水平。它直接影响和制约着物质文明、精神文明、生态文明乃至整个社会文明的发展进程。政治文明和制度文明为物质文明建设规定政治方向，为物质文明的发展提供良好的政治环境和制度保证。健全合理科学的政治法律制度和管理体制，就能充分地调动起国民对政治生活的参与热情，激发出他们的巨大潜能，从而就会使社会政治生活呈现出有序和高效率。政治文明和制度文明还能为精神文明提供激励和约束机制，提供基本的政治方向和必要的制度保障。脱离了政治文明和制度文明的规范和保障，精神文明的建设目标就不能落到实处。政治文明和制度文明对生态文明的发展也起着十分重要的作用。现代的生态问题实质上都表现出政治问题,都体现出制度设计的重要价值。政治文明和制度文明越进步,越能强化政党和政府的生态责任,制订出科学的生态政策,唤起公民广泛的绿色政治参与,促进人与自然关系的和谐。

人都是在一定的生态环境中生存的,离不开生态环境。人作为宇宙间最复杂的存在物,是以两种方式存在于世界上的。一方面,人不能脱离自然界而存在,人是自然界的产儿,人类再高级,都不能不吃喝拉撒,都不能超越自身是生命有机体这一基本事实。恩格斯曾经这样说过:"因此我们每走一步都要记住:我们统治自然界,决不像征服者统治异族人那样,决不是像站在自然界之外的人似的,——相反的,我们连同我们的肉、血和头脑都是属于自然界和存在于自然之中的;我们对自然界的全部统治力量,就在于我们比其他一切生物强,能够认识和正确运用自然规律。"①马克思认为,人有两个"身体",一个是他的有机身体即血肉之躯,另一个是他的无机身体即外部自然界。"自然界,就它本身不是人的身体而言,是人的无机的身体。人靠自然界生活。这就是说,自然界是人为了不致死亡而必须与之不断交往的、人的身体。所谓人的肉体生活和精神生活同自然界相联系,也就等于说同自然界相联系,因为人是自然界的一部分。"②良好的生态环境为人的发展提供物质基础,"全部人类历史的第一个前提无疑是有生命的个人的存在,因此,第一个需要确认的事实就是这些个人的肉体组织以及由此产生的个人对其他自然的关系。——任何历史记载都应当从这些自然基础以及它们在历史进程中由于人们的活动而发生的

① 《马克思恩格斯选集》第4卷,人民出版社1995年版,第383—384页。
② 《马克思恩格斯全集》第42卷,人民出版社中文第1版,第95页。

变更出发。”①另一方面，人又是社会的人，处在特定的社会关系之中，在其现实性上，人的本质是社会关系的总和。人的发展要受制于一定的社会人文环境。社会人文环境对人的发展起着决定性的作用。人从降临地球的那一天起，就要既接受自然遗产的馈赠，又要接受社会文化遗产的馈赠。人是自然遗产和社会文化遗产这两部分的乳汁喂养大的。自然环境和社会人文环境结合在一起，陶冶着人的情操，塑造着人的品格，浸染着人的心灵，规约着人的行动。自然界和社会的交互作用，构成了人的存在和发展须臾不可分离的物质基础。

构成人的生存和发展的自然环境和社会人文环境处在紧密的联系之中。在属人的世界里，社会是处在自然环境中的社会，对人的一切社会关系和人全面发展的内容、条件，都不能脱离自然环境进行孤立的考察。社会发展虽然具有自身固有的规律性，但是社会规律的作用并不是一个与自然界无关的过程，而要受制于自然规律的影响。这种影响具有正面和负面两个方面。优越的自然环境对社会发展起着积极的作用，而恶劣的自然环境对社会发展起着消极的作用。地理在历史学家和人类文化学家的视野里是“历史的哺育之地和教养之地。”优越的自然环境促进了人类文明的发展。自然环境优越的地区如古巴比伦、古埃及、古印度和古代中国，都成为人类文明的发祥地。人类从自然界产生以后，又以自身的能动性反作用于自然界。这种反作用也表现为两个方面。一种是对自然环境施加积极的建设性的影响，努力提高环境质量，创造新的更加适合人类生产和生活的人工生态系统。另一种则是消极的破坏影响，如不能合理适度地利用自然环境，造成自然环境的严重退化，带来自然界对人类的报复，导致森林缩小、草原破坏、土地

① 《马克思恩格斯选集》第1卷，人民出版社1995年版，第67页。

沙漠化、水土流失以及人类对自然环境的污染。与此同时,被人类污染了的环境反过来又污染人,严重地危害人类的健康,成为人的全面发展的巨大障碍。因此,正像人们永远不能抓着自己的头发离开地球一样,人们也永远不能离开自然环境。不能漠视自然环境而侈谈人的全面发展。善待自然环境就是善待人类自己。与自然环境过不去也就是和人类自己过不去建设良好的生态环境成了促进人全面发展的必备条件和物质保证。全球工业化的日益普及,既在历史上前所未有地显示出了人类改造和征服自然的力量,但是也暴露出了人性的弱点,造成人与自然关系的紧张和失衡。对自然界的过度开发利用,一方面表现出了人性的贪婪,是人没有全面发展的表现;另一方面,造成了环境污染和生态破坏,给人类生存和人的全面发展带来了前所未有的危机。改善生态环境,努力构建人与生态环境协调友好型的社会,为人类创造美好的工作环境和生活环境,已成为一个重大的社会问题。人类社会的发展与生态环境发展的一致性,人的全面发展需要良好的生态环境作为强有力的支撑和保证系统等观念,已经构成当代社会发展的主题。没有生态文明的发展,不可能出现文明多样性;也不可能促进人的全面发展和社会的全面进步。

(三)实践方式和认识方式的多样性决定着文明的多样性

文明多样性与各民族的实践方式和认识方式的特点有关。每一种民族为了生存,必须从事认识和改造客观世界以及认识和改造主观世界的双重任务,缺少其中的任何一项活动,该民族就无法生存和发展下去。但是,各民族的认识方式和实践方式都有自己的特殊性,存在着很大的差异。即使在一个国家或一个民族,实践方式和认识方式也是存在着差异性的。中华民族地域辽阔,因认识方式不同而表现出来的审美心理就有巨大的差异性。以长江流域为生活基地的南方诸民族，在审美心理上呈现出超越现实、充满幻想、热情奔放、缠绵悱恻、追求形式上的华丽多姿等特点。而以黄河流域为基地的北方诸民族，审美心理上表现出强烈的现实主义的精神，情感上遵循“乐而不淫，哀而不伤”的原则，喜爱朴实无华、直抒胸臆的形式。北宋的绘画重写实，笔法严谨，南宋的绘画则重神韵，笔法柔婉；书法北碑朴素遒劲，南帖清丽潇洒。多样性的艺术流派、艺术风格和艺术成果，使中华民族的艺术苗圃呈现出百花盛开、美不胜收的景象。

文明多样性还表现为民族性格、情感的多样性。民族性格是民族心理过程中表现出来的稳定的心理特征，如勇敢、剽悍、软弱、容忍等。不同的民族都具有反映本民族文明特征的民族性格。《审美文化新论》一书作者王惟苏等人认为：“拉丁民族心思细巧，情绪曲折，动作轻灵，感官敏锐，表情丰富，同时又比较浮躁，缺乏耐性，较少克制，过分激烈。他们往往趁一时之兴，迅速行动，遇到刺激，兴奋得太快太厉害，甚至忘记了责任和理性。这种民族性格使他们的审美活动比较重视新奇的意想不到的享受，对快感有较强的要求，喜欢纤巧优美、生动活泼的审美对象，追求富有变化的刺激。讲究趣味的文雅。他们往往更注重外表与装饰，爱慕虚荣，因此比较多重视形式，讲究和谐对称、纯净高尚、比例修饰，不太重视内容的美。他们的审美趣味比较肤浅，注意力转移得过快，感官的诱惑太强，幻想的波动太迅速。快感压倒了美感，于是风流就得到了宽恕和容忍，有时还受到赞许。因此对美的追求就可能蜕变为轻浮和淫艳。和拉丁民族情绪型的性格不同，日耳曼民族更多的呈理智型。他们的感觉或许不太敏锐，对快感的要求不强，感官比较粗糙，所以反应也显得迟钝一些。日耳曼人处事安静慎重，不容易急躁和任性，较有耐心，而且锲而不舍。对事物讲究内容重于形式，喜欢实际，一般不重视外表的装潢。他们的理智力量大得很,外界的诱惑不那么容易起作用,因此,内心爆发式的激情较少。日耳曼民族的这种性格,使他们在审美活动中更注重内容的美,注意事物的真相,喜欢更为强烈的刺激,因此,在趣味上就表现得更为崇高和粗犷。他们重视追求理性的满足,因此对感官快感的要求常常让位于精神的愉悦。同时,在审美意识上表现得更有深度,能透过表层去探求隐藏在深层的意蕴。在形式上,他们不太受规则的约束。总之,他们的审美活动带着火热而深沉的激情,有一种无比巨大的力量。"①该书作者对拉丁民族和日耳曼民族各自不同的民族性格具有很大差异性的分析,或许存在着过于绝对性的方面,另外,对他们不同民族性格特征的分析也难以形成一种公认的价值判断标准,但是不同的民族在性格方面的差异性却是真实的客观的。民族性格构成了民族特质的一大重要因素,是一个民族区别于别的民族的重要标志。民族性格的多样性也成了文明多样性的一个显著特征。当然,人的性格和民族的性格都是可变的,随着民族之间交往的增多,不同民族在心理、情感和性格方面的互补性、交融性和同化性的情况也会逐渐增多。

民族情感是民族文化的反映。民族情感具有多样性。在日常生活中,我们常常看到这样的现象,当欧美人因为一句幽默话而笑得前仰后翻的时候,中国人、日本人、印度人或俄国人则对他们的笑感到不可思议。因为他们没有这样的幽默感。反之,可能亦然。不懂得情感方式的多样性和不同的民族情感方式的差异性,仅仅用自己的狭隘的眼光和观点看世界,就无法进行有效的文化沟通。

民族情感的多样性还突出地表现在民族的宗教信仰的多样性上。两千多年前,古希腊哲学家柏拉图就认为,所有的人类,无论是希腊人还是其他地区的人,都相信神的存在。世界上每一个民

① 王惟苏等著:《审美文化新论》,江苏文艺出版社1998年版,第65页。

族都有它自己的神话传说,没有神的民族是不存在的。恩格斯说:“单是正确地反映自然界就已经极端困难,这是长期的经验历史的产物。在原始人看来,自然力是某种异己的、神秘的、超越一切的东西。在所有文明民族所经历的一定阶段上,他们用人格化的方法来同化自然力。正是这种人格化的欲望,到处创造了许多神;而被用来证明上帝存在的万民一致意见恰恰只证明了这种作为必然过渡阶段的人格化欲望的普遍性,因而也证明了宗教的普遍性。只有对自然力的真正认识,才把各种神或上帝相继地从各个地方撵走(赛奇及其太阳系)。现在,这个进程已进展到这样的程度,以致可以认为它在理论方面已经结束了。”①纵观人类文明发展的历史,我们可以发现一个共同的现象,那就是世界上任何民族的祖先,最初都存在着一个共同的观念,那就是神的存在和神所具有的无所不能的力量。对神的信仰和歌颂便以神话的形式反映出来。不同的民族存在着不同的神话。英国弥尔顿的诗歌写道:“(神话是)一个深不可测的海洋,(它)无边无际,苍苍茫茫,在这里,长度、宽度、高度和时间、空间都消失不见。”②

神话的多样性是文明多样性的反映。普列汉诺夫认为:“宗教是观念、情绪和活动相当完整的体系。”③各民族都有自己的宗教信仰,因此具有不同的情感倾向。对于各民族宗教产生的深刻原因,恩格斯作了十分精辟和透彻的分析,他说:“一切宗教都不过是支配着人们日常生活的外部力量在人们头脑中的幻想的反映,在这种反映中,人间的力量采取了超人间的力量的形式。在历

① 《马克思恩格斯全集》第20卷,人民出版社中文第1版,第672页。

② (德)恩斯特·卡西尔著,甘阳译:《人论》,上海译文出版社1985年版,第93页。

③ 《论俄国的所谓宗教探寻》,《普列汉诺夫哲学选集》第3卷,生活·读书·新知三联书店1962年版,363页。

史的初期，首先是自然力量获得了这样的反映，而在进一步的发展中，在不同的民族那里又经历了极为不同和极为复杂的人格化。根据比较神话学，这一最初的过程，至少就各印欧民族来看，可以一直追溯到它的起源——印度的吠陀经，以后又在印度人、波斯人、希腊人、罗马人、日耳曼人中间，而且就材料所及的范围而言，也可以在克尔特人、立陶宛人和斯拉夫人中间得到详尽的证明。但是除自然力量外，不久社会力量也起了作用，这种力量和自然力量本身一样，对人来说是异己的，最初也是不能解释的，它以同样的表面上的自然必然性支配着人。最初仅仅反映自然界的神秘力量的幻想的形象，现在又获得了社会的属性，成为历史力量的代表者。在更进一步的发展阶段上，许多神的全部自然属性和社会属性都转移到一个万能的神身上，而这个神本身又只是抽象的人的反映。这样就产生了一神教，从历史上说它是后期希腊庸俗哲学的最后产物，并在犹太的独一无二的民族神雅赫维身上得到了体现。在这个适宜的、方便的和普遍适用的形式中，宗教可以作为人们对这种支配着他们的力量的关系的直接形式即有感情的形式而继续存在，只要人们还处在异己的自然力量和社会力量的支配之下。"①恩格斯这段话，不仅深刻揭示了宗教的本质规定性，高度概括了宗教产生的内在原因和根据，而且精辟论述了各民族宗教多样性和统一性的辩证关系，为人们认识宗教多样性与文明多样性的关系指明了方向，为马克思主义宗教学进一步研究宗教存在的根源、宗教发展的规律以及如何通过文明的进步促使宗教消亡等重大的理论和现实问题，提供了方法论的指导。

文明多样性还同不同民族的思维方式的多样性相关。思维方式是认识主体在反映客体的思维过程中，定型化了的思维形式、思

① 《马克思恩格斯选集》第3卷，人民出版社1995年版，第666—667页。

维方法和思维程序的综合和统一。不同民族多样性的思维方式，表现了不同民族的人们在各自独特的生产方式和生活方式的基础上，在各自独特的民族心理活动的过程中所形成的认识世界和处理问题的独特视角和特殊思路以及思维品质的基本特点。不同民族的思维方式，反映在审美活动中，就形成了民族审美方式的差异性。思维方式的差异本质上反映了各民族文化的差异。生活在具有差异性、多样性环境中的民族和国家，具有不同的文化特征，就形成了不同的文化特征。从地理和文化的角度看，全世界可以分为东方和西方两大区域，东方以中国为代表，古代西方以古希腊、罗马为代表，近现代以西欧和北美为代表。东方和西方属于两大不同的文化体系，形成了两大不同的思维方式。由于东方和西方处于不同的地理环境、生活方式、生产方式、行为方式、交往方式、历史背景、政治制度、经济体制、风俗习惯、宗教信仰、语言文字，以及具有不同的世界观、伦理观念、价值观、审美观念、国民素养、心理特征等，思维方式从总体上看具有区别。除此以外，东西方各国、大陆与沿海、农村与城市、落后地区与发达地区、沙漠、高山、草原以及农业地区、工商地区和游牧地区等区域的人，思维方式也存在差异性。此外，由于职业、地位、收入、身份、阶层、行业、年龄等的不同，思维方式具有多方面的差异性。

第三章　文明多样性是文明发展的动力

各国多样性文明体现了人类的创造能力和创新精神，是世界各民族独具特色的认识和实践成果的结晶。人类在不同的生存环境中从事着各自的认识和实践活动，通过各自的智慧和辛勤劳动创造出了既有共性又有个性的多样性文明，正是人类多样性文明成果的不断积累，提高了人类文明的总量，改善着人类文明的质量，推动着人类社会由低级到高级的不断发展。

一、文明多样性的价值

文明多样性既是一个事实命题，还是一个价值命题。简言之，文明多样性具有很重要的价值。文明多样性的价值与人的价值和社会的价值是一致的。即是说，文明多样性的价值既体现在促进个体和群体的发展上，体现在促进人与自然关系的协调上，还突出地表现在推动人类社会持续快速的发展上。保持和维护文明多样性就是保持和维护人类的价值。

（一）文明多样性使人类能够适应多种不同的生存环境

人是环境的产物。作为生理上的人，身上的一切都是环境所给予的。文明多样性使人类能够适应多种不同的生存环境。人类所面对的自然环境是多种多样的,社会环境也是多种多样的。各个不同地区生存环境的好坏优劣相差很大。人类总体以及每一个个体都无法自由地选择自己的生存环境,只能适应这种生存环境,在适应过程中进行改造,使之更适合人类生存和发展的需要。人类与环境永远都处于在协调中顺应,在顺应中走向和谐的关系之中。单一性的人类文明显然无法适应多样性的生存环境,也无法满足人类多样性的需要。人类生存环境的多样性一方面催生着文明多样性;另一方面,文明多样性使得人类能够适应生存环境的多样性。

人类在生存和发展中会遇到无数来自险恶的生存环境的挑战,洪涝灾难、地震、病虫害、瘟疫等,只有在多样性文明中,才能找到应对这些挑战的良策,可以使人类免遭因单一文明的缺陷而造成的灭顶之灾。例如,非洲的高温导致了许多热带疾病,如黄热病、疟疾等,外地人进入非洲,很容易染上。但是,长期生活在这里的黑人自身已经具备了某些疾病的免疫能力,使他们成为具有镰状细胞特质的人种,在他们的血液中有一种特有的抗原体血红蛋白S(Hbs),这大大地缓和了这些热带疾病对黑人的危害性。为外地人应对这些疾病找到了良方。

在人类历史上,天花病毒曾经是人类的元凶,人类在与它的斗争中,正是由于多样性文明的共同努力,才最终战胜了这一潘多拉魔盒中的魔鬼,促进了自身的发展。据修昔底德记载,在公元前431年,发生了西方历史上最早的一场大规模的战争——伯罗奔尼撒战争。战争的起因是雅典和斯巴达争霸,雅典帝国剥掠外邦也造成提洛同盟内外部诸邦的反抗。在这次战争之前,古希腊人从来没有遇到过像天花这样的传染病的攻击。这场重大传染病造成的后果非常惨重,它使军中主帅伯利克里病死,雅典军队的生力军有四分之一死亡,瘟疫继续在南部希腊肆虐,导致了四分之一城邦人口的死亡。这场瘟疫导致了西方文明史的重大改变,使雅典从此以后再无称霸的实力。

当西班牙征服者皮萨罗于1531年率领区区168人在秘鲁登陆时,他根本没有想到自己已经进入了一个拥有几百万人口的组织严密的社会。更令他想不到的是,天花病毒会在很短的时间内消灭这个丛林帝国,留给他堆积如山的金银。而早在1520年,天花就随着一个受感染的奴隶从古巴抵达墨西哥。在那里有一个高度发达的阿兹特克帝国。阿兹特克人对天花没有什么抵抗力,在大肆流行的瘟疫面前他们失去了一半的人口,其中包括皇帝。侥幸不死的人也被这种怪病弄得筋疲力尽,无心抵抗欧洲殖民者。到1618年,墨西哥原来的2000万人口锐减到160万人左右,16至18世纪,欧洲每年死于天花病的人数为50万人,亚洲达80万人。有人估计,18世纪内有1.5亿人死于天花。中国早在唐代就发明了人痘接种治疗天花的方法,人痘接种技术的发明开创了人类预防天花的新纪元。在16世纪—17世纪,人痘接种技术在中国各地广泛运用,还流转到朝鲜、日本、土耳其、俄罗斯和欧洲等国家。但是中国使用的是比较土的办法,成效不可靠,风险也高。在英国,一位乡村医生爱德华·琴纳受一位挤牛奶女工的启示,为一名8岁男孩注射了牛痘,此后,这个男孩再没有得过天花。琴纳又为23个人做了同样的试验,也没有一个人感染上天花。于是,接种牛痘的技术在欧洲推广开来。琴纳的办法超过了中国的土办法,他使用的是生物化学的方法,可以不断地制造疫苗。直到1979年,世界卫生组织宣布,天花被彻底消灭,这是人类多样性文明合作努力的结果。

如果说,生物的多样性甚至地质的多样性是人类之所以生存和发展的条件的话,那么,语言的多样性、风俗习惯的多样性、文化的多样性也是人文环境得到发展的重要条件。没有多样性,也就谈不上一致性和统一性,人类文明的发展也就没有可能性。

(二)文明多样性使人类能够从容地应对各种挑战

人类文明多样性能够使人类对其生存环境的变化,产生各种应变能力和抗御能力。历史学家汤因比认为,文明主要发源于人类对来自大自然的挑战进行迎战的精神。① 文明是在异常困难而非异常优异的环境中降生的。通过对惩罚引起的各种效果的考察,可以得出一条用公式来表达的法则:"挑战越大,刺激越强。"② 人类的生存环境是发展变化的,有时变化还非常剧烈,对生存和发展提出了极大的挑战。人类虽然被誉为宇宙的精华,万物的灵长,其实,力量还是很脆弱的。人的绝对体力不如牛马和狮虎,相对体力不如虫豸。现在的世界举重冠军不能举起3倍于自己体重的重量,可是,小小的蚂蚁却能举起50倍于自己体重的重量,拖走100倍于自己体重的重物。有一种贝雅尔果虫竟能载负900倍于自己体重的物体。跳高,人不能跳过自己身高的2倍,但是跳蚤却能跳过自己个头的几百倍。一丛豆苗,居然能够掀动一块大石头;一个南瓜,竟然能够承受5000磅的压力;一粒树籽,竟然能够在光秃秃的石头上生根发芽;藏羚羊能在海拔4000多米的高原上疾风般地迅跑。人类的绝对体力和相对体力虽然比一些动物还差,但是人类优越于动物的地方在于自己的智力,特别是单个智力汇聚起来的群体智力。面对险恶的生存环境,人类在实践中不断地积累经验,发展智力,获得不断增强的生存能力。多样性的文明就是适应多样性生存环境的产物。人类要提高生存能力,充分挖掘生存潜

---

① 参见(英)汤因比著,曹未风等译:《历史研究》,上海人民出版社1965年版,第72页。

② 同上书,第106页。

能，创造出更加光辉灿烂的文明，就需要多样性的文明的存在以及它们之间的交流、合作和互补。正是凭借着人类的智能和各种文明的交互影响，凭借着多样性文明所汇聚成的一种整体合力，人类以自己胜过动物的独特的“理性的机巧”，弥补着各种生理上的缺陷，提高着自己适应和能动地反作用于外界的能力，在众多的动物面前保持着自己的强者地位。

(三)多样性文明促进了人类智慧的提高

多样性的文明能够促进人类的智力和智慧的发展，使人们对事物的认识达到更加深入的程度。美国哈佛大学燕京学社杜维明教授说：“现在世界上有成千上万种语言，每一个小地方都有各种不同的语言，比如非洲就有各种不同的语言。处于消亡过程中的语言对于人类文明发展来说到底是福还是祸？一种语言的出现，它一定代表人类智慧的某一方面。比如对雪的了解，对夏天的环境的了解。我相信在阿拉斯加的语言中对雪的了解和非洲语言中对夏天的动植物的了解，是非常独特的。如果语言消失了，这些智慧也就消失了。因此多样性不仅是健康的，而且很可能是人类生存的必要条件。假如多样性逐渐地消解，人类的生存就会受到威胁。我们说，生物的多样性甚至地质的多样性都是人之所以生存的条件，那么是不是语言的多样性、文化的多样性也是人文环境得到发展的条件？”[①]确实这样，每一种文明都具有自己独特的内涵和优势，是人类文明总体中不可缺少的重要环节，具有独特的内在价值。允许和鼓励多样性文明的存在和发展，也就是允许和鼓励思想的开放和知识的创新，就会极大地促进人们智力的发展，激活

① 杨学功：《全球化条件下的文明对话——杜维明教授访谈录》，《哲学研究》，2003 年第 8 期。

人们创新的潜力，出现百花齐放，百家争鸣的生动活泼的局面，使世界永葆多姿多彩的繁荣景象。

多样性文明的共存还有利于促进社会稳定，增强社会的整体凝聚力，保持社会力量的综合平衡。对于一个国家和地区来说，保持文明多样性，对该地区经济发展的价值也是明显的。因此，只有像维护生物物种的多样性那样，维护文明多样性的格局，促进人类文明多样性发展，才能推动世界在各国文明多样性的交互作用中不断进步。

多样性的文明交融、整合形成新的力量，有助于人类应对更加错综复杂的形势，渡过一个又一个危机。正如不少有识之士所指出的那样，假如我们的世界继续以其现有的方式存在和发展，以单一文明指导人类的发展，人类必将自我毁灭。为了避免悲剧的发生，我们必须深刻地反思我们的生存方式和思维方式，必须凝结人类文明的各种要素和力量，应付和纠正愈演愈烈的人类危机。“存在于我们的世界中的，一方面是基本需要的未满足、资源的浪费和破坏；另一方面则是没有利用的工作能力和创造力。……我们痛苦地面对着三个主要的不平衡：地球南北之间、社会内部贫富之间以及人与大自然之间的不平衡。这三个不平衡反映了社会与社会、人与人、人与其生存空间之间的三重危机。这些危机是不可分离的，譬如在不重视生存空间的地方，相伴随的往往是对人的不尊重。”①

法国夏尔-雷奥波·马耶人类进步基金会在《建设一个协力尽责多元的世界》一文中认为，人类面临着的三重危机，即地球南北之间、社会内部贫富之间以及人与大自然之间的不平衡的危机，具有同因。我们的世界在近两百年里迅速演进，西方世界发明的

① 乐黛云主编：《跨文化对话》，第8册，上海文化出版社2002年版，第1—2页。

"现代性"在全世界范围内获得传播。大多数国家正经历着一场精神和道德的危机。我们没能为了所有人民的利益,去开发我们杰出的理解力、运作力和创造力。在三个危机的中心,无法不看到科技发展的现状、劳动分工的突出、市场的膨胀以及不断增加的商品与金钱流通等,简言之"西方现代性"的构成因素引起的后果,或对于某些人而言,就是"现代性"的后果。几个世纪以来,半是被迫,半是吸引,西方现代性已经传遍了世界各国。殖民化,然后是非殖民化的过程,促使西方社会模式和发展模式四处扩散。凭借着它所施展的魅力和它所拥有的效率,现代性被披上了不同的政治外衣,变成了各大陆精英们的参照系。强权关系和市场规则共同化解了商品关系以外的价值关系和交换关系,由此离析了传统社会。科学与市场的发展既创造了巨大的价值,同时伴随着严重的价值危机。甚至它的发展还加剧了这一危机。着眼于掌握和控制人与外界事物的科学和技术,鼓励了弱肉强食的态度,将大自然、生物界和其他人类降低为工具,并遗弃了那些更全面的、更谨慎的和更受尊重的方法,而正是这些方法执著寻求着人与其生存空间之间的相依和谐。对权力的狂热,战胜了对智慧的求索。市场一方,正在将生命与事物的价值减兑为它的货币价值,它鼓吹致富是人与社会成功与否的最终标准,它将精神置于物质的支配之下,为了保持其运转,它不断地制造新的购买需要,不惜因此而转移用于基本需求的精力和智慧,直到以短浅之利而毁长远之计。结果是许多社会道德崩溃、腐败普遍化、借吸毒逃避社会,对他人和环境麻木不仁,青年人彷徨失望。总之,我们的世界陷入了前所未有的空前危机之中:商品统治的普遍化,生产、人口和需求增长,信息、产品、人员和资金流通,日趋强大的技术系统应用,资源开采、丢弃废物的增加等都在加快。人与人之间和社会与社会之间的不平等在扩大。地球与生物的基本平衡,如同后代的利益一样受到威胁。面对严重的社会危机,各国多样性的文明应该携手合作,进行一场全球范围内的从精神到道德,从观念到制度的广泛而深刻的革命,帮助人类克服危机,渡过难关,迎来充满光明的美好明天。

在当代的经济全球化、信息网络化和科学技术突飞猛进的时代,维护人类文明的多样性更具有十分重要的价值。承认各国文明的多样性,就会以实际行动为建立国际文明新秩序而努力。在国际关系上,就要大力主张国际关系民主化。国际社会不应回到大国划分势力范围的时代,也不应重演历史上的列强角逐,而要建立一种新颖的国际文明关系。在文明多样性时代,各国都是平等的,国家的贫富、强弱、大小不能成为国格不平等的理由,任何国家都无权把自己的意志强加于人。承认各国文明的多样性,就应该支持人类发展模式的多样性。世界是丰富多彩的,一个音符不能形成旋律,一个字母不能书写语言,一个音节不能表达思想。人类的智慧允许我们创造出不同的文明,也允许我们探索不同的发展模式,遵循不同的发展道路,拥有多种价值观念。正是在这种多样性文明的彼此交流、借鉴和融合中,人类理性和智慧的灵光,才得以充分的闪耀。承认文明的多样性,才能在国际关系中倡导和树立互信、互利、平等、协作的新安全观,建立起由多样性文明所构成的集体安全机制,才能在国家与国家、地区与地区、民族与民族的关系上,以合作维护安全,通过对话和平解决争端,避免动辄使用武力或以武力相威胁,拒绝把自己的安全建立在他人的动荡不安上。承认文明多样性,才能以欢欣鼓舞的心态致力于发展中国家的和平发展事业。占据世界人口四分之三的发展中国家应该成为多极化世界的重要支柱。没有他们的广泛参与和平等地位,国际关系就不可能民主,国际秩序也不可能公正合理。没有他们的经济振兴和富裕强大,人类的共同富裕和共同繁荣也不可能达到。承认各国文明的多样性,才能自觉地加强多边合作。各种方式的多边合作是处理国家复杂事务的主要手段。各国只有加强合作，才能携手同心，以全球性的广泛深入的合作的力量来对待全球性的挑战。总之，在各国文明多样性的世界里，各国只要政治上相互尊重，共同协商；经济上相互促进，共同发展；文化上相互借鉴，共同繁荣；安全上相互信任，共同维护，才能达到人类多样性文明的共存和发展，达到人类世世代代的和平与繁荣。

二、文明多样性是文明发展的动力

江泽民同志在纪念建党八十周年的讲话中指出："世界是丰富多彩的。各国文明的多样性，是人类社会的基本特征，也是人类文明进步的动力。应尊重各国的历史文化、社会制度和发展模式，承认世界多样性的现实。世界各种文明和社会制度，应长期共存，在竞争比较中取长补短，在求同存异中共同发展。我们将继续同各国人民一道，为建设一个持久和平与普遍繁荣的世界而努力。"①这是对人类文明历史的高度概括，也是对人类文明发展规律的科学总结，对于人们认识文明发展的基本态势，推动多样性的文明在相互作用、相互交流、相互启迪中获得蓬勃的发展生命力，对于中国特色社会主义的物质文明、政治文明和精神文明的建设，都具有十分重要的意义。

文明多样性之所以构成文明发展的动力，就在于多样性文明所表现出的文明的差异性，文明的差异性形成矛盾，矛盾是推动事物发展的根本动力。多样性文明的共存、相互竞争、相互交流、相互借鉴和融合，推动人类文明朝着由低级向高级，由简单向丰富的

① 江泽民：《在庆祝中国共产党成立八十周年大会上的讲话》，人民出版社2001年版，第48页。

方向发展。简而言之,文明发展的动力在于文明自身。人类文明发展的内在动力是多样性文明所形成的合力共同推动的结果。由此形成了人类文明发展的下述几条基本规律:

(一)多样性文明相互交流推动文明发展的规律

文明多样性作为文明发展的动力,主要表现为多样性文明在相互交流中借鉴对方的积极文明成果获得发展。人类产生以后就处于一个多样性文明共存的世界里,由于人具有交往的本性,人的存在方式和实践方式决定人是交往的动物,人类的交往圈是随着实践的发展不断扩大的,因此,文明之间的交流早已有之,并且呈现出不断发展的趋势。

中西文化交流充分说明了多样性文明相互交流推动文明发展的规律。早在希腊时期,中国和西方的文化就开始了接触。据说希腊古书中记录有赛里斯(Serice)为东方产丝之国。据考古发掘,在中国辽宁省西部距今5000年前的红山文化遗址中,发现了一种陶制妇女裸体小塑像,其造型与西方称作"早期维纳斯"类型的塑像颇有相似之处。① 从中国和西方青铜器时代遗存下来的器物,如兽角刀把头双刃剑、环型刀把头双刃剑等,也似乎可以看出两者之间存在着交流的痕迹。在辽宁省沙锅屯及仰韶村发现的彩色土器同土耳其的亚那及北希腊的加利西亚等地发现的彩色土器非常相似。②

西汉的张骞于公元前139年出使西域,那时波斯和希腊早有接触,因此,中国和西方的文化接触大约在中国的西汉时期。那

---

① 参见《人民日报》1986年7月25日第3版。

② 参见张文奎主编:《人文地理学概论》第三版,东北师范大学出版社1993年版,第335页。

时,中国的使节穿梭于整个亚洲,伟大的先驱者一直深入到中亚地区,并与地中海文化的边缘地带建立了联系。即使在唐代以前,中国已经开辟了联系东南亚甚至南亚的海上交通之路。东南亚骠国(今缅甸)的妇女曾"悉披罗缎"。直到今天,东南亚各国人民,不论男女老少仍然喜欢用中国丝绸缝制筒裙。

在唐代以前,南海的航路就是以传播丝绸为开端的,不过其文化交流的意义远远超过丝绸贸易本身的范围。丝绸把中国与东南亚、南亚联系在一起,特别是把印度和中国古老的文明、把佛教文化的传播与丝绸联系在一起。我国经书中经常记载高僧出国时携带丝绸以及用丝绢译写的经文。丝绸犹如多彩的桥梁和纽带将中国古代的物质文明、政治文明、精神文明交织在一起,将海上大动脉连接了起来,给东南亚各族人民的文化带来了巨大而深刻的影响。到了盛唐时代,中国的对外影响和交流更达到了空前的程度,都城长安充满了朝觐的使者。

到了罗马时期,中国与西方的文化交流更加频繁了。罗马的书籍中有关中国的记载很多,罗马科学家普利纳的《自然史》中就有对蚕的习性和诸生理特征的较详细的记载。这表明中国的养蚕术已经在西方普遍传开。中世纪以后,中国和西方的文化交流越来越频繁。到 17 世纪,据说曾影响全欧洲的路易十四宫廷中的装饰甚至服饰都受到中国艺术趣味的影响。中国的丝织品传入欧洲很早,但是数量极少。在公元 6 世纪前丝绸的价格比黄金还要贵。而且只是在宫廷里被贵妇人们当作发饰或其他小装饰。

在 18 世纪的法国,从哲学到艺术趣味都受到中国的影响,启蒙运动的思想家们都程度不同地崇拜中国,或多或少地都写过有关中国的文章或著作。赖赫淮恩告诉我们:"中国文化对于洛可可运动的影响不在文学方面,而在乎中国清脆的瓷器和各种丝绸绚艳悦目的光辉,这种光辉暗示欧洲 18 世纪社会一种想象中的快乐人生观。"①

到19世纪的浪漫运动时期,中国的艺术趣味被浪漫主义的梦想所神化。这个时期中国的音乐、绘画传入欧洲,唐诗被大量翻译,同时掀起了一股道家学说热,西方哲人、文豪纷纷研究中国的老庄哲学,用他们的思辨头脑和雄辩精神来理解道家学说,从而给道家学说的朦胧外表又增加了一道绚丽多姿的彩虹,并深深影响了西方20世纪的文学艺术和音乐。

西方文化传入中国是通过传教的形式进行的。外来宗教文化的传入最主要的有两次:一次是公元1世纪前后开始传入的印度佛教文化;另一次是16世纪末以来西方文化的输入。前一次印度佛教文化的输入中国,曾经对中国的哲学、文学艺术、伦理道德、科学技术、医药卫生甚至社会生活的诸多方面产生过重大影响,可以说中国文化曾受惠于印度佛教文化。与此同时,印度佛教文化又在中国得到了发扬光大。在中国不仅保存了大量在印度已经失传的佛教经典,而且经过十数代高僧大德对印度佛教的注释而形成了若干中国化的佛教宗教,如天台宗、华严宗、禅宗等。这些中国化的佛教传到朝鲜半岛和日本后又和当地文化相结合,产生了某些具有这些国家特色的佛教派别。可以这么说,现在,我们如果不研究佛教,就无法研究魏晋之后的中国历史、哲学史和文学史。而不了解印度文化的总背景,也就不可能真正了解佛教。

基督教的传入,始于唐朝的景教。然而它存在的时间不长。到了元朝,即公元13世纪中叶,基督教在中国又开始兴盛起来。罗马教皇尼古拉四世派遣的传教士约翰·孟德高维诺首先踏上中国领土。他在华34年,成为罗马天主教在华传教活动的开拓者。

---

① 转引自葛雷、齐彦芬著:《西方文化概论》,中国文化书院1987年版,第131页。

扩大了天主教在中国的传教活动,并翻开了大规模的中西文化交流崭新一页的是意大利人利玛窦。利玛窦是一个知识广博、多才多艺的传教士。因其在中国传教所作出的杰出贡献,1596 年利玛窦被教皇委任为中国耶稣会会长。利玛窦秉承圣保罗所说的"在什么人中成什么人"的训导,以学者的身份出现在中国士大夫中间,注意顺应中国礼俗,遵从和诠释儒家学说,广泛传播西方的科学知识,吸引人们自愿入教,使天主教在中国的传播获得了极大的成功。随着传教事业带来的是大规模的中西文化的交流。明清之际,天主教在中国大量发展。他们在中国的东南沿海一带建教堂、修女院,发展教徒。17 世纪,信徒人数据说达到 14—15 万。18 世纪,由于清政府实行"闭关锁国"政策,后来又禁止西方人在中国传教,天主教没有获得发展,但是到了 19 世纪初,却又兴盛了起来。1840 年鸦片战争爆发后,西方资本主义的大炮轰开了中国的大门,基督教又乘帝国主义武装侵华之际,大量涌入中国。基督教持久地、深入地在中国产生了影响。自从英国传教士马礼逊来华后,英、美、俄、德、法在原有基础上,大股派遣教士陆续来华,并深入中国内地进行活动。他们大力编写出版各类书刊,组织文化机构,还以办教育为名,兴办各类学校,设置一些慈善机构,进行一系列的宗教文化活动。由利玛窦总结出来并获得很大成功的知识传教方式的直接后果是促进了西方科学技术知识在中国的传播。据统计,明清之际,大约有 200 多名传教士进入中国,所带来的宗教类的书籍和西方科技和人文方面的书籍各占一半。所传入的科学技术类的书籍中,包括天文学、数学、物理学、地理学、炮术、采矿术、医学等,而以天文学、数学、物理学居多。大量的西方文化随着传教士的进入以书籍的形式在中国大为流通,开始了中西文明之间首次大规模的文化交流和沟通,是中国和西方两种文化传统的第一次重要的汇聚,是欧亚大陆两极基本上独立发展起来的两种社会在历史上第一次真正的文化交流。真正使中西哲学、宗教和科学进行实质性的接触，彼此之间的了解、认识、对话、冲突和融合成为可能。

鸦片战争以中国失败而告终，促使进步的志士仁人放眼看西方。林则徐被称为“开眼看世界的第一个人”。洪秀全从基督教中吸收了某些思想资料，以“拜上帝会”为旗帜，提出了“天下一家，共享太平”的政治、经济主张，作为农民革命的思想理论基础，发起了太平天国运动。从19世纪60年代起，中国开展了较大规模的翻译西方书籍的工作，从工艺、兵法、医学、宗教等书籍开始，逐渐发展到数学、化学、物理学、天文学、矿物学、古地质学等基础和应用科学。1898年，严复将英国著名生物学家赫胥黎的论文集《进化论与伦理学及其他论文》的前半部译为《天演论》，使达尔文的进化论通过《天演论》的翻译传入中国。《天演论》的出版，就像达尔文的《物种起源》的问世给欧洲带来的震动一样，给当时中国的生物界、科学界和整个思想界都带来了一场革命。“五四”新文化运动的主将鲁迅先生，就受到了《天演论》所传播的进化论的影响。这些书籍带来了巨大的解放思想的作用，打开了中国知识分子的眼界。在19世纪末期给思想界和政治界以巨大影响的康有为，就曾经如饥似渴地吸收当时社会上流传的西方书籍中的知识，认识到教育救国、实业救国、科学救国必须先改革国家，成为戊戌变法运动的当然思想领袖。另有一些知识分子留学欧美，广泛涉猎西方思想家的著作，耳濡目染西方政治、经济、文化、社会、教育、科技的成就，如容闳留学美国，古雅典的民主政治使他痛切地感到封建专制制度缺乏民主法制基础和道德基础。他立志以“西方之学术，灌输于中国，使中国日趋文明富强之境”。回国后，他建立了中国第一座完善的机器厂——江南制造局，并组织官费留学生出洋。这在当时被称为洋务运动的两件大事。随着十月革命一声炮响,“五四”运动以后,马克思主义传入中国,马克思主义在中国得到了广泛深入的传播,促使中国共产党诞生。中国文明发展开始找到了正确的方向。

(二)多样性文明在交流中形成新质推动文明发展的规律

文明多样性作为文明发展的强大推动力,还在于多样性文明的并存和交流会产生文明的共振效应,从而放大文明圈,改善文明质,增加文明量,推动文明的发展。不同地区、民族和国家的文明从各自总量来说都是有限的,而多样性文明之间的汇聚、交流、合作和互补,往往会使文明产生部分大于整体,从文明的质和量上都得到增加的新的功能。文明需要竞争,竞争推动文明进步。多样性文明展示出文明多维发展同时又交汇的向度,突破不同文明都在特定时间和空间条件下产生和发展所带来的限制,使多元文明从各自的离散状态走向集约方向,促进文明克服自身的单一性、片面性,而朝着整体性和丰富性的方向发展。

以儒家文化为主流的中华文明在长期的发展过程中形成了博大精深的理论体系,也因为这样,而导致优越的和守旧的心理。当然,这些情况的出现在一定程度上与中国特殊的地理环境和文化发展历程有关。在交通运输业和航海业尚未达到能够使人类轻易克服辽阔的海洋之前,中国处于比较封闭的地理环境之中。人们缺乏对世界的整体性的认识,所认识到的世界只有中原王朝以及周边的一些民族政权,自以为中华民族的文明便是世界文明的凝聚和集中体现。以黄河和长江流域为中心的中原地区,在社会发展水平上明显的高于边缘地区。以华夏为核心的汉民族在与周边民族的政治经济以及文化的交流中长期处于优势地位,华夏文明总是以一种居高临下的态势向边缘地带辐射,由此造成社会统治阶级和知识精英分子的文化心理优越感,并习惯于对民族文化和外来文化以一种固定的思维模式,即华夏(内)—夷狄(外)的思维模式来表达。这样一种民族文化中心主义的优越心态为儒教文化所继承,最终形成了以道统观念和经世致用思潮为主要内容的文化心理。但是,到了明朝末年,当中国文化中心主义者们还陶醉于天朝上国的美好图景中时,整个世界却翻开了新的一页。一场从欧洲开始的新的文明浪潮已经从西向东,乃至向全世界各国席卷而来,因为世界历史的现代化运动已经开始了。正是基于西方传教士带来的西方文化中的启蒙因子,形成了中国传统文化的根本性的嬗变、重组和新的构建。如西方的文化直接冲击了作为儒家文化核心的儒家伦理思想;西方的天文历法地理知识,动摇了中国长期存在的天圆地方和中国位于世界中心的观念,冲击了旧的宇宙秩序观;西方那种被中国称为作为经世致用之学的军事、物理、农业、医学等知识以及被认为奇技淫巧、细枝末流的自鸣钟、望远镜、三棱镜、西洋琴等把玩娱乐之物,促使中国认真对待西方科技,学习到新的东西。

世界文明的多样性和差异性,也表明每一种文明都是受制约的,文明的水平只有在交流和合作中才能得到新的质态上的提高和数量上的迅速扩展。文明的载体或者说是创造者归根结底是人,单个人的智力都是具有局限性、制约性和有限性的,只有将单个人的智慧汇聚成群体的智慧,又将群体的智慧汇聚成社会的智慧,才能使具有局限性、制约性的和有限性的智慧得到充分的整合,推动人类文明无论从质态还是数量都进入到一个更新的境界。耗资巨大的人类基因组计划虽然是在生物学、医学领域中率先提出来,但是由于人类基因组的浩大复杂,加上人类基因组研究将带来社会、法律、伦理方面的冲突,因此,它的实施不仅需要借助于物理学、化学、信息科学的最新研究成果和先进的信息技术手段,而且还需要自然科学和社会科学共同努力,处理将会由此引发的一系列复杂的社会问题。没有各个国家、各个部门、实验室和社会组织的共同攻关,就不可能完成人类基因组草图的绘制。

当我们翻开古今中外一页页有关文明发展的历史,一个又一个在历史上享有盛誉的人才团体就会映现在我们的眼前,儒家学派、墨家学派、法家学派、兵家学派、道家学派、建安七子、竹林七贤、吴中四大才子、扬州八怪、哥本哈根学派、爱因斯坦的"奥林匹亚科学院"、卡文迪许实验室、维纳创办的"方法论俱乐部"、马尔库塞创立的"法兰克福学派"、梅兰芳剧团、侯宝林的相声艺术学派、卓别林剧团等,他们的成就背后就是让人才的多样性智慧交流和融合,整合成一种新的合力,展示出新的创造性的优势。因此,从某种意义上说,创新就是多样性文明的有机整合。美国作家 H. 乍克曼在其著作《诺贝尔奖获奖奥秘》中指出:"科学家、特别是优秀的科学家是单枪匹马的,科学价值高的成绩是一个人的想像力的产物。这是一个流行的说法。与这个说法正相反,闪耀着诺贝尔奖光辉的大部分研究成果,都是合作研究的产物。从 1901 年至 1972 年间被提名的 286 名诺贝尔奖获得者中有 185 人,即大约三分之二,是和别的研究者合作进行研究而被授奖的(获奖研究报告论文几乎都是联合署名的,或者是在获奖演说或在刊物上明确向协作者表示了谢意的)。但是诺贝尔奖的历史当中,最初 25 年间,奖授给合作研究者仅占 41%。其后四分之一世纪,比率上升到 65%。现在占到获奖者总数的 79%。这种被诺贝尔奖提名的合作研究成果所占比例的值得重视的趋势,反映着整个科学界长期以来的潮流变化过程的一个方面。"①多种思想的相互启迪和相互激荡,团体力量的凝聚和整合,多样性文明的交流、沟通和融合,

① (美)H. 乍克曼著,劳永光译:《诺贝尔奖获奖奥秘》,教育科学出版社 1987 年版,第 202 页。

越来越成为推动文明发展的主要力量。

当代世界是一个问题成堆的世界,全球化导致了全球性的问题,全球性的问题又以错综复杂的形式呈现出来。一些老问题以新的形式出现,新问题又与老问题交织在一起。一些大问题中套着一系列小问题,一些小问题也可以引申出大问题。面对错综复杂和解决难度越来越大的问题,更加需要多样性的文明合作攻关。人类不同的文明都孕育着独特的智慧,在观察和处理错综复杂的客观矛盾时都具有独特的方法。将多样性的独特智慧和多样性的独特方法整合在一起,就形成了人类更高形态的智慧和方法,就能从容地应对和处理各种复杂的矛盾,将人类从随时可能遇到的生存和发展的困境中引导出来,走向柳暗花明、春光明媚的文明坦途。

(三)多样性文明发展的不平衡性推动文明发展的规律

多样性文明推动文明发展,还由文明发展的时间先后、速度快慢以及力量强弱的不平衡性决定。当一种文明受到了另一种文明的挑战和冲突的压力时,就会处于紧张状态,从而激发出内在的创新机制和发展动因,凝聚成一种应对挑战,加快发展的力量。第二次世界大战结束,日本以战败国的姿态出现在世界面前,经济已经到了崩溃的边缘。由于战败,失去了殖民地,失去了大量的资本,本来物质资源就缺乏的日本,所剩下的只是大量的人口和严重的社会问题。强大的外部压力和国内的政治、经济文化等多方面的危机迫使其进行全面的改革。通过这次大的改革,日本整个社会,从政治、经济到文化教育各个领域都发生了广泛而深刻的变化,在政治上反对专制主义,建立民主主义体制;在经济上反对垄断体制,主张自由竞争机制;在思想观念上主张自由平等,反对封建残余思想;在文化教育上,重视人才培养和人力资源开发,建立起资产阶级民主教育体系。这次改革集中到一点，就是彻底清除封建残余，使日本发展成为现代资本主义民主国家。这次改革调节了生产力和生产关系的矛盾，缓和了尖锐的阶级矛盾和社会危机，解放了社会生产力，调动了参与社会活动和参与市场经济的各类主体的积极性，有力地促进了社会经济的发展，使日本经济得到迅速的恢复，并于上个世纪的60年代开始高速增长，发展成为世界第二经济大国。因此，压力和危机往往成为动力和转机，触发文明激发起潜力，爆发出活力，并形成推动发展的新的动力。

当代人类文明的发展呈现出诸多前所未有的新特征。首先，世界各国的交流和合作空前增加，经济全球化趋势越来越明朗，与此相适应，在经济越来越冲破民族的、国别的和区域的疆域界限，打破自身局限性，成为全球性的经济的同时，随着世界性的生产和世界性的市场的形成，随着物质产品、人群和信息的全球性的广泛流动，各种不同的意识形态、不同的精神产品和文明成果也扩散到了世界各地，推动了文化的全球性发展和多样性文明的进一步发展。全球化也推动了经济与文化的紧密联姻。在全球化时代，各国的文化资源在世界范围内自由流通，促进了各国文化与经济的联姻合作，扩大了各国文化与经济的联姻范围，正是在这样的背景下，文化产业作为新兴的朝阳产业，在各国经济发展中具有越来越重要的地位，在许多发达国家，文化产业已经成为国民经济的支柱产业。发达国家挟文化产业化之东风，向不发达国家乃至全世界输出各自的文化和文明，在客观上促进了文明的交流。资料显示，目前英国文化产业年均产值达到了600亿英镑；日本一年的文化产业销售额为11万亿日元，相当于该国钢铁业的两倍，汽车业的一半；法国的文化产业也很发达。法国政府每年都拨出几十亿法郎用于兴建图书馆、博物馆、剧场等文化设施，文化设施的建设是法国最重要的文化产业之一。法国不仅是图书生产、销售和出口的大国，而且是电影生产大国。法国曾是欧洲电影工业的先锋，其电影的发展速度惊人，每年大约有150部电影问世。而法国悠久的历史、灿烂的文化艺术和众多的名胜古迹也使法国成为世界著名的旅游国家，已经连续多年成为世界第一旅游大国。而号称世界文化产业帝国的美国，凭借着拥有压倒性的资本优势、领先的科学技术以及发达的制造业、广告业，取得了巨大的竞争优势，成为全球文化产业的龙头。其文化产业创造的文化产值更是占到了本国GDP的五分之一。从事文化产业的就业人员占全部就业人员的比例已经达到了20%。从1998年起，文化产业产值就已经超过了航天航空业和农业，美国的400家最富有的公司中，有72家是文化企业。美国的第一大出口产品就是文化娱乐产品。好莱坞电影《泰坦尼克号》创下了十几亿美元的票房价值；美国《读者文摘》已经发展为年收入为20亿元的国际性大企业。德国哲学家阿多诺和霍克海默认为，资本主义的发展已经使"电影和广播不再需要作为艺术"而转向成为了"工业"。他们认为，马克思关于商品生产的批判理论能够也应该被用于符号产品的生产，被用于具有审美的、娱乐的、意识形态的使用价值的产品生产上。在他们的语境中，"文化产业"这一词具有强烈的批判性和否定性的意味，它像其他资本主义工业一样具有使用异化劳动、追求剩余价值的特征。但是，文化产业的迅速发展的事实，从客观上讲，极大地促进了各国文化的交流，使文化的多样性和丰富性取代了单一性和封闭性。在世界范围内的文明发展形成的所谓"普世文明"中，依然保留着各国多样性文明的丰富个性，在所谓普世文明的统一性中依然蕴涵着各国文明的深刻的多样性。

其次，文化和文明的创新作用得到了空前的强化。近100多年人类创造的生产力和精神产品要比以往一切世代所创造的生产力和精神产品还要多。自从文艺复兴时期的一代贤哲发出"知识就是力量”的呐喊以来，人类在殚精竭虑地开发着和利用着物质资源的同时，又竭尽全力地开发着和利用着自身的智力资源，在人类文明发展历史上，谱写着一页页光辉灿烂的篇章。人类文明的脚步也由此经过了农业文明时代和工业文化时代，如今正迈向一个更加风光无限、魅力无穷的崭新时代——知识文明时代。知识文明的出现显示了人类精神的巨大能动创造性，表明人类的知识和智慧已经成为人类社会在资源配置上的第一要素，人类进入了一个以智力资源的占有和配置、知识的生产、分配、使用以及消费为重要因素的文明时代。知识文明时代带来了人类历史上第五次重大的革命，即意义最为重大的智能化革命。当代社会发展的一个重大特点是，知识有机地融合在经济系统之内，成为经济增长的决定性因素。知识所创造的价值在产品价值构成的份额中占有最大的比例，知识的经济价值和经济的知识取向都得到了充分的体现。知识的作用已经超过了资金、设备等有形资产，成为经济发展的主导力量和决定力量，知识已成为推动经济高速增长的强大动力。在知识经济体系中，经济活动越来越多地融入知识的体系中，知识应用于经济活动的实践，将它和物质载体相结合，使生产设备、生产过程和产品知识化，从而不断地物化为经济价值，创造出巨大的文明成果。

由于知识文明的出现以及知识介入经济活动，使人类创造财富和分配财富的方式都发生了巨大的变化，知识资本成为关系到国家兴衰存亡的重要因素。知识创新的结果，使社会出现了前所未有的三大转移。一是权力的转移。美国社会学家、未来学家托夫勒在《权力的转移》一书中指出：随着人类社会的发展，控制社会的权力从暴力、财富转移到知识。“知识的变化正在引起或有助于巨大的权力转移。我们时代的最重要的经济发展，是创造财富的新系统，这个系统不再以体力为基础，而是基于脑力。”①在知识推动创新的时代,正在推动权力发生转移,一个革命性的创造财富的新系统,以知识的运用为支柱的高质量的权力,正在形成和发展,而“创造财富的新系统的出现,削弱了旧权力系统的每一根支柱,最终改变着家庭生活、商业、政治、民族国家以及全球权力本身的结构。”②二是财富将会向掌握知识资本和富于创新的人转移,创新人才的知识和智慧是财富的象征。三是人才的转移。在知识创新的时代,人才开始向最有创造性的市场转移,寻找着最能充分发挥自己作用的舞台。这些转移极大地促进了人类文明总量的提高。

第三,各国多样性文明的不平衡,昭示出一种文明并不完全具有通约性。只有始终从本国实际出发,走适合自己国情的发展道路,才能推动文明发展。现代全球的东西差距、南北差距仍然很大,这样的差距虽然可以说存在着几十年,甚至几百年的差距,但与历史上不同文明发展水平存在着的几百年甚至几千年的差距相比,是微不足道的。在经济全球化的态势下,只要从实际出发,按照国情和客观规律办事,发展战略对头,路径选择得当,坚持开放的政策,可以实行跨越式的发展。落后的国家和地区,有希望赶上甚至超过先进的地方。改革开放以来,中国发生了翻天覆地的变化,当作为一个发展中的国家大步走向工业化的国家,当计划经济的中国大步走向市场经济,当一个长期闭关锁国的民族打开国门大步融入经济全球化的浪潮时,中国和平发展出现的突出奇迹引来了全世界越来越多的关注。进入新的世纪,曾经担任《时代》周刊外国报道编辑、现为美国高盛咨询顾问公司的乔舒亚·库珀·

① (美)托夫勒著,刘红等译:《权力的转移》,中共中央党校出版社 1991 年版,第 15 页。

② 同上书,第 18 页。

雷默发表了《北京共识》一文,指出“北京共识”是更适合中国、印度等新兴经济体的经济发展模式,并逐步成为其他发展中国家学习的榜样。与苏联东欧的转型相对照,中国在经济体制改革和开放过程中一直坚持市场导向的改革方向,但是中国没有实行大规模的私有化,尤其是拒绝了所谓休克疗法,而是进行渐进式的改革,坚持从中国的国情出发,坚持改革、发展、稳定三者的协调统一,实行边际和增量的改革方针,面对亚洲金融危机,中国临危不惧,沉着应对,坚定地按照独立自主的方针走路,坚持人民币汇率的稳定,大力管制资本的进出,在确保外部环境稳定的情况下高速发展本国经济。所有这些措施和手段,不但促进了中国经济的高速增长,而且保证了市场转轨的平稳和快速进行。其结果,中国只用了二十多年的时间,就走完了西方国家几百年所走过的路程。世界银行评价道:“在人类历史上,还从来没有这么多的人,经历过这么快的增长。”

所谓“北京共识”相对应的是“华盛顿共识”。“华盛顿共识”产生的背景是上个世纪80年代发生在拉丁美洲国家的经济危机。针对拉美经济危机,美国等西方国家的一些专家学者发表了一系列文章和评论。以华盛顿为组织总部的国际货币基金组织、世界银行等国际金融机构向许多发展中国家以及经济转轨国家硬性地推出一套经济改革政策。它主要包括三个方面的内容:“财政紧缩、私有化、自由市场和自由贸易”。这种政策建议得到美国财政部和华尔街的大力支持,在上个世纪的80年代末首先在拉丁美洲推行开来。经济学家约翰·威廉姆森(John Williamson)是“华盛顿共识”这个术语的始作俑者。为了兜售他的政策建议,约翰·威廉姆森对“华盛顿共识”的定义是:“由华盛顿为基地的机构设计给拉丁美洲国家的各种政策建议的最低公分母”,即财政戒律、谨慎的公共开支方向和供给方面的税收改革。威廉姆森之后,

“华盛顿共识”更加具有广泛的意义,一直演变成为国际金融机构与全球金融势力的时髦意识形态,那就是金融大亨乔治·索罗斯所称的“市场原教旨主义”。

1997年东南亚数个国家爆发前所未有的金融危机。国际货币基金组织冲在援助这些国家的最前列。该组织为这些危机国家开出的唯一方案是“华盛顿共识”,即按照全面市场经济的要求改革经济,否则,它就拒绝向危机国家提供贷款。为了尽快摆脱危机,多数东南亚国家同意国际货币基金组织全面卷入其经济改革进程。由于按照国际货币基金组织的“紧缩+自由化”的方针,东南亚一些国家不但没有从危机中走出来,相反雪上加霜,陷入了严重的衰退。

在“华盛顿共识”处处碰壁的时候,中国为什么能够风景这边独好?乔舒亚认为,中国的模式是一种适合中国国情和社会需要、寻找公正和高质量增长的发展途径。他把这种发展途径定义为:艰苦努力、主动创新和大胆实验;坚决捍卫国家主权和权益;循序渐进,积聚能量。创新和实验是其灵魂;既务实,又理想,解决问题灵活应对,因事而异,不强求划一是其准则。它不仅关注经济发展,也同样关注社会变化,通过发展经济与完善管理改善社会。中国的发展新理念正在对中国以外的世界产生巨大影响。对全世界那些正苦苦寻找不仅发展自身,而且还要在融入国际秩序的同时又真正保持独立和保护自己生活方式和政治选择出路的国家来说,中国提供了范例。

三、国际社会维护文明多样性的努力

随着经济全球化的加快以及科学技术的迅猛发展和综合国力竞争的日趋激烈,强势文化对弱势文化的侵蚀亦逐步加剧,跨国娱乐行业正以前所未有的规模和速度向世界每个角落推广全球一体化文化,文化多样性和文明多样性面临日益严峻的挑战。自1997年以来,国际社会对世界文化和文明多样性的关注逐年增强。尤其是"9·11"后,各国对维护世界文化和文明多样性的重要意义有更深认识,更加确信多样性文明之间的对话是促进和平和社会发展的最佳保障,"文明之间不可避免地要发生冲突"的论调受到质疑和反对。此后,国际社会维护世界文化和文明多样性的呼声和主张日益强烈,举措日益丰富。中国政府积极地参与了这一进程。

国际社会维护文明多样性所做出的努力表现在诸多方面:

(一)联合国教科文组织签署《保护世界文化和自然遗产公约》

联合国教育、科学及文化组织大会于1972年10月17日至11月21日在巴黎举行第十七届会议,注意到文化遗产和自然遗产越来越受到破坏的威胁,一方面因年久腐变的原因所致,同时变化中的社会和经济条件使情况恶化,造成更加难以对付的损害或破坏现象,考虑到任何文化或自然遗产的丢失或坏变都有使全世界遗产枯竭的有害影响,考虑到国家一级保护这类遗产的工作往往不很完善,原因在于这项工作需要大量的投入,而列为保护对象的财产的所在国家却不具备充足的经济、科学和技术力量。根据联合国教科文组织的《组织法》规定,该组织将通过保存和维护世界遗产和建议有关国家订立必要的国际公约来维护、增进和传播知识。而现有的关于文化和自然遗产的国际公约、建议和决议表明:保护不论是属于哪国人民的这类罕见并且无法替代的财产,对全世界人民都很重要。考虑到部分文化或自然遗产具有突出的重要性,因而需要作为全人类世界遗产的一部分加以保护。考虑到鉴于威胁到这类遗产的新危险的规模和严重性,整个国际社会有责任通过提供集体性援助来参与保护具有突出的普遍价值的文化和自然遗产。这种援助尽管不能代替有关国家采取的行动，但将成为它的有效补充。考虑到为此有必要通过采用公约形式的新规定，以便为集体保护具有突出的普遍价值的文化和自然遗产建立一个根据现代科学方法制定的永久性的有效制度，特制定出保护世界文化和自然遗产的国际公约。

（二）联合国教科文组织公布“人类口头和非物质遗产代表作”计划

非物质文化遗产表现了各国民族文化特征，是文化和文明多样性的具体体现形式。1997 年联合国教科文组织发起公布“人类口头和非物质遗产代表作”计划。2001 年 5 月 18 日，教科文组织总干事松浦晃一郎宣布首批 19 项“人类口头和非物质遗产代表作”，引起各国很大反响，有力地促进各国政府及社会各界对非物质文化遗产的保护，各国申报代表作的积极性很高。在中国文化部主持下，中国“昆曲”申报成功，成为联合国教科文组织宣布的首批代表作之一。高度重视和积极保护人类口头和非物质遗产代表作，必将极大地促进世界文化和文明朝着多样性的方向发展。

（三）联合国教科文组织大会通过《教科文组织世界文化多样性宣言》

2001 年 11 月 2 日，教科文组织大会第三十一届（部长级）会议通过《教科文组织世界文化多样性宣言》。中国政府代表团赞成通过该宣言。教科文组织总干事认为，在世界文化和文明多样性领域，该宣言所具有的广泛而重大的影响为国际社会首次。宣言将文化和文明多样性视为“人类的共同遗产”，“对人类来讲，就像生物多样性对维持生物平衡那样必不可少”。宣言附有行动计划要点，呼吁各国承诺采取适当措施，广泛宣传《宣言》并促进其有效的实施。在21世纪伊始就将世界文化和文明多样性问题提到十分重要的地位，表现了对世界和平与发展的高度重视。

（四）联合国教科文组织第三次文化部长圆桌会议研究文化多样性问题

2002年9月16日至17日，联合国教科文组织第三次文化部长圆桌会议在土耳其伊斯坦布尔举行，以“非物质文化遗产——文化多样性的一面镜子”为主题展开讨论，来自110多个国家、地区和国际组织的代表及观察员与会。潘震宙副部长率中国政府文化代表团出席会议，他在大会发言中就非物质文化遗产及文化多样性的主题，阐述了中国政府的政策立场。会议通过了《伊斯坦布尔宣言》，强调非物质文化遗产的重要性及其保护工作的紧迫性，呼吁各国加强交流与协作，尽快制定相关政策和法规。

（五）文化政策国际网络部长级会议非常重视维护世界文化多样性

2002年10月14日至16日，第五届文化政策国际网络部长级会议在南非开普敦举行，重点讨论文化多样性问题。南非、加拿大、法国等22个国家的13位文化部长和代表共84人与会，联合国教科文组织派观察员列席。孟晓驷副部长率中国政府代表团与会并发言，阐明中国政府积极保护和发展文化多样性的一贯立场。会议审议了《文化多样性国际文书》讨论稿，并提议与联合国教科文组织协商，将该文书纳入该组织文件框架中的可能性。

2003年2月5日至6日，法国、加拿大等国家的文化部长及非洲法语区国家的文化部长开会，决定将上述国际文书改成国际公约的形式，并就该国际公约的起草工作纳入联合国教科文组织工作范围的可能性,与该组织总干事会谈。据会谈精神,国际网络有关成员国将在教科文组织第166届执行局会议上正式提出该议案。

(六)联合国教科文组织正在制定《保护非物质文化遗产国际公约》

鉴于非物质文化遗产是世界文化多样性的重要组成部分,联合国教科文组织正在牵头起草一份《保护非物质文化遗产国际公约》,并为此召开了两次成员国政府间专家会议。

第一次政府间专家会议于2002年9月23日至27日在教科文组织总部巴黎召开,共有125个成员国273人与会,一些国际组织、区域组织、非政府组织、美国和巴勒斯坦派代表以观察员身份列席会议。中国派有两人专家小组与会并发表了中国支持起草公约的主张及修改意见。个别西方国家就该公约的必要性与广大发展中国家存在较大分歧。经广大发展中国家的共同努力和斗争,大会在推动该公约起草工作方面,取得一定进展。由于该公约性质复杂,起草过程将会艰巨漫长。

(七)法国政府和加拿大政府支持召开文化专业组织第二次国际会议

2003年2月2日至4日,在法国文化信息部、外交部,加拿大政府和加拿大魁北克省政府的支持下,法国文化观察委员会与加拿大文化多样性联合体在法国巴黎共同召开了文化专业组织第二次国际会议,对经济全球化给文化多样性带来的威胁展开研讨并提出对策。来自法国、加拿大、韩国、波兰等30多个国家的130多个文化专业组织派代表307人出席会议。中国、法国、加拿大等15国的政府部门及教科文组织派观察员96人列席会议。

大会最后通过的宣言,向公众传递了两条信息:一是呼吁各国政府抵制对文化产业实行自由化政策,在世贸组织新一轮的谈判中坚持“文化产品例外原则”,在制定保护本国文化特性及文化多样性的政策时不要受世贸组织有关规则的影响;二是呼吁各国积极参与起草并最终通过一项维护文化多样性的国际公约,该公约应独立于世贸组织或其他国际贸易组织框架之外并具有法律约束力。

(八)中国举办文化部长级“亚欧会议文化与文明会议”讨论多样性与统一性的问题

经中国国务院批准,由中国、丹麦、法国、印度尼西亚、马来西亚和新加坡等6国共同主办的文化部长级“亚欧会议文化与文明会议”,于2003年12月3日在北京举行。此次会议是前总理朱镕基于2002年9月在丹麦举行的第四届亚欧首脑会议上的倡议。该倡议得到与会者的广泛支持和呼应,并作为亚欧会议的后续行动写入会议《主席声明》。丹麦、法国、马来西亚、印度尼西亚和新加坡等5国表示愿意以联合提案国的名义与我国共同主办此次会议。

会议以文化多样性与统一性为主题,探讨全球化给各文化和文明带来的机遇和挑战,就亚欧各成员国在文化、种族、地理、宗教及社会经济等多样性中存在的共同价值展开对话并讨论如何采取措施加强亚欧人民之间的交流与合作,增进相互理解,消除相互偏见,使多样的文明与文化和谐共处。

中国文化部部长孙家正在会议的开幕式上致辞说,在文化与文明领域,亚欧之间没有根本的利害冲突,保持着良好的关系。亚欧将成为洲际间文化与文明平等合作的典范,是推动建立公正合理的国际新秩序的重要力量。文化是一个民族的灵魂和本质特征，不同民族的文化是不能互相代替的。从这个意义上说，文化多样性是一个民族生存和延续的条件，也是世界文化发展的基础。在经济全球化过程中，支持各个国家发展自己的民族文化，切实防止文化的单一化显得尤为重要。但是文化多样性并不意味着互不相关，更不是互相冲突，在亚欧文化之间还必须要和睦相处，互相学习和借鉴。在经济全球化趋势日益加快的世纪，亚欧文化中共性的东西会越来越多。随着人类进步和时代发展，任何一种文明都不可能单独发展或孤立存在。亚欧文明和各国文化的长期共存和相互交流可以说是顺乎潮流，合乎人心。亚洲和欧洲都是人类文明的摇篮，相互之间的交往源远流长。古代的丝绸之路，曾经在亚欧文明交流上作出了重要贡献，为东西方文明的交流发挥了独特作用。在新的世纪，文化在亚欧关系中的作用和地位越来越突出，因为不同文化的沟通有助于消除民族隔阂和偏见，促进亚欧国家间政治和经济关系的发展。今天，亚欧会议应该在文明与文化的交流方面，构筑起新的丝绸之路，积极促进新世纪亚欧文明的交流，使亚欧各国在发展本民族文明的基础上，相互尊重，相互学习，取长补短，共同进步。多样性的文明和文化在合作与交往过程中发生这样那样的矛盾难以避免，只要双方按照相互尊重、平等对待、求同存异、协商一致的原则，积极开展文明对话，就可以增进相互了解、减少分歧、增加信任、扩大共识，寻找共同利益的汇合点。

（九）在印度举办以“文明对话·探索新视野”为主题的部长级会议

2003 年 7 月 9 日至 10 日，印度人力资源开发部与联合国教科文组织在新德里共同举办以“文明对话·探索新视野”为主题的部长级会议。会议就“教育与文化多样性是全球对话的工具”、“科学、技术、社会科学、人文——全球统一的新前沿（重点包括文明间的联系)”及“道德和精神价值”等议题讨论。会议邀请各国文化和教育部长出席。印度总理致开幕辞,联合国教科文组织总干事以嘉宾身份与会。

这些全球性的活动都反映了人们对文化和文明多样性问题越来越重视,同时显示出了全世界人民主张多样性文化和文明的交流、对话与沟通的心声。表明国际社会已经具备了这样的共识:只有优先而且充分认识到各个国家和地区、民族和个体之间在文化、语言、习惯、传统、历史、实际经验等方面存在的差异,才能发现达到统一的途径。在尊重差异基础上去接受对方是进行对话和交流的前提。各个文化和文明应该继续发展和不断创新以保持旺盛的生命力。一个向多样性开放的世界将会是一个展示大量优秀作品、汇聚各种文化思潮、包容各种文明成果并拥有众多具有创新精神的人。

第四章　马克思的文明多样性思想及其当代价值

人类文明多样性的思想，是马克思唯物史观理论体系中熠熠生辉的瑰宝。马克思以超越传统的东西方文明二元对立的世界公民的身份，站在世界文明发展的峰巅，抓住"历史向世界历史转变"的时代契机，采用宏观鸟瞰和微观结合的全新视野，运用历史与逻辑相一致、一般与特殊相结合、抽象与具体相统一以及系统整体的科学方法论，悉心考察了全球文明发展的大趋势，揭示了人类文明发展的特例与通例的辩证关系，捕捉了人类文明发展的内在本质和规律。认真总结和梳理马克思关于人类文明多样性的思想，对于我们深刻理解各民族历史发展道路的多样性与人类社会发展的普遍规律的历史辩证法，处理好全球化与本土文明发展的辩证关系，利用和平与发展的时代主题，坚定不移地走建设有中国特色的社会主义道路，都具有极其重要的理论意义和现实意义。

一、马克思对于文明多样性的历时性和共时性考察

在马克思的视野里，文明作为一个与野蛮、愚昧和无知相对应的概念，作为标志着人类社会进步的程度和开化的状态，是社会经济和人类理性发展到一定阶段的产物，文明产生以后又推动着社

会经济形态的进步。马克思一方面把文明说成是阶级社会的产物;另一方面,又把文明同资本主义的生产方式和生活方式联系起来。但是,在马克思的视野里,人类真正的文明是在消灭了劳动异化以及人本身的异化现象以后才出现的,这就是共产主义社会的文明。马克思把生产力发展水平,交往程度以及人的智力和自由解放程度作为衡量文明水平的标志。文明的多样性是指各地区、各民族和各国社会进步所达到的程度和水平,体现了各地区、各民族和各国社会进步的特点和方式,也反映了人类社会生活的丰富性和多样性。人类文明一经产生,就既表现为运动流变的时间态,又表现为横向伸展的空间态。马克思对人类文明的考察,是从纵向的历时性和横向的共时性这两个既有联系,又有区别的向度进行的。在《资本论》、《德意志意识形态》、《共产党宣言》《政治经济学批判序言》以及马克思晚年写下的以《马·柯瓦列夫斯基〈公社土地占有制,其解体的原因、进程和结果〉一书摘要》、《路易斯·亨·摩尔根〈古代社会〉一书摘要》、《亨利·萨姆纳·梅恩〈古代法制史讲演录〉一书摘要》、《约·拉伯克〈文明的起源和人的原始状态〉一书摘要》和《约·巴·菲尔〈印度和锡兰的雅利安人村社〉一书摘要》等为代表的大量人类学笔记中,马克思深刻地阐明了人类文明的起源、发展演进的基本逻辑,文明的多样性、独特性与交融性的关系,精心预测和描绘了人类文明发展的总趋势和发展规律。

(一)运用唯物史观方法论,追踪人类文明的发生之源和演变之流

辩证法大师黑格尔针对哲学与哲学史的关系曾经说过这样一句意味深长的话:"哲学就是哲学史",对于文明与文明史的关系,我们也可以说:"文明就是文明史"。理性思维的形成是人类文明已经绽开灿烂花蕾的显著特征与突出标记。人类的思维自觉地反思自身思维的历程既是推动人类文明进步的一大动力，也是人类文明的重要表现。

关于人类文明起源的研究，在马克思以前和马克思的同时代，就有许多人在从事、并提出来了种种不同的理论。17 世纪意大利著名历史学家维柯采用同人类个体成长发育相类似的研究方法说明文明的起源和发展。在《关于民族共同性的新科学原理》即《新科学》一书中，把文明社会的历史划分为三个时代，即童年期的神学时代，接受宗教观念的统治；青年期的英雄时代，接受贵族的统治；成年期的凡人时代，进入民主共和国或保障资产阶级自由的代议制君主国家。依次展示出三种前后相继的不同文明。维柯认为各个不同民族对于历史生活的觉醒存在着先后，但是，这三种不同的文明都是必由之路。世界历史也就表现出在这三种文明中周而复始循环的特征。德国的赫尔德在1784 年出版的《关于历史哲学的观念》一书中用“诗的时代”、“散文时代”和“哲学时代”来说明人类文明从低级到高级递进的不同的发展轨迹。在他看来，每一个民族的历史过程既是一个闭合的圆周，同时也是社会文化诸形式的整个继续发展链条上的一个环节。因此，人类历史是向着更高的社会状态过渡的前进过程，这一过程构成了一个前后相继和有着严密逻辑以及具有因果关系的链条。黑格尔在《历史哲学》和《法哲学原理》等著作中深刻论述了人类文明多样性的思想。黑格尔认为，世界上的民族表现为多样性的存在，每一个民族都有自己特殊的民族精神，遵循着自身特殊的民族发展道路。他用唯心主义观点分析了人类文明的发展轨迹。他形象地比喻道：东方世界是历史的幼年时代；希腊世界是历史的青年时代；罗马世界是历史的壮年时代；日耳曼世界是历史的老年时代。黑格尔认为，老年并不意味着衰老，而意味着智力的成熟。他指出，世界历史的运动是有规律的，总是从东方到西方，欧洲绝对地是历史的终点，亚洲是起点。黑格尔所属的日耳曼世界则是世界文明发展的最后归宿。由于黑格尔将人类文明多样性的研究奠定在唯心主义的基础上，并且站在欧洲文明和日耳曼文明中心论的立场上，对人类文明的起源、发展和多样性的说法就蒙上了一种类似宗教神学的神秘色彩。孔德则把人类历史划分为英雄时期、过渡时期和工业时期三个发展阶段，与此相适应，产生了“神学”、“哲学”和“科学”三种有区别的文明类型。应当承认，这些思想家对人类文明多样性的肯定和描述是有道理的，对人类文明多样性的说明的辩证方法也是可取的。但是，由于他们都是用精神因素来说明人类文明的发展，并且得出西方文明是人类文明否定之否定进程的最终归宿，因此，显示出了强烈的西方文明中心论的倾向，这种对人类文明起源和发展的假设难免因失之偏颇而距真理甚远。

与这些思想家站在唯心主义和本民族文明中心论和优越论的立场上说明人类文明起源的做法不同，马克思既不站在欧洲文明中心论的立场，也不持有东方文明中心论的偏见，而是站在整个世界历史进程的峰巅，站在人类文明发展的潮头，客观公正地宏观鸟瞰人类文明进程，用唯物史观揭示人类文明的起源和发展。马克思曾经对保尔·拉法格说过这样一句意味深长的话：“我是一个世界公民。”①表明了他对多样性文明客观公正的认识立场。与唯心史观用精神因素说明人类文明的做法相反，马克思坚持用生产方式来说明人类文明的起源和世界历史进程。在1846年的《德意志意识形态》中，马克思第一次深刻阐述了唯物史观的基本原理：

① （英）柏拉威尔著，梅绍武等译：《马克思和世界文学》，生活·读书·新知三联书店1980年版，扉页。

"这种历史观就在于：从直接生活的物质生产出发来考察现实的生产过程，并把与该生产方式相联系的、它所产生的交往形式；即各个不同阶段上的市民社会，理解为整个历史的基础；然后必须在国家生活的范围内描述市民社会的活动，同时从市民社会出发来阐明各种不同的理论产物和意识形式，如宗教、哲学、道德等等，并在这个基础上追溯它们产生的过程。"①这就对唯心主义历史观坚持用精神因素来说明人类文明起源和发展的种种学说进行了彻底的清算和纠偏。

马克思认为在人类文明的起源和发展中根本不是黑格尔所谓的世界精神而是客观物质因素起着决定性的作用。马克思认为可以依据人类早期物质生活的不同特点，即以采集天然物为生、能够饲养动物和种植植物、出现剩余生产物因而开始财富的积累等，来划分蒙昧时代、野蛮时代和文明时代。马克思高度重视财产在人类文明起源中的重要作用。在《路易斯·亨·摩尔根〈古代社会〉一书摘要》中，马克思赞同摩尔根的下述思想，即"无论怎样高度估计财产对人类文明的影响，都不为过甚。财产曾经是把雅利安人和闪米特人从野蛮时代带进文明时代的力量。管理机关和法律建立起来，主要就是为了创造、保护和享用财产。财产产生了人类的奴隶制作为生产财产的工具……"②在"人类学笔记"中马克思又肯定了摩尔根的下述思想，即"希腊人、罗马人、希伯来人的最初的法律——在文明时代开始以后——主要只是把他们前代体现在习惯和习俗中的经验的成果变为法律条文。"③

财产虽然在人类文明起源中起着十分重要的作用，但是财产

① 《马克思恩格斯全集》第3卷，人民出版社中文第1版，第42—43页。

② 《马克思恩格斯全集》第45卷，人民出版社中文第1版，第377页。

③ 同上书，第389—390页。

不是自然形成的。只有悉心考察财产的来源,才能最终追溯到人类文明的源头。马克思精心研究后认为,财产来源于社会分工。马克思认为,三次社会大分工对推动文明的起源具有决定性的意义。马克思研究认为,最初产生于蒙昧时代中级阶段的普那路亚家庭的母系氏族,是氏族的低级的和原始的形式。在这种氏族中,世系按照母系来计算,财产按照母系来继承。当母系氏族走过了蒙昧时代的高级阶段和野蛮时代的低级阶段而进入到它的全盛时期之后,其生命历程也就快结束了。到了野蛮时代的中级阶段,随着生产力的发展,出现了第一次社会大分工即游牧部落从其他野蛮人群中分离出来,以及由此导致的社会财产的增加和男子成为家庭中的统治者并占有财产,因而随之而来的必然是用父系氏族来代替母系氏族。随着生产力的进一步发展,到了野蛮时代的高级阶段,又出现了手工业和农业的分工即第二次社会大分工。这时财产私有制度得到了进一步的巩固。正是由于社会分工,促进了社会生产力的发展,使剩余产品和财产有可能形成。因此,文明产生于城市和乡村的分离过程中。“分工发展的各个不同阶段,同时也就是所有制的各种不同的形式”。① 他根据分工和所有制的关系,把人类历史上的所有制形式的变化分为三种形式,即社会形态发展的三大阶段。这就是部落所有制、古代公社所有制和国家所有制以及封建的或等级的所有制。马克思指出:“物质劳动和精神劳动的最大的一次分工,就是城市和乡村的分离。城乡之间的对立是随着野蛮向文明的过渡、部落制度向国家过渡、地域局限性向民族的过渡而开始的,它贯穿着文明的全部历史直至现在……。”②马克思这一思想被恩格斯所继承和发扬。在《家庭、私

---

① 《马克思恩格斯全集》第3卷,人民出版社中文第1版,第25页。

② 《马克思恩格斯选集》第1卷,人民出版社1995年版,第104页。

有制和国家的起源》一书中，恩格斯对社会分工促使文明发展，文明发展又加剧社会分工和财产积累的事实进行了说明。认为："文明时代巩固并加强了所有这些已经发生的各次分工，特别是通过加剧城市和乡村的对立……而使之巩固和加强，此外它又加上了一个第三次的、它所特有的、有决定意义的重要分工；它创造了一个不再从事生产而只从事商品交换的阶级——商人。"而且，这个阶级"在文明时期便取得了越来越荣誉的地位和对生产的越来越大的统治权。"①

奠基于财产和社会分工即生产力发展推动文明的起源和发展的事实，马克思以三大社会形态理论，描绘了人类文明依次嬗变的阶段性。"人的依赖关系（起初完全是自然发生的），是最初的社会形态。在这种形态下，人的生产能力只是在狭窄的范围内和孤立的地点上发展着。以物的依赖性为基础的人的独立性，是第二大形态，在这种形态下，才形成普遍的社会物质变换，全面的关系，多方面的需求以及全面的能力的体系。建立在个人全面发展和他们共同的社会生产能力成为他们的社会财富是这一基础上的自由个性，是第三个阶段。第二个阶段为第三个阶段创造条件。因此，家长制的，古代的（以及封建的）状态随着商业、奢侈、货币、交换价值的发展而没落下去，现代社会则随着这些东西一道发展起来。"②马克思比较了三大形态内在本质特征的根本区别，揭示了人类文明从低级到高级发展的规律，向人们描绘了文明发展的曲折多致和螺旋向上的过程。马克思用唯物史观说明人类文明的起源和发展，为人们提供了开启人类文明殿堂之门的一把钥匙。

① 《马克思恩格斯选集》第4卷，人民出版社1995年版，第165—166页。

② 《马克思恩格斯全集》第46卷（上），人民出版社中文第1版，第104页。

(二)以历史辩证法的多维视角,从共生态的比较中揭示人类文明的多样性

历史唯物论也就是历史辩证法。马克思对人类文明的考察既是唯物的,又是辩证的,是唯物论和辩证法的紧密结合。对人类文明进行比较研究,并在比较中发现事物的本质和规律,是马克思的历史唯物论和历史辩证法在人类文明问题上的娴熟运用。马克思高度重视比较研究的价值和功能,他说:"极为相似的事情,但在不同的历史环境中出现就引起了完全不同的结果。如果把这些发展过程中的每一个都分别加以研究,然后再把它们加以比较,我们就会很容易地找到理解这种现象的钥匙;但是,使用一般历史哲学理论这一把万能钥匙,那是永远达不到这种目的的,这种历史哲学理论的最大长处就在于它是超历史的。"①马克思认为,通过比较,既要找出研究对象之间的相似之处,更为重要的是要发现比较对象的相异之处。"不致因为有了统一,……而忘记本质的差别"。②对于社会现象的本质和规律的研究,马克思认为:"……没有指出differentia specifica(类别差别)的解释是不成其为解释的。"③这就启迪人们,在多元文明的共生态中只有通过历史环境和社会制度以及民族文化的差异性揭示文明的多样性,才能在既有差别又有联系的多元共存的文明中发现多元文明的同中之异和异中之同,从而正确地把握人类文明的共性和个性以及辩证关系,发现人类文明发生和发展的基本趋势和规律。

马克思从地球的太古结构或原生结构是由一系列不同时期的

① 《马克思恩格斯全集》第19卷,人民出版社中文第1版,第131页。
② 《马克思恩格斯全集》第46卷(上),人民出版社中文第1版,第22页。
③ 《马克思恩格斯全集》第1卷,人民出版社中文第1版,第256页。

沉积组成中得到启发，以此观察社会，认为古代社会形态也是这样，是一种多样性的存在，“表现为一系列不同的、标志着依次更迭的时代的阶段。”①农村公社“到处都是古代社会形态的最新类型”，“是原生的社会形态的最后阶段，所以它同时也是向次生的形态过渡的阶段，即以公有制为基础的社会向以私有制为基础的社会的过渡。不言而喻，次生的形态包括建立在奴隶制上和农奴制上的一系列社会。”②德国和俄国的农村公社都是从公有制到私有制，从原生形态到次生形态的过渡时期的最后阶段和古代社会形态的“最新的类型”。如果囿于事物的现象，就会被事物的表面相似之处所迷惑，认识就会偏离真理。马克思指出：“把所有的原始公社混为一谈是错误的；正像地质的形成一样，在这些历史的形成中，有一系列原生的、次生的、再次生的等等类型。”③马克思特别注重同类现象之间的差异性和多样性。他认为，只有深刻认识事物的差异性和多样性，才能达到对事物本质认识的深度。

与马克思的历史唯物论和历史辩证法的视野相反，有些历史学家、文化人类学家抱着直线式和单向度的思维，把事物的表面相似之处视为事物的本质，对人类文明多样性的研究就达不到应有的理论深度。如他们将原始的公社所有制视为是斯拉夫族特有的形式，甚至只是俄罗斯的形式，马克思通过深入研究认为这是一种可笑的偏见。“这种原始形式我们在罗马人、日耳曼人、赛尔特人那里都可以见到，直到现在我们还能在印度遇到这种形式的一整套图样，虽然其中一部分只留下残迹了。仔细研究一下亚细亚的，尤其是印度的公社所有制形式，就会得到证明，从原始的公社所有

① 《马克思恩格斯全集》第19卷，人民出版社中文第1版，第444页。

② 同上书，第450页。

③ 同上书，第432页。

制的不同形式中，怎样产生它的解体的各种形式。例如，罗马和日耳曼的私人所有制的各种原型，就可以从印度的公社所有制的各种形式中推出来。”①在这里，马克思一方面肯定了人类文明存在着基本的共同特征，通过对文明所具有的共性的概括，可以更清晰地说明文明的个性特征；另一方面，马克思又揭示出不同时期、不同类型的文明都表现出差异性的存在，对于文明的多样性的研究，又能更好地揭示出文明的共性特征。马克思说，“并不是所有的原始公社都是按着同一形式建立起来的。相反，它们有好多种社会结构，这些结构的类型、存在时间的长短彼此都不相同，标志着依次进化的各个阶段。”在西方相当于俄国公社的是“存在时间很短的日耳曼公社”。② 马克思这种对于人类文明的同中有异和异中有同的具体的和辩证的分析，对于人们在文明的统一性中发现多样性，又在文明的多样性中发现统一性，了解文明多样性的表现方式、基本特征和形成原因，自觉处理好文明多样性与统一性的相互包含、相互作用和相互渗透的辩证关系，如实地把握不同民族的文明类型以及基本发展趋势都具有十分重要的方法论意义。

（三）注重不同文明形态内生型的发展，从历史深处诠释人类文明的多样性

在马克思的唯物史观看来，人类文明表现为文明的系统，不同形态和不同时期的文明都表现为系统性的存在。影响文明系统发展的有内在的和外在的两种因素，可称为内生型文明和外源型文明。内生型文明亦即内源型文明，是一个地区、民族或国家通过自

① 《马克思恩格斯全集》第13卷，人民出版社中文第1版，第22页。

② 《马克思恩格斯全集》第19卷，人民出版社中文第1版，第448页。

己生产力的发展，社会制度的完善和优化，社会的不断进步而孕育、累积和壮大起来的文明；与内生型文明相对应的是外源型文明，它是一个处在自成体系的文明系统以外又对该文明系统施加一定影响的文明。任何文明都不能孤立地存在，都要与外来文明发生一定的交互影响，都要从外来文明中接受对本文明系统有用的成分。以本民族文明为主，也不忽视与外来文明的交流。这是文明发展的基本态势。忽视或放弃文明的内生型，外源文明就会占据主导地位，这就意味着一种文明被另一种文明所吞并或同化。其基本途径有两个方面，一是全盘吸收外来文明，主动让外来文明上升为主导地位的文明，将民族本土文明下降到依附和从属的地位。二是本土文明与外来文明处于不平衡状态，外来文明处于强势地位，本土文明处于弱势地位，外来文明通过强制力量入侵本土文明，并逐渐吞噬本土文明而成为主导文明。马克思对人类文明的解释所持的是内外因结合论的立场。马克思既十分重视内生型文明，认为它是一个自成体系的文明系统发展的根本动因，又对外源型文明以高度的重视。马克思认为，任何文明系统都离不开与外源文明的交流，都不能脱离外源文明的影响。但是，马克思坚决反对一种文明对另一种文明的征服。马克思通过对各种类型的农村公社的分析，得出结论，世界上的农村公社虽然各具类型，各有特色，但是它们都是自身发展的产物。马克思指出："德国的农村公社是从较早的古代类型的公社中产生出来的。在这里，它是自生的发展的产物，而决不是从亚洲现成地输入的东西。在那里，在东印度也有这种农村公社，并且往往是古代形态的最后阶段或最后时期。"①他认为，俄国的公社就是通常称作农村公社的一种类型，在西方相当于这种公社的是存在时期很短的日耳曼公社。

① 《马克思恩格斯全集》第19卷，人民出版社中文第1版，第433—434页。

“在日耳曼尼亚本土，这种较古类型的公社通过自生的发展而变为塔西陀所描绘的那种农村公社。”①同样在亚洲，在阿富汗及其他人中间也有农村公社，但是，“这些地方的公社都是最新型的公社，也可以说，是古代社会形态的最新形式。”②马克思告诉人们，西方和东方不同国度和不同类型的农村公社，都是内生型发展的。

马克思进而认为，由于不同的文明都有自身存在的特殊的生态环境，有着自己独特的内容和形式，因此都能选择适合自己个性的发展道路。用某一种文明模式来说明一切文明的做法是不可取的。马克思揭示了俄国公社与其他现存的农村公社，如与印度公社、德国特尔利地区残存的公社的不同，指出，俄国公社是唯一在全国范围内存在、未遭受到外国征服者的猎获，保留了土地公有和集体生产等主要内容并与资本主义生产同时代的公社，因而它可能具有与其他公社不同的历史命运。另外，俄国公社所处的时代背景有着自己的特殊性。它正处在西方资本主义危机、无产阶级革命正在全世界展开时期，整个社会历史发展正朝着扬弃私有制，向古代类型的集体所有制和集体生产的最高形式的发展过程和历史环境中复归的趋势中，这就使得俄国公社可以“不必服从资本主义的活动方式就能够吸取其各种成果”，“有可能不通过资本主义制度的卡夫丁峡谷，而享用资本主义制度的一切肯定的成果。”③马克思认为，只要吸取资本主义生产的积极成果，通过资本主义所创造的现代生产力，用以改造农村公社生产方式，使它“逐渐摆脱其原始特征，并直接作为集体生产的因素在全国范围内发展起来。正因为它和资本主义生产是同时代的东西，所以它能够

① 《马克思恩格斯全集》第19卷，人民出版社中文第1版，第448页。

② 同上书，第449页。

③ 同上书，第438页。

不通过资本主义生产的一切可怕的波折而吸收它的一切肯定的成就。俄国不是脱离现代世界孤立生存的，同时，它也不像东印度那样，是外国征服者的猎获物”，①“它就能直接变成现代社会所趋向的那种经济体系的出发点，不必自杀就能获得新的生命”。②

马克思通过历史和现实的事实根据，说明了各种文明之间展开正常的交流的重要性和必要性，但是他坚决反对一种文明对另一种文明所采取的侵略、敌视、干预等不友好的态度和行为。马克思认为，民族文化中心主义、文化霸权主义和文化殖民主义都妨碍了文明之间的正常的交流、对话和沟通，都是不可取的。马克思同时认为，由于各民族内源型文明对本土文明所具有的强大的内聚力，外来文明想通过强力征服它，必然会遭到本土文明的强大的拒斥，其结果，可能会事与愿违，适得其反。马克思揭示出了文明进程中看似奇特实质必然的规律：“野蛮的征服者，按照一条永恒的历史规律，本身被他们所征服的臣民的较高文明所征服。”③

二、马克思揭示文明多样性与交融性发展的基本趋势

马克思在人类文明史上第一次从唯物史观的立场上科学地、完整地和正确地说明了人类文明的多样性。但是，马克思的贡献并不到此为止。我们认为，马克思关于人类文明多样性思想的突出贡献在于，马克思是在人类文明发展的最一般趋势（文明发展

① 《马克思恩格斯全集》第19卷，人民出版社中文第1版，第431页。

② 同上书，第451页。

③ 《马克思恩格斯选集》第1卷，人民出版社1995年版，第768页。

的通例)和个别文明发展的特殊趋势(文明发展的特例)中,是在人类文明的多样性和交融性辩证互动中向人们展示出人类文明发展的总趋势和基本规律的。

(一)马克思关于人类文明发展的通例与特例的辩证思想,是对人类文明多样性本质的深刻揭示

马克思认为人类文明的发展既是一个自然历史过程,又是一个在人类自觉能动性作用下发展的过程的思想,是马克思关于人类社会既唯物又辩证地发展的重要思想。马克思在《资本论》第一版序言中说:"我的观点是:社会经济形态的发展是一种自然历史过程。不管个人在主观上怎样超脱各种关系,他在社会意义上总是这些关系的产物。同其他任何观点比起来,我的观点是更不能要个人对这些关系负责的。"①作为自然历史过程,社会经济形态演进的基本阶段有哪些呢?在《德意志意识形态》中马克思最早提出了原始的、古代的、封建的和现代资产阶级的几种社会形态,这是他分析说明社会历史发展阶段和类型的尝试。1859年马克思在《政治经济学批判》序言中提出了一个著名论断:"亚细亚的、古代的、封建的和现代资产阶级的生产方式可以看作是社会经济形态演进的几个时代。资产阶级的生产关系是社会生产过程的最后一个对抗形式,这里所说的对抗,不是指个人的对抗,而是指从个人的社会生活条件中产生出来的对抗;但是,在资产阶级社会的胎胞里发展的生产力,同时又创造着解决这种对抗的物质条件。因此,人类社会的史前时期就以这种形态而告终。"②马克思概括的五种社会形态的理论揭示了人类文明必定要依次递进的基本历

① 《马克思恩格斯全集》第23卷,人民出版社中文第1版,第12页。

② 《马克思恩格斯全集》第13卷,人民出版社中文第1版,第9页。

程和基本规律，反映了人类文明发展的通例。卡尔·波普否定马克思关于人类文明演进的规律，认为这是机械的“历史决定论”，这一指责是没有道理的。马克思关于人类文明多样性的思想恰恰科学地反映了社会发展的规律和内在逻辑，与历史决定论根本不能同日而语。

马克思的历史唯物论并不是历史预成论和历史宿命论。人类社会和人类文明的发展作为一个自然历史过程，并不意味着是一个无历史活动主体和文明主体的盲目过程。历史是由人参与的，历史活动的主体和人类文明的创造者具有能动性。马克思说：“一个社会即使探索到了本身运动的自然规律……它还是既不能跳过也不能用法令取消自然的发展阶段。但是它能缩短和减轻分娩的痛苦。这些变更和程度差别只有通过对这些经验所提供的事实进行分析才可以理解。”①由于历史活动主体的能动性以及不同的民族和国家所处的历史条件的特殊性，因此，马克思声明不能把五种社会形态的论断看作是固定不变的模式去裁剪世界历史，如果把五种生产方式看成是历史研究的公式或图式，看作是“像反题来自正题一样，一个来自一个”，就会犯重大的错误。② 人类社会文明是人的实践的产物。“人类史是我们自己创造的”。人类文明的起源不同，发展不平衡，各个民族、各个国家发展的步伐不一致。相同的经济基础“可以由于无数不同的经验的事实，自然条件，种族关系，各种从外部发生作用的历史影响等等，而在现象上显示出无穷无尽的变异和程度差别”。③ 正是各个民族、各个国家社会历史发展的特殊性，才表现出整个人类社会历史丰富多彩

① 《马克思恩格斯全集》第23卷，人民出版社中文第1版，第11页。
② 《马克思恩格斯选集》第1卷，人民出版社1995年版，第142页。
③ 《马克思恩格斯全集》第25卷，人民出版社中文第1版，第892页。

的特点、全貌和世界历史发展的整体过程。人类文明发展的通例和特例的辩证法充分显示出:人类社会从低级向高级发展是大趋势。至于发展阶段和具体道路,由于各个民族和各个国家不同的历史条件、不同的社会因素、各种不同社会因素相互作用、相互制约而产生的不同结果,无疑会表现出不同的特点和差异。如原始社会解体后农村公社发展道路就很不相同。马克思说,从原始的公社所有制的不同形式中"产生出它的解体的各种形式"。历史证明了这一点。古希腊、罗马公社所有制发展为古代奴隶制,而没有经历封建制。日耳曼、斯拉夫、罗马尼亚公社所有制发展为中世纪的农奴制,而没有经历奴隶制。亚细亚公社所有制发展为东方专制制度。东方国家有的没有奴隶社会(俄国),有的没有经历封建社会(印度),有的没有经历资本主义社会(中国)。"美国从一诞生起就是现代的,资产阶级的;美国是由那些为了建立纯粹的资产阶级社会而从欧洲的封建制度下逃出来的小资产者和农民建立起来的。①这些事例应验了恩格斯的话:"历史常常是跳跃式地和曲折地前进的。"②

马克思从19世纪50年代特别是60年代后期深入研究东方社会以后,认识到西方社会资本主义发展阶段并不是全世界一切民族和国家都一定要经历的,东方社会有一条与西方社会不同的发展道路,逐渐形成了社会形态整体结构及其在世界历史范围内双重发展的思想。即使东方社会的徭役与贡赋和西欧有类似或相同之处,由于不同的历史条件和历史环境,不一定产生农奴制关系。马克思坚持对东方社会性质作具体的历史分析的科学态度。从唯物史观出发,重视对东方社会的历史条件和历史环境的具体

---

① 《马克思恩格斯全集》第39卷,人民出版社中文第1版,第147页。

② 《马克思恩格斯选集》第2卷,人民出版社1995年版,第43页。

分析，反对把东西方社会的发展作简单的、机械的类比。既不把西欧资本主义的起源当成一种模式，也不把西欧封建主义的起源当成一种模式去剪裁世界历史。要"把握特殊对象的特殊逻辑"。① 马克思通过对东方社会的历史和现实，特别是对亚细亚农村公社生产方式的研究，认识到世界历史的普遍规律的表现形式总是决定于各个民族、各个国家特殊的历史条件和历史环境，而且总是通过特殊规律表现出来的，西欧社会的资本主义发展和东方社会的非资本主义发展正是世界历史普遍发展规律的反映。1877 年给"祖国纪事"的信，核心思想就是对"资本主义发展的普遍性历史品格"的否定和世界历史整体双重发展思想的确立。表达了三个相互联系的重要思想：其一，反对把西欧资本主义起源的理论绝对化；其二，同意关于俄国非资本主义发展的观点。马克思说，车尔尼雪夫斯基研究了这样一个问题，可以不经过资本主义制度的一切苦难而取得它的全部成果。马克思说："我同意他对这个问题的观点。"②"如果俄国继续走它在 1861 年所开始走的道路，那它将会失去当时历史所能提供给一个民族的最好的机会，而遭受资本主义制度所带来的一切极端不幸的灾难。"③其三，生产者同生产资料分离的历史运动在不同的历史环境中会产生不同的结果。同样是生产者同生产资料的分离，同样是对农民的剥夺，在西欧、在近代英国就导致了资本主义生产方式的出现；在南欧、在古代罗马产生的却是奴隶制生产方式，这就证明在不同的历史条件和不同的历史环境中，即使相似和相同的事情也会产生完全不同的结果。一切决定于时间、地点和条件的变化。

---

① 《马克思恩格斯全集》第 1 卷，人民出版社中文第 1 版，第 359 页。
② 《马克思恩格斯全集》第 19 卷，人民出版社中文第 1 版，第 129 页。
③ 同上。

马克思通过对资本主义的研究,认识到它“不是绝对的生产方式,而只是一种历史的、和物质生产条件的某个有限的发展时期相适应的生产方式”,①也不是世界上一切民族和国家都必然要经历的生产方式,1881 年他郑重地声明:“我明确地把这一运动的‘历史必然性’限于西欧各国。”②马克思坚决反对把西欧资本主义发展道路解释为“一切民族,不管他们所处的历史环境如何,都注定要走这条道路。”③这是对资本主义发展的普遍性历史品格的否定。资本主义并不是任何国家、民族都必须要经历的阶段。俄国不可能发生与西方相同的历史过程,因为历史条件各不相同,“不管怎样,西方的先例在这里完全不能说明问题。”④

马克思认为,资本主义生产方式确立以后,就开辟了一个“历史向世界历史转变”的新时代,随着民族区域性的历史向世界历史的转变,社会发展的全球性和整体性趋势越来越明显。与此同时,人类文明的多样性也随之凸显。这种文明的全球性、整体性与多样性并存的主要表现形式有:

其一,物质生产和精神生产的全球性、整体性和多样性。马克思说:“各民族之间的相互关系取决于每一个民族的生产力、分工和内部交往的发展程度。”⑤而“各个相互影响的活动范围在这个发展进程中愈来愈扩大,各民族的原始闭关自守状态则由于日益完善的生产方式、交往以及因此自发地发展起来的各民族之间的分工而消灭得愈来愈彻底,历史也就在愈来愈大的程度上成为全世界的历史……历史向世界历史的转变,不是‘自我意识’、宇宙

① 《马克思恩格斯全集》第 25 卷,人民出版社中文第 1 版,第 289 页。

② 《马克思恩格斯全集》第 19 卷,人民出版社中文第 1 版,第 430 页。

③ 同上书,第 130 页。

④ 同上书,第 443 页。

⑤ 《马克思恩格斯选集》第 1 卷,人民出版社 1995 年版,第 68 页。

精神或者某个形而上学怪影的某种抽象行为，而是纯粹物质的、可以通过经验确定的事实，每一个过着实际生活的、需要吃、喝、穿的个人都可以证明这一事实。”①马克思认为，资本主义文明是历史上文明发展的必经阶段，与它以前形态的文明相比，具有积极的进步作用，它在全球的传播，推动了历史向世界历史的转变。“资本一方面要力求摧毁交往即交换的一切地方限制，夺得整个地球作为它的市场，另一方面，它又力求用时间去消灭空间，就是说，把商品从一个地方转移到另一个地方所花费的时间减轻到最低限度。资本越发展，从而资本借以流通的市场，构成资本空间流通道路的市场越扩大，资本同时也就越是力求在空间上更加扩大市场，力求用时间更多地消灭空间。”②有鉴于此，马克思不同意德国浪漫主义者如托马斯·卡莱尔的那种全盘反对资本主义的态度。马克思对资本主义在历史上的革命作用进行了讴歌。《共产党宣言》说：“资产阶级，由于一切生产工具的迅速改进，由于交通的极其便利，把一切民族甚至最野蛮的民族都卷到文明中来了。它的商品的低廉价格，是它用来摧毁一切万里长城，征服野蛮人最顽强的仇外心理的重炮。它迫使一切民族——如果它们不想灭亡的话——采用资产阶级的生产方式；它迫使它们在自己那里推行所谓文明制度，即变成资产者。一句话，它按照自己的面貌为自己创造出一个世界。”③“资产阶级，由于开拓了世界市场，使一切国家的生产和消费都成为世界性的了。使反动派大为惋惜的是，资产阶级挖掉了工业脚下的民族基础。古老的民族工业被消灭了，并且每天都还在被消灭。它们被新的工业排挤掉了，新的工业的建立已经

① 《马克思恩格斯全集》第3卷，人民出版社中文第1版，第51—52页。
② 《马克思恩格斯全集》第46卷（下），人民出版社中文第1版，第33页。
③ 《马克思恩格斯选集》第1卷，人民出版社1995年版，第276页。

成为一切文明民族的生命攸关的问题;这些工业所加工的,已经不是本地的原料,而是来自极其遥远的地区的原料;它们的产品不仅供本国消费,而且同时供世界各地消费。旧的、靠本国产品来满足的需要,被新的、要靠极其遥远的国家和地带的产品来满足的需要所代替了。过去那种地方的和民族的自给自足和闭关自守状态,被各民族的各方面的互相往来和各方面的互相依赖所代替了。物质的生产是如此,精神的生产也是如此。各民族的精神产品成了公共的财产。民族的片面性和局限性日益成为不可能,于是由许多种民族的和地方的文学形成了一种世界的文学。"①

在目前关于全球化的讨论中,许多学者引用了马克思的这段话后认为,马克思所说的"世界的文学"是一种取消了民族特色的具有普世性的文学。其实,这是一种误解。马克思所说的"世界的文学"决不是丧失了民族多样性差异的文学。马克思"对于那些过低估计民族感情威力的所谓追随者,始终抱着敬而远之的态度。1866 年,他就嘲笑过第一国际总委员会会议的法国代表们,因为他们宣称所有的民族甚至国家都是'过时的偏见',他还说这些代表'把否定民族特征理解为由模范的法国民族来吞并各个民族了'。后来,他还称赞过俄国的经济学家弗列罗夫斯基,因为他'很了解每个民族的性格特点',另外,他把爱尔兰人的事业作为一个'民族问题'来考虑。"②因此,马克思的世界文学,应该是包含了各民族文学的多样性和丰富性的文学。

其二,交往的全球性、整体性和多样性。马克思在《德意志意识形态》的"交往与生产力"这一部分从历史和逻辑相统一的高度

① 《马克思恩格斯选集》第 1 卷,人民出版社 1995 年版,第 276 页。

② (英)柏拉威尔著,梅绍武等译:《马克思与世界文学》,生活·读书·新知三联书店 1980 年版,第 194 页。

对此作了十分详细的论述。他说:“某一个地域创造出来的生产力,特别是发明,在往后的发展中是否会失传,完全取决于交往扩展的情况。当交往只限于毗邻地区的时候,每一种发明在每一个地方都必须单另进行;一些纯粹偶然的事件,例如蛮族的入侵,甚至是通常的战争,都足以使一个具有发达生产力和有高度需求的国家处于一切都必须从头开始的境地。在历史发展的最初阶段,每天都在重新发明,而且每个地域都是单独进行的。发达的生产力,即使在通商相当广泛的情况下,也难免遭到彻底的毁灭。……只有在交往成为世界交往,并且以大工业为基础的时候,只有在一切民族都卷入竞争斗争的时候,保持已创造出来的生产力才有了保障。”①他还说:“各民族之间的相互关系取决于每一个民族的生产力、分工和内部交往的发展程度。这个原理是公认的。然而不仅一个民族与其他民族的关系,而且这个民族本身的整个内部结构也取决于它的生产以及内部和外部的交往的发展程度。一个民族的生产力发展的水平,最明显地表现在该民族分工的发展程度。任何新的生产力,只要它不是迄今已知的生产力单纯的量的扩大(例如开垦新的土地),都会引起分工的进一步发展。”②马克思在这里论述的“交往扩展的情况”、“交往的发展程度”所显示出的生产力量和质的不同,也是从质和量等不同的方面说明了交往的多样性。

其三,个人发展的全球性、整体性和多样性。在马克思看来,历史向世界历史转变的过程也是狭隘地域性的个人成为世界历史性的、真正普遍的个人,人的关系的全面性、丰富性和多样性的过程。因为世界交往一旦普遍发展起来,便会以扩大的方式形成世

① 《马克思恩格斯选集》第1卷,人民出版社1995年版,第107—108页。
② 同上书,第68页。

界性的普遍竞争，使得“每一个民族同其他民族的变革都有依存关系”，并使“狭隘地域性的个人为世界历史性的个人、真正普遍的个人所代替。”①马克思指出，交往使得单独的个人的活动成为世界历史性的活动。“每一个单个人的解放的程度是与历史完全转变为世界历史的程度一致的。”②“单独人才能摆脱种种民族局限和地域局限而同整个世界的生产（也包括精神的生产）发生实际联系，才能获得利用全球的这种全面生产（人们的创造的能力）。各个人的全面的依存关系、他们的这种自然形成的世界历史性的共同活动的最初形式，由于共产主义革命而转化为对下述力量的控制和自觉的驾驭，这些力量本来是由人们的相互作用而产生的，但是迄今为止对他们来说都作为完全异己的力量威慑和驾驭着他们。”③人类文明从低级到高级的发展，最终社会将进入到一种全新的文明阶段——共产主义阶段。马克思说：“共产主义和所有过去的运动不同的地方在于：它推翻一切旧的生产关系和交往关系的基础，并且第一次自觉地把一切自发形成的前提看作是前人的创造，消除这些前提的自发性，使它们受联合起来的个人的支配。因此，建立共产主义实质上具有经济的性质，这就是为这种联合创造各种物质条件，把现存的条件变成联合的条件。共产主义所造成的存在状况，正是这样的一种现实基础，它使一切不依赖于个人而存在的状况不可能发生，因为这种存在状况只不过是各个人之间迄今的交往的产物。”④马克思设想的人的全面发展，就突出地体现在个人多样性的发展上，如人的知、情、意等素质的多样性的发挥；人的对象性关系的多样性生成；个人的社会关系

① 《马克思恩格斯选集》第1卷，人民出版社1995年版，第87页。

② 同上书，第89页。

③ 同上书，第89—90页。

④ 同上书，第122页。

的多样性的展开等。

按照马克思的社会历史发展的辩证逻辑，主观辩证法是对客观辩证法的反映，逻辑的进程与历史的进程应该是统一的，逻辑是对历史进程的反映。人类社会形态的多样性和文明的多样性决定了思维方式的多样性。马克思说得好："思维终止的地方，在现实生活面前，正是描述人们的实践活动和实践发展过程的真正的实证科学开始的地方。……对现实的描述会使独立的哲学失去生存环境，能够取而代之的充其量不过是从对人类历史发展的考察中抽象出来的最一般的结果的概括。这些抽象本身离开了现实的历史就没有任何价值。它们只是对整理历史资料提供某些方便，指出历史资料的各个层次间的顺序。但是这些抽象和哲学不同，它们绝不提供可以使用于各个历史时代的药方或公式。"①

（二）马克思关于多样性的文明之间具有互补性和交融性的思想，从动力因素的视角说明了人类文明发展的推动力

马克思认为，人类文明从纵向的历时性角度看，具有累积性和承传性，从而表现出文明发展的连续性。他说："历史不外是各个世代的依次交替。每一代都利用以前各代遗留下来的材料、资金和生产力；由于这个缘故，每一代一方面在完全改变了的环境下继续从事所继承的活动，另一方面又通过完全改变了的活动来变更旧的条件。……以往历史的'使命'、'目的'、'萌芽'、'观念'等词所表示的东西，终究不过是从后期历史中得出的抽象。"②马克思还认为，人类文明从横向的共时性角度看，具有相互影响、相互交流、相互融合、相互建构的功能，文明的多样性和交融性是并行

① 《马克思恩格斯选集》第1卷，人民出版社1995年版，第73—74页。
② 同上书，第88页。

不悖的。多样文明之间的交融和震荡,成了人类文明发展的重要推动力。马克思高度重视交往在文明传播和发展中的作用。马克思认为,随着全球生产力和科学技术的迅猛发展以及必然带来的经济联系的紧密化,生产力和生产关系都会出现跨国界的运动,国别的和地区的文明运动必然向全球性和多样性文明多元互动的方向发展。因此,他独具慧眼地提出了"世界普遍交往"、"生产的国际关系"、"国际分工"、"国际生产力"、"国际竞争"等科学的概念,把人们对社会历史发展的视野拓宽到了全球。

(三)马克思指出各民族文明应该相互尊重,对西方文明的侵略行径进行了严厉的批判

马克思认为,各个民族的文明都有自己存在和发展的理由,任何民族不管多么强大,都应该与其他民族友好相处,相互尊重对方的文明。

马克思坚决反对西方文明的入侵行径。他列举了大量事实证明,殖民主义的全部统治都是肮脏的。这种统治给人类文明带来了深重的灾难,必须废止。马克思认为,资本主义对东方社会入侵所带来的灾难,比印度萨尔赛达庙里面目狰狞的神像还要可怕。他尖锐地指出:"当我们把目光从资产阶级文明的故乡转向殖民地的时候,资产阶级文明的极端伪善和它的野蛮本性就赤裸裸地呈现在我们面前。它在故乡还装出一副体面的样子,而在殖民地它就丝毫不加掩饰了。资产阶级是财产的捍卫者,但是难道曾经有哪个革命党发动过孟加拉、马德拉斯和孟买那样的土地革命吗?当资产阶级在印度单靠贪污不能满足自己的掠夺欲望的时候,难道不是都像大强盗克莱夫勋爵本人所说的那样,采取了凶恶的勒索手段吗?当他们在欧洲大谈国家公债神圣不可侵犯的时候,难道不是同时就在印度没收了那些把私人积蓄投给东印度公司作股本的拉甲(指印度王公的称号——编者注)所应得的红利吗？当他们以‘保护我们的神圣宗教’为口实反对法国革命的时候，难道他们不是同时就在印度禁止传播基督教吗？而且为了从络绎不绝的朝拜奥里萨和孟加拉的神庙的香客身上榨取钱财，难道他们不是把札格纳特庙里的杀生害命和卖淫变成了一种职业吗？这就是维护‘财产、秩序、家庭和宗教’的人的面目！”①马克思认为东方社会近代的落后是由两方面原因造成的。一是内部原因，即东方自身的亚细亚生产方式的作用和制约，与欧洲通过商业和商业资本，世界市场和世界贸易的扩大以及对亚洲和美洲的掠夺，促使封建生产方式向资本主义生产方式过渡不同，在印度和中国小农业和家庭工业的统一形成了生产方式的广阔基础。在印度，英国人曾经作为统治者和地租所有者，同时使用他们的直接的政治权力和经济权力，以便摧毁这种小规模的经济公社。马克思认为，“就是在这里，对他们来说，这种解体工作也是进行得极其缓慢的。在中国，那就更缓慢了，因为在这里直接的政治权力没有给予帮助。因农业和手工制造业的直接结合而造成的巨大的节约和时间的节省，在这里对大工业产品进行了最顽强的抵抗；……同英国的商业相反，俄国的商业则没有触动亚洲生产的经济基础。”②二是外部原因，即西方殖民主义的侵略和统治。东方是世界文明的摇篮，古代东方各国都有过自己的灿烂文化和经济繁荣，走在世界的前列。如果没有近代资本主义各国野蛮的殖民主义侵略和掠夺，东方社会的发展完全可能是另外一条道路。英国在印度的殖民统治，实行的柴明达尔制度和莱特瓦尔制度，

① 《马克思恩格斯选集》第1卷，人民出版社1995年版，第772页。

② 《马克思恩格斯全集》第25卷，人民出版社中文第1版，第373页。

"都是贻害无穷的","都包含着极大的内在矛盾","都不是为了耕种土地的人民群众的利益。""除破坏以外恐怕就没有别的什么内容了";"难道资产阶级做过更多的事情吗?难道它不使个人和整个民族遭受流血和淫秽、穷困与屈辱就达到过什么进步吗?"①马克思说:"不列颠人在印度的全部统治是肮脏的"。②英国的工业、科技和自由贸易"破坏了印度社会的整个结构,""破坏了它们的经济基础。"马克思一针见血地指出,西方殖民主义不是对文明的传播,而是对文明的毁灭。马克思说当我们把自己的目光从资本主义文明的故乡转向殖民地的时候,资产阶级文明的极端伪善和它的野蛮本性就赤裸裸地呈现在我们面前。"他们破坏了本地的公社,摧毁了本地的工业,夷平了本地社会中伟大和突出的一切,从而消灭了印度的文明。"③"如果有哪一个民族的历史可以看作失败的和真正荒唐的(在实践上是无耻的)经济实验的历史,那就是英国人在印度经营的历史了。在孟加拉,他们创作了一幅英国大土地所有制的漫画;在印度东南部,他们创作了一幅小块土地所有制的漫画;在西北部,他们又做了他们能做的一切,把实行土地公有制的印度经济公社,变成了它本身的一幅漫画。"④

马克思同时认为,西方文明的入侵既破坏了别的国家和别的地区的文明发展,同时,也导致不同文明之间冲突的加剧,最终是不会有好结果的。马克思说:"在我们这个时代,每一种事物好像都包含有自己的反面";"我们不会认错那个经常在这一

① 《马克思恩格斯全集》第9卷,人民出版社中文第1版,第247页。
② 《马克思恩格斯全集》第28卷,人民出版社中文第1版,第271页。
③ 《马克思恩格斯全集》第9卷,人民出版社中文第1版,第247页。
④ 《马克思恩格斯全集》第25卷,人民出版社中文第1版,第373页。

切矛盾中出现的狡狯的精灵。"①"随着大工业的发展,资产阶级借以生产和占有产品的基础本身,也就从它的脚底下抽掉了。它首先生产的是它自身的掘墓人。"②"在大不列颠本国现在的统治阶级还没有被工业无产阶级推翻以前,或者在印度人自己还没有强大到能够完全摆脱英国的枷锁以前,印度人民是不会收到不列颠资产阶级在他们中间播下的新的社会因素所结的果实的。"③"只有在伟大的社会革命支配了资产阶级时代的成果,支配了世界市场和现代生产力,并且使这一切都服从于最先进的民族的共同监督的时候,人类的进步才会不再像可怕的异教神像那样,只有用人头做酒杯才能喝下甜美的酒浆。"④马克思在看到资本主义对人类文明所起的摧毁性和破坏性的作用的同时,也看到了重建性和再生性。他认为资本主义对东方社会的入侵对于加速世界历史的形成,对于为世界无产阶级创造革命的现实条件具有十分重要的意义,因此,他乐观地认为,按照辩证法的逻辑,痛苦包含着快乐,痛苦可以向快乐转化,因此,在痛苦面前,我们可以同歌德一起歌唱:"既然痛苦是快乐的源泉,那又何必因痛苦而伤心?难道不是有无数的生灵,曾遭到帖木儿的蹂躏?"他说,资本主义"破坏了本地(印度——引者注)的公社,摧毁了本地的工业,夷平了本地社会中伟大和突出的一切,从而毁灭了印度的文明。他们在印度进行统治的历史,除破坏以外很难说还有别的什么内容。他们的重建工作在这大堆大堆的废墟里使人很难看得出来。尽管如此,这种工作还是开始做

① 《马克思恩格斯全集》第12卷,人民出版社中文第1版,第4页。
② 《马克思恩格斯全集》第4卷,人民出版社中文第1版,第479页。
③ 《马克思恩格斯全集》第9卷,人民出版社中文第1版,第250—251页。
④ 《马克思恩格斯全集》第29卷,人民出版社中文第1版,第48页。

了。”[①]马克思从唯物史观的立场出发，认为，资本主义生产力进一步发展的结果，在促进资本主义统治强化的同时，也促进了世界历史的形成，催生着内部的代表生产力进一步发展方向的社会主义因素的出现。马克思指出，英国对印度的入侵，“使印度达到比以前在大莫卧儿人统治下更加牢固和占地更广的政治统一，是重建印度的首要条件。不列颠人用宝剑实现的这种统一，现在将通过电报而巩固起来，永远下去。由不列颠的教官班长组织和训练出来的印度人军队，是印度自己解放自己和不再一遇到外国入侵者就成为战利品的必要条件。第一次被引进亚洲社会里并且主要由印度人和欧洲人的共同子孙所领导的自由报刊，是改建这个社会的新的和强有力的因素。……从那些在英国人监督下在加尔各答勉强受到一些很不充分的教育的印度当地人中间，正在崛起一个具有管理国家的必要知识并且熟悉欧洲科学的新的阶级。蒸汽机使印度能够同欧洲经常地、迅速地交往，把印度的主要海港同整个东南海洋上的港口联系了起来，使印度摆脱了孤立状态，而孤立状态是它过去处于停滞状态的主要原因。在不远的将来，铁路加上轮船，将使英国和印度之间的距离以时间计算缩短为八天，而这个一度是神话中的国度就将同西方世界实际地联结在一起。”[②]马克思认为，大工业所导致的使竞争普遍化，创造了交通和现代化的世界市场，开创了世界历史，使每一个文明国家以及这些国家中的每一个人的需要的满足都依赖于整个世界，消灭了以往自然形成的各国的孤立状态，消灭了各民族的特殊性，导致了无产阶级和资产阶级关系的紧张，必然会为无产阶级革命创造条件，敲响资本主义的丧

① 《马克思恩格斯选集》第1卷，人民出版社1995年版，第768页。
② 同上书，第768—769页。

钟。推动社会形态进入到更加高级的阶段。而只有共产主义，才是人类最美妙的文明境界。“共产主义是私有财产即人的自我异化的积极的扬弃，因而是通过人并且为了人而对人的本质的真正占有；因此，它是人向自身、向社会（即人的）人的复归；这种复归是完全的、自觉的而且保存了以往发展的全部财富的。这种共产主义，作为完成了的自然主义，等于人道主义，而作为完成了的人道主义，等于自然主义；它是人和自然界之间、人和人之间的矛盾的真正解决，是存在和本质、对象化和自我确证、自由和必然、个体和类之间的斗争的真正解决。”①

马克思通过人类文明如何在生产力和生产关系的交互作用下演进的分析，通过对未来社会的描绘，揭示了人类文明发展的方向和趋势，鼓舞着人们为这一美好蓝图的实现而努力奋斗。

（四）马克思通过对反文明的异化劳动的分析，揭示了消灭私有制是文明发展的必由之路

马克思的《1844 年经济学哲学手稿》是其早期的一部重要著作，其中的异化概念曾经引起世界性的研究热潮。特别是西方马克思主义者对资本主义社会普遍存在的反文明的异化现象表现出空前的研究兴趣。他们从各个不同的角度对这个问题进行了深入的研究。卢卡奇主要从商品拜物教和物化的角度研究说明异化问题；弗罗姆主要从个性心理上所受到的压抑来提出异化问题；马尔库塞和哈贝马斯从科学技术的飞跃发展所带来的种种消极的因素的角度来论述异化现象；列斐伏尔则致力于揭示日常生活中出现的各种异化现象。在科莱蒂和阿尔都塞后期的思想发展中，同样也表现出对异化问题的关注。可见，马克

① 《马克思恩格斯全集》第 42 卷，人民出版社中文第 1 版，第 112 页。

思的异化理论对学术界所产生的广泛巨大而深远的影响。

异化这一概念,黑格尔在《精神现象学》中进行了具体的阐发,按照卢卡奇的理解,黑格尔的异化概念主要有三种含义。其一,它牵涉到与人的劳动和其他经济或社会活动有关联的复杂的主体—客体关系。这实际上是社会及其发展的客观性的问题,黑格尔的成就是建立了主体性和客体性之间的辩证关系,从而超越了旧唯物主义撇开主体性来谈论客体性的形而上学的视界。其二,异化专指资本主义社会经济生活中出现的无限崇拜客观性、崇拜物的现象。卢卡奇认为,黑格尔在这个意义上使用的异化概念,与马克思后来在《资本论》中提出的"拜物教"概念具有类似的含义。当然黑格尔并没有像马克思那样,从阶级冲突的角度来认识和分析这种现象,但他无疑看到了资本主义经济本身所蕴含着的深刻的矛盾,看到了工人在劳动中的自我否定。正是这方面的卓越见解使青年黑格尔的思想成了现代人本主义思想的一个发祥地。其三,异化概念被赋予广泛的哲学上的含义,与"物性"或"客观性"的意思相近。在这个意义上,黑格尔把自然和社会都看作是精神异化的产物。问题是,他否定了自然在时间中的展开,只承认社会本身有历史发展,这显示了他的辩证法思想的不彻底性。①

从人类文明发展的角度对异化这一反文明现象作出科学说明的是马克思。按照马克思的解释,异化这一概念,"又是反思的规定,它可以被理解为对立、差别、非同一等等"。② 在马克思看来,异化是矛盾的一种相互作用和转化,是主体与客体、主体

① 俞吾金、陈学明著:《国外马克思主义哲学流派》,复旦大学出版社 1990 年版,第 41 页。

② 《马克思恩格斯全集》第 3 卷,人民出版社中文第 1 版,第 317 页。

与主体、客体与客体之间的矛盾运动引起的相互作用和转化。在《1844年经济学哲学手稿》中，马克思深入分析了异化的诸种形式：

一是人与自己的劳动产品的异化，表现为物的异化。“工人生产的财富越多，他的产品的力量和数量越大，他就越贫穷。工人创造的商品越多，他就越变成廉价的商品。物的世界的为商品的劳动自身和工人，而且是按它一般生产商品的比例生产的。这一事实无非是表明：劳动所生产的对象，即劳动的产品，作为一种异己的存在物，作为不依赖于生产者的力量，同劳动相对立。”①“工人在他的对象中的异化表现在：人生产得越多，他能够消费的越少；他创造价值越多，他自己越没有价值、越低贱；工人的产品越完美，工人自己越畸形；工人创造对象越文明，工人自己越野蛮；劳动越有力量，工人越无力；劳动机巧，工人越愚笨，越成为自然界的奴隶。”②劳动为富人生产了奇迹般的东西，但是为工人生产了赤贫。劳动生产了宫殿，但是给工人生产了棚舍。劳动生产了美，但是使工人变成畸形。劳动用机器代替了手工劳动，但是使一部分工人回到野蛮的劳动，并使另一部分工人变成机器。劳动生产了智慧，但是给工人生产了愚钝和痴呆。”③

二是人同自己的生命活动，即生产行为相异化，表现为人的自我异化。马克思认为：“异化不仅表现在结果上，而且表现在生产行为本身中，表现在生产活动本身中。……在劳动对象的异化中不过总结了劳动活动本身的异化、外化。”④“在劳动过程

① 《马克思恩格斯选集》第1卷，人民出版社1995年版，第41页。
② 同上书，第42页。
③ 同上书，第43页。
④ 同上书，第43页。

中对生产行为的关系。这种关系是工人对他自己的活动——一种异己的、不属于他的活动——的关系。在这里,活动是受动;力量是无力;生殖是去势;工人自己的体力和智力,他个人的生命因为,生命如果不是活动,又是什么呢?——是不依赖于他的、不属于他、转过来反对他自身的活动。这是自我异化”。①马克思具体分析了劳动的外化的表现形式,“对劳动者说来,劳动是外在的东西,也就是说,是不属于他的本质的东西;因此,劳动者在自己的劳动中并不肯定自己,而是否定自己,并不感到幸福,而是感到不幸,并不自由地发挥自己的肉体力量和精神力量,而是使自己的肉体受到损伤、精神遭到摧残。因此,劳动者只是在劳动之外才感到自由自在,而在劳动之内则感到爽然若失。劳动者在他不劳动时如释重负,而当他劳动时则如坐针毡。因此他的劳动不是自愿的,而是一种被迫的强制劳动。从而,劳动不是需要的满足,而只是满足劳动以外的其他各种需要的手段。劳动的异化性的一个明显的表现是,只要对劳动的肉体强制或其他强制一消失,人们就会像逃避鼠疫一样地逃避劳动。外在的劳动,人把自己外化于其中的劳动,是一种自我牺牲、自我折磨的劳动。最后,对劳动者来说,劳动的外在性,就表现在这种劳动不是他自己的,而是别人的;劳动不属于他;他自己在劳动过程中也不属于他自己,而是属于别人。……结果,人(劳动者)只是在执行自己的动物机能时,亦即在饮食男女时,至多还在居家打扮等等时,才觉得自己是自由地活动的;而在执行自己的人类机能时,才觉得自己不过是动物。动物的东西成为人的东西,而人的东西成为动物的东西。”②

---

① 《马克思恩格斯选集》第1卷,人民出版社1995年版,第44页。

② 同上书,第43—44页。

三是人同自己的类本质相异化，表现为每个人都同人的本质相异化。马克思认为，人是类的存在物。实际创造一个对象世界，改造无机的自然界，这是人作为有意识的类的存在物的自我确证。但是，异化劳动却使"人的类的本质——无论是自然界，还是人的精神的类能力——变成对人来说人异己的本质变成维持他的个人生存的手段。异化劳动使人自己的身体目标从人那里异化出去，就像把在他之外的自然界，把他的精神本质、他的人的本质异化出去一样。"①"异化劳动从人那里剥夺了他所生产的对象，从而也剥夺了他的类的生活、他的现实的、类的对象性，而把人对动物所具有的那种优点变成缺点，因为人被夺去了他的无机的身体即自然界。"②

四是人同人相异化，表现为人的社会关系的异化。马克思指出："人同自己的劳动产品、自己的生命活动、自己的类本质异化出去这一事实所造成的直接结果就是：人从人那里的异化。当人与自己本身相对立的时候，那么其他人也与他相对立。凡是适用于人对自己的劳动、自己的劳动产品和自己本身的关系的东西，也都同样适用于人对其他人、对其他人的劳动和劳动产品的关系。……人的异化，一般地说，就是人同自己本身的任何关系只有通过人同其他人的关系才得到实现和表现。"③

马克思认为导致异化这一反文明现象的根源在于资本主义的所有制。"私有财产是外化了劳动即工人对自然界和对自身的外在关系的产物、结果和必然后果。"④资本主义私有制条件下的社会生产过程，导致了劳动异化，人与自然的异化，人与类

① 《马克思恩格斯选集》第1卷，人民出版社1995年版，第47页。
② 同上书，第47页。
③ 同上书，第47—48页。
④ 同上书，第50页。

的异化、人与人的异化的产生。异化的扬弃就是非异化即人化的实现,建立在消灭私有制的基础上,马克思认为,对私有财产的积极的扬弃,就是一切异化的积极的扬弃,就是共产主义的实现和历史之谜的解答。"从异化劳动同私有财产的关系还可以得出这样的结论,即社会从私有财产等等的解放、从奴役制的解放,表现为劳动者的解放这样一种政治的形式,而且这里问题不仅在于劳动者的解放,因为劳动者的解放包含着全人类的解放;其所以如此,是因为整个人类奴役制就包含在劳动者同生产的关系中,而一切奴役性的关系不过是这种关系的各种变形和结果罢了。"①

马克思对劳动异化问题的分析,对人类文明的历史要经过从非异化到异化再到消灭异化,实现人的本质的复归和人的自由而全面的发展的揭示,深刻反映了人类文明是从低级到高级,从文明进步的力量不断战胜非文明落后的力量,曲折多致地辩证发展的过程。

三、马克思关于人类文明多样性思想的当代价值

当今时代,是一个和平与发展的时代主题越来越深入人心的时代,也是一个马克思当年就指出的"人们在肉体上和精神上互相创造着"的多样性文明共存的全球化时代。参与全球化的主体是所有希冀通过和平环境而走向现代化的各民族国家。人类文明的多样性、独特性和交融性正以前所未有的灿烂景象展示在人们的面前。学习和研究马克思的人类文明多样

① 《马克思恩格斯选集》第1卷,人民出版社1995年版,第51页。

性的思想，对于我们更好地坚持和平与发展是时代的主题，更好地承认文明多样性的事实，自觉处理好全球化与本土化的关系，以一种平等的眼光正确对待世界上各具特色的多样性的文明并与之对话和沟通，抵制文化霸权主义和文化殖民主义，推动世界文明在相互交流中求同存异和取长补短都具有十分重要的意义。

（一）马克思的人类文明多样性的思想有助于我们更加清楚地认识全球化时代多元文明共存的事实

已经全方位地置身于世界紧密联系的地球村的人们越来越真切地感受到了惊涛裂岸的全球化的浪潮声响。与此同时，也真切地体验了“全球化”这一新的世界话语在当代作为充斥于各种大众传播媒体，使用频度最高的词语的内在魅力。全球化作为一种广泛地发生于世界各地的政治、经济、文化的发展趋势，亦即世界不同的民族和国家借助于先进的交通工具和通讯手段，不断地超越自身活动的空间范围和既定的制度、文化等社会障碍，在全球范围内实现充分的交流、对话、协调和沟通，并在此基础上形成一种全球性的文化认同、价值认同和实践认同的发展趋势，全世界人民对于和平与发展共识的增多，必然出现以对话代替对抗，以合作代替争斗，以多元代替一元的生动情景。全球化决不是人类文明的西方化、美国化或者全球文明丧失了自我个性的同质化。事实上目前还没有哪一种文明力量能够同化整个世界。全球化正在激励各个文明、各个地区、各个民族和各个国家，着力维护和构建自己的历史、文化传统和独特个性，全球化展示的恰恰是各民族、国家在经济、政治、文化等方面的互动、沟通、融合、提升和共进的绚丽多姿的局面。全球化所促成的世界文明的多样性与丰富性远胜于有关全球化话语的多样性与丰富性。

全球化证实了马克思关于人类文明多样性的思想。多样性的文明的存在是历史发展的固有事实和必然趋势。借助于现代科技而日益扩展的全球化,使世界相互依赖、普遍联系的图景越来越明晰。文明之间通过交流出现多样性嬗变的节律越来越快。正如英国学者马丁·阿尔布劳在《全球时代》一书中所说:"全球性强化了对不同文化的表达方式、对不同音调、不同风格和不同乐调间的种种关系的精心探测和利用,这些关系一直在'并列'、'融合'和'求同存异'等状态之间摇摆。这些状态是一些比喻性的说法。它们比喻的是生活在一个多元文化世界中的情形,同时,它也表明:在一个总是力图体现和平的必要性并力图为实现和平再造条件的框架中,人的经验范围能有多大。"①"是世界的多重化(multiplication)和多样化(diversification),而不是同质化或杂交化,更好地表现了在全球化条件下占主导地位的文化关系形式。"②同时,将人们带入了一个大变革和大创新的时代。人类文明的多样性就是这种大变革和大创新的结果。交通和通讯的空前进步又为人类文明的发展提供了强大的技术手段,在这一坚实的现代科技平台上,人类的思维不断地从封闭走向开放、从孤立走向联系、从收敛走向发散、从单维走向多维、从常规走向创新,使人类文明的成果越来越丰厚和多样。

(二)马克思的多样性文明辩证互动的思想,有助于我们更好地掌握人类文明多样性、独特性与交融性的辩证法

在人类文明走向问题上,全球化与本土化这看似矛盾实质统

---

① (英)马丁·阿尔布劳著,高湘泽等译:《全球时代——超越现代性之外的国家和社会》,商务印书馆2001年版,第233页。

② 同上书,第236页。

一的两股张力，构成了当今时代最为引人注目的奇特景观。这是由人类文明的共性与个性的辩证关系所决定的。由于不同的民族和国家的生存和发展都具有自己的时空条件，即都具有自己独特的自然地理环境、社会制度、生产方式和生活方式以及由此所决定的不同的行为方式，因此他们所创造和奉行的文明就具有自己鲜明的个性特征。但是，由于人类实践活动和实践方式的相似性，构成人类文明的基本价值判断的相似性或一致性，人类文明又具有共性的一面。马克思说："不同的文明国度中的不同的国家，不管它们的形式如何纷繁，都有一个共同点，它们都建立在现代资产阶级社会的基础上。只是这种社会的资本主义发展程度不同罢了，所以，它们具有某些根本的共同特征。"①在当今这一"一球两制"的时代，即社会主义和资本主义两种制度同时并存的时代，社会主义和资本主义作为具有本质区别的两种不同文明，它们之间虽然具有尖锐的对立和矛盾冲突，但也并不是水火不相容的，而有着许多可以相互借鉴的共性。社会主义借鉴资本主义文明并不会影响到自己质的稳定性。相反，却会有助于自己文明的发展壮大。同样，资本主义在发展过程中也自觉或不自觉地将社会主义文明的优良成果为自己所用，促进了资本主义的发展。当然资本主义的这种发展并不意味着它的永恒性。由于资本主义所固有的内在的自身难以克服的矛盾，资本主义的发展生命是存在着极限的。资本主义发展必然为社会主义和共产主义的到来准备着条件。

在全球化时代，不同文明之间的互动、沟通和调适，促进了人类文明的多样性。各个国家和民族文明的独特性又成了人类文明多样性的重要内容和前提条件。人类文明的多样性巩固和强化了

① 《马克思恩格斯选集》第3卷，人民出版社1995年版，第313页。

各民族和国家文明的独特性。正是在人类文明的多样性和独特性的二元并存与双向建构中，人类文明出现了异彩纷呈、姹紫嫣红的壮丽景色。人类文明从整体来说，是各国、各民族文明汇聚和交流的产物。完全封闭的国别文明是不可能存在的。文明之间的交流古已有之，今天更形成了以发达的交通和通讯技术为载体的声势浩大、规模空前的大交流格局。一方面，全球化导致了多样性的外来文化对相对单一的民族本土文化的渗透、融合乃至碰撞和冲突。出现文化的单一性被丰富性所补充和取代的格局，先进而多样的政治文化、生态文化、科技文化、绿色文化、网络文化、消费文化加速了各民族文化的发展，对其政治改革、生态保护、科技发展以及建立科学的生活方式和消费方式以巨大的启迪和借鉴。另一方面，全球化打破了本土文化相对静止和孤立的状态，既有助于外来异质文化在与本土文化的比较中发现其价值，又能有效地激活本土文化，促使其对外辐射，在交流中丰富和提高自己。罗素在《中西文明比较》一文中指出："不同文明之间的交流过去已经多次证明是人类文明发展的里程碑。希腊学习埃及，罗马借鉴希腊，阿拉伯参照罗马帝国。中世纪的欧洲又模仿阿拉伯，而文艺复兴时的欧洲又仿效拜占庭帝国。"①事实证明，文明之间的交流是各民族文明发展的强大动力。

多样性的文明相互交流，为不同文明之间的双向建构开辟了通道。一方面，全球化有助于民族本土文明的发展。从理论发展上看，全球化促使各种文化理论的应运而生和广为传播，为文化价值观的嬗变、更新和发展提供了理论指导。如理性主义的文化哲学、结构功能的文化哲学、符号主义的文化哲学、自然主义的文化

① 转引自成中英著：《中国文化的现代化与世界化》，中国和平出版社 1988 年版，第 6 页。

哲学、以及后现代主义、后结构主义、后女权主义、后殖民主义、后马克思主义等理论,为各民族提供了可资借鉴的参考资料。从实践发展上看,全球化促使本土文明对异质文明的同化顺应以及内化和固化。表现为,先是对外来文明的兴奋和新奇,接着是情感上的认可和接纳,然后一些外来文明成为本土文明中的一个重要内容和有机组成部分,这种现象在发展中国家的生活方式和消费文化上表现得最为明显。以前人们以民族性、节俭性、单一性为乐、为荣,现在外来文明逐渐在大脑里萌芽直到占据主导地位。另一方面,本土文明在交流中,也丰富了外来文明的内容,促进其发展。西方自工业革命以来不适当地抬高自我的主体性,高扬人对自然的征服力量,主张以"为我所用"为标准的"工具理性",其结果,出现了个人主义泛滥和人类生存环境的恶化,造成了巨大的灾难。相比之下,中国传统文化宣扬的"天人相应"、"天人合一",主张人与人,人与自然和谐的"价值理性"越来越显示出真理的光辉,有利于消除西方工业文明造成的人与自然对立以及人与人对立的状态,促使人类的可持续发展,其蕴涵着的深刻的内在价值已经越来越得到世界有识之士的认可和重视。著名的英国历史学家汤因比认为,中国传统文化蕴涵有解决现代社会伦理问题的深刻内容。他认为,儒家的仁爱是今天社会之必需,墨家主张的兼爱,过去只是指中国,而现在应作为世界性的理论去理解。中国传统文化崇尚人际关系的和谐,所具有的"天下为公"、"先天下之忧而忧,后天下之乐而乐"、以及"老吾老,以及人之老,幼吾幼,以及人之幼"等关注人类共同命运的理念,堪称为人类价值观整合的基点。法兰克福学派代表人物之一的弗洛姆在《爱的艺术》一书中指出,要用东方古老的庄禅之药来医治西方的现代文化之病现代著名物理学家玻恩、海森堡等人曾怀着对核大战的深深忧虑,萌生出想回到老子所主张的小国寡民时代的意念。此外,中国优秀的传统文化,如戏剧、园林、诗歌、建筑、丝绸、饮食、医药、体育、教育等文化都在全世界得到了广泛的传播、推广和运用,为世界文化宝库作出了应有的贡献。这种双向建构说明,每一种文明都具有自身的特质和优势,这也是多元文明双向建构的根据与条件。

文明之间的双向交流和双向建构促使多元文明的共存。全球化意味着多种文明交流、沟通、互补、融合机会的增多和文明共性的增多,但是,这并不排斥民族本土文明的多样性存在。如前所述,文明归根到底是人类的实践方式和生存方式的反映。由于人类的实践方式和生存方式具有普适性,因此,各民族文明都蕴涵着共性。这也是多元文明之间可以相互交流、沟通乃至融合的基础。同时,也由于人类实践方式和生存方式的差异性和多样性,使各民族文明有着自己鲜明而独特的个性色彩,它们作为人类文明系统中的一个不可或缺的组成内容,从不同侧面,以不同的形式展示和表征着人类的本质。民族本土文明的主体既是本土文明的建设者、创造者、培育者,又是呵护者和捍卫者,他们对民族本土文明的偏爱、欣赏和珍视,会从心灵深处激起肯定民族本土文明存在和发展的愿望、动机、责任和行为,促使民族本土文明生生不息地绵延下去,这也是世界文明"和而不同",各民族文明互异其趣的根本原因。正如大千世界是五彩缤纷的组合一样,事物既有差异性、多样性,又有统一性、同质性,表现为多样性的统一,构成了文明发展的壮丽景色。当然,多元文明往往代表多元意识形态,维护着多元的社会存在和政治制度,因此它们之间也会出现冲突,这种冲突在某些时空下,可能会十分激烈,美国学者杰姆逊指出,现在第一世界掌握着文化输出的主动权,可以通过传媒把自身的价值观和意识形态强制性地灌输给第二世界。而处于弱势和边缘地位的第三世界则只能被动接受,他们的文化传统面临威胁,文化价值观和意识形态受到不断的渗透。因第一世界文化的侵略和渗透而激起的第三世界的反对文化殖民和文化霸权的斗争,并由此而产生的文化冲突就难以避免。但是文化价值观的冲突并不都以一方克服另一方的形式存在,并不意味着应由一种文化价值观来统治全人类。相反,由于世界上每一种地域文化都不具备替代另一类地域文化的功能,由于文化交流的不断扩大以及在交流中双向沟通机会的增多,由于文化自身所固有的特殊性,文化冲突与战争等冲突形式迥然相异,不都以一方消灭另一方的形式存在,从长远趋势看,只会导致各种文化价值观之间的沟通,去芜存菁,取长补短,在共识的基础上出现相互间的融合。多元文化价值观并存应该成为文化全球化和本土化价值冲突的主旋律与积极和声。

(三)深刻理解马克思对人类文明发展基本走向的预测,有助于我们更好地认识多元文明的共存与融合是全球化的基本趋势

从世界文明发展的主流看,全球化时代的主题是和平与发展,各种文明在共存、沟通、融合、发展中都可以相互借鉴,通过取长补短使各自得到提高。无视和脱离这一时代大背景,对人类文明模式的研究就会出现重大的失误,在实践中就会要么拒斥全球化,要么把全球化理想化和浪漫化,还有些人则试图通过全球化的机会推行霸权主义。美国福山的“历史终结论”,亨廷顿的“文明冲突论”,观点虽然不同,结论是共同的,都认为各民族文明在本质上不能认同,文明会产生冲突,冲突结果是单一文明(西方文明)主宰世界。表现了新冷战思维和文化中心主义与霸权主义的心态。西方某些后现代主义者则倡导以否定普遍主义为特征的“差异政治”,将人类文明的多样性推向极端。利奥塔的“异教主义政治学”、罗蒂的“种族中心主义”、福柯的“真理政治学”,都要求承认

个人或群体的独特性认同,以文明的多样性和差异性来消解全球文明的普适性和统一性。马克斯·韦伯、马尔库塞、阿伦特、麦克弗森、齐美尔、舍勒以及哈贝马斯、丹尼尔·贝尔等人则对资本主义文明展开了尖锐的批判,试图建构一种新的文明从而重建合理的社会。他们对资本主义文明的许多批判是深刻的,切中时弊的。但是他们对全球化导致多元文明之间的交融与渗透认识不够,对社会主义和共产主义是资本主义文明的下一个形态缺乏应有的认识,不能把握人类文明发展的基本规律。国内和海外有些学者受西方新自由主义中的国际社会发展趋同论和新人文主义思想的影响,认为"自由主义是最好的,最具有普遍性的价值",应实现"全球价值",主张要承认人类有共同的文明、共同的利益和共同的价值观,人类的共同利益高于其他差异和矛盾,全球化的结果就是要与国际社会一体化,实现"大同世界"。认为自由价值观是全人类应有的价值规范,要建立一种超越资本主义和社会主义的人道主义的社会模式。这显然是错误的。与全盘否定中国传统文化的观点相反,儒学复归主义认为,儒学文化是天生优越的,本质上大大优越于任何西方文化和外来文化,中国文化的出路就是复兴现代新儒学。从一个侧面表现了民族文化中心主义的观点,同和平与发展时代人类文明多样性的潮流相背离。也不利于当代中国的社会主义精神文明建设。作为中国封建社会占主流意识形态的儒学,尽管存在着许多精华,但是与现代化所需要的先进文化还存在着很大的差距。儒学并不是简单地包装一层新外衣就能显示其真理性和价值性的。亨廷顿的"文明冲突论"一出笼就遭到了世界上有识之士的反对。美国波士顿大学政治学教授沃尔特·克莱门斯 1997 年在题为"不同的文明有利益冲突但可以合作"①的文章

① 原载美国《国际先驱论坛报》。

中以大量的事实说明文明冲突并非国际事务首要因素。他认为,文化在演进,民主价值观在发展,我们不必,也不应该认为"西方和东方"的冲突是不可避免的。我们应该消除冲突的可能,采取互利的做法。对于否定人类文明的多样性,鼓吹西方文明优越论,并利用政治、军事和科技的优势,对第三世界国家大肆进行西方的文化入侵和文化渗透,后殖民主义对此进行了强烈的批判。号称后殖民主义"天下三剑客"的爱德华·萨义德、加亚特里·查克拉渥蒂·斯皮瓦克和霍米·巴芭就是这些学者中的著名代表。他们认为,西方人对第三世界国家进行文化的渗透和控制,本质上是推行一种殖民文化观念,具有政治性和侵略性,他们试图在全球搞文化霸权主义和文化帝国主义。同时他们认为,世界上的文化价值观念应该是多样性的,而不是单一性的。由一种文化价值观主宰世界决不可能给人类带来福音。

德国著名政治学家哈拉尔德·米勒在《文明的共存》一书中从正面反驳了亨廷顿将复杂的国际关系简单地套入"敌我对抗"模式的错误论调。作者认为,文明共存是融合各种不同文明的特质、扬弃不合时宜文明,形成多样性的新的文明体系。文明共存中有着文明的冲突,文明的冲突中包含着文明的共存和融合。文明在产生同一性的同时也必将产生多样性,两者密切不可分并且互为前提,是辩证统一在一起的。主宰我们时代的政治、经济和社会的强大推动力将会给人类带来巨大的危险,但同时它也创造了难得的机会,使人类各民族之间的危险敌对性有可能得以调和。文明的冲突现象并非自然之力的结果,而是人为引起的,因此人类完全可以依靠自身的力量来逾越这个障碍。历史上每一次文明冲突的结果往往是进一步形成文明共存和融合,每一次经过文明共存和融合产生的新的文明又会孕育着更为深刻的文明冲突。文明冲突和文明共存引发世界文明的变迁、演进、发展和多样性,不同文明在交融中发生碰撞而走向整合。

人类文明多样性的事实已经证明西方文明的普遍主义实质上是一个道德陷阱，包藏着不可告人的险恶用心。①“文化的多元性已成为一种原则，可能是唯一超出其文化多样性的原则，即一种跨文化‘真实’。所有文化，无论怎样变化，都至少有一条公理，那就是文化的多元性。换句话说，现在所谓的文化已经无法与一定程度的反射性和反讽分开了；每一种文化，包括我们自己的文化，不论对其自身多么确定无疑，还是对其他对等文化和对抗文化多么蔑视和不容忍，都不得不承认自己只是世界上众多当代文化的一种。所以，每种文化现在都在不愉快地认识到自己的相对性的同时继续发挥作用。”②

总之，全球化有助于世界文明的交流和对话。经济活动和文化活动向全球扩展，会引起世界文化价值的重新整合，出现各民族文明的互通化过程，出现如同哈贝马斯所说的对于共同问题的“公共商谈”，形成对于人类共同利益的价值共识和共享。全球化决不是全球西化或美国化，决不会泯灭文明的多样性，而导致文明单一性的存在。因此，那些死抱住本民族文明优越论，试图通过全球化将本民族文明的价值标准强加于别的国家和民族，作为全球普适文明的一相情愿的美梦，是注定要被人类多样性的文明浪潮所击破的。只有主动顺应全球化的历史潮流，将各民族、各地区的文明融合到世界文明之中，在世界文明发展过程中界定自身的文明，在与其他文明积极对话中获得自身文明发展的丰富养料，才能既促进本土文明的发展，又推动全球文明得到更大的发展。

---

① 参见(德)乌·贝克等著，王学东等译：《全球化与政治》，中央编译出版社 2000 年版，第 47 页。

② 王逢振主编：《全球化症候》，天津社会科学院出版社 2001 年版，第 226 页。

第五章 中国特色社会主义文明模式与中国的和平发展战略

中国顺应和平与发展的时代主题,坚持以经济建设为中心,坚持四项基本原则和坚持改革开放这两个基本点,走出了一条迅速地和平发展的文明道路,中国的和平发展成了世界和平发展的重要组成部分。中国在改革开放的实践中深刻地认识到,只有通过和平方式实现的发展才是持久的和牢靠的发展,也才是既有利于中国人民也有利于世界各国人民的发展。坚持走和平发展道路,就是既通过争取和平的国际环境来发展自己,又通过自己的发展来促进世界和平,推动世界发展。中国特色社会主义文明模式是中国改革开放的总设计师邓小平构思的,这一模式在当代中国的实践中已经被成功地证明为适合中国国情的模式。中国特色社会主义文明模式是世界多样性文明中特别富有绚丽色彩的文明模式。坚持走建设中国特色社会主义道路,高举和平、发展、合作、共赢的大旗,在科学发展观的统领下,建设社会主义和谐社会,在国际上建设和谐世界,中国必将对世界和平和世界文明的发展作出更大的贡献。

一、中国特色社会主义是独具色彩的文明模式

中国文明是世界文明的重要组成部分。中国文明发展道路既

有全球文明的普遍适应性的特点,更重要的是具有强烈而鲜明的个性特征。世界是丰富多彩的,文明发展道路是多样的。一个国家或民族如果缺乏自己的特色和个性,就没有闪光之点,就不可能对外界产生吸引力和感召力,也就没有自身的良好形象。中国特色社会主义是中国人民创造的具有自己强烈的个性特征的文明模式。

(一)社会主义文明模式的优越性

社会主义文明模式具有自己的优越性。社会主义文明模式是在实践中孕育成长的。社会主义作为一种崭新的社会制度,是人类长期追求的理想社会。但是对于什么是社会主义,如何建设社会主义,如何巩固和发展社会主义,前人没有经历过,也没有现成的模式可搬,没有现成的答案可找。马克思和恩格斯依据资本主义社会的矛盾以及发展趋势,对未来的新社会作出了科学的设想,针对资本主义私有制所带来的社会弊端,预见到社会主义社会建立公有制以后将会产生一些新的特征,他们的设想在其所处的时代具有合理性,为后人建设社会主义的实践提供了研究问题和解决问题的出发点和科学方法,而不是一个新社会的现成方案。他们说:“对于未来非资本主义社会区别于现代社会的特征的看法,是从历史事实和发展过程中得出的确切结论;脱离这些事实和过程,就没有任何理论价值和实际价值。”①马克思主义一直强调,不能从既成的理论出发,而要从动态和丰富多彩的实践出发。科学社会主义诞生以来,社会主义并没有从西方发达的资本主义国家取得胜利,相反却在东方经济文化比较落后的国家首先取得了胜利。现实的社会主义与马克思和恩格斯设想的理想的社会主义存

① 《马克思恩格斯全集》第36卷,人民出版社中文第1版,第419页。

在着很大的差距。社会主义实践中许多新问题在马克思主义经典著作中找不到现成的答案，需要在新的实践中不断地加以探索。马克思主义的理论品格和生命力在于创新，马克思主义从诞生至今在强大的敌人一刻不停的围剿和叫骂声中高歌凯进的内在奥秘源于创新，马克思主义在建设有中国特色社会主义实践中表现出来的旺盛活力基于创新。全球化作为当代最具特色的世界话语和时代潮流，带来了一系列前所未有的新问题，推动着马克思主义理论的进一步创新。把马克思主义理论创新置于全球化的背景下考察，充分认识马克思主义理论创新的当代价值，马克思主义理论创新的宗旨和基本方法，对于我们在建设有中国特色的社会主义现代化事业中，坚持和发展马克思主义，具有十分重大的意义。

马克思主义创立者和继承者始终把创新作为自己理论的基本品格。马克思主义理论的强大震撼力、感召力、战斗力和生命力源于其体系的开放性、动态性和不断发展性。马克思主义的创立者明确宣布自己的理论并没有结束真理，而是要不断开辟通向真理的道路。他们批判了黑格尔把自己的理论视为终极体系的错误，指出世界上根本不存在一成不变的理论体系，穷尽人类一切知识的终极真理是找不到的。马克思主义认为："甚至随着自然科学领域每一个划时代的发现，唯物主义也必然要改变自己的形式。"①"每一时代的理论思维，从而我们时代的理论思维，都是一种历史的产物，它在不同的时代具有完全不同的形式，同时具有完全不同的内容。"②马克思主义在毫不留情地批判旧世界的同时，也时时严厉地审视自己的理论，对错误的地方进行尖锐的自我批判，并且敢于把这种批判公布于众。例如，《共产党宣言》虽然是

---

①　《马克思恩格斯选集》第4卷，人民出版社1995年版，第218页。

②　同上书，第284页。

具有划时代意义的纲领性文件,但是,马克思和恩格斯在该书1872年德文版序言中,根据变化了的情况认为:"这个纲领现在有些地方已经过时了。""这些基本原理的实际运用,正如《宣言》中所说的,随时随地都要以当时的历史条件为转移,所以第二章末尾提出的那些革命措施并没有特别的意义。""很明显,对于社会主义文献所做的批判在今天看来是不完全的。""关于共产党人对各种反对党派的态度问题所提出的意见……在实践方面毕竟是过时了。"①类似这样既诚实又严厉地批判自己理论的例子是很多的。因为,马克思主义创立者从来都没有把自己神化,从来都没有把自己当作是掌握了人类的绝对理性,可以用它来解决世界上的所有问题的超人,相反,总是一再强调要用活生生的实践来检验、丰富和发展理论,而不是用理论来裁剪实践,一再强调要根据变化了的形势和条件,提出新的理论,要用适用于新的历史任务的新公式和新结论来代替随着时间推移而失去作用的旧的个别公式和个别结论。总是把自己的理论视为不断发展的学说,需要在新的实践中不断检验和不断完善的学说。也正是时时经受着实践浪潮的不断砥砺,马克思主义理论在不断创新中日益完善,在世界众多理论流派走马灯似的不断变换中独树一帜,以其强大的理论穿透力和战斗力屹立在时代的峰巅。

列宁是对马克思主义勇于创新的典范。列宁坚持马克思主义的普遍原理,又从俄国革命的具体实践出发,没有拘泥于马克思关于社会主义革命必须在几个先进资本主义国家同时取得胜利的论断,而是根据变化了的客观形势,审时度势,总结经验,得出了革命可能在一国单独发生并取得胜利的崭新结论,又以这一新的理论为指导,进行新的革命实践,使科学社会主义终于在俄国成为了现

① 《马克思恩格斯选集》第1卷,人民出版社1995年版,第248—249页

实。面对俄国社会主义建设中的一系列新情况和新问题,列宁用马克思主义观察和分析问题,努力探索适合俄国国情的社会主义建设道路,推动了社会主义事业的发展。

以毛泽东为代表的中国共产党人,坚持把马克思主义的基本原理同中国革命和建设的具体实际相结合,走自己的路,创造性开辟了建立农村根据地,以农村包围城市,最后夺取全国胜利的革命道路。建国初期,又按照中国国情,创造性地实现了对农业、手工业和资本主义工商业的社会主义改造,全面确立了社会主义制度。马克思曾经设想社会主义革命有可能对资产阶级和平赎买,列宁在十月革命之后提出过进行这种和平赎买的政策和方案的轮廓。但是,由于多方面的原因,列宁的方案没有能够很好实施。和平赎买在中国的成功运用,是毛泽东同志为代表的中国共产党人对马克思主义的一个重大贡献。中国社会主义发展道路的探索,始于毛泽东,成于邓小平。毛泽东在中国如何建设社会主义的问题上作过重要的贡献。从20世纪50年代中期开始,他发现苏联社会主义模式的弊端,告诫人们应该"以苏为鉴"。他在《论十大关系》、《关于正确处理人民内部矛盾的问题》等著作中,对中国如何建设社会主义提出了一系列重要的思想和论述。他认为社会主义社会的基本矛盾仍然是生产关系和生产力之间、上层建筑和经济基础之间的矛盾,要适时地调整两者不相适应的一面;在社会主义制度下,人民的根本利益是一致的,但是在人民内部还存在着各种矛盾,必须严格区分敌我矛盾和人民内部矛盾这两类不同性质的社会矛盾,把正确处理好人民内部矛盾作为国家政治生活的主题;在经济建设中,要正确处理重工业和农业、轻工业的关系,充分重视发展农业和轻工业,走出一条适合中国国情的工业化道路;

邓小平在"什么是社会主义,怎样建设社会主义"这一重大的基本问题上,继承和发展了马克思主义的创新精神,他坚持从中国社会主义初级阶段的实际出发,把马克思主义的普遍原理同中国改革开放和社会主义现代化建设的实际相结合,创造性地开辟了建设有中国特色社会主义道路,并在新的实践中形成了邓小平理论这一当代中国的马克思主义。

党的十一届三中全会以来,以邓小平为首的中国共产党人不把书本当作教条,不照搬照抄别国的模式,坚持把马克思主义基本原理和中国革命的具体实际相结合,解放思想,实事求是,从个人崇拜和教条主义的枷锁中解放出来,一切从本国实际出发,敢于和善于走自己的路。早在1956年,邓小平就说:"马克思列宁主义的普遍真理与本国的具体实际相结合,这句话本身就是普遍真理。它包含两个方面,一方面叫普遍真理,另一方面叫结合本国实际。我们历来认为丢开任何一面都不行。"①在党的十二大开幕词中,邓小平明确指出:"把马克思主义的普遍真理同我国的具体实际结合起来,走自己的道路,建设有中国特色的社会主义,这就是我们总结长期历史经验得出的基本结论。"②在选择什么样的文明模式上,邓小平既不丢马克思主义老祖宗,又不拘泥于老祖宗的经典;既不离开中国的国情和中华民族的特点,又不脱离世界的现状和世界文明的发展趋势。在他的心目中,马克思主义必须是同中国实际相结合的马克思主义,社会主义必须是结合中国实际的具有中国特色的社会主义。那么特色从何而来?邓小平认为,特色在于创新。不创新,不可能推动文明进步,不可能使文明丰富多彩,相反,文明就会失去自身的绚丽光彩。邓小平语重心长地说:"一个党,一个国家,一个民族,如果一切从本本出发,思想僵化,迷信盛行,那它就不能前进,它的生机就停止了,就要

① 《邓小平文选》第1卷,人民出版社1994年版,第258—259页。
② 《邓小平文选》第3卷,人民出版社1993年版,第3页。

亡党亡国。”①

邓小平认为建设社会主义，必须从中国的实际情况出发，走出独特的文明发展道路。社会主义发展道路是多样性的，不是只有一条道路，一种选择和一种模本。社会主义代替资本主义是人类历史发展的必然趋势，是谁也阻挡不了的客观规律，但是各国走向社会主义的具体历史进程和路径选择是多样性的，存在着千差万别的样式。马克思和恩格斯指出：“相同的经济基础——指主要条件来说相同——可以由无数不同的经验事实、自然条件、种族关系、各种从外部发生作用的影响等等，而在现象上显示出无穷无尽的变异和程度差别。”②列宁对社会主义发展道路的多样性有过精辟的论述，他说：“在人类从今天的帝国主义走向明天的社会主义革命道路上，同样会表现出这种多样性。一切民族将走上社会主义，这是不可避免的。但是，一切民族的走法都不完全一样。在民主的这种或那种形式上，在无产阶级专政的这种或那种形态上，在社会生活各方面的社会主义改革的速度上，每个民族都会有自己的特点。”③只有从本国和本民族的实际情况出发，以自己独有的方式，实现共同的历史任务，在文明发展道路上就会呈现出百花齐放、争艳斗奇的生动局面。

（二）中国特色社会主义文明模式的独特个性

邓小平以其出类拔萃的创新思维揭示了中国特色社会主义文明模式的独特个性。

第一，中国社会主义的本质特色。社会主义的本质是什么？

---

① 《邓小平文选》第2卷，人民出版社1994年版，第143页。

② 《马克思恩格斯全集》第25卷，人民出版社中文第1版，第892页。

③ 《列宁全集》第28卷，人民出版社中文第2版，第163页。

这是一个极其重大的理论和现实问题。早在1980年邓小平就指出:“社会主义是一个很好的名词,但是如果搞不好,不能正确理解,不能采取正确的政策,那就体现不出社会主义的本质。”①“不解放思想不行,甚至于包括什么叫社会主义这个问题也要解放思想。经济长期处于停滞状态总不能叫社会主义。人民生活长期停止在很低的水平总不能叫社会主义。”②“根据我们自己的经验,讲社会主义,首先就要使生产力发展,这是主要的。只有这样,才能表明社会主义的优越性。社会主义经济政策对不对,归根到底要看生产力是否发展,人民收入是否增加。这是压倒一切的标准。空讲社会主义不行,人民不相信。”③1985年,邓小平又指出:“在建立社会主义经济基础以后,多年来没有制定出为发展生产力创造良好条件的政策,社会生产力发展缓慢,人民的物质和文化生活得不到理想的改善,国家也无法摆脱贫穷落后的状态。这种情况,迫使我们在一九七八年十二月召开的党的十一届三中全会上决定进行改革。”④随着全球改革的深入发展,1986年,邓小平指出:“按照马克思主义观点,共产主义社会是物质极大丰富的社会。因为物质极大丰富,才能实现各尽所能、按需分配的共产主义原则。社会主义是共产主义第一阶段,当然这是一个很长很长的历史阶段。社会主义时期的主要任务是发展生产力,使社会物质财富不断增长,人民生活一天天好起来,为进入共产主义创造物质条件。不能有穷的共产主义,同时也不能有穷的社会主义。致富不是罪过。”⑤“社会主义财富属于人民,社会主义的致富是全民共同

① 《邓小平文选》第2卷,人民出版社1994年版,第313页。
② 同上书,第312页。
③ 同上书,第314页。
④ 《邓小平文选》第3卷,人民出版社1993年版,第134页。
⑤ 同上书,第171—172页。

致富。社会主义原则,第一是发展生产,第二是共同致富。我们允许一部分人先好起来,一部分地区先好起来,目的是更快地实现共同富裕。正因为如此,所以我们的政策是不使社会导致两极分化,就是说,不会导致富的越富,贫的越贫。”①1988 年,邓小平说:“根本内容就是建设具有中国特色的社会主义。坚持社会主义的发展方向,就要肯定社会主义的根本任务是发展生产力,逐步摆脱贫穷,使国家富强起来,使人民生活得到改善。没有贫穷的社会主义。社会主义的特点不是穷,而是富,但这种富是人民共同富裕。”②1990 年年底,邓小平又指出:“社会主义不是少数人富起来、大多数人穷,不是那个样子。社会主义最大的优越性就是共同富裕,这是体现社会主义本质的一个东西。如果搞两极分化,情况就不同了,民族矛盾、区域间矛盾、阶级矛盾都会发展,相应地中央和地方的矛盾也会发展,就可能出乱子。”③1992 年年初,邓小平在视察南方的谈话中对社会主义的本质这一重大问题作了总结性的理论概括:“社会主义的本质,是解放生产力,发展生产力,消灭剥削,消除两极分化,最终达到共同富裕。”④

邓小平关于社会主义本质的概括,继承了马克思主义的科学社会主义的基本原则,是探索建设中国特色社会主义道路的最重大的理论成果之一,是将马克思主义的普遍原理与当代中国的实际结合起来的生动典范。这一重要的概括,既包括了社会主义社会的生产力问题,又包括了以社会主义生产关系为基础的社会关系问题,是一个有机的整体。前者是后者的前提条件,后者是前者的必然结果,缺一条都显示不出社会主义比资本主义的优越性,都

① 《邓小平文选》第 3 卷,人民出版社 1993 年版,第 172 页。
② 同上书,第 264—265 页。
③ 同上书,第 364 页。
④ 同上书,第 373 页。

显示不出社会主义文明模式的独特的价值色彩。邓小平关于社会主义本质的科学概括,反映了人民的利益和当今时代文明多样性的要求,廓清了不合乎时代进步和社会发展规律的模糊认识,摆脱了长期以来拘泥于具体模式而忽视社会主义本质的错误倾向,深化了对科学社会主义的认识。对于在坚持社会主义基本制度的基础上推进改革,指导改革沿着合乎社会主义本质要求的方向发展,对于建设中国特色社会主义,具有重大的理论和实践意义。

第二,中国社会主义的经济特色。按照西方大多数经济学家的观点,市场经济只能建立在私有制基础上,而与社会主义公有制毫不相容。西方经济学家代表人物米塞斯和海耶克断言,在社会主义公有制基础上只能建立集权的计划经济。中华人民共和国成立以后,我们把苏联斯大林的模式当成社会主义的样板,在相当长的一段时间内,在所有制结构上把社会主义公有制主要等同于国有制,进而把国有制主要等同于中央集权体制。在经济运行方式上把社会主义经济主要等同于计划经济,进而把计划经济主要等同于实行强制性的指令性计划。在分配方式上把按劳分配当作我国社会主义时期个人消费品分配的唯一合法形式,否定其他分配方式的合理性和必要性。由此构筑起一整套集中的计划经济体制。其中虽然存在着部分商品生产,但是由于在资源配置方式上基本排斥市场的作用,因而整个说来不是商品经济。邓小平勇敢地突破了经典作家与西方经济学家的观点,冲破了国内"左"的和右的思想桎梏,把社会主义公有制和市场经济结合起来,指明了建设中国社会主义的经济道路。早在1979年,他在会见美国学者的谈话中就否定了市场经济只限于资本主义的说法,明确提出了社会主义市场经济的概念。他指出:"说市场经济只存在于资本主义社会,只有资本主义的市场经济,这肯定是不正确的。社会主义为什么不可以搞市场经济,这个不能说是资本主义。""社会主义也可以搞市场经济。”“这是社会主义利用这种方法来发展社会生产力。把这当作方法，不会影响整个社会主义，不会重新回到资本主义。”①在视察南方的谈话中，邓小平明确指出：“计划经济不等于社会主义，资本主义也有计划；市场经济不等于资本主义，社会主义也有市场。”②这就从根本上解除了把计划经济和市场经济看作属于社会基本制度范畴的思想束缚。

第三，中国社会主义的政治特色。邓小平认为，任何国家的政治，都不能离开该国的历史文化传统、经济发展状况和社会制度。当代中国的政治特色就是要在中国共产党的领导下，在人民当家作主的基础上，依法治国，发展社会主义民主政治，推进社会主义的政治文明。

民主是资本主义用来反封建的重要武器，但是民主并不是资本主义的专利。事实上，资本主义并没有使人民享有真正的民主，他们的民主还是资产阶级少数人的民主，广大劳动人民享有的民主是非常有限的。社会主义制度从根本上来说比资本主义优越的地方在于人民群众的广泛的民主。因为民主是建立社会主义制度的一个重要的前提条件。马克思恩格斯早在100多年前就指出：无产阶级解放的“第一个基本条件是通过民主的国家制度达到无产阶级的政治解放。”③“工人革命的第一步就是使无产阶级上升为统治阶级，争得民主。”无产阶级取得国家政权以后，“将利用自己的政治统治，一步一步地夺取资产阶级的全部资本，把一切生产工具集中在国家即组织成为统治阶级的无产阶级手里。”④按照马克思和恩格斯的看法，工人阶级只有首先争取了

① 《邓小平文选》第2卷，人民出版社1994年版，第236页。

② 《邓小平文选》第3卷，人民出版社1993年版，第373页。

③ 《马克思恩格斯全集》第42卷，人民出版社中文第1版，第379页。

④ 《马克思恩格斯选集》第1卷，人民出版社1995年版，第293页。

民主,才能建立起社会主义的经济基础,从而建立起社会主义社会。否则就不可能有社会主义。民主是社会主义的本质特征,社会主义本质上是民主的,民主就是社会主义。民主与社会主义存在着天然的联姻。社会主义的生产关系的特征是生产资料的社会占有。生产资料占有的社会化,必然要求经济和政治管理权力的民主化。社会主义既是一种生产资料公有制为基础的新型的经济制度,又是一种工人阶级和劳动人民当家作主的新型的政治制度,即人民民主专政的政治制度。在社会主义制度下,人民不但享有富裕文明的物质文化生活,而且享有高度民主的政治生活以及按照社会主义民主原则建立起来的人与人之间新型的人际关系。是否重视民主,发扬民主,也直接关系到社会主义事业的成败。列宁指出:"没有民主,就不可能有社会主义","胜利了的社会主义如果不实行充分的民主,就不能保持它所取得的胜利,并且引导人类走向国家的消亡。"①历史的经验教训充分证明了列宁的话的正确性。苏联在斯大林时期大搞个人崇拜,导致党内民主和人民民主遭到严重破坏,给世界社会主义运动造成了很坏的影响。1945 年 7 月,民主人士黄炎培访问延安,向毛泽东提出了一个一直令他忧虑不安的问题。中国历代王朝,真所谓"其兴也浡焉,其亡也忽焉"。一人、一家、一团体、一地方,乃至一国,不少个人单位都没有能跳出这兴亡周期率的支配。共产党能否找到跳出这一周期率的方法?毛泽东很自信地回答:"我们已经找到了新路,我们能跳出这个周期率。这条新路,就是民主。只有让人民来监督政府,政府才不敢松懈。只有人人起来负责,才不会人亡政息。"②在这里,

① 《列宁全集》第 28 卷,人民出版社中文第 2 版,第 168 页。

② 薄一波:《若干重大决策与事件的回顾》上卷,中共中央党校出版社 1993 年版,第 157 页。

毛泽东说出了民主对于社会主义国家所具有的重大价值。邓小平认真总结了历史的经验教训，深刻地指出："没有民主就没有社会主义，就没有社会主义的现代化。"①

中国社会主义的民主不是抽象的，而是具体的实实在在的民主；不是照搬照抄资本主义国家的民主，而是适合自己国情的中国特色的社会主义民主。这也是各国文明多样性的一种突出表现。邓小平说："资本主义社会讲的民主是资产阶级的民主，实际上是垄断资本的民主，无非是多党竞选、三权鼎立、两院制。我们的制度是人民代表大会制度，共产党领导下的人民民主制度，不能搞西方那一套。"②"我们实行的就是全国人民代表大会一院制，这最符合中国实际。如果政策正确，方向正确，这种体制益处很大，很有助于国家的兴旺发达，避免很多牵扯。"③邓小平还认为："为了保障人民民主，必须加强法制。必须使民主制度化、法律化。"④做到有法可依，有法必依，执法必严，违法必究。"我们的民主制度还有不完善的地方，要制定一系列的法律、法令和条例，使民主制度化、法律化。社会主义民主和社会主义法制是不可分的。"⑤

中国社会主义的政治特色，集中体现在中国特色的社会主义政治文明上。在当代中国发展社会主义民主政治，建设高度的社会主义政治文明，是一项十分重要且意义深远的历史任务。并且对于具有两千多年封建历史文化积淀正阔步迈向现代化的中国来说，又是一项崭新而艰巨的重任。中国特色的社会主义政治文明是把中国共产党的领导、人民当家作主和依法治国有机地结合起

① 《邓小平文选》第2卷，人民出版社1994年版，第168页。
② 《邓小平文选》第3卷，人民出版社1993年版，第240页。
③ 同上书，第220页。
④ 《邓小平文选》第2卷，人民出版社1994年版，第146页。
⑤ 同上书，第359页。

来的政治文明,这是植根于中国国情基础上的新型的政治文明,也是具有中国特色的社会主义政治发展的道路。沿着这一路径进行社会主义政治文明建设,必将使我国的社会主义民主更加完善和健全,社会主义法治更加完备和规范,人民群众的各项权益得到更加切实的尊重和保障。

第四,中国社会主义的文化特色。中国社会主义文明模式的个性色彩,除了中国社会主义的本质特色、经济特色和政治特色以外,还需要和离不开中国社会主义的文化特色。没有文化特色相般配,其他方面的特色是不完整的,也无法显示出来。中国社会主义的文化特色与中国先进文化建设是一致的,实际上是社会主义精神文明的内容。邓小平指出:“所谓精神文明,不但是指教育、科学、文化(这是完全必要的),而且是指共产主义的思想、理想、信念、道德、纪律,革命的立场和原则,人与人的同志式关系,等等。学习和培养这些革命精神,并不需要多么好的物质条件,也不需要多么高的教育程度。”①他还说:“从延安到新中国,除了靠正确的政治方向以外,不是靠这些宝贵的革命精神吸引了全国人民和国外友好人士吗?没有这种精神文明,没有共产主义理想,没有共产主义道德,怎么能建设社会主义?党和政府愈是实行各项经济改革和对外开放的政策,党员尤其是党的高级负责干部,就愈要高度重视、愈要身体力行共产主义思想和共产主义道德。否则,我们自己在精神上解除了武装,还怎么能教育青年,还怎么能领导国家和人民建设社会主义!”②邓小平语重心长地说:“我们一定要经常教育我们的人民,尤其是我们的青年,要有理想。为什么我们过去能在非常困难的情况下奋斗出来,战胜千难万险使革命胜利呢?就

① 《邓小平文选》第2卷,人民出版社1994年版,第367页。
② 同上。

是因为我们有理想，有马克思主义信念，有共产主义信念。我们干的是社会主义事业，最终目的是实现共产主义。这一点，我希望宣传方面任何时候都不要忽略。”①

中国特色社会主义精神文明建设是一个系统工程，涉及理想建设、道德建设、教育科学文化建设、民主法制建设、马克思主义理论建设、执政党自身的建设等丰富内容。在全球化所带来的国与国的综合竞争中，文化的竞争已经成为核心的竞争。文化是国家的软实力和重要资本，大力发展社会主义先进文化，搞好当代中国的社会主义精神文明，对于推进中国特色社会主义事业具有十分重要的价值。

（三）在全球文明和本土文明的结合点上推进中国特色社会主义文明

邓小平博大精深的中国特色社会主义文明理论具有民族本土性和全球性的双重视界。既立足于民族本土的政治、经济和文化等状况，注意保持中国特色社会主义文明特质，又着眼于借鉴、吸纳和有机整合全球文明的积极成果，使邓小平建设中国特色社会主义文明的理论具有强烈的科学性、前瞻性、开放性、包容性和可操作性。

首先，中国特殊的社会生态环境和社会主义文明的本质规定性，构成了邓小平建设中国特色社会主义文明理论的民族本土性的视界。中国特色社会主义文明的特殊性是由当代中国的国情所决定的。“中国处在社会主义初级阶段”的科学论述，是邓小平创造性地运用马克思主义关于社会发展阶段的基本理论，深刻地分析当代中国的国情，对中国目前所处的社会主义发展阶段的科学

① 《邓小平文选》第3卷，人民出版社1993年版，第110页。

定位。社会主义初级阶段构成了当代中国社会主义文明的特殊的社会生态环境。中国特色社会主义文明就是在这一特殊的社会生态环境中产生和发展的。它具有社会主义和中华民族本土性的特殊本质。社会主义初级阶段的基本特点是多样的,如经济上落后,生产力水平低下,发展不平衡,社会主义经济制度不成熟、不完善,社会主义政治文明建设的任务还很艰巨,政治民主化程度还没有达到一定的高度,建设高度的社会主义民主政治和法制社会所必须的一系列经济文化条件还不充分,封建主义残余、资本主义腐朽思想和小生产习惯势力在社会上还有广泛的影响,并且经常侵袭党的干部和国家公务员队伍。作为国家根本政治制度的人民代表大会制度还有待于完善和发展,社会政治参与的渠道还不够宽泛,公民政治参与的积极性、普遍性和有效性还不够,决策科学化和民主化的程度还不高。在政府管理方面,政府的职能还没有理顺,管理的效率还不高,还没有形成与社会主义市场经济体制相适应的政府管理模式。作为执政党的共产党自身建设的任务还很重,党内的民主制度、监督制度以及反腐倡廉的一系列制度还不健全。社会主义政治在运行上还缺乏规则化,一种能够从根本上保证国家长治久安的制度结构还在建设中。体现现代民主、法治、人权、平等、公正等内容的政治文化在历史上就缺失,在现代也没有形成浓郁的氛围,文盲半文盲人口较多的状况依然存在,人民群众作为政治生活中的主体应该具有的主体意识、文化素质、思想素质、道德素质、法制观念、权利和义务意识以及参政议政能力等都需要进一步提高。

从社会主义初级阶段的国情出发,邓小平指出,当代中国特色社会主义文明建设,必须坚持四项基本原则。“我们的政治体制改革是有前提的,即必须坚持四项基本原则。”①“离开坚持四项基

① 《邓小平文选》第3卷,人民出版社1993年版,第332页。

本原则,就没有根,没有方向,也就谈不上贯彻党的思想路线。"①邓小平还说:"如果动摇了这四项基本原则中的任何一项,那就动摇了整个社会主义事业,整个现代化建设事业。"②邓小平认为,建设特色社会主义文明,是由中国的历史和现状所决定的。他说:"中国搞资本主义不行,必须搞社会主义。如果不搞社会主义,而走资本主义道路,中国的混乱状态就不能结束,贫困落后的状态就不能改变。所以,我们多次重申,要坚持马克思主义,坚持走社会主义道路。但是,马克思主义必须是同中国实际相结合的马克思主义,社会主义必须是切合中国实际的有中国特色的社会主义。"③

中国社会主义初级阶段的特征,还决定了中国特色社会主义文明不能照搬照抄别国模式,必须走自己的路。邓小平说:"改革开放必须从各国自己的条件出发。每个国家的基础不同,历史不同,所处的环境不同,左邻右舍不同,还有其他许多不同。别人的经验可以参考,但是不能照搬。过去我们中国照搬别人的,吃了很大苦头。中国只能搞中国的社会主义。"④"我们搞的现代化,是中国式的现代化。我们建设的是社会主义,是有中国特色的社会主义。我们主要是根据自己的实际情况和自己的条件,以自力更生为主。"⑤在党的十二大开幕词中,邓小平郑重宣告:"把马克思主义的普遍真理同我国的具体实际结合起来,走自己的道路,建设有中国特色的社会主义,这就是我们总结长期历史经验得出的基本

① 《邓小平文选》第2卷,人民出版社1994年版,第278页。
② 同上书,第173页。
③ 《邓小平文选》第3卷,人民出版社1993年版,第63页。
④ 同上书,第265页。
⑤ 同上书,第29页。

结论。"①邓小平认为,现代民主虽然在全世界具有普适性的一面,但是由于社会主义文明和资本主义文明具有质的区别性,因此,"一般讲政治体制改革都讲民主化,但民主化的含义不十分清楚。资本主义社会讲的民主是资产阶级的民主,实际上是垄断资本的民主,无非是多党竞选、三权鼎立、两院制。我们的制度是人民代表大会制度,共产党领导下的人民民主制度,不能搞西方那一套。"②只有从社会主义初级阶段的国情出发,建设具有中国特色的社会主义文明,才能确立起科学的文化价值观,合理的现代经济制度和政治体制以及健康的国民心理,使中国以其独特的社会主义文明的优势屹立于世界民族之林。

其次,全球文明的积极成果和文明发展的基本趋势构成了邓小平建设中国特色社会主义文明理论的全球性的视界。邓小平建设中国特色社会主义文明的理论具有强烈的民族本土性和社会主义本质规定性的色彩,但又决不仅仅局限于此。邓小平能以超凡的胆略和博大的心胸,既立足于民族本土,又决不囿于民族本土之一隅,而是雄视全球,前瞻未来,审时度势,开拓创新,从全球政治发展的制高点上洞悉世界政治进步的基本趋势和文明的既有成果,从全球多样性文明的基本走向和宏观背景,从中国社会主义文明的民族本土性与全球性交互影响和并行不悖的关系中思考中国社会主义文明问题。正如他自己所说:"要从大局看问题,放眼世界,放眼未来,也放眼当前,放眼一切方面。"③总之,在立足民族本土性的同时面向全球,是邓小平中国特色社会主义文明理论的另一重要视界。

---

① 《邓小平文选》第3卷,人民出版社1993年版,第3页。

② 同上书,第240页。

③ 同上书,第300页。

邓小平是在经济全球化将世界普遍联系的态势越来越突出地显示出来的状况下思考中国政治文明问题的。邓小平生前虽然没有提出过和使用过“全球化”的概念,但是,他有着当今世界是一个紧密联系的整体的显著的“全球化”的思想。邓小平多次强调,今天的世界是开放的世界。“世界各国的经济发展都要搞开放,西方国家在资金和技术上就是互相融合、交流的。”①中国是世界的一个重要的组成部分,无论是经济发展还是政治发展都与全球具有关联性、交融性和互补性。邓小平说:“中国的发展离不开世界”。② 因此,中国特色社会主义文明建设的目光还应该投向世界,要把对内本土性的视界和对外全球性的视界交汇融通起来,在民族本土性和全球性的结合点上对当代中国的社会主义文明建设予以正确的定位。在邓小平看来,人类文明既是多样性的,又存在着可以为人类共享、共有的积极成果。中国的民主政治可以兼顾全球民主政治的一般原则,如主权在民的原则、自由平等公正的原则、法治和程序原则、公开性原则和人权的原则等。由于经济全球化所促成的世界联系越来越紧密,因此,邓小平语重心长地说:“不要孤立于世界之外。根据中国的经验,把自己孤立于世界之外是不利的。要得到发展,必须坚持对外开放、对内改革,包括上层建筑领域的政治体制的改革。中国执行开放政策是正确的,得到了很大的好处。如果说有什么不足之处,就是开放得还不够。我们要继续开放,更加开放。”③“开放是对世界所有国家开放,对各种类型的国家开放。”④对于坚持改革开放的重要性,邓小平甚至这样强调:“坚持改革开放是决定中国命运

① 《邓小平文选》第3卷,人民出版社1993年版,第367页。

② 同上书,第78页。

③ 同上书,第202页。

④ 同上书,第237页。

的一招。”①

邓小平指出，社会主义文明与资本主义文明虽然具有根本不同的本质规定性，但是，两者并不是水火不相容的关系，资本主义文明中存在着社会主义文明可以借鉴的东西。社会主义文明也有着资本主义文明所不具备的内容。不同的文明之间存在着兼容性。“我们要向资本主义发达国家学习先进的科学、技术、经营管理方法以及其他一切对我们有益的知识和文化，闭关自守、故步自封是愚蠢的。”②在1992年的南方谈话中，他深刻地指出：“总之，社会主义要赢得与资本主义相比较的优势，就必须大胆吸收和借鉴人类社会创造的一切文明成果，吸收和借鉴当今世界各国包括资本主义发达国家的一切反映现代社会化生产规律的先进经营方式、管理方法。”③这里讲得很清楚，社会主义是吸收和借鉴人类社会创造的“一切文明成果”，当然包括了资本主义文明的积极成果。邓小平说：“多年的经验表明，要发展生产力，靠过去的经济体制不能解决问题。所以我们吸收资本主义中一些有用的方法来发展生产力。”“我们发挥社会主义固有的特点，也采用资本主义的一些方法（是当作方法来用的），目的就是要加速发展生产力。在这个过程中出现了一些消极的东西，但更重要的是，搞这些改革，走这样的路，已经给我们带来了可喜的结果。中国不走这条路，就没有别的路可走。只有这条路才是通往富裕和繁荣之路。”④

邓小平认为，资本主义文明中的积极成果除了现代化大生产、科学技术和先进的管理经验等方面外，还体现在制度设计等方面

① 《邓小平文选》第3卷，人民出版社1993年版，第368页。

② 同上书，第44页。

③ 同上书，第373页。

④ 同上书，第150页。

可以被社会主义所吸收和借鉴的一些积极成果。从总体上说，社会主义优越于资本主义制度，社会主义必然取代资本主义是历史发展的客观规律，但是，资本主义在几百年发展中积累的法制化、程序化和规范化的具体的规章制度可以为尚处于社会主义初级阶段的中国所借鉴和吸收。在邓小平看来，资本主义在具体规章制度上体现出的文明成果主要表现为，首先，是发现和使用人才方面的优点。邓小平多次指出我们的干部制度存在着缺点，“我们说资本主义社会不好，但它在发现人才、使用人才方面是非常大胆的。它有个特点，不论资排辈，凡是合格的人就使用，并且认为这是理所当然的。从这方面来看，我们选拔干部的制度是落后的。”①其次，是资本主义法治的积极成果。邓小平深刻地指出：“我们今天再不健全社会主义制度，人们就会说，为什么资本主义制度能解决的一些问题，社会主义制度反而不能解决呢？这种比较方法虽然不全面，但是我们不能因此而不加以重视。”②邓小平认为，中国的民主政治建设，“重点是切实改革并完善党和国家的制度，从制度上保证党和国家政治生活的民主化、经济管理的民主化、整个社会生活的民主化，促进现代化建设事业的顺利发展。”③要做到这一点，邓小平认为：“这需要认真调查研究，比较各国的经验，集思广益，提出切实可行的方案和措施。”④再次，是资本主义实行的退休制度。长期以来，中国实行的干部职务终身制，阻碍着中青年干部的选拔和任用。邓小平借鉴世界经验，提出了实行退休制度，他说：“将来地方的干部制度，比如退休制度，也应该有个年龄规定，世界各国都有自己的退休制度。比如军官，世界各国

① 《邓小平文选》第2卷，人民出版社1994年版，第225页。
② 同上书，第333页。
③ 同上书，第336页。
④ 同上。

差不多都是六十岁退休……看来，我们也需要有个年龄的限制。”①“我们的国家也好，党也好，最根本的应该是建立退休制度。十一届三中全会以后不久，我们就讲要废除党和国家领导职务实际上存在的终身制。这个问题，世界上许多国家恐怕都比我们解决得好。”②

邓小平针对那些认为借鉴和吸纳资本主义的积极的文明成果，会冲击社会主义制度的错误认识，指出：“搞活开放也会带来消极影响，我们要意识到这一点，但有办法解决，没有什么了不起。因为从政治上讲，我们的国家机器是社会主义性质的，它有能力保障社会主义制度。从经济上讲，我国的社会主义经济在工业、农业、商业和其他方面已经建立了相当坚实的基础。”③邓小平的话充分反映了他基于社会主义制度的优越性而敢于借鉴和吸纳资本主义政治文明积极成就的心胸和胆量。

第三，在民族本土性和全球性双向建构和整合创新中推进中国社会主义文明是邓小平建设中国社会主义文明理论的重大价值贡献。

邓小平对中国特色社会主义文明理论的民族本土性和全球性的双重视界，与他关于教育要做到“面向世界、面向未来、面向现代化”的思想是相通的，“三个面向”同样适用于当代中国社会主义文明建设。只有在立足当代中国社会主义初级阶段实际的同时又放眼全球文明发展的宏大背景，真正实施“让中国走向世界，让世界了解中国”的本土性与全球性的双向互动，才能使当代中国社会主义文明在与世界文明的交流中得到更大的发展，也才能充

① 《邓小平文选》第2卷，人民出版社1994年版，第387页。
② 《邓小平文选》第3卷，人民出版社1993年版，第5页。
③ 同上书，第135页。

分地显示出社会主义文明能够超越于资本主义文明的优势之所在。

在邓小平看来,中国社会主义文明既要立足民族本土,又要面向全球,是由文明本身具有普遍性和特殊性的双重属性,当代中国的社会主义文明必然是开放的文明以及社会主义文明的最终的根本任务等因素所决定的。

首先,文明产生和发展的全过程是普遍性和特殊性的统一。从历时性的视角看,文明是一个历史的范畴,不同的历史时期与不同的社会形态中,文明有着不同的内涵。全球多样性的文明都是人类实践的成果和智慧的结晶,并呈现出从低级到高级的动态发展过程。世界文明多样性的背后总是蕴含着人类文明发展的规律性。从共时性的视角看,世界各国社会历史和政治制度存在差异性,文明体现出多样性的状况,表现出国别的特殊性。邓小平多次指出:“要求全世界所有国家都照搬美、英、法的模式是办不到的。”①同时在国别文明的差异性、多样性和特殊性的背后,又会展示出人类文明的普遍的共同性的东西,这是人类社会交往的结果,是人类文明在交流中达到互补、融合和形成新的建构的前提和基础。

其次,中国特色的社会主义文明必然是开放的文明。邓小平敏锐地感受到今天的时代是一个大变革、大发展的时代,也是全球文明在交流中发展,在对话中融合,在整合中创新的时代。当代中国社会主义文明的创新不可能关起门来进行,而是在充分借鉴和吸纳世界文明的积极成果中实现的。邓小平深刻地总结了中国近代史和新中国成立以来的教训,强调中国只能开放,不能封闭。他指出:“因为现在任何国家要发达起来,闭关自守都不可能。我们

① 《邓小平文选》第3卷,人民出版社1993年版,第359—360页。

吃过这个苦头,我们的老祖宗吃过这个苦头。"①"如果从明朝中叶算起,到鸦片战争,有三百多年的闭关自守。如果从康熙算起,也有近二百年。长期闭关自守,把中国搞得贫穷落后,愚昧无知。中华人民共和国建立以后,第一个五年计划时期是对外开放的,不过那时只能是对苏联东欧开放。以后关起门来,成就也有一些,总的说来没有多大发展。"②以史为鉴,可知兴衰。邓小平指出:"历史经验教训说明,不开放不行"。"你不开放,再来个闭关自守,五十年要接近经济发达国家水平,肯定不可能。"③"关起门来,故步自封,夜郎自大,是发达不起来的。"④邓小平指出:"世界形势日新月异,特别是现代科学技术发展很快。现在的一年抵得上过去古老社会几十年、上百年甚至更长的时间。不以新的思想、观点去继承、发展马克思主义,不是真正的马克思主义者。"⑤社会的快速变动,人类智慧的不断发展,先进的科学技术,比如计算机网络技术对文明带来的巨大影响都以有形或者无形的力量促使着当代中国社会主义文明建设要从封闭走向开放,从本土走向全球。因此,在社会主义文明建设上放弃民族本土性,特别是放弃社会主义文明的特质,固然是错误的。但是因为强调社会主义文明的特质和民族本土性而拒绝全球文明,也是错误的。中国社会主义文明只有在立足民族本土的同时又超越民族本土的疆域界限,才能有机整合全球文明的积极成果,使社会主义文明建设具有更加充足的源头活水。

再次,当代中国社会主义文明的最终的根本任务,需要它在立

① 《邓小平文选》第3卷,人民出版社1993年版,第90页。
② 同上。
③ 同上。
④ 《邓小平文选》第2卷,人民出版社1994年版,第132页。
⑤ 《邓小平文选》第3卷,人民出版社1993年版,第291—292页。

足于民族本土的同时面向全球。创造出比资本主义更优越的文明，展示出社会主义在政治、经济和文化等各个方面的优势，这是由社会主义制度和其生命力所决定的。邓小平在许多场合都说过，社会主义制度是一个正确的制度，是我们的理性选择。他说："我们的党和人民浴血奋斗多年，建立了社会主义制度。尽管这个制度还不完善，又遭受了破坏，但是无论如何，社会主义制度总比弱肉强食、损人利己的资本主义制度好得多。我们的制度将一天天完善起来，它将吸收我们可以从世界各国吸收的进步因素，成为世界上最好的制度。这是资本主义制度所绝对不可能做到的。"①按照邓小平的观点，中国社会主义文明在立足民族本土的同时面向全球，也是向全世界展示出中国社会主义文明优势的过程。对世界多样性的文明是一个伟大的贡献。"我们的改革不仅在中国，而且在国际范围内也是一种试验，我们相信会成功。如果成功了，可以对世界上的社会主义事业和不发达国家的发展提供某些经验。当然，不是把它搬给别国。"②邓小平认为，在中国特色社会主义的建设过程中，"不仅经济要上去，社会秩序、社会风气也要搞好，两个文明建设都要超过他们，这才是有中国特色的社会主义。新加坡的社会秩序算是好的，他们管得严，我们应当借鉴他们的经验，而且比他们管得更好。"③很明显，借鉴并不是目的，借鉴是为了超越。邓小平说："认识落后，才能去改变落后。学习先进，才有可能赶超先进。"④邓小平关于在立足民族本土文明的同时，大胆地借鉴其他文明成果的思想，不但说明了各种文明即使是社会主义与资本主义这些存在着质态差异性的文明，都有着相互

① 《邓小平文选》第2卷，人民出版社1994年版，第337页。
② 《邓小平文选》第3卷，人民出版社1993年版，第135页。
③ 同上书，第378—379页。
④ 《邓小平文选》第2卷，人民出版社1994年版，第91页。

交流、沟通、借鉴的必要性，而且显示了社会主义文明对于其他文明所具有的巨大包容性。说明社会主义文明的开放性和包容性的特点，也是社会主义文明不断进步的强大动因。

二、中国的和平发展与政治文明保障系统

政治文明是中国和平发展的政治优势。政治文明虽然有着丰富多样的内容，但是最重要的是制度文明。因此，从某种意义上说，政治文明就是制度文明。重视制度文明建设，通过制度文明来保障和促进物质文明与精神文明，是邓小平建设中国特色社会主义理论的一个重要组成部分和内容。物质文明、精神文明和制度文明的辩证互动、相辅相成和整体协调发展，是邓小平作为中国改革开放的总设计师始终殚精竭虑的重大课题。邓小平“两手抓，两手都要硬”的思想就内在地蕴涵了制度文明的内容。积极推进政治体制的改革，实施依法治国战略，建立和健全各种规章制度，使民主制度化和法制化，是邓小平制度文明建设的重要构想。认真总结和学习邓小平关于制度文明的理论，对于深化当代中国的政治体制改革，加强民主和法制建设，提高党的执政能力，特别是科学地创设制度的能力，把中国建设成为社会主义民主和法制的国家，具有十分重要的理论意义和现实意义。

高度重视制度文明是邓小平政治理论的闪光点。人类社会是具有严密组织结构的社会，制度是人类社会生活不可或缺的重要文明支架，制度文明与人类文明具有同步性。美国著名经济学家道格拉斯·C.诺斯在《制度、制度变迁与经济绩效》一书中认为：“制度是一个社会的游戏规则，更规范地说，它们是为决定人们的相互关系而人为设定的一些制约”，“制度是为人类发生相互关系

所提供的框架，它由正式的成文规则和那些作为正规规则的基础与补充的典型非成文行为规则所组成。”①制度文明是人类改造社会的制度成果的总和，包括社会的政治制度、经济制度、法律制度、管理制度的状况和运行水平以及科学规范和保障制度等，都体现了社会实践和社会制度发展的成果。任何社会组织的活动，都必须通过一定的制度来规范和协调其成员的活动，制度就是保证社会有序性、稳定性和公正性的一种定型化的和规范化的社会关系。制度文明状况如何，对于组织的管理水平、组织效应的增强状况、组织效率的提高程度以及整个社会的政治生活、经济生活和社会生活能否和谐而有节奏地进行，都具有十分重要的作用。创造出比资本主义高得多的制度文明，是社会主义优越性的重要表现。加强制度文明建设是依法治国的重要内容。在物质文明、精神文明和制度文明等多维文明所构成的系统结构中，制度文明是保障物质文明和精神文明发展的重要环节。邓小平虽然没有使用过“制度文明”这一词，但是，他关于在中国的政治体制和经济体制的改革中首先从改革不合理的制度入手的思想，关于制度建设的重要性，制度改革的价值以及制度建设的目的和意义等方面的论述，都显示出了制度文明的内涵丰富和博大精深的理论。

（一）邓小平的制度文明理论是从文化价值观这一决定制度的内核着手，深入剖析现行制度存在的缺陷和深刻地总结历史经验教训的产物

任何理论的问世都有它深刻的时代背景。邓小平的制度文明

① （美）道格拉斯·C.诺斯著，刘守英译：《制度、制度变迁与经济绩效》，上海三联书店1994年版，第5—6页。

理论也不是凭空产生的，是通过对文化价值观这一决定制度的内在因素的深刻分析，总结了国际共产主义运动和中国“十年内乱”所导致的沉痛的经验教训的基础上提出来的。邓小平关于制度建设的重要性，通过制度建设来推进党风和社会风气，促进物质文明和精神文明发展的论述，贯穿于自1975年1月5日他出任中共中央军事委员会副主席兼总参谋长以来直到南方谈话的整个过程。比较集中地体现在1979年6月28日的《民主和法制两手都不能削弱》、1980年8月18日《党和国家领导制度的改革》、1982年1月13日《精简机构是一场革命》、1982年7月30日《设顾问委员会是废除领导职务终身制的过渡办法》、1984年10月10日《我们把改革当作一种革命》、1985年3月7日《改革科技体制是为了解放生产力》、1986年9月到11月《关于政治体制改革问题》等的讲话上。邓小平认为中国在制度、体制和管理等方面存在的问题是由深层次的文化价值观所决定的。他深刻地揭示出党和国家现行的一些具体制度中存在弊端的原因是封建主义残余影响尚未肃清的表现，是封建的官本位文化价值观的反映。这一剖析抓住了问题的实质。他说：“旧中国留给我们的，封建专制传统比较多，民主法制传统很少。解放以后，我们也没有自觉地、系统地建立保障人民民主权利的各项制度，法制很不完备，也很不受重视，特权现象有时受到限制、批评和打击，有时又重新滋长。克服特权现象，要解决思想问题，也要解决制度问题。”①“但是制度问题不解决，思想作风问题也解决不了。”②邓小平认为制度问题要比思想作风问题还要关键，这一思想是非常有见地的。这是对长期以来，对于党内和社会存在的问题，人们往往只是从思想认识上去解决问题，

① 《邓小平文选》第2卷，人民出版社1994年版，第332页。

② 同上书，第328页。

而忽视制度问题,以为思想认识问题解决了,制度问题也就理顺了的错误认识的有力纠偏。邓小平清醒地认识到,封建的官本位和人治思想的传统影响并没有随着社会主义制度的建立而消失,它犹如一具僵尸仍然在腐烂发臭并毒害着人们。“官贵民贱”以及“圣君、贤臣治国论”等与时代发展相背离,与推进社会主义民主政治根本不合拍的封建思想在不少领导干部的潜意识中发生着作用,在行动上表现出来。重视制度文明建设已经成了当务之急。邓小平在我党历史上和社会主义实践中第一次从理论上摆正了人治和法治的关系,思想作风和制度建设的关系,政治体制改革和经济体制改革的关系,继承和发展了马克思主义的唯物史观。

(二)邓小平指出了社会主义制度文明建设的极端重要性,揭示了社会主义制度文明建设的宗旨

邓小平通过总结历史经验教训后指出:“我们过去发生的各种错误,固然与某些领导人的思想、作风有关,但是组织制度、工作制度方面的问题更重要。这些方面的制度好可以使坏人无法任意横行,制度不好可以使好人无法充分做好事,甚至会走向反面。即使像毛泽东同志这样伟大的人物,也受到一些不好的制度的严重影响,以至对党对国家对他个人都造成了很大的不幸。我们今天再不健全社会主义制度,人们就会说,为什么资本主义制度所能解决的一些问题,社会主义制度反而不能解决呢?这种比较方法虽然不全面,但是我们不能因此而不加以重视。斯大林严重破坏社会主义法制,毛泽东同志就说过,这样的事件在英、法、美这样的西方国家不可能发生。他虽然认识到这一点,但是由于没有在实际上解决领导制度问题以及其他一些原因,仍然导致了‘文化大革命’的十年浩劫。这个教训是极其深刻的。不是说个人没有责任,而是说领导制度、组织制度问题更带有根本性、全局性、稳定性和长期性。这种制度问题,关系到党和国家是否改变颜色,必须引起全党的高度重视。如果不坚决改革现行制度中的弊端,过去出现过的一些严重问题今后就有可能重新出现。只有对这些弊端进行有计划、有步骤而又坚决彻底的改革,人民才会信任我们的领导,才会信任党和社会主义,我们的事业才有无限的希望。”①邓小平在这里所说的制度问题更带有“根本性、全局性、稳定性和长期性”的论断,关于“党和国家现行的一些具体制度中,还存在不少的弊端,妨碍甚至严重妨碍社会主义优越性的发挥。如不认真改革,就很难适应现代化建设的迫切需要,我们就要严重地脱离广大群众”的观点,与制度经济学家尼尔森、道格拉斯·诺斯等人将制度因素而非技术因素视为经济增长的决定因素,制度的演进不断地改变着人类社会的面貌的观点具有一致性。它完全符合马克思主义关于经济基础和上层建筑双向互动,辩证转换以及决定与反决定的理论。在这篇讲话后的第三天,在回答意大利记者奥林埃娜·法拉奇关于怎样才能避免或防止发生诸如“文化大革命”这样的可怕的事情的提问时,邓小平斩钉截铁地说:“这要从制度方面解决问题。我们过去的一些制度,实际上受了封建主义的影响,包括个人迷信、家长制或家长作风,甚至包括干部职务终身制。我们现在正在研究避免重复这种现象,准备从改革制度着手。我们这个国家有几千年封建社会的历史,缺乏社会主义的民主和社会主义的法制。现在我们要认真建立社会主义的民主制度和社会主义法制。只有这样,才能解决问题。”②由于制度、体制等问题对于中国特色社会主义现代化发展的特殊重要性,因此邓小平对中国

① 《邓小平文选》第2卷,人民出版社1994年版,第333页。
② 同上书,第348页。

的政治体制、经济体制等方面的改革予以高度的重视。邓小平认为，对我国现行的社会主义体制进行改革，这种改革不是在旧体制范围内进行枝枝节节的修补，而是从根本上实现体制的转化，“从根本上改变束缚生产力发展的经济体制，建立起充满生机和活力的社会主义经济体制。”①这种改革也不是局部的改革，而是“改革是全面的改革，包括经济体制改革，政治体制改革和相应的其他各个领域的改革。”②为了说明这次改革的极端重要性，以引起人们的高度重视和积极参与，邓小平把这次改革称为是“中国的第二次革命”。第一次革命是革旧社会基本制度的命，第二次革命是革僵化了的社会主义体制之命。第二次革命与第一次革命同样重要，革命的目的是为了解放生产力和发展生产力。邓小平对建立中国特色的制度文明充满了信心，他说：“我们的党和人民浴血奋斗多年，建立了社会主义制度。尽管这个制度还不完善，又遭受了破坏，但是无论如何，社会主义制度总比弱肉强食、损人利己的资本主义制度好得多。我们的制度将一天天完善起来，它将吸收我们可以从世界各国吸收的进步因素，成为世界上最好的制度。”③既说明了社会主义制度文明与资本主义制度文明所具有的质的区别，同时，又以海纳百川、兼收并蓄的胸襟说明社会主义制度文明是一个开放的系统，它非但不拒斥相反要吸收世界各国制度文明的进步因素。邓小平对社会主义制度文明必将在实践中一天天完善，最终成为世界上最好的制度充满了信心。这说明邓小平主张的制度文明建设的根基是立足于社会主义制度，制度文明建设的宗旨是社会主义制度的自我完善和自我发展，而不是全盘否定和

① 《邓小平文选》第3卷，人民出版社1993年版，第370页。

② 同上书，第237页。

③ 同上书，第337页。

全盘西化。

（三）邓小平指出了制度的特点以及社会主义制度文明建设的长期性和艰巨性

关于制度的特点，邓小平认为制度具有刚性和对人们的直接制约性，"公民在法律和制度面前人人平等，党员在党章和党纪面前人人平等。人人有依法规定的平等权利和义务，谁也不能占便宜，谁也不能犯法。"①"必须使民主制度化、法律化，使这种制度和法律不因领导人的改变而改变，不因领导人的看法和注意力的改变而改变。"②关于制度文明建设的长期性和艰巨性，邓小平说："改革并完善党和国家各方面的制度，是一项艰巨的长期的任务，改革并完善党和国家的领导制度，是实现这个任务的关键。对此，我们必须有足够的认识。毛泽东同志和其他已经去世的老一辈革命家，没有能够完成这个任务。这个担子已经落在我们的肩上。全党同志，特别是老同志，要为此付出自己的全部精力。党的三中全会以来，我们已经做了很多工作，解决了很多问题，取得了很多成绩。我们已经有了一个很好的前进阵地。现在提出改革并完善党和国家领导制度的任务，以适应现代化建设的需要，时机和条件都已成熟。这个任务，我们这一代人也许不能全部完成，但是，至少我们有责任为它的完成奠定巩固的基础，确立正确的方向。我相信，这一点是一定可以做到的。"③制度文明推进之所以不能一蹴而就，而是一个艰难困苦的长期任务，就在于从官本位的观念转变为民本位的观念是一个长期的任务，在改革过程中对于人们利

① 《邓小平文选》第2卷，人民出版社1994年版，第332页。

② 同上书，第146页。

③ 同上书，第342—343页。

益的调整也是一个十分艰巨的长期任务，邓小平说："这个问题太困难，每项改革涉及到的人和事都很广泛，很深刻，触及许多人的利益，会遇到很多的障碍，需要审慎从事。"①邓小平还意识到，中国的各项改革是一个系统整合的改革，党和国家的领导制度的改革要与其他各项改革协调配套互动，要与大力发展社会主义社会的生产力这一目的相吻合，既不能离开制度文明来推进物质文明和精神文明，也不能忽视物质文明和精神文明来单独推进制度文明。社会主义制度在不断改革中的自我完善是一个长期的过程。因此，邓小平告诫人们要对制度建设的艰巨性和长期性予以"足够的认识"。

（四）按照中国和平发展要求进行全面的制度创新构成了邓小平制度文明理论的主要内容

人类社会是一个由诸多要素所构成的复合系统，与此相应，社会制度和制度文明也是一个由多种要素所构成的复合系统。在政治、经济和文化等活动领域，产生了层次不同，内容各异的各种制度，它们虽然各司其职，但又协同作用，通过各自不同的功能的发挥，保证社会生产和生活的有序进行。在邓小平的视野里，制度改革和制度文明的建设不能归结为单一的因素，而要从整体入手，进行整体的变革和整体的建设。

第一，党和国家的领导制度和干部制度起着决定作用。邓小平作为伟大的政治家，清醒地认识到，党和国家的领导干部是直接管理党和国家事务的主体。党和国家的领导制度和干部制度是否科学健全，结构是否优化合理，职责与权限是否明确，管理与决策是否制度化和法律化，监督和反馈机制是否完备，功能是否充分发

① 《邓小平文选》第3卷，人民出版社1993年版，第176页。

挥,直接关系到党和国家的事业,关系到现代化的性质和速度,影响到党与人民群众的关系,因此,改革党和国家的领导制度和干部制度就成了当务之急。邓小平认为:从党和国家的领导制度和干部制度来说,主要的弊端就是官僚主义现象,权力过分集中的现象,家长制现象,干部领导职务终身制现象和形形色色的特权现象。① 要克服这种现象,在制度建设上,邓小平提出了一系列构想。首先,党政要分开。他说:“改革的内容,首先是党政要分开,解决党如何善于领导的问题。这是关键,要放在第一位。”②“党政分开,从十一届三中全会以后就提出了这个问题。我们坚持党的领导,问题是党善于不善于领导。党要善于领导,不要干预太多,应该从中央开始。这样提不会削弱党的领导。”③他进一步指出:“纠正不正之风,打击犯罪活动中属于法律范围的问题,要用法制来解决,由党直接管不合适。党要管党内纪律的问题,法律范围的问题应该由国家和政府管。党干预太多,不利于在全体人民中树立法制观念。”④党的组织机构与政府机构不重叠,有利于加强党自身的建设,更有利于加强和改善党的领导。其次,要改变由党独揽大权的现象,实行多元主体合作管理的办法,反对权力过分集中现象,适当分权。要厘定“党同政府、经济组织、群众团体等等之间如何划分职权范围的问题。”⑤对于那些各级领导机关不该管、管不好、管不了的事情,通过健全一定的规章,放到下面,放到企业、事业、社会单位,让他们真正按照民主集中制自行处理;建立严格的从上而下的行政法规和个人负责制使每个人都有章可循,能

① 《邓小平文选》第2卷,人民出版社1994年版,第329页。
② 《邓小平文选》第3卷,人民出版社1993年版,第177页。
③ 《邓小平文选》第2卷,人民出版社1994年版,第329页。
④ 同上书,第341页。
⑤ 同上书,第329页。

够独立负责地处理他所应当处理的问题，做到各负其责，提高办事效率，杜绝互相推诿和扯皮现象；"集体决定了的事情，就要分头去办，各负其责，决不能互相推诿。失职者要追究责任。……要提倡领导干部勇于负责，这同改变个人专断制度是两回事，不能混淆"；[①]建立干部正常的录用、奖惩、退休、退职、淘汰办法，打破工作好坏都是铁饭碗，能进不能出，能上不能下等现象。[②] 在这里，邓小平已经显露出了正确处理党与政府、党与企事业以及党与社会的关系的构想。第三，实行党内民主，党内同志之间都是平等的关系，"不论是担负领导工作的党员，或者是普通党员，都应以平等态度互相对待，都平等地享有一切应当享有的权利，履行一切应当履行的义务。"[③]各级党委实行集体领导和个人分工负责相结合的制度。坚持民主和集中的辩证统一关系，实行民主集中制，既反对独断专行的家长制，又反对极端民主化和无政府主义。第四，废除干部领导职务终身制，健全干部的选举、招考、任免、考核、弹劾、轮换制度，对各级各类领导干部（包括选举产生、委任和聘用的）职务的任期，以及离休、退休，要按照不同情况，作出适当的、明确的规定。任何领导干部的任职都不能是无限期的。[④] 必须"始终保持党和国家的活力。这里说的活力，主要是指领导层干部的年轻化。几年前我们就提出干部队伍要'四化'，即革命化、年轻化、知识化、专业化。……哪一天中国出现一大批三四十岁的优秀的政治家、经济管理家、军事家、外交家就好了。同时，我们也希望中国出现一大批三四十岁的优秀的科学家、教育家、文学家和其他各种专家。要制定一系列制度包括干部制度和教育制度，鼓励年轻

① 《邓小平文选》第2卷，人民出版社1994年版，第341页。

② 同上书，第328页。

③ 同上书，第331页。

④ 同上书，第331—332页。

人。在这方面,严格说来我们刚刚开步走,需要思考的问题和需要采取的措施还很多,必须认真去做。”①第五,完善法制和群众监督制度。法律面前人人平等,任何犯了法的人都不能逍遥法外。谁也不能违反党章党纪,不管谁违反,都要受到纪律处分。“要有群众监督制度,让群众和党员监督干部,特别是领导干部。凡是搞特权、特殊化,经过批评教育而又不改的,人民就有权依法进行检举、控告、弹劾、撤换、罢免,要求他们在经济上退赔,并使他们受到法律、纪律处分。对各级干部的职权范围和政治、生活待遇,要制定各种条例,最重要的是要有专门的机构进行铁面无私的监督检查。② 邓小平认为:“改革党和国家的领导制度,不是要削弱党的领导,涣散党的纪律,而正是为了坚持和加强党的领导,坚持和加强党的纪律。在中国这样的大国,要把几亿人口的思想和力量统一起来建设社会主义,没有一个由具有高度觉悟性、纪律性和自我牺牲精神的党员组成的能够真正代表和团结人民群众的党,没有这样一个党的统一领导,是不可能设想的,那就只会四分五裂,一事无成。这是全国各族人民在长期的奋斗实践中深刻认识到的真理。我们人民的团结,社会的安定,民主的发展,国家的统一,都要靠党的领导。坚持四项基本原则的核心,就是坚持党的领导;问题是党要善于领导;要不断地改善领导,才能加强领导。”③在改革中加强党的领导是邓小平的一个极其重要的辩证思想,既反对了那种以加强党的领导为口实,不愿意改革、惧怕改革的错误思想,又反对了以改善党的领导为幌子,全盘否定党的领导的错误思想。

第二,进行政府机构的改革,政府机构改革的重点是精简机

---

① 《邓小平文选》第3卷,人民出版社1993年版,第179页。

② 《邓小平文选》第2卷,人民出版社1994年版,第332页。

③ 同上书,第341—342页。

构。1980年3月,邓小平在军委常委扩大会议上的讲话中指出,军队和国家的主要问题是机构臃肿,人浮于事。他认为,要提高效率,必须“消肿”,而“消肿”和“改革体制”是紧密联系在一起的。他说:“体制问题,实际上同‘消肿’是一个问题的两个方面。要‘消肿’,不改革体制不行。”①1982年1月13日邓小平在中共中央政治局讨论中央机构精简问题会议上的讲话中,提出了“精简机构是一场革命的论断,”他说:“精简这个事情可大啊!如果不搞这场革命,让党和国家的组织继续目前这样机构臃肿重叠、职责不清,许多人员不称职、不负责,工作缺乏精力、知识和效率的状况,这是不可能得到人民赞同的,包括我们自己和我们下面的干部。这确是难以为继的状态,确实到了不能容忍的地步,人民不能容忍,我们党也不能容忍。”②“总之,这是一场革命。当然,这不是对人的革命,而是对体制的革命。这场革命不搞,让老人、病人挡住比较年轻、有干劲、有能力的人的路,不只是四个现代化没有希望,甚至于要涉及到亡党亡国的问题,可能要亡党亡国。”③他认为,“这个问题要涉及到几百万人。精简不是百万,是几百万。按中央这一级来说,要精简三分之一。就下面来说,我看不止三分之一。就是四分之一,也有五百万人。”④对于搞好这场革命,邓小平认为,决心要大,要坚定不移,不能受干扰。要抱必胜的信心,“因为没有别的选择,这件事不能犹豫,不能妥协,也不能半途而废。”⑤在精简机构的同时,进行干部人事制度的改革,在改革中不仅要注意“出”的问题,还要注意“进”的问题,要做好选贤任能。

① 《邓小平文选》第2卷,人民出版社1994年版,第287页。

② 同上书,第396页。

③ 同上书,第397页。

④ 同上。

⑤ 同上书,第398页。

他说:“精简是革命,选贤任能也是革命。”①

第三,进行管理制度的改革,实行管理现代化。管理也是生产力,管理体制革命是邓小平所关心的一件大事情。为了彻底改变长期以来形成的以党代政,党政不分,以致出现职责不明,互相推诿扯皮的现象,邓小平认为必须有准备有步骤地改变党委领导下的厂长负责制,经理负责制,经过试点,逐步推广,分别实行工厂管理委员会、公司董事会、经济联合体的联合委员会领导和监督下的厂长负责制和经理负责制。还有党委领导下的校长、院长、所长负责制。邓小平已经充分认识到过去实行的以党代政,党政不分的弊端,指出:“过去的工厂管理制度,经过长期的实践证明,既不利于工厂管理的现代化,不利于工业管理体制的现代化,也不利于工厂里党的工作的健全。实行这些改革,是为了使党委摆脱日常事务,集中力量做好思想政治工作和组织监督工作。这不是削弱党的领导,而是更好地改善党的领导,加强党的领导。”②要做到民主管理,邓小平认为应该推广和完善企业事业单位的职工代表大会或职工代表会议制度。职工代表大会或职工代表会议有权对本单位的重大问题进行讨论,作出决定,有权向上级建议罢免本单位的不称职的行政领导人员,并且逐步实行选举适当范围的领导人。③

邓小平的制度文明理论具有创新性、民本性、效率性、整体性和渐进性等鲜明的特点。

其一,创新性。对旧制度和体系存在的问题革故鼎新,动大手术,必须具有创新的胆量和气魄。邓小平具有强烈的改革创新观念,不但自己身体力行地创新,而且要求全党、全国人民都要主动

① 《邓小平文选》第2卷,人民出版社1994年版,第401页。
② 同上书,第340页。
③ 同上书,第340—341页。

创新。他铿锵有力但又意味深长地说:“一个党,一个国家,一个民族,如果一切从本本出发,思想僵化,迷信盛行,那它就不能前进,它的生机就停止了,就要亡党亡国。”①他那关于要从人治转变为法治的思想,要从领导是为人民做主的观念转变为为民服务的观念的论述,要改变由党大权独揽,包揽一切的做法,实施党政分开的思想,关于在经济和政治生活中由政府主导一切,转变为还政于民的思想,关于党是单一的管理主体转变为与政府、企业、事业和社会团体多元主体合作管理的思想,关于将领导职务的终身制转变为任期制的思想,关于决策要走群众路线,决策要民主化和科学化的思想,关于实行民主管理,充分调动工人、农民和知识分子积极性的思想,关于大胆吸收和借鉴当今世界各国包括资本主义发达国家的一切反映现代社会化生产规模的先进经营和管理制度的思想,都是创新思维的结果。

其二,民本性。社会主义制度的优越性的一个重大特点是充分地实行民主,制度创新也必须围绕民主的目的进行。民本思想是邓小平的一个重要思想,邓小平称自己是中国人民的儿子,他在行动上也是这样做的。在我国,各项制度都是为了保证人民民主而创设的。社会主义国家是人民当家作主的国家,人民是一切政治权力的主人,领导权力的运行规范必须服从于这一准则,领导是人民的公仆,领导活动的宗旨是为人民服务。为此,在制度创新上,邓小平处处贯彻了人民当家作主的精神、自我管理的精神,民主决策的精神、民主监督的精神。要求各级领导者应具备对人民的事业高度负责的思想,遇事多与群众商量,走群众路线,与群众打成一片,和他们交朋友,诚心诚意地为人民服务。制度文明的民本性还体现在制度文明与人的文明的统一性上。在邓小平看来,

① 《邓小平文选》第2卷,人民出版社1994年版,第143页。

制度的设计和执行终究有赖于人的思想觉悟，制度文明的状况与人的文明息息相关。邓小平认为在全面地推进物质现代化的同时，必须重视对全体人民的教育，重视以“四有”新人为目的的人的现代化建设。制度文明本身并不是目的，它是为人的素质的不断提高，为社会的全面进步服务的。因此制度文明与人的文明是双向建构、辩证互动的关系。

其三，高效性。高效率是制度文明的具体表现。制度设置得合理与否从效率上可以直接反映出来。邓小平是一个务实的政治家，讲究效率是他的领导作风的鲜明特点。在他看来，正确的路线、方针、政策确定以后，效率就是至关重要的因素。他一直认为，要少说空话，多干实事，空谈误国。提高效率就是讲时间、讲速度。马克思曾经说过：“正像单个人的情况一样，社会发展、社会享用和社会活动的全面性，都取决于时间的节约。一切节约，归根到底都是时间的节约。”①

邓小平继承了马克思这一思想，他说：“搞四个现代化不讲工作效率不行。现在的世界，人类进步一日千里，科学技术方面更是这样，落后一年，赶都难赶上。所以必须解决效率问题。”②在南方谈话中，邓小平多次反复强调了效率问题，他说：“抓住时机，发展自己，关键是发展经济。现在，周边一些国家和地区经济发展比我们快，如果我们不发展或发展得太慢，老百姓一比较就有问题了。所以，能发展就不要阻挡，有条件的地方要尽可能搞快点，只要是讲效益，讲质量，搞外向型经济，就没有什么可以担心的。低速度就等于停步，甚至等于后退。要抓住机会，现在就是好机会。我就担心丧失机会。不抓呀，看到的机会就丢掉了，时间一

① 《马克思恩格斯全集》第46卷上册，人民出版社中文第1版，第120页。
② 《邓小平文选》第3卷，人民出版社1993年版，第180页。

晃就过去了。"[①]邓小平认为,高效率,既是体制创新的目的和结果,又是制度文明的显著特征。

其四,整体性。制度文明是一个由多种具体的制度所构成的文明系统。经济制度、政治制度和文化制度等都存在紧密的联系,它们之间相互影响和相互作用。因此制度文明建设必须着眼于制度的系统整体,从整体出发进行整体的改革和建设。早在1978年邓小平就指出,为了提高经济发展速度,"各个经济战线不仅需要进行技术上的重大改革,而且需要进行制度上、组织上的重大改革"。[②] 他在《关于政治体制改革问题》一文中说:"我们提出改革时,就包括政治体制改革。现在经济体制改革每前进一步,都深深感到政治体制改革的必要性。不改革政治体制,就不能保障经济体制改革的成果,不能使经济体制改革继续前进,就会阻碍生产力的发展,阻碍四个现代化的实现。"[③]在邓小平看来,不能把社会生活的各个领域视为分散零乱的和封闭孤立的存在,而应该视为是各个要素交互作用所构成的统一的整体。要从经济、政治与文化等诸多因素的作用与反作用、影响与反影响的关系中,通过整体的变革推动社会的进步。

其五,渐进性。邓小平深知,在中国,制度文明的推进是一个渐进过程,在这个问题上,制度文明建设"急性病"和"慢性病"的思想都是错误的。这是因为,制度文明与物质文明和精神文明都具有相关性。制度文明虽然具有自己的特殊性,但是其完善和发展程度要取决于和受制于物质文明的程度,生产力的高度发展才能为建立充分的政治平等创造条件,才能逐步消除封建的意识形态和官本位、

---

① 《邓小平文选》第3卷,人民出版社1993年版,第375页。

② 《邓小平文选》第2卷,人民出版社1994年版,第136页。

③ 《邓小平文选》第3卷,人民出版社1993年版,第176页。

家长制等特权思想的影响,才能为广大人民群众充分实现民主权利提供坚实的物质条件。制度文明还与精神文明具有正相关性,精神文明的程度和状况影响到人的文明,精神文明与人的文明都不可能一蹴而就,这就决定制度文明必然是一个过程。另外,社会主义制度文明是世界上全新的文明,没有现成的文明模式可以借鉴。社会主义各项制度的健全和完善,需要经过一个不断的探索和实践的过程。邓小平说:"切实改革并完善党和国家的制度,从制度上保证党和国家政治生活的民主化、经济管理的民主化、整个社会生活的民主化,促进现代化建设事业的顺利发展。这需要认真调查研究,比较各国的经验,集思广益,提出切实可行的方案和措施。不能认为只要破字当头,立就在其中了。"①他语重心长地说:"不是用扎扎实实、稳步前进的办法,去解决现行制度的改革和新制度的建立问题,从来都是不成功的。因为在社会主义社会中解决群众思想问题和具体的组织制度、工作制度问题,同革命时期对反革命分子的打击和对反动制度的破坏,本来是原则上根本不同的两回事。"②这说明社会主义的制度文明是社会主义制度本身不断自我完善的过程,建设高度的社会主义制度文明既有赖于社会主义物质文明和精神文明建设不断地从低级到高级的发展,又必须有步骤、有秩序地稳步推进。制度文明的发展是一个成绩不断地积累的过程,任何操之过急的想法和实践,所带来的效果只能事与愿违,适得其反。

(五)邓小平制度文明理论对于当代中国和平发展的重大价值

邓小平关于制度文明的论述,对于我们在重视物质文明和精

① 《邓小平文选》第2卷,人民出版社1994年版,第335—336页。

② 同上书,第336页。

神文明建设的同时，重视制度文明建设，对于进一步把中国的政治体制改革引向深入，以便更好地促进中国特色的社会主义现代化事业，都具有十分重大的价值。

首先，有助于我们更加全面系统地把握邓小平建设有中国特色社会主义理论，加深对物质文明、精神文明和制度文明等多种文明辩证关系的认识，在实践中坚持和发展唯物史观，积极推进当代中国的整体现代化建设。

邓小平建设有中国特色的社会主义现代化理论是一个具有严密结构的系统理论。他将当代中国的现代化看作是一个社会的整体变革过程。其中制度变革是一个不可或缺的重要环节。现代化是与传统相对立的。现代化意味着对传统的整体变革。而决不是对某一局部或某一领域的变革。当代中国社会是一个由诸多要素所构成的统一整体，社会生活的各个领域和各个方面都是相互影响、相互制约和相互作用的。传统社会的传统也并非单一的要素所组成的“传统”，而是整体的传统。传统生产方式必然造成传统的组织结构和组织形式、传统的管理模式、传统的生活方式、传统的思维方式和行为方式、传统的价值观念、传统的心智等。因此，对传统的单一方面的变革，不会完成推动传统向现代转变的重大任务，只有通过社会的全面生产和整体变革，才能实现社会现代化。现代化作为当代中国的整体变革过程，绝不是单纯意义上的“技术革命”或“工业革命”甚至是“后工业革命”，而是一场意义深远的“社会革命”，现代化必然孕育新的社会文明，既包括物质文明、精神文明还包括制度文明，促使当代中国社会整体面貌的改观。现代化的触角要延伸到和渗透于社会生活的各个领域和各个方面，从现象到本质，从局部到整体，从物质到精神文化和社会制度等。中国现代化要造就的社会变迁也不仅仅局限于某一领域，而要涉及到社会生活的所有方面。诸如经济结构、政治体制、政党建设、价值观念、社会组织形式和管理形式、人际关系和一切社会关系、人的心理状态等方面。按照唯物史观,社会有机体可以看作为由经济、政治和精神文化所构成的一种总体结构。其中经济结构是指人类社会一定历史阶段上的生产关系的总和。政治结构和精神文化结构是指一定社会的人与人之间的政治关系和文化关系,并体现为相应的制度、机构和设施。经济结构是政治结构和精神文化结构赖以建立和发展的基础。只有大力发展生产力,不断提高人民的生活水平,才能稳固和完善社会的经济结构,并为政治结构和精神文化结构的发展提供强大的物质保证。但是,社会的经济、政治、精神文化等不是单向的线形关系,而是双向的互相作用的关系。在发展经济结构时,千万不能忽视政治结构和精神文化结构的巨大反作用。没有政治结构和精神文化结构为经济结构提供条件和发展保障,经济结构的存在和发展也将成问题,或者说是根本不可能。因此,衡量中国的现代化水平,不仅要看经济发达程度,而且更重要的要看政治和精神文化上的发达程度。中国现代化事业发展的过程就是中国社会文明进步的过程,社会文明既是社会发展的结晶,又是衡量社会发展的标志。从社会构成的基本结构看,生产力构成社会产生、形成和发展的物质基础,表现为社会的物质文明;在生产力发展基础上建立并为生产力发展服务的社会制度构成人类社会赖以存在和发展的基本前提和条件;一定社会的上层建筑特别是思想上层建筑既是该社会赖以产生的思想基础,又是该社会得以运行和发展的思想动力。因此,一个社会的发展必须体现在该社会的整体运行和发展上,只追求某一构成部分的发展和某一构成部分的文明状态,其结果必然呈现出畸形发展的消极后果。因此只有把社会文明看作是物质文明、精神文明和制度文明这三维文明的结构,在三维文明的协调发展和动态平衡中,才能推进社会的全面进步和整体发展。如果将中国社会的现代化只是看作经济现代化,把经济增长的基本要素只是归结为资本、技术和人力资源,而忽视制度在经济增长中的重要作用,忽视通过制度文明建设来保障人的现代化,就不可能通晓中国社会发展的内在动因以及社会发展各种动力之间的辩证关系,更不能对中国社会发展的未来状况以比较精确的眼光来加以预测。

邓小平"两手抓,两手都要硬"的思想就内在地包括了制度文明。长期以来在对邓小平"两手抓,两手都要硬"的思想的理解上,似乎形成了这样一种定论,讲的就是一手抓物质文明,一手抓精神文明。其实,这一理解是失之偏颇的。邓小平这一思想是一个闪耀着辩证法光辉的科学命题,体现了邓小平将社会有机体视为一个由诸多要素、实物、现象所构成的复杂系统,从整体系统入手观察和处理问题,既要抓主要矛盾,又要抓次要矛盾,既要重视矛盾的主要方面,又要重视矛盾的非主要方面的辩证法思想。在不同的场合,面对不同的问题,邓小平经常用它来打比喻。他既多次说过对物质文明和精神文明要"两手抓,两手都要硬"的话,但也多次说过在抓物质文明的同时还要抓制度建设的话。早在1979年6月28日,邓小平在会见以竹入义胜为团长的日本公明党第八次访华团时说:"民主和法制,这两个方面都应该加强,过去我们都不足。要加强民主就要加强法制。没有广泛的民主是不行的,没有健全的法制也是不行的。……民主要坚持下去,法制要坚持下去。这好像两只手,任何一只手削弱都不行。"①1986年1月17日,邓小平说:"搞四个现代化一定要有两手,只有一手是不行的。所谓两手,即一手抓建设,一手抓法制。党有党纪,国有国法。"②因此,邓小平"两手抓,两手都要硬"的思想反映了全面地、

① 《邓小平文选》第2卷,人民出版社1994年版,第189页。

② 《邓小平文选》第3卷,人民出版社1993年版,第154页。

整体地看问题的方法论，体现了邓小平在三维文明的协同发展中推进中国社会整体变革和全面进步的辩证思想。

其次，有助于我们充分认识制度变革和制度文明建设在当代中国的必要性、紧迫性和艰巨性、长期性，进一步积极推进社会主义民主法制建设，发展社会主义民主政治，依法治国，建设社会主义法治国家。

在邓小平的制度文明理论指导下，中国的制度变革从农村进入到城市，从局部改革进入到整体变革，那种高度集中的政治制度和以计划配置资源为核心的经济制度以及与之相应的纵向统一的管理制度已经被社会主义民主政治制度和社会主义市场经济制度所代替，一种理性化、规范化和法律化的制度秩序正在形成，依法治国的观念已经深入人心。但是，我们还应该看到，制度变革的任务是艰巨的和长期的，不能一下子就完成。制度的变革与保守的矛盾和斗争也始终贯穿于制度文明的演进过程中。如党政分开问题，理论上已经解决了，但在不少地方仍然是党政不分，以党代政；精简机构喊了这么多年，但是机构不但没减，反而越来越庞大；发扬社会主义民主，应该还政于民，但人们还是习惯于由政府包揽一切，沿袭传统的政府主导型和推动型的做法；政治体制改革的意义大家都认识到，政治体制改革需要深入，已成为人们的共识，但是如何积极推动政治体制改革，取得一些实质性的成就，还大有文章可做，如此等等。还应该看到，社会制度作为调控人类社会活动的规范体系，要随着物质生产的变动而变动，随着社会文明的进步而进步。这些都说明，在当代中国，制度的变革和创新是一个贯穿于现代化全过程始终的永恒课题。

最后，有助于我们通过积极主动的制度创新，应对中国加入世贸组织以后带来的机遇和挑战，将中国的制度创新和制度文明建设提高到一个更加崭新的水平。

加入WTO标志着我国已经置身于全球范围的合作与竞争,我国的对外开放进入了一个更加宽广的新阶段,我国与WTO各成员国之间的制度对接问题已经成为十分重要和紧迫的问题,促使我国必须尽快地进行制度创新。WTO本身是以强制性的规则为基础的政府间国际组织。它通过确立WTO框架下的贸易政策审议机制和争端解决机制,通过权威性和强制性的法律条文,保证WTO规则能够有效地调整成员间错综复杂的经济关系,迅速和有效地解决成员间的贸易争端。因此,加入WTO后政府的决策和决策的执行等都要受WTO规则的规范和约束。我国的政治体制改革在内在的要求和外在的压力下必须进行全方位的改革。我国长期以来沿袭的已经成为思维定势的管理理念、管理制度、管理方式和方法都需要进行深刻的变革。政府管理经济的方式、企业经营的机制、经济运行规则和环境等都需要进行深刻的改革。管理制度创新已经成为当务之急和重大任务。

以邓小平的制度文明理论为方法论,能够使我们自觉地处理好党与政府、与社会、与企业的关系,保证制度整体的高效和优化。中国加入WTO后,要坚定不移地维护自己的政治制度和社会制度,最关键的是加强党的制度建设。在执政过程中,通过以密切党同人民群众的血肉联系为核心的制度创新,体现出党的立党为公、执政为民的执政宗旨;通过以改革和完善党的领导体制和工作机制为重点的制度创新,体现出党的科学执政、民主执政、依法执政的执政方式;通过以建设高素质的干部队伍为关键的制度创新,体现出党的求真务实、开拓创新、勤政高效、清正廉洁的执政作风;通过以提高党的素质和战斗力为基础的制度创新,体现出党始终做到"三个代表"、永远保持先进性、经得起各种风浪考验的马克思主义执政党的执政效果。

民主集中制是我们党的根本组织制度和领导制度。只有坚持和完善民主集中制的基本要求和目标,才能发展党内民主,并以此推动人民民主的发展。干部人事制度的改革,如选拔任用制度、考核制度、收入分配制度等方面的改革,完整而严密的对权力予以制约的政治监督制度的建立,在新的时期都需要取得实质性的突破。

我国加入世贸组织,关键在政府。政府行政管理制度的创新已经成为至关重要的任务。必须按照市场经济的要求,进一步转变政府职能,处理好政府、市场和企业的关系。政府的职能主要是对社会实行公共管理,制定公共政策,为全社会提供公共产品和公共服务,以满足人民群众不断增长的物质和文化需要。加入WTO后,除政府作为公共管理的核心主体外,还存在着许多其他公共组织,它们可以充当公共管理的配角,对社会微观的和次要的公共事务实行管理。政府可以通过广泛采用授权或分权的方式,把原先由自己承担的一部分事务交给市民社会,或各种私人部门和社会中介组织以及社区、家庭、学校、志愿者组织等,让他们通过与政府在特定的领域的合作来分担政府的行政管理的责任,建立起对公共事务多元治理的模式。从而既能减轻政府的财政压力,又能打破政府对公共权力的垄断局面,有效避免政府利用公共权力来谋取好处,大搞权钱交易的腐败现象。这样,承担公共管理的组织又能在竞争的风雨中优胜劣汰,从而能够不断提高公共产品和公共服务的有效供给,产生更好的经济效益和社会效益。

现代政府应该是有限责任政府。政府的权力是有限的,政府是负有责任的行政主体。将政府管理纳入法制化的轨道,依法行政是现代政府的显著特征,也是保证政府有效地实行公共管理的重要法宝。由于政府也有着自身的利益追求,如最大的财政收入,以满足官员的生活和权力需求,按照美国公共选择理论家詹姆斯·布坎南的说法,政府工作人员也是“经济人”,有着追逐个人利益的私欲,会按照个人面临的私欲行事,这就容易出现权力寻租或权力腐败现象。因此必须对政府行为立法,明确规定政府施政行为的一般原则,确定政府、企业、个人各自的角色地位、职责功能、权利和义务。使政府行为有法可依,有法可循,有法可约束,使各级政府官员能够以法自律,避免和减少权力的滥用和不当使用,保证公民权利免受来自公共权力的侵害,限制通过权力寻租的现象。在对政府行为立法的同时,要建立政府行为的监督机制,并且保证监督机制的相对独立性以及监督政府行为的强大职权和手段。只有强化司法和执法,以权力制约权力,才能确保政府行为的规范化、制度化和法制化,使政府真正成为对人民负责的政府。

加入世贸组织以后,政府制度创新已成为一个系统工程,主要有:政府组织创新,要通过办公自动化等技术手段的广泛应用,促使政府组织机构朝着扁平化状态发展。所谓扁平化政府组织结构,是以按照公共管理事务流程划分部门并能迅速调整的组织结构,它大大地减少了因中间管理层级太多而导致的上下信息沟通失真和信息反馈迟缓等弊端;政府体制创新,要完善和实施对政府工作人员的管理制度、考核制度、监督制度、职位工资制度等;政府预算制度的创新,政府的预算不再以惯例和权力为标准,而以公众的需求,以提供公共产品与公共服务的数量与质量为导向;政府文化的创新,要形成遵纪守法、廉洁奉公、高效实干、绩效导向、勇于竞争的文化氛围,为制度创新提供强有力的精神文化方面的支撑。

三、先进文化是中国和平发展的强大精神支柱

文化是民族的灵魂,先进文化是推动社会进步的强大精神动力。“全面建设小康社会,必须大力发展社会主义文化,建设社会主义精神文明。在当今世界,文化与经济和政治相互交融,在综合

国力竞争中的地位和作用越来越突出。文化的力量，深深熔铸在民族的生命力、创造力和凝聚力之中。全党同志要深刻认识文化建设的战略意义，推动社会主义文化的发展繁荣。”江泽民同志在党的十六大报告中的这段话，深刻地阐明了社会主义文化对于全面建设小康社会的重要性，有助于我们在“三个代表”重要思想指导下，从全面建设小康社会的总体目标出发，从社会主义政治、经济和文化三者之间的交融性和互动性的高度，从社会主义文化对于全面建设小康社会所起到的精神支柱作用的层面，深刻认识社会主义文化对于全面建设小康社会的特殊价值和意义。

（一）大力发展先进文化是推进中国和平发展的重要内容

全面建设小康社会，从文化的层面上看，必须牢牢把握先进文化的前进方向，用先进文化全面地提升小康社会的文化品质，夯实小康社会的文化地基，培养一大批高素质的文化主体队伍。建设先进文化是全面建设小康社会的题中应有之义。文化和政治、经济一样，是全面建设小康社会不可或缺的重要内容。任何社会形态不可能没有经济，不可能没有政治，也不可能没有文化。经济、政治和文化三者相互影响、相互制约和相互作用，构成了不可分割的有机整体。在这个统一的有机整体中，经济是政治和文化的物质基础，政治是经济的集中表现和根本保证，文化则是经济和政治的必然产物和精神动力。

先进文化是先进的政治和经济的反映，是充分吸纳和体现时代精神，整合人民群众的智慧和才华，符合人类社会发展方向，体现社会生产力发展要求，代表社会成员最根本利益，反映时代发展潮流的文化。在当代中国，发展先进文化，就是发展面向现代化、面向世界、面向未来的，民族的科学的大众的社会主义文化，以不断丰富人们的精神世界，增强人们的精神力量。发展先进文化是建设中国特色社会主义文明的重要内容,也是对世界文明的重要贡献。

先进文化的先进性突出地表现出它具有与时俱进的品格。在不同的历史时期,先进文化有着不同的内容和不同的价值判断标准。先进文化的内容和形式是不断丰富和发展的,永远不会停留在一个水平上。先进文化以其巨大的文化力量,反作用于生产力,展示着社会进步的美好前景。中国共产党自从成立以来,始终代表着中国先进文化的前进方向,在新民主主义革命时期,以马克思主义、列宁主义、毛泽东思想为指导,形成了新民主主义的先进文化,引导人民取得了新民主主义革命的胜利;在全国解放后,特别是改革开放以来,以马克思主义、列宁主义、毛泽东思想、邓小平理论为指导,形成了中国特色社会主义文化。先进文化成了引导和激励全国人民奋发图强,积极创造社会主义的物质文明、政治文明、精神文明以及生态文明,把建设中国特色社会主义不断推向前进的一面辉煌的旗帜。

在当代中国,先进文化具有丰富多样的内容。主要包括以马克思主义、邓小平理论为指导思想的社会主义的主流意识形态、中国优秀的民族传统文化、全世界的优秀文化成果以及在中国现代化实践中不断产生出来的新的文化因素和积极的文化成果。

(二)先进文化是推动中国和平发展的强大精神动力

先进文化因其先进性的特点和品质,在全面建设小康社会过程中具有十分重要的地位和价值,发挥着极其重要的功能。

首先,先进文化以其巨大的精神动力推动着人的全面发展和小康社会的全面建设。全面建设小康社会的命题本身昭示出中国当代从事的现代化建设是一个整体的系统的建设。全面建设小康社会,作为全面提升中国综合国力的重要举措,体现在政治、经济和文化等各个方面。中国的综合国力是各方面力量的凝聚和整合。综合国力作为一个主权国家赖以生存和发展所实际存在着的综合力量,既包括一个国家所拥有的全部实力,又反映一个国家政治、经济、军事、资源、教育、科技、文化等各个方面相互作用的状况。简而言之,综合国力除了一个国家的政治力、经济力、军事力、外交力等方面外,还包括一个国家的精神文化力。文化力虽然在综合国力中不像经济力、军事力等实体性因素那样具有有形性和硬件性,因而可以为人们的感官所直接感知的特点,但是,文化力作为一种具有隐形性和软件性的因素,它渗透到国家的政治、经济、军事、资源、教育、科技等各个方面,成为综合国力不可或缺的重要组成部分。文化力体现着一个国家或地区精神文明的状况和建设成果,包含着推动经济与社会全面发展的精神力量和智力因素。它体现了创造、智慧和财富。在中国特色社会主义现代化实践中注重先进文化建设,让它成为全面建设小康社会的精神动力和智力支持,就能保证小康社会建设的健康方向。

全面建设小康社会是一个宏伟的社会系统整合工程。它体现和展示的是社会与人的整体全面进步的过程。一方面会导致社会生活各个领域的史无前例的巨大变迁,出现新型工业化的发展,技术化的增强,城市化的扩大,物质财富的迅速增长,人民生活水平的大幅度提高,等等;另一方面,又会在文化层面发生深刻的变化,会催生出与全面建设小康社会相吻合的先进文化,使参与小康社会全面建设的主体——人发生深刻的变化,从观念到生活,从心态到行为。全面建设小康社会,也就是全面建设人本身。人既是现代化的建设者,又是在现代化中被改造的客体。先进文化保证了精神文化生活的社会主义方向,有力地培养和塑造着一代又一代有理想、有道德、有文化、有纪律的“四有”公民。

将文化力作为全面建设小康社会不能丝毫忽视的重要因素加

以重视,是符合马克思主义唯物史观的。按照唯物史观,任何社会从其基本结构看,都由三大部分组成:生产力、生产关系和上层建筑。生产力构成社会产生、形成和发展的物质基础;在生产力发展的基础上建立并为生产力发展服务的社会制度构成人类社会赖以存在和发展的基本前提和条件;一定社会的上层建筑特别是思想上层建筑是该社会赖以产生的思想基础,又是该社会得以运行和发展的思想动力。因此一个社会的发展并不体现在单一的物质财富的增长上,还应该体现在以先进文化为代表的精神文明建设上。

现代化实践正反两方面的事实都说明,社会越发展,先进文化在社会生活中的作用就越重要。在经济全球化、信息网络化、文化多样化和知识经济已露端倪的当代,先进文化的价值越来越突出。能否培育、拥有和掌握先进文化,能否代表先进文化的前进方向,关系到一个国家、一个民族和一个政党的兴衰存亡。只要坚持以科学的理论武装人,以正确的舆论引导人,以高尚的精神塑造人,以优秀的作品鼓舞人,大力发展先进文化,支持健康有益文化,努力改造落后文化,坚决抵制腐朽文化,整个社会才能出现积极健康的生机。

其次,先进文化以其科学的文化价值观激励着人们为全面建设小康社会而奋斗。人区别于动物的根本之处在于有理想。人既需要一定的物质生活,又需要充实而高尚的精神生活。崇高的理想,就成了人们奋斗的强大精神支柱,激励人们即使在十分困难的情况下,也能始终保持坚韧不拔的心态,笑傲人生,奋力拼搏。理想是人类所特有的美丽的精神之花,是与人生的奋斗目标相联系的有实现可能性的想象。人的主观能动性发挥的突出表现形式是,既立足于现实,又超越于现实。理想作为具有某种历史的和逻辑必然性的东西,作为在人们头脑中预先建构起来的世界未来图像,是激励人们不懈奋斗的强大精神动力。信念是在理想的基础上产生的,是内化为人们意识深处的认为可以深信不疑并且一定能够成为现实的看法。正因为确信这样的看法,人们便有一种内在地执著地实现这种看法的冲动和实际行动。先进文化集中体现了人们的崇高理想、合理价值和自觉信念,能给人们的现实生活提供奋进的目标,即为人们提供高远的人生志向和幸福的生存意境。在先进文化长期的熏陶和浸染下,人们就会产生科学的文化价值观。它是支配人们活动的心理动因,人们的一切行为都是在一定文化价值观和理想信念的支配下进行的。科学的文化价值观,推动着人们在全面建设小康社会实践中自觉地发挥主体能动性。全面建设小康社会,本身就是基于当代中国现实的具有光辉灿烂前景和有实现可能的美好理想,只要全国人民同心同德,努力奋斗,就能达到这一目标。全面建设小康社会目标设定的意义是多方面的。既给人们指出了物质上更高需要满足的理想境界,同时,又给人们指出了在政治和精神文化层面的需要得到满足的更美好的前景。在市场经济条件下,对功利的高扬和追求是人们正当的本性,但是市场经济使“桌子也能跳舞”的魔力,①最大地调动起了人们追求金钱的热情,使一部分人理想信念低下甚至失落,价值观产生错位。一个人,如果缺乏高尚的理想情操,就不会自觉地能动地向更高的目标努力,除了表现出对物质的追求外,对高雅的精神文化方面的追求就会忽视,只会玩世不恭,碌碌无为;一个民族,缺少高雅的民族精神和正确的民族文化价值观,等于只剩下了躯壳而失去了灵魂。

再次,先进文化从科学世界观和方法论的层面上指导着人们的实践,保证着全面建设小康社会的前进方向。小康社会的全面建设意味着中国社会的经济、政治、文化、自然的、全面的、综合的

① 《马克思恩格斯全集》第23卷,人民出版社中文第1版,第88页。

和协调的发展。在这一全面的协调发展过程中,先进文化的价值导向、精神动力、智力支持等方面的意义十分重大。小康社会的文化品位需要先进文化去提升,参与全面建设小康社会的主体的思想境界需要先进文化去提高,市场经济需要先进文化去渗透,社会的精神文明水平需要先进文化去推进。先进文化作为面向现代化、面向世界、面向未来的,民族的科学的大众的社会主义文化,构成了有效地指导人们实践的科学世界观和方法论。人类的实践都是在一定的世界观和方法论的指导下进行的。有什么样的世界观和方法论就产生什么样的实践。世界观和方法论对人类的认识和实践具有重大的意义。全面建设小康社会需要正确地协调人与自然的关系、人与社会的关系以及人与人的关系。但是,如何正确地协调这些关系,只有充分地发挥先进文化的世界观和方法论的作用,才能达到理想的目的。

(三)中国和平发展进程中的先进文化建设战略

在全面建设小康社会过程中,只有实施科学的文化建设战略,才能使先进文化建设收到应有的成效,才能不断地增强中国特色社会主义文化的吸引力和感召力,推进中国和平发展事业。

首先,要全面提高国民素质,弘扬和培育民族精神。我国现代化建设的进程,在很大程度上取决于国民素质的提高和人力资源的开发。人的素质是历史的产物,又给历史以巨大的影响。在科学技术迅猛发展,综合国力剧烈竞争的今日世界,人的素质往往是社会进步强大的推动力,是社会进步的综合性标志。未来世界的竞争,归根到底是人才的竞争,胜负取决于一个国家、一个民族的国民素质的高低。整个国家和民族文化是否达到了先进性的程度,与国民文化素质的高低是密切关联着的。

在知识经济时代,国民的素质集中体现在智力素质上。在当代,智力的价值越来越充分地表现了出来。按照普赖斯指数增长律,现代科学知识正以一种特殊的超越函数增长着。纵观人类社会的一切物质文明和精神文明,从某种意义上说,都是科学思维的结晶,人类智力的花朵。

人的能力主要通过体力和智力表现出来。它们紧密联系,不可分割。但是在人类活动的不同时期,其作用是不一样的。在古代和近代初期,人的体力的作用要比智力的作用表现得明显和突出。资本主义机器大生产的确立,使脑力劳动和体力劳动的比重发生了结构性的变化,体力在劳动中的作用明显降低,而智力的作用则空前突出。

随着世界新技术革命的发展,科学技术在生产力中的主导的决定性的作用表现得更为明显。现代科学技术是新的社会生产力中最活跃的和决定性的因素。随着世界新技术革命的蓬勃发展,科学技术日益渗透到社会物质生活和精神生活的各个领域,成为提高劳动生产率的重要源泉,成为建设先进文化的重要基石。美国经济学家舒尔茨认为,目前世界经济中最突出的特征就是生产力的发展越来越取决于人的智力。因此,不舍得在提高人的智力,开发人的智力资源上投资,就不能享受现代化农业的硕果,就不能拥有现代化工业的富裕。他进而指出,提高人的智力水平的关键是发展教育,因为人的先天能力是接近的,但是后天获得的能力却大不相同。各国人民智力水平的差异,主要取决于后天能力。这种后天能力主要是指知识、技能、文化水平、事业精神等,而这一切都是教育的结果。具有丰富的科学技术知识的人才,是现代社会最可珍视的宝贵财富。各个经济发达国家在现代化过程中都十分重视教育和人力资源的开发,舍得把巨大的财力和物力投放在发展科学技术和教育的事业中。现代经济学也不再把科学技术和教育部门当作消费部类,而是当作生产部类了。教育是发展科学技术和培养人才的基础，在现代化建设中具有先导性全局性作用，必须摆在优先发展的战略地位。按照知识经济时代的要求，设计小康社会的先进文化建设战略，就应该把努力提高国民的知识水平作为头等重要的大事。在人才培养模式上，要根据当代中国的国情，构建人才金字塔式的结构模式。既要下大功夫培养出一大批杰出的数学家、物理学家、化学家等，又要培养出一大批杰出的社会科学家。这是社会金字塔的顶层。但是，光是这样还不行，还需要广泛的社会底座，要通过普及国民教育，全方位多层次地开发人力资源，使人才形成梯级状态的层次结构，保证人才后继有人，科学文化知识能够世代相传。

在国民素质普遍提高，世界观、人生观和价值观形成的基础上，要大力弘扬和培育民族精神。民族精神是一个民族赖以生存和发展的精神支撑。一个民族，没有振奋的精神和高尚的品格，不可能自立于世界民族之林。在五千多年的发展中，中华民族形成了以爱国主义为核心的团结统一、爱好和平、勤劳勇敢、自强不息的伟大民族精神。面对经济全球化的影响，文化价值观出现了多样化的现象，如果不弘扬主旋律，民族精神就有失落或者削弱的危险。在经济全球化的过程中，有些人认为，经济全球化就是世界一体化，每个人都是没有自己民族身份的“世界公民”，宣传爱国主义就是鼓吹狭隘的民族主义。其实，这是一种误解。在全球社会主义和资本主义同时共存的情况下，经济全球化也具有意识形态性，它决不是不分民族、不分阶级、不分政治信仰的世界上所有的人友好地携手共进的过程。提倡爱国主义既是对传统民族精神的继承，同时，又是应对经济全球化对民族国家冲击的重要策略。以爱国主义为核心的中华传统文化和民族精神，具有纽带的性质和作用，构成了中华民族的亲和力、凝聚力、向心力和战斗力的基础。在新时期，弘扬和培育民族精神，不仅可以增进全体中国人民的感情,实现祖国的和平统一,而且能把所有的中国人凝聚在全面建设小康社会的旗帜下,同心同德,万众一心,共同创造中国人民的新的辉煌,实现中华民族的伟大复兴。

其次,建设先进的政治文化,提高国民的政治素养和思想道德水平。在先进文化的系统结构中,先进的政治文化处于对其他文化的统领地位。因此,当代中国先进文化建设,应该首先落实在先进的政治文化建设上。

在经济全球化的态势下,政治文化出现了多元并存和多元联动的格局,这是推动全球政治文化进行新的组合和构建的强大动力。政治文化作为一个民族或国家在一定时空条件下流行的一套政治态度、信仰和感情,既是民族的、本土的,又是国际的、世界的;既是相对静止的,又是动态发展的。中国与西方的政治文化由于政治制度、政治价值观等方面的不同,存在着差异性。但是,这种对立又并非冰炭那样不能同炉,水火那样不能相容。而是在对立中有交流、协调沟通和相互补充。西方政治文化是西方社会制度的产物,从总体上看,不适应中国的国情。然而,我们对其否定也是一个既批判又继承、既克服又保留的扬弃过程,决非全盘抛弃。西方政治文化的精华可以被我们所接受,改造成为我国政治文化的有机组成部分。中国共产党人在学习西方文明中选择了马克思主义,并进而在创造性地运用马克思主义解决中国现实问题的实践中,实现了马克思主义的中国本土化,并让它成为政治文化的核心内容。在这一过程中,中国传统政治文化也在同西方政治文化的冲突、斗争和互相渗透中,推陈出新,走向了现代化,在解决中国现实问题时,成了当代中国主流政治文化的另一个重要组成部分。同样,社会主义倡导的以反对等级压迫和实现平等民主文明为核心的价值观念既推动了全球化进程向多元化、多维度方向发展,也潜移默化地影响着世界资本主义。

但是,以美国为首的一些国家凭借强大的政治地位和经济地位,在多元并存的政治文化格局中处于强势。他们试图在全球化过程中按照自己的政治观、价值观、人权观等意识形态来改造中国,使之纳入资本主义轨道。现在,经济全球化为他们政治文化的进攻提供了便利条件,他们可以通过经济活动,如贸易往来和投资,向中国进行文化渗透,传播其意识形态和价值观,扩大其对中国政治和社会生活的影响;通过物质产品来推销资本主义的价值观念和生活方式;通过精神产品,如书籍、报刊、音乐、电视、好莱坞电影等来潜移默化地宣传西方的政治文化;通过互联网络来兜售和贩卖西方的政治主张和政治信念。此外,他们还将人权、民主等政治问题与经济问题挂钩,利用中国经济在某些方面对发达国家的需求,动不动就进行经济制裁,干涉中国的内政,试图迫使中国在政治问题上作出让步。这构成了一股对当代中国政治文化直接否定的反主流的政治文化潮流,其势汹汹,影响很大,不可小视。

在当代中国,由于西方政治文化借中国国门洞开之机,大举侵入,使一些人接受了西方政治文化的影响,对西方的三权分立、多党制、抽象的人权理论顶礼膜拜,导致他们的政治价值意识西化,民族意识失落,政治敏感性虽强,但政治认同感却低下。与之相反的是,有些人面对西方反主流政治文化的猛烈进攻,使中国本土政治文化受到严重冲击和威胁的事实,萌发了一种"早知今日,何必当初"的情绪,心理上有一种失落感,产生了极端民族主义的思潮,主张闭关自守,将反主流政治文化拒之于国门之外。全球化并不是世界政治文化的绝对化或同质化,不能以民族主义的激情来抵御全球化的浪潮。阻止全球化如同阻止地球自转一样是不可能的。同时,政治文化的多元并存,并不意味着相互之间的和平共处,不意味着资本主义政治文化对社会主义政治文化的宽容和厚待,不能对西方政治文化的大举进攻视而不见。而应该时刻保持冷静的头脑和敏锐的洞察力，提出理性的应对之策。

再次，高度重视人文社会科学的作用，促进人文社会科学的繁荣发展。文化是人类社会不可缺少的重要内容。人文社会科学又是人类文化的重要组成部分。人文社会科学与自然科学具有不同的认识对象，发挥着不同的功能。自然科学以对自然现象和自然规律的认识为研究对象。而人文社会科学则以人和人类社会为研究对象，以揭示人的本质和社会发展的基本规律为研究对象，旨在帮助人们树立正确的世界观、人生观和价值观。正因为人文社会科学的研究对象与自然科学不同，决定了人文社会科学有着自身特殊的价值和功能，即能够成为指导人们认识世界、改造世界和完善自身的强大思想武器，成为推动历史发展、社会进步和人类文明的巨大精神力量。人文社会科学和自然科学、科学技术具有紧密联系，不可分割的关系。人文社会科学需要自然科学和科学技术的工具理性、实证方法和技术手段，而自然科学和科学技术需要人文社会科学的人文精神、人文环境和人文底蕴。

历史上的一些伟大变革，都是由人文社会科学拉开序幕的。发生在13—16世纪高举“人文主义”旗帜的文艺复兴运动，使欧洲走出了神学统治的黑暗的中世纪；发生在17—18世纪的英法启蒙思想家对宗教神学的批判，对世界的唯物主义的解释，推动了西方资产阶级革命的兴起和胜利。在中国，“五四”新文化运动和马克思列宁主义的传入，促使了中国共产党的诞生。毛泽东思想的形成和发展，推动了中国革命的胜利和社会主义制度的建立。关于实践是检验真理的唯一标准的大讨论，推动了人们的思想从“两个凡是”的禁锢中解放出来。邓小平理论的形成，使中国改革开放和现代化建设出现了生动活泼的局面。“三个代表”重要思想是对马克思列宁主义、毛泽东思想和邓小平理论的继承和发展，反映了当代世界和中国的发展变化对党和国家工作的新要求，是加强和改进党的建设、推进我国社会主义自我完善和发展的强大思想武器，是全党集体智慧的结晶，是党必须长期坚持的指导思想。全面贯彻落实“三个代表”重要思想，我们的事业就能不断从胜利走向胜利。

在全面建设小康社会中，人文社会科学和自然科学是“车之两轮”、“鸟之两翼”，具有同等重要的地位，同样是科教兴国战略中不可缺少的组成部分。中国共产党要始终代表中国先进文化的前进方向，不仅要大力发展先进的科学技术，努力追赶世界先进科学技术的发展水平，也要大力发展先进的人文社会科学，促进人文社会科学更大的繁荣和发展。

当代科学的发展出现了既高度分化又高度综合的趋势。一方面，科学的门类越分越细；另一方面，各门科学之间的相互渗透、相互结合的趋势也越来越突出。不仅是自然科学和社会科学内部各学科之间的联系越来越紧密，而且，自然科学和社会科学之间的联系也越来越紧密。自然科学和社会科学之间的联姻要求人们必须将这两门科学视为同等重要的程度来加以认识。如果只重视自然科学，轻视社会科学，科学工作就会失去正确的前进方向。既不利于自然科学的发展，也不利于社会科学的发展。

科学技术越是发展，越是呼唤着人文精神。工具理性和价值理性相结合，才能使社会出现福祉。一味推崇自然科学和科学技术的作用，忽视人文社会科学在净化社会风气和培育人才中的作用，社会就会出现自然科学和科学技术的反人道的运用等现象。事实已经证明，一个懂得科学和具有一定的技术的人也可能是思想境界低下的人。高科技犯罪要比普通犯罪对社会的危害来得更大。如果缺少对全社会的人文气息的熏陶和人文关怀，也可能会出现技术发达和道德沦丧这种二律背反的现象。资本主义的高科技并没有消除人对人的压迫和剥削现象。在全面建设小康社会的全过程中,都必须把依法治国和以德治国紧密结合起来,建立起与社会主义市场经济相适应、与社会主义法律规范相协调、与中华民族传统美德相承接的社会主义思想道德体系,把社会主义精神文明建设引向深入。

在先进文化建设中,要充分发挥人文社会科学的作用,首先要进一步解决思想认识问题。只有从思想深处懂得人文社会科学处于与自然科学一样同等重要的地位,发挥着同样重要,有时甚至更为重要的作用,才能重视人文社会科学,加大对人文社会科学的投入,形成人文社会科学创新的环境和氛围,创造出一大批能够揭示中国特色社会主义现代化的本质和规律,对全面建设小康社会具有理论指导意义的社会科学成果。从而为改革开放和现代化建设提供理论支撑和精神动力。

第四,深化文化体制改革和创新,建立起有助于先进文化发展的科学合理的文化管理体制和机制。大力加强先进文化建设的必不可少的一个重要条件是要继续加强文化体制和管理的创新。先进文化的先进性程度与文化管理体制和机制的创新程度具有一致性和同步性。在文化体制和管理落后的情况下,进行先进文化建设只能是一句空话。发展文化事业和文化产业,调动文化工作者的积极性,保证文化市场的秩序,努力消除腐朽文化,为文化事业发展创造良好的社会环境等任务的落实,都有赖于文化体制和管理的创新。要进一步建立和完善政府文化管理体制以及文化经营单位的运行机制,使文化经营实现产业化运作。为此,要进一步转变政府文化管理职能,政府从直接经营文化事业转变为对文化事业进行有效的管理,把文化市场的管理纳入法制化和规范化的轨道。文化经营单位要按照现代企业制度的要求实行公司制改造,使文化企业成为适应市场的法人实体和竞争主体,使之增强活力,提高效益,为中国特色社会主义文化的发展作出应有的贡献。

四、科学发展观是中国和平发展的根本指针

中国和平发展是一个系统工程。在大力发展生产力的基础上富民是中国和平发展的主要目标，迅速提升中国的综合国力是中国和平发展的重要内容，促进人与自然的和谐，保证中国经济和社会的可持续发展是中国和平发展的生态环境支撑，营造良好的国际环境是中国和平发展的外部保证。要保证中国的和平发展，必须以科学发展观为指导，坚持以人为本，树立全面协调可持续的发展观，促进经济社会和人的全面发展。要按照统筹城乡发展、统筹区域发展、统筹经济社会发展、统筹人与自然和谐发展、统筹国内发展和对外开放的要求，推进改革和发展。科学发展观根据马克思主义辩证唯物主义和历史唯物主义的基本原理，总结了国内外在发展问题上的经验教训，吸收人类文明进步的新成果，站在历史和时代的高度，进一步明确了新世纪我国要发展、为什么要发展以及怎样发展的重大问题。一句话，科学发展观是对马克思主义社会发展理论的继承和发展，是当代中国的马克思主义发展观。

（一）马克思的社会发展理论是中国和平发展的思想指导

马克思的社会发展理论博大精深，意境高远，在唯物史观这一极其完整严密的理论体系中占有十分引人注目的重要地位。将唯物论与辩证法、辩证唯物论和历史唯物论有机地结合起来，从系统整体的多维视角和历史主体与客体双向互动中考察社会发展，将社会生活中存在着的多种客观而复杂的关系和各种因果序列视为交互作用的辩证过程，并从中准确地揭示出社会发展逻辑演进的基本性质、根本动力及其内在规律，是马克思的社会发展理论高于

其他有关社会发展的学说而赋予自身真理性的关键之所在。马克思的社会发展理论既反对了黑格尔等人用纯粹的精神因素解释社会发展的唯心史观错误,又反对了包括费尔巴哈在内的一切旧唯物主义者只是从客体的或者直观的形式去理解社会发展的错误,还与第二国际时期的庸俗的经济唯物主义、“进化的社会主义”、社会改良主义以及将社会规律自然化的诸种弊端区别开来。领悟马克思社会发展理论的本真意义和深刻内涵并用以指导当代中国的社会主义现代化建设,有助于深刻认识人类社会发展的一般规律和中国社会主义初级阶段发展的特殊规律,始终确立并坚持以人为本和全面、协调、可持续的发展观,促进经济、社会和人的全面发展。

将社会发展的主体因素与客体因素、物质关系与思想关系、社会发展规律的特殊性与普遍性、社会发展规律的客观性与社会活动主体人的能动性等多种因素综合起来考察社会发展,是马克思社会发展理论所具有的显著的和本质的特点。卢卡奇在《历史与阶级意识》一书中认为:马克思的辩证方法,旨在把社会作为总体来认识,马克思运用唯物和辩证的方法,将由于研究对象的实际分离以及由于科学的分工和专门化而出现的某些抽象概念提升和归并为辩证的因素而扬弃了这些分离,使社会发展理论达到了全面性和科学性的程度。他认为:“对马克思主义来说,归根结底就没有什么独立的法学、政治经济学、历史科学等等,而只有一门唯一的、统一的——历史的和辩证的——关于社会(作为总体)发展的科学。”[1]他还说:“不是经济动机在历史解释中的首要地位,而是总体的观点,使马克思主义同资产阶级科学有决定性的区别。总

① (匈)卢卡奇著,杜章智等译:《历史与阶级意识》,商务印书馆 1999 年版,第 77 页。

体范畴,整体对各个部分的全面的、决定性的统治地位,是马克思取自黑格尔并独创性地改造成为一门全新科学的基础的方法的本质。……总体范畴的统治地位,是科学中的革命原则的支柱。”①我们认为,卢卡奇领悟了马克思社会发展理论的精髓。

社会发展与自然界的进化不同,不是纯粹的自然历史过程,而是在社会活动的主体人的参与和能动性的发挥下从低级到高级、从野蛮到文明、从简单到复杂的前进上升运动。马克思对社会发展的总体的观点的基本思想在于,不是把社会生活的各个领域视为分散零乱的和封闭孤立的存在,而是视为各个要素交互作用所构成的统一的有机整体。这样,就向人们展示出了一幅由社会活动的主体与客体、物质关系和思想关系、经济、政治与文化、人与自然以及人与社会等诸多因素作用与反作用、影响与被影响的充满生机和活力的画面。

在马克思的视野里,社会发展指以社会为主体的发展。它集中体现在人的全面发展和社会的全面进步上,它包括由生产力发展所引起的生产关系的变革,社会形态的更替,社会物质生活、政治生活、精神生活等社会基本要素的递进、成长、变革和完善。由于社会历史的主体是具体的人和作为群体的人民群众,因此社会发展的实质是人以及人类的生存方式(包括生产方式和生活方式)的不断完善的过程,也是不同历史时期的人们对美好合理的理想形态的追求与实践的过程。

人类社会是人作为实践活动的主体而组成的。社会发展体现在社会生活的各个领域和各个方面,既有社会生产力和生产关系的发展、经济基础和上层建筑的发展,还有支撑社会各个方面发展

① (匈)卢卡奇著,杜章智等译:《历史与阶级意识》,商务印书馆 1999 年版,第76页。

的生态环境的发展等，但是，社会发展的价值和意义最终体现在和凝聚在社会活动的主体人的发展上。从本质上说，社会发展是以人为本的发展。使人的潜能得到真正的发挥，人的价值得到充分的实现，创造出具有全面素质和真正自由自觉的人，获得人的解放是社会发展的最终目的和最高价值追求。马克思说：社会发展进程应当是“通过人并且为了人而对人的本质的真正占有。”①在社会发展中只是重视物的尺度而忽视人的尺度，只是重视经济增长而忽视人的自由和全面的发展，这种发展的结果只能导致与人的价值实现目标的背道而驰，到头来，与发展的初衷相违背。马克思尖锐批判了资本主义社会只是重视经济价值而无视人的价值，从而出现劳动异化的错误做法。他说：“劳动对工人说来是外在的东西，也就是说，不属于他的本质的东西；因此，他在自己的劳动中不是肯定自己，而是否定自己，不是感到幸福，而是感到不幸，不是自由地发挥自己的体力和智力，而是使自己的肉体受折磨，精神遭摧残。”②因此，在马克思看来，工人在资本主义社会的发展是畸形的发展，有着明显的片面性、工具性和有限性。马克思认为，以人为本的发展应该是使人的“一切天赋得到充分发展”、“自由而充分的发展”、“体力和智力获得充分的自由的发展和运用”、“全面地发展人的一切能力”、“发挥他的全部才能和力量”。

在肯定社会发展是以人为本的发展的同时，马克思着重论证了这种以人为本的发展不是抽象的而是具体的发展，不是虚拟的而是实在的发展，不是片面的而是全面的发展，不是断裂的而是可持续的发展。对于以人为本的发展何以实现的问题，马克思认为：“个人的全面性不是想象的或设想的全面性，而是他的现实关系

① 《马克思恩格斯全集》第42卷，人民出版社中文第1版，第120页。

② 《马克思恩格斯选集》第1卷，人民出版社1995年版，第43页。

和观念关系的全面性。……要达到这一点，首先必须使生产力的充分发展成为生产条件，使一定的生产条件不表现为生产力发展的界限。”①马克思充分肯定历史中的决定性因素归根到底是直接生活的生产和再生产，一切重要历史事件的终极原因和巨大动力是社会的经济发展、生产方式和交换方式的改变。在人类社会这一极其复杂的活的有机体的结构中，生产力、生产关系和上层建筑构成为三个最基本的组成部分，其中生产力是起决定性作用的部分，是将社会历史继续推向前进的根本出发点。生产力决定着生产关系以及上层建筑的性质与状况，成为新旧社会更替的直接的和原始的动力。因此，在对社会历史发展作出科学说明时，“只有把社会关系归结于生产关系，把生产关系归结于生产力的水平，才能有可靠的根据把社会形态的发展看做自然历史过程。不言而喻，没有这种观点，也就不会有社会科学。”②同时，马克思又认为，经济因素并不是社会发展的唯一的因素，它对社会发展的决定作用不是绝对的和单向度的，而要受社会的政治、法律、道德、宗教等上层建筑的影响和反作用。由于决定社会发展的因素是多样的，社会发展是由经济、政治、文化等各种合力推动促成的。因此社会发展不能仅仅归结为单纯的经济运动，更不能把经济因素在社会发展过程中的归根到底意义上的决定作用夸大为和绝对化为在一切方面的决定作用，而忽视或者抹杀历史活动主体人的能动创造活动以及政治、法律、文化等社会意识形态和精神因素的能动反作用。针对19世纪末，德国社会民主党内出现一股思潮，把全部社会生活直接归结为经济必然性，认为经济因素是唯一起决定性作用的因素，否认和排斥其他因素的作用的错误观点，恩格斯进行了

① 《马克思恩格斯全集》第46卷(下册)，人民出版社中文第1版，第36页。
② 《列宁选集》第1卷，人民出版社1995年版，第8—9页。

坚决的批判，捍卫了马克思的社会发展理论。恩格斯说："根据唯物史观，历史过程中的决定性因素归根到底是现实生活的生产和再生产"，如果有人在这里加以歪曲，"说经济因素是唯一决定性的因素，那么他就是把这个命题变成毫无内容的、抽象的、荒诞无稽的空话。"①

除了政治、经济、文化等社会意识形态以及主体的精神因素对社会发展起着作用外，生态环境对人的全面发展和社会的全面进步也起着十分重要的作用。马克思认为，物质资料的生产和再生产以及人自身的生产和再生产，都要以自然界的存在与发展为前提条件，因为人本身是自然界长期发展的产物，没有自然界就没有人本身。生产力虽然是社会发展的根本动力，但是，离开了生态环境这一前提条件，生产力的发展就是无源之水和无本之木。马克思说："没有自然界，没有外部的感性世界，劳动者就什么也不能创造。它是工人的劳动得以实现、工人的劳动在其中活动、工人的劳动从中生产出自己的产品的材料"。② 从某种意义上说，生态环境构成了生产力的源泉。因此，强调以人为本的发展观，其实就潜在地包含着还要以使各种发展得以进行的生态环境为本的思想。一句话，提倡以人为本与提倡以生态环境为本并不矛盾，相反，却是统一的。正是基于这一认识，马克思在社会发展中把人道主义和自然主义有机地结合了起来。他指出："共产主义是私有财产即人的自我异化的积极的扬弃，因而是通过人并且为了人而对人的本质的真正占有；因此，它是人向自身、向社会的（即人的）人的复归，这种复归是完全的、自觉的而且保存了以往发展的全部财富的。这种共产主义，作为完成了的自然主义，等于人道主义，而作

① 《马克思恩格斯选集》第4卷，人民出版社1995年版，第696页。

② 《马克思恩格斯选集》第1卷，人民出版社1995年版，第42页。

为完成了的人道主义，等于自然主义，它是人和自然界之间、人和人之间的矛盾的真正解决，是存在和本质、对象化和自我确证、自由和必然、个体和类之间的斗争的真正解决。它是历史之谜的解答，而且知道自己就是这种解答。"①马克思还分析了生态环境作为人的精神的无机界。是人类生存和发展不可或缺的前提条件，是人类认识的对象、艺术活动的对象和审美活动的对象，成为人的全面发展的必要条件。

总之，马克思认为，以人为本的社会发展，是一种全面、协调和可持续的发展。唯有这样的发展，才能避免劳动异化、自然异化、技术异化和人的异化等非人性、非人道的、片面的、紊乱的和断裂式的发展，才能给人的自由而全面的发展和社会的全面进步带来福祉。这样的发展才能真正体现出意义和价值。

（二）马克思的社会全面生产理论是科学发展观的思想渊源

马克思的社会发展理论作为全面的社会发展学说，关注的是社会的经济、政治、文化诸种因素的综合而协调的发展，是人与自然的和睦相处，人与社会的全面进步，人自身的自由而全面的发展。马克思的全面的和整体的社会发展理论集中体现在他的社会全面生产理论上。换言之，马克思的全面生产理论是他关于以人为本和全面、协调和可持续的社会发展理论的坚实基础。

在《1844 年经济学哲学手稿》中，马克思提出了全面生产的思想。马克思认为全面的生产是人的生产与动物的生产的本质区别，也是人作为有意识的类的存在物表现出对对象世界的改造并从中显示出自己的能动性的实际表现。在《德意志意识形态》中，马克思和恩格斯在谈到单独的个人随着他们的活动扩大为世界历

① 《马克思恩格斯全集》第 42 卷，人民出版社中文第 1 版，第 120 页。

史性的活动时指出:“仅仅因为这个缘故,单独人才能摆脱种种民族局限和地域局限而同整个世界的生产(也包括精神的生产)发生实际联系,才能获得利用全球的这种全面生产(人们的创造)。”①这段话深刻地指出,全面的生产还包括个体超越自身民族的和地域的局限性而同全球相联系的生产,这是由世界性的交往所促成的,全面的生产内在地包含了全球性的物质生产、精神生产以及社会关系生产等多方面生产。

马克思认为,全面的生产是构成社会各个要素的系统整体的生产。主要包括物质生活资料的生产和再生产、精神生产和再生产、社会关系的生产和再生产以及人口自身的生产和再生产以及生态环境的生产和再生产等紧密联系着的十分丰富多彩的内容。

首先是物质生活资料的生产和再生产,这是其他生产和再生产得以进行的前提和基础。马克思在创立唯物史观时,特别强调必须用人们的物质需要而非人们的思想动机说明人类社会的发展,认为唯心史观形成的一个重要根源就在于他们习惯于以人们的思维而不是以人们的需要来解释其行为。恩格斯在谈到马克思生前的贡献时指出:“正像达尔文发现有机界的发展规律一样,马克思发现了人类历史的发展规律,即历来为繁茂芜杂的意识形态所掩盖着的一个简单事实,人们首先必须吃、喝、住、穿,然后才能从事政治、科学、艺术、宗教等等。”②马克思和恩格斯说:“我们首先应当确定一切人类生存的第一个前提也就是一切历史的第一个前提,这个前提就是:人们为了能够‘创造历史’,必须能够生活。但是为了生活,首先就需要衣、食、住以及其他东西。因此第一个

① 《马克思恩格斯选集》第1卷,人民出版社1995年版,第89—90页。

② 《马克思恩格斯选集》第3卷,人民出版社1995年版,第776页。

历史活动就是生产满足这些需要的资料，即生产物质生活本身。”①

其次是精神生产和再生产。主要指思想、观念和意识的生产以及“科学和艺术的生产”。② 它是与物质生产和再生产一起产生的，并且对物质生产和再生产起着十分重大的反作用。马克思认为：“思想、观念、意识的生产最初是直接与人们的物质活动，与人们的物质交往，与现实生活的语言交织在一起的。人们的想象、思维、精神交往在这里还是人们物质行动的直接产物。表现在某一民族的政治、法律、道德、宗教、形而上学等的语言中的精神生产也是这样。”③马克思一方面认为，物质生产和再生产决定了精神生产和再生产的性质和形式，“要研究精神生产和物质生产之间的联系，首先必须把这种物质生产本身不是当作一般范畴来考察，而是从一定的历史形式来考察。例如，与资本主义生产方式相适应的精神生产，就和与中世纪生产方式相适应的精神生产不同。如果物质生产本身不从它的特殊的历史形式来看，那就不可能理解与它相适应的精神生产的特征以及这两种生产的相互作用。”④马克思指出了精神生产的性质是由物质生产的一定形式决定的，具体来说是由物质生产规定着的人与自然的关系以及社会结构所决定的。他说：“从物质生产的一定形式产生：第一，一定的社会结构；第二，人对自然的一定关系。人们的国家制度和人们的精神方式由这两者决定，因而人们的精神生产的性质也由这两者决定。”⑤“思想的历史除了证明精神生产随着物质生产的改造而改

---

① 《马克思恩格斯选集》第1卷，人民出版社1995年版，第75页。

② 《马克思恩格斯全集》第26卷I，人民出版社中文第1版，第443页。

③ 《马克思恩格斯选集》第1卷，人民出版社1995年版，第72页。

④ 《马克思恩格斯全集》第26卷I，人民出版社中文第1版，第296页。

⑤ 同上。

造，还证明了什么呢？”另一方面，精神生产对物质生产具有能动的反作用。马克思指出：“……所有人的关系和职能，不管它们以什么方式和在什么地方表现出来，都会影响物质生产，并对物质生产发生或多或少是决定的作用。”①

第三是社会关系的生产和再生产。这是与物质生产以及精神生产紧密联系着的生产。马克思认为，人们都是在一定的社会关系中从事着物质生产和精神生产的。“以一定的方式进行生产活动的一定的个人，发生一定的社会关系和政治关系。”②马克思说：“人们在生产中不仅仅同自然界发生关系。他们如果不以一定方式结合起来共同活动和互相交换其活动，便不能进行生产。为了进行生产，人们便发生一定的联系和关系；只有在这些社会联系和社会关系的范围内，才会有他们对自然界的关系，才会有生产。”③马克思认为，社会并不是一个偶然产生和机械组合的个人集合体，而是由人们按照一定的关系彼此结合而形成的生活共同体，而这些关系则是由他们在生产物质生活资料的基础上形成的。

第四是人口自身的生产和再生产。它是物质生产、精神生产和社会关系的生产等得以进行的根本保证。“每日都在重新生产自己生命的人们开始生产另外一些人，即繁殖。”④在人类的初期，与当时物质生产极不发达的状况相适应，人自身生产是现实生活生产和再生产的前提和最终目的。在阶级对立的社会，人自身的生产和再生产从属于物质生活的生产和再生产，消灭了阶级对立，物质生产的生产和再生产要反过来从属于和服务于人的全面发展。

---

① 《马克思恩格斯全集》第26卷I，人民出版社中文第1版，第300页。

② 《马克思恩格斯选集》第1卷，人民出版社1995年版，第71页。

③ 《马克思恩格斯全集》第6卷，人民出版社中文第1版，第486页。

④ 《马克思恩格斯选集》第1卷，人民出版社1995年版，第71页。

第五是生态环境的生产和再生产。在马克思看来,生态环境是人类得以生存和发展的天然的“衣食仓库”、“武器仓库”和“精神产品的仓库”。由于自然界是人的无机的身体,人靠自然界来生活,因此,人必须呵护好生态环境,促进生态环境的可持续利用和发展。马克思在《资本论》中分析地租理论时深刻地指出:“从一个较高级的经济的社会形态的角度来看,个别人对土地的私有权,和一个人对另一个人的私有权一样,是十分荒谬的。甚至整个社会,一个民族,以至一切同时存在的社会加在一起,都不是土地的所有者。他们只是土地的占有者,土地的受益者,并且他们应当作为好家长把经过改良的土地传给后代。”①这就告诉我们,如果人们不能有效地呵护和反哺生态环境,发展只能是一种竭泽而渔、杀鸡取卵式的不可持续的发展。

马克思的社会发展理论作为变革传统发展观而诞生的科学的发展真理,既有普遍的全人类的世界性意义,同时对于我们全面建设小康社会,开创中国特色社会主义事业新局面具有十分重要的方法论指导作用。马克思的社会全面发展理论是科学发展观的思想渊源。科学发展观所主张的以人为本的发展、全面协调的发展、可持续的发展等发展理念,就是按照当代中国的发展模式对马克思的社会发展理论的继承和创新。

(三)科学发展观是当代中国的马克思主义发展观

发展是我党执政兴国的第一要务。解决中国所有问题的关键要靠发展。但是,什么是发展？为什么要发展？如何发展？建构什么样的发展理念？采用什么样的发展模式？遵循什么样的发展规律？追求什么样的发展价值和目的？这一系列问题都是必须首

① 马克思:《资本论》第3卷,人民出版社2004年版,第878页。

先搞清楚的重大的理论问题和实践问题。一句话,正确的发展模式需要科学的发展观作指导。

党的十六届三中全会通过的《中共中央关于完善社会主义市场经济体制若干问题的决定》总结历史教训,正视当代现实,立足中国本土,借鉴全球经验,运用马克思的社会发展理论,对当代中国的发展理念、发展阶段、发展本质、发展目标和发展规律进行了深刻的阐述,提出了当代中国应采用的科学发展观,集中体现在完善社会主义市场经济体制要贯彻“五个统筹”,做到“五个坚持”上,即要统筹城乡发展、统筹区域发展、统筹经济社会发展、统筹人与自然和谐发展、统筹国内发展和对外开放的要求,更大程度地发挥市场在资源配置中的基础性作用;要坚持社会主义市场经济的改革方向,坚持尊重群众的首创精神,坚持正确处理改革发展稳定的关系,坚持统筹兼顾,坚持以人为本。这些论述是马克思社会发展理论在当代中国的全新诠释,蕴涵着全面发展、协调发展、均衡发展、可持续发展和人的全面发展的科学的发展内涵,表明我党对中国特色社会主义现代化建设的认识已经从一般的经济、技术的层面上升到了经济社会和人的全面发展、物质文明、政治文明、精神文明以及生态文明等文明系统的全面进步的新的高度,充分反映了人民群众的愿望和利益以及社会主义现代化建设的客观规律,体现了社会主义社会全面发展的战略构想。

发展必须以人为本。人是政治、经济、文化和社会发展的主体。离开人和人的实践活动,就没有社会和社会的内容。离开了人的发展,就谈不上社会的发展。人既是现代化事业的建设者,是社会物质财富和精神财富的创造者,也是人所创造的这些财富的占有者和享受者,人通过占有和享受自己创造的财富而全面地充实自己,使人得到自由而全面的发展。人的发展是评价社会发展的重要价值尺度。社会发展要以是否促进人的全面发展作为其价值判断标准。否则,社会发展就是无主体和无实在内容的空洞的或抽象的发展。这样的发展在现实生活中既不可能,也无意义。

当代中国的发展集中体现在现代化实践上,中国的现代化不是一个游离于人之外的预定的自然历史过程,而是一个人作为主体参与其间并影响其进程的历史过程。邓小平曾经语重心长地说:"中国的事情能不能办好,社会主义和改革开放能不能坚持,经济能不能快一点发展起来,国家能不能长治久安,从一定意义上说,关键在人。"①人既是中国现代化的参与者和建设者,是先进生产力和先进文化的创造者,也是其建设成果的占有者和享受者。在中国的现代化建设中坚持以人为本的发展观,就是把人作为社会的主体和中心,把满足人的现实需要,提升人的综合素质,实现人的福祉,促进人的全面发展,作为发展的主攻目标和终极目的。实现人民的愿望、满足人民的需要、维护人民的利益,是"三个代表"重要思想的根本出发点和落脚点,是中国共产党的宗旨所决定的。执政为民与执政惠民和执政富民是有机统一的。贫穷不是社会主义,社会主义就是要消灭贫穷,既要消灭物质方面的贫穷,又要消灭精神方面的贫穷。执政惠民和执政富民才能更好地体现出执政为民。发展的直接而外在的表现是经济增长、财富积累和人民群众物质生活水平的提高,其深层次的内在蕴涵则体现在社会的民主、文明、法治、生活质量、财富分配、人权保障等多方面。经济增长固然是发展的重要基础和表现之一,但它不是唯一的,经济增长不等于发展。如果人民群众不能分享到经济增长和经济发展的成果,如果经济增长和人的综合素质的提高不能形成同步性发展的态势,如果经济增长以严重地破坏生态环境为代价,如果经济增长与政治、文化的进步不能相一致,如果经济增长与社会风气

---

① 《邓小平文选》第3卷,人民出版社1993年版,第380页。

不正,道德水平下降以及吏治腐败同时并存,这样的发展就无法体现出意义和价值,只能是一种畸形的发展。这种畸形发展对社会导致的危害比不发展还要糟糕。因此,当代中国的现代化建设不仅需要追求作为反映经济增长指标的国民生产总值,还更应该倡导反映总体社会发展水平的人类发展指标。人类发展指标(Human Development Index 简称 HDI)注重生活质量、人均寿命和文化教育等人文因素,充分考虑了发展的价值和意义。总之,发展应该是社会诸因素的综合的和全面协调以及可持续的发展,发展应该体现在人自身的发展上。如果只注重发展的速度而忽视效率,注重发展的物质因素而忽视发展的精神人文因素,忽视人民群众的生活质量、寿命和文化教育等方面的提高,注重发展对自然资源的利用而忽视对生态环境的呵护和反哺,注重发展的当代性而忽视发展的世世代代的可持续性,注重发展的民族性和国别性而忽视发展的全球性和世界性,这样的发展决不会给人民群众带来福音,决不可能持续地进行下去,也决不可能对经济、社会和人的全面发展产生价值和意义。只有贯彻以人为本的发展观,既着眼于现实的物质文化生活,又着眼于促进人民素质的提高,促进人的全面发展,才能使人在追求物质需要的同时,追求更高的精神文化等方面的需要,在现代化建设的实践中具有远大的理想和抱负,具有科学的人文精神,自觉地协调和处理好人与自然、人与社会以及人与人的各方面的关系,推动物质文明、精神文明、政治文明和生态文明的全面而协调的发展。一个社会所出现的政治问题、经济问题、文化问题以及生态环境问题,归根到底都是人的问题。这些问题也只有通过人的文明程度的不断提高才能得到解决。倡导以人为本的发展观正是为了在应对和解决各种社会问题时推动社会的全面进步。

要保证发展的以人为本的特性,必须坚持全面、协调、可持续的发展观。社会是一个由多种要素所构成的系统整体,其内部包含着的各种因素都是相互依赖、相互作用和相互促进的。社会现代化是经济、政治、文化以及生态环境协调推进的过程,表现为物质文明、政治文明、精神文明和生态文明等多维文明协调作用并在此基础上促进社会和人的全面发展的系统整合过程。当代中国的小康社会建设,是政治、经济、文化和人等各个方面的全面建设,所推进的现代化是整体和全面、协调、可持续的现代化,即要实现经济现代化、管理现代化、国防现代化,又要实现政治现代化、教育现代化、文化现代化以及人的现代化,还要注重实施支持中国各项现代化可持续推进的生态环境的现代化。社会发展又是通过社会系统内部各种要素之间的相互协调实现的。只有协调发展,才能使经济社会在和谐的状态中稳步推进。如果让城市和乡村二元结构的矛盾继续拉大,区域之间经济社会发展的差距继续扩大,生态环境恶化状况继续蔓延,国内发展和对外开放不相适应,就不能使我国的经济社会发展达到有序、和谐和稳步推进的地步。只有全面和协调发展也才能达到可持续的发展。可持续发展涉及诸多方面的问题。在发展中一方面要追求经济的持续性原则,在保持自然资源的质量和其所提供的服务的前提下,使经济发展的利益达到最大化;另一方面,要追求生态的持续性原则,要遵循生态学高效、和谐和自我调节的原则,不超越生态系统的更新能力,力求使经济的可持续增长以生态的可持续发展为基础,在追求 GDP 的时候,要充分保证是高效的和绿色的 GDP;还要遵循社会的持续性原则,发展要以提高生活质量、实现人的全面发展和社会的全面进步为目的。在发展中要处理好效率和公平的关系,坚持贯彻公平性原则。其核心问题是解决代内公平(即消除贫困和两极分化,实现当代人在发展机会上的平等)与代际公平(即当代人不应该为了自己的发展而损害后代人应享有的发展条件),也包括资源利用分配的公平以及资源利用和环境保护两者的效益，即费用分配和负担的公平。在发展中力求达到经济效益、社会效益和生态效益的统一，使经济价值、生态价值和人文价值都能得到统筹兼顾，走出一条生产发展、生活富裕、生态良好的文明发展之路。通过发展促进社会稳定，又以社会稳定来推进发展。

在全面建设小康社会的征程上，只要我们以马克思的社会发展理论为指导，坚持以人为本的全面、协调、可持续的发展观，坚持以现代化建设为中心，以经济社会和人的全面发展为重点，以科教兴国和可持续发展战略为杠杆，充分调动起人的积极性和能动性，在实现物质现代化的同时，实现人的现代化，使以人为本的口号落实在人的自由而全面的发展上，我们在建设中国特色社会主义文明方面就一定能取得更加辉煌灿烂的业绩。马克思的社会发展理论一定能在当代中国社会主义文明建设的实践中结出丰硕的成果。

第六章　时代主题、文明多样性与和谐世界的构建

人类已经进入真正的全球化时代。全球化为各国多样性的文明直接进入能够相互交流的场所构建了一个宽广的平台。确认和平与发展的时代主题，推进不同文明之间的对话，以交流代替封闭，以沟通代替隔膜，以合作代替斗争，以对话代替对抗，对于促进全世界的和平与发展事业，对于建设一个持久和平和稳定繁荣的和谐世界，具有十分重大的现实意义。

一、全球化彰显时代主题与文明多样性

全方位地置身于世界紧密联系的地球村的人们已经越来越真切地感受到了全球化的浪潮。与此同时，也真切地体验了“全球化”这一新的世界话语在当代作为充斥于各种大众传播媒体，使用频度最高的词语的深奥涵义和内在魅力。全球化的理论和概念现在已经成为最时髦最前卫的理论和概念。现在，世界上恐怕没有哪一种理论会像全球化理论遭到这么多学派的关注。这里既有新左派的声音，也有新右派的声音；既有现代化理论的解读，也有后现代主义理论的解读；既有民族主义理论的呐喊，也有无政府主义理论的呐喊；既有后殖民主义理论的说明，又有社群主义理论的说明；既有自由主义理论的阐述，又有保守主义理论的阐述；既有

传统马克思主义理论的分析，又有新马克思主义理论的分析，既有“第三条道路”的主张，又有超越“第三条道路”的主张，等等。不管是在发达国家，还是不发达国家，是东方国家，还是西方国家，全球化都成了不同民族、不同信仰、不同肤色、不同语言的人们的共同的热门话题，全球化成了真正的跨国研究，或者说是一种真正的跨国界理论。“全球化已经成为社会科学中一个十分时髦的概念，成为管理权威们所开处方的核心内容，成为形形色色的新闻记者和政治人物的宣传口号。”①英国著名社会学家安东尼·吉登斯说：“仅仅在十年以前，不论是学术著作还是通俗读物都很少使用这个术语。而现在，这一术语已经从无人使用变为无所不在；如果不提到它，任何政治演说都是不完整的，任何商业手册都是不受欢迎的。”②确实如此，“近年来，全球化已经成了大多数政治讨论和经济辩论的核心问题。”③“‘全球化’一词以各种方式被使用着，有时用来指称种种抽象的、作为种种社会关系中的成分之一的概念成分，有时用以指称一整套跨越历史时代的复杂的社会变化。前者也许适合于作为社会科学的研究对象；后者属于当代历史和政治评论的语言。当两者在现实主义的定义中被混合归并在一起的时候，就会出现现代主义式的混淆。”④在中国也是如此，无论是报纸、广播还是电视，全球化已经成为当今中国使用频率最高的一个词。近年来，关于全球化方面的论著和论文真可谓汗牛充栋。

---

① 保罗·赫斯特、格雷厄姆·汤普森著，张文成等译：《质疑全球化》，社会科学文献出版社 2002 年版，第 1 页。

② 转引自庞中英主编：《全球化、反全球化与中国》，上海人民出版社 2002 年版，第 137 页。

③ 同上。

④ （英）马丁·阿尔布劳著，高湘泽等译：《全球时代——超越现代性之外的国家和社会》，商务印书馆 2001 年版，第 139 页。

(一)对于全球化的不同态度

在全球化讨论近乎成为狂热的声浪之中,将众说纷纭的关于全球化问题的基本观点归纳起来,可以概括出大致有四种最主要的观点表现得格外突出,即否定论者的全球化观点,怀疑论者的全球化观点,极端全球主义者的全球化观点以及变革论者的全球化观点。

否定论者的全球化观点。在否定论者看来,全球化实在是一个杜撰出来的概念,在理论界应该算得上是一个典型的伪问题,之所以杜撰出这么一个伪问题,其良苦用心在于某些霸权主义者为了实现自己的野心,意在通过大肆渲染全球化,进而将全球化概念纳入全球一体化的话语框架,将自己的经济制度、政治制度和文化价值观推行到全世界。因此宣传全球化概念和接受全球化概念都存在着深深的陷阱。

在否定论者眼里,世界上并不存在全球化的现象和全球化的事物,世界本来就是一个紧密联系着的有机整体,人都是合群的动物,人类社会从产生的那一刻起,不同的人种、不同的民族和不同的部落都在相互联系和相互作用中生存和发展,从简单的方式到复杂的方式,从低级阶段到高级阶段,从不发达的古代到发达的现代都是如此,用不着再使用全球化这一多余的概念。所谓全球化实际上是与人类的产生同时并存的,全球化不过是人的普遍交往的过程,是人的本性的外化而已。因此,全球化进程的发端远比"全球化"概念出现要早。否定论者认为,全球化一点也不新鲜,全球化一直都存在,早在古代,希腊文明向全世界的传播就是全球化的表现。希腊文化在东方世界广为传播,深入到了西亚、中亚,直达印度与帕米尔高原,被犹太教、伊斯兰教、基督教等多种文化所吸收和融合,至今都对西方文化产生深刻的影响。只要翻阅一本像埃里克·沃尔夫写的《欧洲与没有历史的民族》这样的书,我们就足以发现,早在新石器时代,商贸交流路线的区域就已经是全球性的了;在非洲有波利尼西亚的手工艺品,而亚洲的陶器碎片则出现在遥远的美洲。①

否定论者指出,现在所说的全球化不过是对区域化和全球相互交往关系程度密切的夸大。否定论者的这些观点,在全球化理论中只占少数,而且他们对全球化予以根本否定的理论根据也显得很单薄。他们否定全球化的做法,就是把全球化泛化,使全球化失去它应有的规定性和现代意义。今天,因为政治、经济和文化以及其他方面紧密联系所促成的全球化已经是无法回避的客观存在和发展过程。客观世界的普遍联系并不能说明这就是全球化,古代思想家关于大同世界的描绘以及德国古典哲学的创始人康德关于"世界政府"和"世界公民"的说法,都不能说是对客观的全球化过程的描述和概括,都不能简单等同于全球化理论。事实告诉人们,历史向世界历史的转变不是自然而然的过程,也不是人类产生就开始了的事件,而是生产力发展到了一定阶段的产物和必然结果。不容否认,人类社会是不同的人群处在相互联系中的社会。人类社会因交往而发生的相互联系由来已久,但是,由于地理环境以及生产方式等条件的制约,这种相互联系是存在很大局限性的。随着资本主义生产力突飞猛进的发展,导致了世界市场的开辟,资本跨国界的流动,世界经济联系的空前紧密,多种文明之间的交流和碰撞,使全球成为一个休戚相关的整体的图景越来越鲜明。因此,不管人们承认与否,全球化都是不以人们的意志为转移的客观性的存在,否定全球化正如同否定地球自转那样是不可能的。

---

① 参见(美)弗雷德里克·杰姆逊、(美)三好将夫编,马丁译:《全球化的文化》,南京大学出版社 2002 年版,第 54 页。

怀疑论者的观点。以赫斯特、汤普森、韦斯等人为代表的怀疑论者认为全球化从本质上说是一个神话,全球化是资本主义的病态扩张。目前人们对于全球化的实质、规模和发展趋势等方面的评价都值得质疑。怀疑论者认为,从近代以来的世界历史以及当今的现实世界不应该用全球化来概括,而应当用自由资本主义和垄断资本主义来描绘。他们根据 19 世纪以来的世界贸易、投资和劳动力流动的统计数据,坚持认为经济相互依存的当代水平绝不是前所未有的。目前高度国际化的经济并不是没有先例的,它是自 19 世纪 60 年代以现代工业技术为基础的经济开始得到推广以来就存在的许多不同的国际经济局面或形态的一种。在某些方面,当前的国际经济还不如 1870 年至 1914 年时期流行的制度开放和一体化。真正的跨国公司显然还比较少见,大部分公司以国家为基础,在多国开展贸易,所依靠的主要资产、生产和销售还处在民族国家的范围内,似乎不存在真正的国际公司不断增加的重要趋势。资本自由流动并没有造成投资和从业由先进国家向发展中国家大规模转移。相反,外国直接投资主要集中在先进的工业经济体,第三世界在投资和贸易两方面仍处于边缘地位,只有极少数新兴工业化国家除外。在怀疑论者看来,全球化必然意味着一种世界范围完全整合的经济,在其中“一种价格规律”居于主导地位。因此现在的历史事实并没有表明全球化的出现,充其量只是表明出现了高水平的国际化,也就是主要是国民经济之间的互动。怀疑论者之所以认为全球化是一个神话,依靠的是一个完全经济主义的全球化概念,把全球化首先等同于完全整合的全球市场。由于认为现有的经济整合水平不符合“理想模型”,而且并没有超过 19 世纪晚期(古典金本位时期)的水平,所以怀疑论者可以轻松地得出这样的结论:当代全球化的程度被完全夸大了。在这方面,怀疑论者认为极端全球主义的观点从根本上是错误的,而且在政治上也是幼稚的，因为它低估了国家政府管制国际经济活动的持久权力。国际化力量并没有摆脱控制，相反要依靠国际政府的管制权力来确保经济自由化的不断进行。怀疑论者通过对世界金融市场的特点、世界贸易和对外直接投资的模式、多国公司的数量和作用以及发展中国家的经济增长前景等因素的分析指出，所有这些事实表明，没有出现向全球化经济发展的强大趋势，现在的世界经济依然是由主要的发达国家主导着。全球的贸易、投资和金融流动主要集中在欧洲、日本和北美三大集团，并且这一优势地位看来还要继续保持下去。这些主要经济强国有能力对金融市场和其他经济趋势施加强大的治理压力，这样全球经济决不会处于调控之外，尽管经济治理的范围和目标受到相互背离的大国利益和大国精英中间流行的经济教条的限制。全球主义宣扬的国家终结的观点不但夸大了事实，而且带有强烈的意识形态偏见。① 怀疑论者坚持，世界经济日益国际化的趋势与全球化的命题是有区别的，不把两者区别开来就会得出错误的结论。“我们一点也不打算否认这种日益国际化的趋势已经出现或者忽视某些类型的国家经济战略所受的限制。我们对已经出现的国际化的重要意义进行评估，目的是要说明，国际化并没有使主要的先进工业国独立的民族国家经济分崩离析，或者妨碍国家和国际层面的经济治理新形式的发展。但是，如果不把走向国际化的某些趋势与关于全球化命题的强烈主张明确区别开来，那会造成非常现实的危险。如果这两者因为都使用同一个词——‘全球化’——来描述自己而被混为一谈，那是极为不幸的。当需要对两者的意义做出严格区分的时候，我们常常感到论证比较谨慎的观点的论据被草率地用来

① 参见(英)保罗·赫斯特、(英)格雷厄姆·汤普森著，张文成等译：《质疑全球化》，社会科学文献出版社 2002 年版，第 3 页。

支持比较极端的观点，以建立用法上的一致性。它还把公众讨论与决策混为一谈，从而强化了这样一种观点，即在全球体系中政治角色能够做到的比实际有可能做到的要少。正如我们很快就会看到的那样，关于全球化命题的强烈主张需要一种新的国际经济观点，一种包含国家层面的过程并使之处于从属地位的观点。鉴于国际化的趋势能够在经过修正的世界经济体系观点中得到体现，所以国家层面的政策和经济角色仍可以发挥主要作用。毫无疑问，这意味着某种程度的或大或小的变化：企业、政府和国际机构将被迫按不同方式行动，但是它们基本上能够利用现有体制和惯例去这样做。在这方面，我们觉得更加有意义的是，从更加长远的历史角度考虑国际经济制度，承认目前的变化虽然意义重大、与众不同，但并非前所未有，也未必是走向新型经济制度的一个步骤。关于全球化命题的强有力的经济主张占有这样一个优势，即它们明确而尖锐地提出了这种变化的可能性。如果这些主张错了，它们仍具有某种价值，可以促使我们深入思考正在发生什么和为什么发生。从这个意义上说，对关于全球化命题的强烈主张提出挑战不完全是消极的，而是有助于我们形成自己的见解。”①怀疑论者还认为，在世界经济中发达国家和不发达国家事实上的不平等推动了原教旨主义和攻击性民族主义的发展，这就使得全球不但不可能出现一种所谓全球的普世文明，相反会导致世界出现分裂了的文明的集团以及文化和种族飞地。因此，所谓文化同质化和全球文化的概念更是经不起怀疑论者批评的神话。原教旨主义和激进的民族主义越来越明显地成为世界文明和文化发展的主流，权力正在从长期以来占支配地位的西方向非西方的各文明转移。

① （英）保罗·赫斯特、（英）格雷厄姆·汤普森著，张文成等译：《质疑全球化》，社会科学文献出版社2002年版，第5—6页。

全球政治已经变成了多极的和多文明的。民族国家依旧是世界事务中的主要因素。世界越来越向分裂化和碎片化的方向发展，文明和文化之间的冲突会愈演愈烈。希望全球化会带来多元文明和多样性的文化之间的相互交融以及和平共处，还是一个很遥远的梦想境界。"小国之间还会相互打仗。先进国家还会受到恐怖主义的威胁。革命运动还会在贫穷的边缘地区继续涌现，墨西哥恰斯帕斯州萨帕塔民族解放军之类的新的地方'乞丐'军就是例证。"①鉴于这些问题，怀疑论者认为，应该抛弃全球化这一过分时髦的概念。怀疑论者虽然指出了全球化的现有的局限性，但是并没有否定国际化和跨国化这些经济发展趋势的存在，而且，更重要的是，他们对现实比较低调的认识以及对现有制度的肯定，一定程度上有利于发展中国家认识目前的现实，采取更加务实的态度。当然，怀疑论者无视第二次世界大战以后世界历史发生的巨大变化，否定全球化的客观存在，过度地描绘全球化的负面效应，不能充分地肯定民族国家在全球化进程中的地位和作用等观点，还是值得商榷的。

极端全球主义者的观点。以日本著名观察家和评论家大前研义和美国的弗朗西斯·福山以及英国社会学家马丁·阿尔布劳等人为主要代表的极端全球主义者认为，全球化是一种前所未有的现象，它带来了一个新的历史时期。在这个时代中，传统的民族国家已经成了全球经济中不和谐的、甚至不可能继续存在的单位。市场已经成为决定和解决所有问题的唯一力量。通常，这类观点被统称为全球主义。但实际上可以分为两大类：一类是在西方社会占据主导地位的新自由主义。这方面最突出的人物是美国的弗朗西斯·福山，他在《历史的终结及最后之人》一书中认为西方国

① （英）保罗·赫斯特、（英）格雷厄姆·汤普森著，张文成等译：《质疑全球化》，社会科学文献出版社2002年版，第335页。

家实行的自由民主制度是“人类意识形态发展的终点”和“人类最后一种统治形式”，并由此构成了“历史的终结”。在全球化问题上，弗朗西斯·福山认为全球化这股力量正在使国际关系发生革命，并且为更加自由民主、更加和平繁荣的世界的出现奠定了基础。全球化通过三种方式来终结传统冲突：一是消费文化的全球扩散，缩小了文化之间的价值差距；二是民主的全球扩展使政府不会发动战争；三是世界统一为一个单一的全球市场使国家更加相互依赖，而生活水平的提高使它们更少攻击性。日本学者大前研义在1995年出版的《民族国家的终结》一书中得出了因为全球化而使民族国家终结的结论。他认为，由于全球化所导致的投资、工业、信息技术以及消费者个人等四个方面的作用，已经使国界的作用正在逐渐消失，民族国家正在终结。“简单地说，从经济活动的真实流动角度讲，民族国家已经失去了它们作为今天无国界的全球经济中的有意义的有参与单位的作用。”①另一类是某些西方马克思主义的观点。全球主义有两个主要特征：一是用一维的观点看待全球化。认为全球化是由单一因素决定的，体现为一维的过程。在全球主义眼中似乎只有经济全球化，其他层面的全球化或者被有意忽视或者被纳入经济全球化的从属；二是潜在的市场决定论和经济主义。这种全球化观点一般把经济逻辑奉为圭臬，而且其新自由主义变种把单一全球市场的出现以及全球竞争规则赞美为人类进步的标志。极端全球主义者认为，市场的扩展推动了全球化的出现和发展，而全球化体现了市场的至上地位和民族国家的消亡。经济全球化通过建立生产、贸易以及金融的跨国网络实现着经济的解国家化。在这种无国界的经济中，国家政府下降

① （英）戴维·赫尔德等著，杨雪冬等译：《全球大变革》，社会科学文献出版社2001年版，第4页。

为不过是全球资本的传动带,或者完全沦落为夹在不断强大的本土、地区以及全球治理机制之间的中介制度。极端全球主义者深信经济全球化正在建构新型的社会组织,这些组织正在取代、或者最终替代作为世界社会的首要经济和政治单位的传统民族国家。在极端全球主义者看来,全球经济的崛起,全球治理机构的出现以及文化在全球的扩散和交融都被视为出现一个全新的世界秩序的证明,这种秩序标志着民族国家的消亡。既然国民经济正在成为跨国和全球流动的场所,那么民族国家的合法性和权威就受到了挑战:国家政府或者无法控制自己边界中发生的一切,或者没有能力满足自己公民的要求。而且随着实行全球和地区治理的制度作用增强,国家的主权和自主性被进一步削弱了。另一方面,随着全球通讯设施的发展以及人们不断认识到相互之间的共同利益,有利于各民族之间跨国合作的条件变得前所未有的好。就此而言,有事实表明正在出现全球公民社会。极端全球主义者认为,经济权力和政治权力实际上正在被解国家化并分散,因此不论各国政治家如何鼓噪,民族国家日益成为一种管理经济事务的临时组织形式,不论是自由主义还是激进主义和社会主义,极端全球主义者都认为全球化体现了人类行为框架的根本性重构。英国学者马丁·阿尔布劳指出:“在全球时代,国家是无中心的(decentred),是跨民族国家国界的,它渗透到寻常百姓的日常活动之中,并在这种活动中得到实现。就这种意义上讲,世界国家的发展与世界社会的成长是相平行的。正如同有必要把世界社会确定为世界上所有社会关系的总和一样,我们也需要为国家的种种活动寻找一种对应说法。”①那么在全球化时代,民族国家的位置何在呢?阿尔

① (英)马丁·阿尔布劳著,高湘泽等译:《全球时代——超越现代性之外的国家和社会》,商务印书馆2001年版,第173页。

布劳认为："大致而言，在全球性的背景关系中，加上全球国家的发展，我们可以设想民族国家正在走向一种适度的从属地位。那些事关紧要的制度上的发展将会跨越民族国家国界而发生，而针对人民生活的那种结构，将越来越不符合种种纯民族的定义。"①对于极端全球主义的思维方式和所得出的结论，《全球大变革》一书作者戴维·赫尔德这样评价道："极端全球主义者对问题对象的简单化很容易获得现象学上的证明，并且成为普通认知的标准。因此有不断蔓延、趋于垄断的危险倾向。简单地说，这种垄断的危险体现在3个方面：(1)不利于对全球化的多元化讨论，容易沦为某些利益集团的意识形态工具，巩固它们的话语霸权优势；(2)容易忽视对全球化其他层面的分析，片面地认识全球化，用效率来代替对其他社会价值的维护和追求，导致行为上的经济化和短期化。1999年11月，西雅图会议引发的大规模抗议不过是对这种经济主义的集中对抗；(3)由于全球主义实际上是以西方经验为基础的，所以如果把其得出的一些结论无条件地推广使用，容易误导非西方社会的认识和实践。在这方面，最突出的就是对民族国家与全球化关系的判断。全球主义夸大了国家在全球化中的失败，从而使一些发展中社会只强调解除管制，忽视了国家的必要调节，从而导致了在市场失效和政府失效的同时，使整个社会失去了必要的保护机制。"②他的分析是十分深刻和中肯的。在全球化促使文明多样性进一步显示出来的情况下，极端全球主义者所预言的，经济走向全球市场化、政治走向自由民主化、世界上会出现一种全球文明，民族国家将会被全球国家所代替等结论，

① （英）马丁·阿尔布劳著，高湘泽等译：《全球时代——超越现代性之外的国家和社会》，商务印书馆2001年版，第290页。

② （英）戴维·赫尔德等著，杨雪冬等译：《全球大变革》，社会科学文献出版社2001年版，第5页。

只能被实践证明是虚无缥缈的“神话”。

变革论者的观点。变革论者的主要代表人物有英国的吉登斯、德国的贝克和美国的罗伯逊等。和极端全球主义者不同，他们比较温和地赞成全球化的客观存在，但把全球化看作是一个社会变革过程，要动态地、开放地理解全球化的发展方向以及它预示的世界秩序。强调全球化的多维度、多层次，强调全球化的多种动因。他们认为，在新世纪到来的时候，全球化是推动社会政治和经济快速变革的中心力量，这些变革正在重新塑造着现代世界和世界秩序。他们指出，全球化的当代进程在历史上是前所未有的，当代全球经济、军事、技术、环境、移民、政治以及文化的流动模式在历史上是空前的。因为全球范围的政府和社会现在必须调整自己来适应这样一个世界：在其中国际事务与国内事务，内部事务和外部事务不在有明晰的区分。全球化是一种强大的变革力量，造成了社会、经济、治理的制度以及世界秩序的大规模变动更新。他们认为，全球化是与新的全球分层模式联系在一起的。一些国家、社会以及社群现在正日益卷入全球秩序，而其他的国家、社会以及社群则逐渐边缘化。随着南北划分迅速让位于新的国际劳动分工，新的全球权力关系结构正在形成。因此，那种中心—边缘的金字塔结构不再是地理意义上的，而是社会意义上的世界经济分工。谈论南北关系，第一世界和第三世界的关系忽视了全球化重新构建国家间传统的包容和排斥模式，正在构建的新等级结构把世界上所有的国家和地区都卷了进去。南方和北方、第一世界和第三世界不再是外部的，而是隐约出现在世界上所有大城市中。全球社会结构并不像传统世界社会结构那样是顶小底大的金字塔形的，而是由三个同心圆组成，这三个圆跨越了国家边界，分别代表着精英、赞成者以及边缘者。

变革论者的核心观点是，相信当代全球化正在重组或者重新调整国家政府的权力、功能以及权威。虽然国家依然在法律上对领土内发生的所有事情享有实际的最高权力，但是这种情况在不同程度上与国际治理制度的司法权不断扩大以及国际法的约束和要求的义务同时存在。虽然在欧盟中这个现象特别明显，主权在国际权威、国家权威以及地方权威之间被分割了，但是世界贸易组织中有这样的现象。然而，即使在主权没有受到影响的地方，国家也不再能够完全控制发生在自己领土边界之内的事情。从金融系统到生态系统，复杂的全球系统把相距遥远的社群命运联系在了一起。进一步说，全球通讯和交通设施支持着经济和社会组织的新形式，这些新的组织形式超越了国家边界，但并没有削弱效率和控制。权力主体和对象可以天各一方。在这样的情况下，民族国家作为一个自我管理的、自主的单位似乎更是规范意义上的，而不是描述性的。与当代社会经济生活许多方面的跨国组织相比，这种在领土范围内享有主权的现代制度似乎有点不合时宜。因此，全球化关系到主权、领土以及国家权力之间的关系的变革。同时，他们指出，全球化过程中的变动更新的方向是不确定的，因为全球化是一个充满矛盾的、本质上偶然的历史进程。因此要动态地、开放地理解全球化的发展方向以及它预示的世界秩序。与怀疑论者和极端全球主义者相比，变革论者既没有确定全球化的未来轨迹，也没有试图评价目前的情况与某种单一的、固定的理想的全球化世界之间的关系。相反，他们强调全球化是一个长期的历史进程，不但充斥着矛盾，而且其矛盾的发展对于世界的政治、经济和文化都会产生深刻的影响。由于在全球化进程中会发生许多难以预测的偶然因素，因此，目前任何对全球化未来发展趋势的描述都只能是可能性和或然性，人们很难达到从规律层面的对于全球化的认识程度。

变革论者认为，全球化正在改变或者重新建构国家政府的权力和权威,因此否认极端全球主义者的主权民族国家终结的说法以及怀疑论者的“什么也没有改变”的主张,相反,他们明确认为,新的“主权体制”正在代替着传统的国家状态,在传统上国家被认为是绝对的、不可分割的、领土范围内的以及零和的公共权力形式。因此,他们认为,今天最好把主权理解为一种在复杂的跨国网络政治中讨价还价的机制,而不是一种具有明确领土界限的藩篱。这不是说,领土边界失去了政治、军事或者象征的意义,而是认识到一贯被视为现代生活首要空间标志的边界在全球化迅猛推进的时代不断遇到问题。因此,与现代民族国家形成的时代相比,主权、国家权力以及领土现在处于更复杂的关系之中。实际上,变革论者认为,全球化不仅与新的主权体制有关,而且与全球领域出现的、新的非领土的经济政治组织形式有关。这些强大的组织包括多国公司、跨国社会运动、国际管制机构等。在这个意义上说,随着权威不断分散到地方、国家、地区以及全球层次上公共和私人代理机构手中,世界秩序不能再被认为是完全国家中心的,甚至主要由国家管理的。民族国家不再是世界治理或者权威的唯一中心或者首要形式。在这种不断变化的全球秩序下,各国政府要找到合理的战略来参与全球化的世界,就必须对国家的形式和功能进行调整。在这方面有各种不同的战略,从新自由主义的最弱国家模式到发展型国家模式(作为经济扩张的核心推动者)、再到“催化型国家”(政府是协调的集体行动的推动者)。除此以外,各国政府在实施合作战略、建构国际管制体制以便有效地管理不断增加、摆上国家议事日程的跨国界问题的过程中,也日益具有了开放意识。全球化没有带来国家的终结,反而推动了各种调整战略的出现,而且在某些方面推动了更加积极的国家的出现。因此,国家政府的权力不一定被全球化削弱了,相反正在不断重组和重构,以迎接在一个相互联系更紧密的世界中治理过程不断复杂的挑战。

对于全球化进程中存在着的和不断出现的问题，吉登斯主张通过走“第三条道路”来予以解决。1994年吉登斯出版了《超越左与右》一书，提出了要超越新自由主义和社会民主主义，走第三条道路的主张。1998年5月他又出版了《第三条道路》一书，从理论上进一步完善和阐明了第三条道路的基本思想。他认为，可以将第三条道路纳入实现全球化的一个政治框架，第三条道路倡导的全球治理的政治手段，能够帮助人们以积极的态度面对全球化以及由它带来的个人生活和人与自然关系的变化。世界的变化使传统的阶级政治分野已经过时。面对全球化的问题和挑战，“第三条道路”必须超越左与右、兼顾效率与公平、发展与正义、均衡权利与义务，建立起新的个人与社会关系和超越民族国家的新的全球治理机制。“第三条道路”的主张得到了英国工党领袖布莱尔的赞同，1998年9月，布莱尔出版了《第三条道路：新世纪的新政治》一书，详细阐明了工党的执政思想。“第三条道路”在英国得到了最系统最全面的论述。尔后，欧洲不少著名政治家都纷纷鼓吹“第三条道路”，“第三条道路”俨然成为西方的思想经典和应对全球化问题的救世良方。

所谓“第三条道路”，从其实质上看，既体现了欧洲社会民主党的新政策，这一政策与20世纪六、七十年代传统的民主社会主义的观点不同，又区别于20世纪80年代的新自由主义和新保守主义的政治主张。“第三条道路”突出反映了欧洲社会民主党正在努力建立一种新资本主义模式的企图。他们设想的新资本主义模式既不同于第二次世界大战结束以后的“凯恩斯经济政策＋社会主义国家”式的传统民主社会主义的模式，又不同于20世纪80年代以里根和撒切尔夫人为代表所推行的“新自由主义”模式，而是在对这两种模式评价和反思基础上的兼收并蓄，或者说是扬长避短。“第三条道路”的核心观点是超越“左右对立”，试图把供给政策和供给需求政策结合起来，把经济增长和社会公正结合起来，兼顾“发展与正义”、均衡“权利与义务”，减少政府干涉，重视自由市场竞争，缓和社会矛盾，确立维护全球利益的全球价值意识，避免社会危机和冲突的发生，使资本主义在全球化条件下能够得到更好的发展。

在“第三条道路”看来，目前在全球化条件下资本主义出现的一系列新问题和新危机，不仅仅是经济方面的问题，而且是包含了政治和文化等诸多方面的更为广泛和深刻的问题。“第三条道路”所要做的就是从政治、经济、文化、意识形态和价值观层面等领域着手，以新的现代化精神驾驭我们时代的变化，即经济全球化、个人生活的转换以及人与自然的新的复杂关系，为全面系统地解决资本主义面临的深刻危机提供方法论指导。

正因为“第三条道路”对处在全球化进程中的资本主义存在着的一系列内在矛盾有着比较深刻的认识，对如何克服资本主义面临的一系列新问题提出了加以解决的比较可行的务实的方案，揭示出了一些不可忽视的社会问题，代表着试图改变现状的先进力量，有一定的社会基础，许多观点对于解决资本主义面临着的一些现实问题具有针对性，理论上也有许多创新之处，因此，“第三条道路”的主张提出来以后，就在西方世界引起了很大的反响，欧洲左派力量强大的国家更把它看作为走出资本主义内在困境的新路，“第三条道路”的主张很快就风靡欧洲和美国，现在已经成为美国民主党、英国工党、欧洲主要国家的民主党、甚至还有基督教民主党信奉的政治哲学，而且对其他类型的执政党产生深远的影响。“第三条道路”的重建公共精神和公共道德价值观的思想，世界主义的多元论的观点，主张建立新的全球治理的机制的观点，积极进行党内改革，扩大党的阶级基础和群众基础的学说，重视弱势群体和外来移民的观点，都是具有针对性和富有新意的观点，对于改变国内存在着的诸多积弊,协调不同利益群体紧张的矛盾关系,调动社会各方面的积极性,建设充满活力的公民社会,对于积极应对全球化带来的挑战,特别是积极解答全球化对资本主义提出的一些前所未有的新问题,还是具有一定的适用价值的。但是,“第三条道路”无论是从理论上还是从实际操作上都是存在一些问题的。“第三条道路”理论上存在着不彻底性和矛盾性。一方面高扬国家利益至上、公共价值优先的所谓集体价值;另一方面又在人道主义、人权和个性自由方面突出个人价值,无法从理论和实践方面处理好集体价值和个体价值的关系。在国家利益和全球利益关系问题上,一方面,强调全球意识和全球伦理,主张全球治理,甚至主张国家利益应该让位于国际共同体利益;另一方面,又强调在全球化时代,重点应该放在解决国内经济和社会矛盾上,在一定程度上又反映了西方国家狭隘的国家利益观。在外交路线上,一方面表示不干涉别国内政,强调利益共享,多边协调;另一方面,又以恐怖主义是对自由的最大威胁为借口,以所谓对待“邪恶轴心国家”可以采取使用包括武力、先发制人攻击、欺诈等方法,以恢复正常的秩序。由此看来,他们的所谓全球治理是以其文化价值观为指导,以服务于他们狭隘的国家利益为最终目的的治理。总之,针对全球化时代的问题,“第三条道路”开出了一系列积极应对的药方,但是这许多剂药方是否有效,还有待时日的检验。

在全球化的概念问题上,同样存在着激烈的争论。真可谓众说纷纭,莫衷一是。正如英国学者查尔斯·洛克所说:“‘全球化’一词本身甚为令人好奇,就其‘全球’(globe)比喻整个地球或行星而言,该词并不甚精确。该词首先于1961年收录于《韦氏大词典》中,进而在次年收录于《牛津英语词典》中。人们难免惊异于《牛津英语词典》收录此词一举,用《听众》一书中的话来说:‘全球化实在是一个令人棘手的概念。'"①

根据西方学者大卫·赫尔德和安东尼·麦克格鲁的研究,全球化(globalization)一词是从20世纪60和70年代才开始被运用的,②但是直到美国学者提奥多尔·莱维(又译提奥多尔·拉维特)(Theodre levitt)于1985年进一步具体使用全球化这一词来分析世界经济发生的巨大变化后,全球化才在西方学术界得到普遍的议论。提奥多尔·莱维在《哈佛商报》上发表的一篇名为"市场全球化"的文章中,用"全球化"这一概念来描绘此前20多年之间国际经济发生的巨大变化。即"商品、服务、资本和技术在世界性生产、消费和投资领域中的扩散"。他认为,全球化只是涉及国际贸易,特别是跨国公司的全球化管理以及它们在世界各地建立工厂并销售自己的产品的能力问题。根据他的看法,全球化意味着市场的融合,意味着商品和生产要素的跨国界流动,意味着跨国公司可以在全球任何地方以同一方式生产和销售自己的产品,从而出现各国经济活动的高度关联性,世界经济的整体性与一体化空前突出。按照国际货币基金组织的定义,"全球化是指跨国商品与服务交易及国际资本流动规模和形式的增加,以及技术的广泛迅速传播使世界各国经济的相互依赖性增强。"③

当然,提奥多尔·莱维和国际货币基金组织关于全球化的定义,在目前众多的全球化定义中只是一种观点而已。对于全球化的定义以及全球化的看法,就如同"有一千个读者,就有一千个哈

---

① 王宁等主编:《全球化与后殖民批评》,中央编译出版社1998年版,第44—45页。

② 参见大卫·赫尔德和安东尼·麦克格鲁编:《全球大变革读本》(David held and Anthony Mcgrew, *Global Transformations Reader*, Cambridge: Polity Press 2000,第1页。

③ 国际货币基金组织编制:《世界经济展望》,中国金融出版社1997年版,第45页。

姆雷特"一样，不同的人们在自己的心目中存在着诸种不同的全球化理论和全球化图景。按照英国著名学者马丁·阿尔布劳的观点，存在着三种全球化的定义，第一种定义是分析性的，它着重于社会生活的一些具体方面，这些具体方面在当代条件下以无数方式重复出现着。它是具有概括能力的，并可被看作一种抽象。第二种定义是现实主义的；其中之所以使用了'过程'这个概念，是因为它包含着这么一种意思，即：存在着一种根本的、持续不断的变化序列，由之形成形形色色全球化形式的真实基础。第三种定义是具体的、历史性的，它指的是在世界历史的一个决定性时期发生的一场彻底的变革，例如，就像文艺复兴运动或工业革命。'全球化'一词以各种方式被使用着，有时用来指称种种抽象的、作为种种社会关系中的成分之一的概念成分，有时用以指称一整套跨越历史时代的复杂的社会变化；前者也许适合于作为社会科学的研究对象；后者属于当代历史和政治评论的语言。①全球化理论不是一种理论，而是一个理论群，其中包含多种理论。这些理论基本从两个方面展开对全球化的研究，一种是把全球化本身作为研究对象，另一种是把全球化作为具体研究问题的重要参照背景，讨论背景与对象之间的互动关系。可以说，前一类是严格意义上的全球化理论，而后一类则是广义上的全球化理论。

(二)关于全球化的实质和基本内容之争

将多种多样的全球化定义概括起来，人们对全球化的实质和基本内容的看法大致可以分为以下几种基本类型。

其一，全球化就是经济全球化，特别是经济国际化的观点。许

① 参见(英)马丁·阿尔布劳著，高湘泽等译：《全球时代——超越现代性之外的国家和社会》，商务印书馆2001年版，第139页。

多经济学家将全球化看作为经济全球化，在经济全球化的考量上，把经济国际化当作经济全球化的主要内容，认为经济国际化的水平和程度是衡量经济全球化的主要标志和尺度。确实，经济全球化离不开经济国际化，没有经济国际化也谈不上经济全球化。以发达国家为主导、跨国公司为主要动力的世界范围内的产业结构调整，引起了经济国际化的浪潮，推动着经济全球化的发展，现在资本主义的生产结构因跨国公司的巨大作用而成为名副其实的全球性生产结构。到 20 世纪末，全球生产的 20% 和全球贸易的 70% 为跨国公司所为。因此不少经济学家就把经济国际化的现象视为经济全球化的实质。1996 年联合国贸易和发展会议秘书长鲁本斯·里库佩鲁在第九届贸发大会上指出，全球化是指生产者和投资者的行为日益国际化，世界经济似由一个单一市场和生产区组成，而不是由各国经济通过贸易和投资流动连接而成，区域与国家只是分支单位而已。① 具有上述观点的人，都把主要金融市场、技术以及一些重要的制造业和服务业部门的国际化的发展趋势看作是经济全球化的标志。全球化的内在动力就是全球新的产业革命。它如同以前生产力出现的迅速而剧烈的突破一样，推动着世界出现革命性的变化。跨国公司是经济国际化的主要动力。经济国际化的主要表现是生产的全球化，贸易的自由化和金融的全球化等。生产全球化主要表现在国际分工的不断深化以及跨国公司的空前发展和经营战略全球化。跨国公司为了谋求高额利润已经在竞争中掌握优势，积极推行生产经营全球化战略，推动了生产、贸易、金融的全球化。通过全球性的兼并和收购，一些实力强大的全球性跨国大公司正在兴起。国际贸易的自由化是经济全球

① 转引自刘曙光著:《全球化与反全球化》，湖南人民出版社 2003 年版，第 7 页。

化的主要表现形式，也是经济全球化的基础和先导。它的发展程度如何，构成了经济全球化程度的重要标志，经济全球化是被国际贸易发展推着走的一列高速火车。基于生产和贸易的全球化，促进了金融全球化的进程。金融领域已经成为世界经济一体化程度极高的部门。金融全球化表现为金融市场的全球化，资本流动的全球化，金融机构的全球化以及金融风险的全球化等方面。全球化的发展会形成一种新经济形态，即全球化经济形态的出现。全球化经济是与国家间经济不同的理想类型。在这种全球体系中，不同的民族国家经济为国际过程和国际交易所包括并重新整合进这一体系。全球经济将以国家为基础的相互影响提升为一种新的力量。全球化国际经济使作为世界经济的主要参与者的多国公司变成了跨国公司。跨国公司是真正全球化经济的主要体现。①

其二，全球化就是时空压缩和流动的现代性的观点。英国著名思想家吉登斯认为，全球化就是时空压缩。而这种时空压缩实质上也意味着时空的延伸。全球化的本质就是流动的现代性，是现代性的世界性扩张。在这里，流动指的是物质产品、人口、标志、符号以及信息的跨空间和时间的运动。时空的压缩或者说是时空的延伸意识指的是使得跨越遥远时空距离的人类活动能够稳定地组织起来，这是全球化的前提条件。全球化使人类社会成为一个即时互动的社会。全球化不断地超越民族国家的疆域界限，消除各种壁垒的限制，使人类不断地跨越空间障碍和制度文化等社会障碍，在全球范围内实现充分的交流和沟通。全球化进程的加快改变了人们的时间和空间观念以及时间和空间对人类发挥作用的机制，使人们感到时间和空间被压缩了，导致人们生活在一个时间

---

① 参见(英)保罗·赫斯特、(英)格雷厄姆·汤普森著，张文成等译：《质疑全球化》，社会科学文献出版社 2002 年版，第 13—14 页。

密集、空间紧缩的环境中。或者从另一方面看,时空被延伸了,在全球化时代,人们的社会关系的距离被空前地延伸了,使得复杂的全球社会关系网络得以形成。吉登斯认为,空间概念与地方概念是存在区别的。地方是一个场所的概念,或者说是社会活动进行的一个地理背景,但就全球化来说,空间则是由不在场的社会影响构成的。空间日益与地方分离,而与全球范围内的其他社会背景联系起来。同时,古老的时间形式也开始与空间分离,它本身正在进行可能性的重新组合。他说:"全球化由此可以被定义为在世界范围内各种社会关系的加强,这些社会关系以这样一种方式将遥远的场所联系起来以至于本地所发生的事情受遥远的地方所发生事件的影响,反之亦然。"①吉登斯认为,全球化是世界沿着现代性的四个纬度,即市场经济、监督管理、军事秩序和工业主义的扩展。作为现代性的核心理念的自由、民主、理性、市场经济制度等就是在全球化的进程中逐渐形成并完善起来的。从这个意义上说,全球化与现代性是紧密联系不可分割的。现代性是天生的国际派,它是伴随着民族历史转变为世界历史而形成和发展起来的。地理大发现,世界市场的发育,科学技术的扩展,使得现代文明在世界各地得到快速而广泛的传播,现代性也因此在全球范围内得到确立和发展。西班牙籍美国社会学教授卡斯特在《网络社会的崛起》中指出:"在全球经济中,全球能够变成一个单位而即时或者在选定的时间里运作。资本主义生产方式的特征是不断扩张,总是尝试克服时空的限制,但是只有到了20世纪末,以信息与通讯科技提供的新基础设施为根基,以及在政府和国际机构所执行的解除管制与专业化政策的协助下,世界经济才真正

① 转引自(美)詹姆斯·H.米特尔曼著,刘得手译:《全球化综合征》,新华出版社2002年版,第5页。

变成全球性的。”①全球化“还修正了我们的时间和空间概念。在卫星网络下，在联盟和合并企业激增的经济帝国的影响下，在可以把相同的全球亚文化传递到地球最远处的信息高速公路的影响下，整个地球在缩小。商品、投资和货币流通领域正逐渐一体化，并由越来越少但越来越强大的垄断者所统治。而且，尽管到现在为止，所有的社会还是以片段的和相对持续的时间形式存在，即使如此，这种差异也正在被消除。这种‘实时’的技术革命加速了物质和非物质的循环流动，从而没有了基准参照点及前后联系。这种时间的压缩使‘瞬间’成为唯一有意义的概念。正如雷内·夏尔所说：‘空间距离的消除使很多东西失去意义。’新的沟通技术所造成的接近使某些决定性的事物和混乱的形态结束了。”②哈维在其1989年出版的《后现代条件》一书中指出，在封建社会的背景下，人们用某个相对独立的共同体的话语来思考空间，这些话语体现了社会、政治和宗教权利及义务的某种混合。同样，时间的编排由该共同体的节律决定。对于该共同体外的空间，人们的概念是模糊的。对于该共同体的时间也是如此。这种地方化的时间和空间的概念，只是到了文艺复兴时期才重新建构。当时，欧洲人远洋航海和地理发现确定了空间的极限，人们发现了地球和宇宙之间的不连续性，因此，地球可以被绘制成地图并被客观化。另一方面，机械钟的发明，也使时间被建构成为一个线性的和普遍的过程。空间和时间概念的客观化与普遍化，使时间得以湮灭空间。哈维称这一过程就是时间和空间的压缩。在这一过程中，时间可以被重新编排来缩小空间的限制，反之亦然。时空压缩意味着时

① 李惠斌主编：《全球化与现代性批判》，广西师范大学出版社2003年版，第2页。

② 王列、杨雪冬编译：《全球化与世界》，中央编译出版社1998年版，第11页。

间的缩短和空间的收缩,即办事所需要的时间逐渐减少,这反过来使人们体验到空间中不同点之间的距离缩短了。哈维认为,时间和空间的压缩尽管在工业革命时期就鲜明地表现了出来,但是,今天的全球化使人们对时空压缩的现象感受更加深刻了。“全球性股票市场的形成,全球性商品(甚至债务)期货市场的形成,货币和利率交易市场的形成,与各种基金加速的地理流动性一起,意味着货币和信贷第一次形成了单一性的世界市场。这一全球金融体系的结构如此复杂,以致于大多数人无法理解它。银行业、经纪业务、金融服务、住宅金融、消费信贷等越来越相互渗透;与此同时,商品、股票、通货或债务期货中出现了新的市场,以令人迷惑不解的方式将未来打折扣为现时。计算机化和电力通讯使对金融流动性进行同时性的国际协调变得极其重要。”①

其三,全球化就是资本向全球的大扩张,实质上是全球资本主义化的观点。他们认为全球化就是资本主义的全球化或资本主义的全球扩张。根本动因是资本为了获得高额利润而向全球的迅速扩大。全球化从根本上说是由资本主义生产力发展所决定的,是资本主义的内在要求,是资本追逐高额利润,加强对世界经济统治的结果。资本主义全球扩张的核心是资本势力的强大。资本内在冲动和铁的规律突出地表现在,哪里有利可图,它就在哪里安营扎寨;哪里具有升值潜力,它就会流动到哪里。资本为了获得高额利润,不仅要求摆脱现存制度的束缚,而且正在建立自己的霸权,并把自己的利益建立在一切利益之上。为了获得高额利润,甚至可以置人民群众的利益、公共利益、公共道德、公共理性以及生态环境的破坏而不顾。全球化是由资本主义发展而引发出的客观的和

① 转引自程光泉著:《全球化与价值冲突》,湖南人民出版社 2003 年版,第 59 页。

必然的历史现象。全球化的历史就是资本不断地超越民族的和地域的局限性而走向全世界的过程。"全球化并不是偏离常规,也不是一种激进的变革,更不是人为策划的结果,它只是推动资本主义发展的长期动力的一部分。正如马克思在19世纪就发现的:'创造一个世界市场的倾向就是资本概念的部分内涵。'而菲利浦·英格哈德说:'全球化无疑是西方现代文明扩张的伟大结局。'"①随着经济全球化的发展,国际资本流动达到空前的规模。大规模的国际资本流动,使得对外直接投资增长率大大超过世界国民生产总值的增长率和对外贸易的增长率。国际金融资本跨国界流动总量几乎达到天文数字。资本扩张使资本主义获取更加高额的利润,甚至对弱小的民族国家形成了经济的控制。资本扩张导致国内与国家之间不平等的扩大。由于资本对技术的垄断,剥夺了大部分工人和大部分国家利用新技术的机会和权利,不仅不会缩小贫富差距,而且还会使差距扩大。另外,跨国资本利用自己的强大经济实力,干预国家政策的制定,并且把自己的利益变成具体的政策,就不仅阻碍了政府发展新的公共性生产活动,限制了政府对私人企业的管制,而且破坏了人民对自己的经济活动的掌握权。法国学者雅克·阿达指出:"论述全球化,就是回顾资本主义这种经济体制对世界空间的主宰","资本主义在空间进行的拓展已经遍及世界的各个角落,而全球化既是这一空间拓展的表现,也是并且首先是一个改变调整以至最后消除各国之间自然的和人为的疆界的过程"。② 阿夫里·德里克认为,当代的全球化意味着资本主义进入到了"全球资本主义"新阶段,在这一阶段,"资本的跨

① 王列、杨雪冬编译:《全球化与世界》,中央编译出版社1998年版,第4页。

② (法)雅克·阿达著,何竞等译:《经济全球化》,中央编译出版社2000年版,第3页。

国化的一个最终结果也许是资本主义生产方式将第一次在历史上以真正意义的全球性分离形式出现,这种形式将摆脱其在欧洲历史上的具体源头。换言之,资本主义的叙述再也不是一个欧洲历史的叙述,因而非欧洲的资本主义社会这一欧洲资本主义全球化的直接产物将首次提出自己对资本主义现代性的历史和文化要求。伴随全球化而来的明显的文化同一性也会产生自己的文化断片。"①

其四,全球化就是市场大开放,形成全球大市场,因此就是市场全球化的观点。他们认为,全球化的动因在于市场经济的发展,没有国别市场向世界市场的转变,全球化是不可能的。因此,全球化的本质就是市场化,或者说是市场大开放和世界市场的真正形成,各地区各民族的市场界限日益被冲破,达到全球性的庞大市场一体化,这就是全球化的发展动因和发展目的。按照马克斯·韦伯的观点,市场虽然在资本主义市场经济体制产生之前存在了,但是这些市场不仅在规模上永远受到限制,而且除价格、投资和利润这些经济需求之外,还受到诸多因素的制约。韦伯指出,原初的市场运作模式多种多样,部分是传统和巫术式的,部分受亲属关系、等级特权、军事需要和福利政策的支配,不只是取决于管理组织机构的利益和需求。不过,在这每一种情况下,主导利益都并非主要关注于最大化市场参与者的得益机会和经济供给机会……②而资本主义的市场经济与马克斯·韦伯所称之为的原初市场经济不同,它赤裸裸地把一切的社会关系都转变为商品关系,而其中所有的主导利益就是市场参与者利益的最大化。因此,极大的包容性

① (美)阿夫里·德里克著:《全球性的形成与激进政见》,转引自王宁、薛晓源:《全球化与后殖民批评》,中央编译出版社 1998 年版,第 16 页。

② 参见马克斯·韦伯著:《经济和社会》(M. Weber, *Economy and Society*, vol. 1, Berkeley: University of California Press, 1978, P. 165.)。

和扩张性就是资本主义市场经济的重要特征。这种包容性和扩张性使得资本主义市场经济能够不断地将社会的各个方面与市场关系结合起来，通过产品交换的商业化，把传统社会的各个层面一步步地纳入价格机制的轨道。资本主义不断地超越政治边界，将越来越多的世界人口纳入其影响范围，并且不断地在深层结构上整合世界。世界市场就是在资本主义市场经济的不断包容和扩张中形成和发展的。全球化就是资本主义市场经济发展的必然产物，没有资本主义市场经济的发展，没有由于资本主义市场经济发展所引起的全球大市场的形成，全球化是不可能的。从经济学的角度看，全球化是通过市场经济机制的作用，使资源在全球更加广泛的范围内重新配置，全球各个地区结成一个相互关联的整体网络。经济全球化就是在国际范围内统一运作的经济，无论资本流动、劳动力市场、信息传递、原料提供、管理和组织等都实现国际化，也可称为全球网络化，所有经济活动和经济过程都可以纳入一个以计算机、通讯技术和网络技术联结起来的全球网络，在全球范围内达到资源的最佳配置。经合组织前首席经济学家奥斯特雷认为，经济全球化主要是指生产要素以空前的速度和规模在全球范围内流动，从而达到最佳的资源配置。①“全球化的另外一个新特点是市场普遍化。现在的交易涉及了以前各个独立的领域，文化、服务、自然资源、知识财富都成了自由贸易体制的组成部分。所有的东西都被转化成货币。”②

其五，全球化就是现代制度向全世界扩展，或者说主要是现代的资本主义制度向全世界扩展的观点。很多学者认为，生产力的

① 参见江时学：《何为全球化?》，《学术动态》1997 年第 12 期。

② 王列、杨雪冬编译：《全球化与世界》，中央编译出版社 1998 年版，第 5 页。

全球发展以及生产关系的全球扩展是与制度的变迁以及现代制度向全球的扩展紧密联系着的，生产力和生产关系的全球扩张的动力、趋势都与一定的制度紧密关联，并且由一定的制度所决定。对于全球化的考察，必须从经济和技术的层面深入到决定经济和技术的更为本质的制度层面。只有从制度层面透视全球化，才能对全球化的实质有更加清晰的认识。吉登斯认为从制度角度研究全球化问题，才能达到深刻的认识。他认为："一种批判理论应该转向对现代性进行制度分析。"而且"这种分析把文化和认识论放在次要地位"。按照这种方法，他认为全球化是把现代性的四种制度从社会向全世界的扩展。具体而言，社会监督演化成民族国家体系；社会中的资本主义发展成世界资本主义经济；社会的军事力量演变成世界军事秩序；而社会中的工业主义则变成了国际劳动分工。全球化进程中产生的问题都可以归因于现代制度的扩展。① 由于全球化是在当代资本主义的主导下进行的，特别是由美国为首的资本主义国家所推动的，在这一进程中，美国等发达的资本主义国家从自身利益和文化价值观出发，竭力推行资本主义的生产关系和社会制度以及市场经济模式，以实现它们的战略目标。发达资本主义国家利用他们控制的国际经济和金融组织制定有利于他们自己的全球规则，强迫发展中国家遵守，以推行其经济霸权主义，谋求自己的最大利益。认识制度对于经济全球化所产生的作用，能够使我们对于全球化认识的视野不只是局限在经济和技术的层面，而能够在此基础上进行新的超越和进行更深层次的透视，认识决定全球化的最本质的因素，应该是社会制度和社会关系的因素。当然，这种社

① 参见杨雪冬著：《全球化：西方理论前沿》，社会科学文献出版社 2002 年版，第 65 页。

会制度和社会关系的因素，更突出的是对全球化占主导地位和起决定作用的美国的因素。在吉登斯的心目中，全球化作为现代制度向全世界的扩展，就是以欧美为代表的现代资本主义向当今世界的扩展。当今最强大的现代制度的力量，就是以美国为首的西方经济制度和政治制度的力量。全球化作为现代制度向全世界的全方位扩展，就是要用以美国为首的资本主义制度同化别的国家的制度。因此，这一观点与全球化就是西方化或者是美国化如出一辙。

其六，全球化就是西方化或者说是美国化，或者可以说是美国化全球的观点。持这种观点的人认为，全球化实质上是美国要化全球，即要将美国的价值观、意识形态、社会制度、生活方式、行为方式通过跨国投资、商品输出、国际贸易等方式强行地推广到全球，使全世界成为美国的天下。法国学者米歇尔·罗加尔斯基在他的论文《作为战略行动空间的全球化》中指出，当今的全球化实际上是美国为主导地位的全球化，它的地位决定了全球化是一个有等级的空间，只有美国才有能力改变这一空间的力量对比。他列举了美国占据主导地位的原因：(1)对技术和资本的控制使它能够独立地改变世界资本积累的过程；(2)对世界金融的控制；(3)对市场和关税壁垒的控制；(4)对稀缺的以及不可再生资源的控制；(5)通过移民和产业转移实现对劳动力市场的控制；(6)对企业管理模式和社会文化及其输出能力的控制；(7)独一无二的军事霸权。① 1998 年 9 月 3 日美国《纽约时报》的一篇文章直截了当地说："全球化的意思是，资本主义正在向一度是社会主义统治的地方扩展。"同年 7 月 26 日墨西哥《至上报》的文章则从另一

① 参见程光泉主编：《全球化与反全球化》，湖南人民出版社 2003 年版，第 12—13 页。

角度点明:“全球化是无意识形态边界的资本主义”,“资本主义已扩张到各个方面,变成了当前唯一的经济体制。”1997 年问世的布热津斯基的《大棋局》一书,则是讲得更加透彻了。他说:“今天美国全球力量的范围和无所不在的状况是独一无二的。”“伴随着美国民主政治制度的吸引力和影响的还有美国以企业为中心的经济模式的吸引力的增长。美国的经济模式强调全球贸易和不受约束的竞争。”它迫使欧洲和日本也得仿效。“当对美国方式的模仿逐渐遍及全世界时,它为美国发挥行使间接的和似乎是经双方同意的霸权创造了一个更加适宜的环境。……美国在全球至高无上的地位,是由一个的确覆盖全球的同盟和联盟所组成的精细体系支撑的。”如北约、美日安全条约等。“另外,人们还必须把全球性的专门组织机构,特别是国际金融机构,看作是美国体系的一部分。国际货币基金组织和世界银行,可以说是代表‘全球利益’,而且它们的构成成分可以解释为世界性的。但实际上它们在很大程度上受美国的左右。”这样,我们说,所谓“全球化”,在当今世界,其实质含义就是“美国化”,恐怕不是言过其实吧?①“总体而言,迄今为止的全球化是围绕着西方的市场经济制度、民主政治理念、文化价值观而展开的。所谓全球同质化,主要就是世界其他地方向西方观念、标准、习俗与制度的趋同化。美国由于其无可匹敌的国际影响,对全球化进程的主导作用更为明显,以至于有的学者将全球同质性等同于美国性,将全球化等同于美国化。”②由于全球化就是美国化,站在民族国家本土立场上的有识之士纷纷举起了反全球化的大旗,由此拉开了世界范围内的

① 参见俞可平主编:《全球化:西方化还是中国化》,社会科学文献出版社 2002 年版,第 31—32 页。

② 庞中英主编:《全球化、反全球化与中国》,上海人民出版社 2002 年版,第 149 页。

反全球化的帷幕。

对于上述全球化的观点，我们认为都具有一定的真理性，因为都对全球化从不同的视角进行了分析和说明，或者说都从不同的角度揭示出了全球化的某一方面或某几个方面的特征。但是，由于这些观点不是运用马克思主义的唯物史观，而是运用经济学、历史学、技术学等提供的方法进行分析，不是从全球化的整体系统的高度进行研究说明，而是从全球化的某一个侧面进行研究，因此，这些观点的真理性只是部分的，不具有全面性的真理性，有的说法更是离开真理性甚远。我们认为，全球化所表现出来的经济国际化、时空压缩、资本扩张、市场开放、现代制度向世界的扩展等方面的特征只是全球化的具体的特征，而不是全球化特征的全部，不是全球化的本质特征。将全球化等同于美国化更是错误。虽然美国具有称霸全球的强烈愿望，但目前没有征服全世界的实力，全球政治和文化的多元化以及对美国化或者西方化进行抵制的强大力量，只能使得全球化等同于美国化或者西方化的说法成为无法实现的空想。即使是美国的一些有识之士也反对将全球化等于美国化。约瑟夫·S. 奈、约翰·D. 唐钠胡在其主编的《全球化世界的治理》一书中指出："以美国为中心的活动确实主导着全球化的一些方面，不管是华尔街、五角大楼，还是坎布里奇（哈佛大学等高校所在地）、硅谷和好莱坞，均如此。打个比喻，如果我们把全球化的内容'上载'到因特网，然后其他各国进行'下载'的话，那么美国'上载'到网上的内容超过任何一个国家。但是，全球化远远早于好莱坞和布雷顿森林国际金融体系的产生。香料贸易以及佛教、基督教和伊斯兰教的跨大洲传播比发现美洲大陆早了几百年，更比美国立国时间早。美国本身也是 17 和 18 世纪全球化的产物。一个世纪前日本引进德国的法律，当代日本和那些具有为数不少的日裔人口的拉丁美洲国家的联系，欧洲银行向东亚新兴市场提供的大量信贷，都表明全球化并不局限于美国。因此，从本质上看，尽管美国对现阶段的全球化有很大的影响，但是全球性本身并不是美国化。"①另外，将全球化等于经济国际化、时空压缩、资本扩张、市场开放、现代制度向全世界的扩展等的概括，既不能指明现在的全球化与过去工业革命或者是资本主义大工业生产的区别，也不能揭示出全球化的最主要的本质特征。

全球化也不能简单等同于经济全球化，而是整体全球化，是全面系统的全球化，因为社会是一个系统，经济、政治和文化等具有紧密的关联性，全球化不仅对经济活动产生前所未有的影响，而且会导致广泛而深刻的政治和文化的影响。这种政治和文化层面的影响，就是政治全球化和文化全球化问题。它带来的就是各国文明多样性的客观事实。在中国的各类媒体中凡是谈到全球化，总是局限于经济全球化。在我国国家级的报刊和杂志上有关全球化的文章，总是要加上经济两个字，似乎不这样，全球化概念就不完整。我国有人认为，全球化只能限定在经济领域，否则就是将全球化泛化。他们表情严肃地说，当前"全球化这个词有被泛用的倾向，而我们讨论的全球化是指经济全球化这个特定的概念"②"现在人们谈论全球化主要是指经济全球化，而且主要把目光集中在80—90年代世界经济的发展变化"。③ 这一观点不仅是武断的，不符合全球化的实际情况，思维方式上体现了形而上学的单一论和片面性，而且也不符合马克思主义关于社会有机体系统结构的基本观点。不管人们如何回避全球化的政治和文化方面的属性，全球化的意识形态性和价值观层面上的特点是客观的，不以人们

① (美)约瑟夫·S.奈、约翰·D.唐钠胡主编，王勇等译：《全球化世界的治理》，世界知识出版社2003年版，第7页。

② 钟亚平：《"关于全球化问题"理论研讨会综述》，《哲学研究》2000年第4期。

③ 张世鹏：《什么是全球化》，《欧洲》2000年第1期。

的意志为转移的。

全球化是一个社会整体,包括了经济、政治和文化各个方面的变迁过程。罗兰·罗伯森针对全球化只是从经济角度加以理解的狭隘思路,指出,全球化不幸地被从工商研究者角度加以理解,“全球化讨论在公共领域已经形成了我打算称之为经济主义的形态。”①吉登斯认为,全球化是一个范围广阔的进程,“它的内容无论如何也不仅仅是,甚至主要不是关于经济上的相互依赖,而是我们生活中时空的巨变。”②德国学者贝克专门研究了全球化的政治维度,提出了伴随着经济全球化而出现的急迫的重建民主和加强全球政治管理等一系列尖锐的问题。他认为,“全球化不仅意味着(经济的)国际化、集约化、跨国交融和网络化,它也在更大的程度上开辟了一种社会空间的所谓‘三维的’社会图景,这种社会图景不以地区、民族国家和领土来界定。”③里斯本小组在其《竞争的极限》的报告中指出:“全球化涉及的是众多国家与社会之间多种多样的纵向与横向联系。”④德国前总理施密特也将全球化看作是一个包含了经济、政治与文化等多方面内容的概念。他说:“全球化话题是个实践—政治话题,也是个社会—经济话题,此外,它还是一个思想话题”。⑤ 这些思想家对全球化所作的整体和多维度

① (美)罗兰·罗伯森著,梁光严译:《全球化——社会理论和全球文化》,上海人民出版社2000年版,中文版序言第2页。见《全球化、反全球化与中国》第120页。

② (英)安东尼·吉登斯著,郑戈译:《第三条道路》,北京大学出版社2000年版,第30—40页。

③ (德)乌·贝克、哈贝马斯等著,王学东等译:《全球化与政治》,中央编译出版社2000年版,第14页。

④ 里斯本小组著,张世鹏译:《竞争的极限》,中央编译出版社2000年版,第39—40页。

⑤ (德)赫尔穆特·施密特著,柴方国译:《全球化与道德重建》,社会科学文献出版社2001年版,第3页。

的分析,对于我们深刻认识全球化的实质以及主要内容是有启迪的。关于全球化的意识形态性和文化价值方面的属性,本书将在下面展开具体论述。

对于全球化如何评价,也存在着严重的分歧。既有乐观主义者,也有悲观主义者,当然也存在着介于两者之间的看法。

全球化的拥护者对全球化持极其乐观的态度,他们把全球化视为馅饼和千年难遇的福音,他们用各种美好的语言兴高采烈地讴歌着全球化。他们说:"全球化是走向繁荣和进步的必由之路,在此进程中出现的各种问题是难以避免的。但是,只有当越来越多的人从全球化中享受到好处的时候,它的重要性和必要性才会越来越多地体现出来。"德国社会民主党原主席、德国联邦财政部原部长奥斯卡·拉封丹也告诫人们:"不要恐惧经济全球化——人人富裕和就业"。①

乐观主义者将全球化称为是开创了一个新时代。"之所以说全球化开创了一个新时代,并不是因为它向各种轴心性的现代性观念提出了挑战,而是因为它表明了使种种轴心观念具有核心地位的那些状况的崩溃。有一种假定,认为民族国家可以为它的公民提供一种起指导作用的生活意义规范,认为先进的理性意味着在对自然的控制方面也先进,认为西方的理性天生优越。而全球化则削弱了这种假定赖以成立的基础。它凸显出地球及地球上的资源的物质性限度,同时又使种种社会关系得到了扩大。它以实体性的全球性取代了普遍性的观念。换句话说,全球性的变迁既是人类活动新架构的出现,也是新的人类生存条件的到来。"②乐

① 转引自刘曙光著:《全球化与反全球化》,湖南人民出版社2003年版,第5页。

② (英)马丁·阿尔布劳著,冯玲译:《全球时代——超越现代性之外的国家和社会》,商务印书馆2001年版,第167页。

观主义者认为全球化对人类带来的福音主要体现在政治、经济、文化等各个方面。

在政治上，全球化促进人类自由民主的政治制度的发展。"随着社会在经济上的发展、自由民主之政治秩序的逻辑已变得越发紧迫了，因为构成社会的种种利益间的调和既需要参与，也需要平等。现代自然科学的发展推动了经济的发展，而经济发展，尽管有滞后、倒退和错误的转折，仍推动着政治发展朝着自由民主方向前进。因为我们可以期望，人类的政治制度会有一个长远的朝着自由民主方向发展的演变。"①他们关于全球化促进人类自由民主的政治制度发展的观点，关于自由民主政治制度的价值判断标准是建立在西方的自由政治民主基础上的，因此，全球化促进这一进程，在他们看来，就是西方政治制度借着全球化的机会向全世界的扩散。

在经济上，全球化推动着资本在全世界的快速流动，并在流动中增殖，促进了经济的发展，全世界财富总量的增加，促进了就业机会的增多，人民生活水平的普遍提高。乐观主义者认为，随着世界经济的一体化，资本流动将摆脱国界和制度框架的限制，跨国公司成了自由的投资者。而国际资本的胜利在很大程度上是一件好事。政府可能会失去随意指挥经济的自由，但是世界从技术进步中获益的速度比以往更快了，这是全球摆脱贫困的前所未有的机会，也是全球亿万人民获得更大自由的机会。虽然几乎没有人怀疑运行良好的社会需要一个有能力的国家，但是他们发现现在这种变化是积极的。②

---

①　(美)弗朗西斯·福山著，刘榜离等译：《大分裂——人类本性与社会秩序的重建》，中国社会科学出版社 2002 年版，第 348 页。

②　参见王列、杨雪冬编译：《全球化与世界》，中央编译出版社 1998 年版，第 99 页。

在文化上，全球化促使多元文化和多样性文明之间的交流和沟通，使人类多样性文明在数量上得到迅速增加，在质量上得到进一步提高，并促进人们的思维方式、交往方式和行为方式发生广泛而深刻的变化。

更乐观的观点甚至将全球化看作是共产主义的前奏。认为资本主义的全球化并不会也不能解决资本主义固有的矛盾，“今天摆在东方社会主义经济废墟面前的不是胜利的资本主义，而是遇到麻烦的全球资本主义经济，以及承认它处于困境之中。”①社会主义也许是解决资本主义矛盾的一种可行性选择。因为随着全球化进程的推进，资本主义在全球的扩张将会遇到越来越大的阻力，阻力主要来自被全球化唤醒意识的各种文化和文明。它们不仅清楚了自己的处境，而且在与资本主义的长期交往过程中从对方那里学到了许多有益的经验和方法，既认识清楚了对方，同时也壮大了自己的实力。随着后者力量的不断壮大，一个真正平等的世界体系就会出现。

全球化的悲观主义者则把全球化视为陷阱。德国作家汉斯-彼得·马丁和哈拉尔特·舒曼合著的《全球化陷阱》一书，将全球化陷阱归纳为几个方面：其一，民主的陷阱。全球化将民主推入陷阱，全球化导致社会财富分配不公，出现20:80效应的社会，即占人口20%的人拥有占人口80%的人的财富。全球化使政府和政治家改造社会的力量不断地萎缩，无论是恢复社会公正还是保护环境，无论是限制新闻媒介的权力还是与国际刑事犯罪进行斗争，都同样的软弱无力。一个国家在这么多问题面前总是力不从心，国际的一致行动也总是陷于失败。因为这些政府在所有与生存有

① 参见王列、杨雪冬编译：《全球化与世界》，中央编译出版社1998年版，第85页。

关的未来问题上只是一味地让人们注意跨国经济极其强大的客观强制,把所有政治都变成一种软弱无力的表演,民主国家于是就名存实亡了。全球化把民主推入陷阱。① 其二,美国文化的陷阱。以好莱坞、迪斯尼、麦当劳、可口可乐等为代表的美国的文化娱乐工业作为一种毫无限制的创作自由的成果而创造出一种世界上任何其他地方都找不到的独一无二的东西,在全球推行文化殖民主义。文化领域的最终产品就是一种无聊的、全球化的统一的美国音调:刺耳的噪音。"多年以来,从西伯利亚的托木斯克到维也纳、里斯本,一批大喊大叫的青年文化先锋连细节上都努力模仿20年前舞台上的纽约人,光线强得令人睁不开眼,音响震耳欲聋,戴着耳蔓,拼命喊叫——真是无聊之极。"②就连口渴也被演变成对可口可乐的需求。其三,社会分化世界瓦解的陷阱。"像亚特兰大这样被人加以炫耀的高度技术化的城市机器目前正在统治着地球,然而这些城市又日益变成孤岛……。而在迄今为止的发展中国家中,吉隆坡仅仅是全球经济的一个城堡。世界上的绝大部分则相反的蜕变为这个星球上的一块块破破烂烂的地区,甚至变成拥有巨型贫民窟的巨型城市,在这里,有数十亿人艰难度日,每周要增加100万人口。"③财富的两极分化到了惊人的程度。全球358名亿万富翁所拥有的财富相当于总计25亿人,即几乎世界一半居民的所有财产。"我们这个星球正处于两种巨大的、相互矛盾力量的压力之下:全球化与分散化。"④其四,生态环境恶化的陷阱。资本对于利润的追逐,导致对于生态环境的忽视和破坏。经

① 参见(德)汉斯-彼得·马丁、哈拉尔特·舒曼著,张世鹏等译:《全球化陷阱》,中央编译出版社1998年版,第13页。

② 同上书,第23页。

③ 同上书,第33页。

④ 同上书,第40页。

济的快速发展严重地削弱着生态环境的可以承受的能力。现在,生态环境的危机已经不是局部的和区域的情况,而是整个全球的事情,人们在征服自然界的同时,正遭受到自然界空前的报复,生态环境恶化和生态环境危机也成为全球化的重要表现之一了。现在一个全球范围内的时代转折正在开始,与人们的期待正好相反,不是繁荣和福利,而是衰落、生态摧毁、文化蜕化、道德沦丧、人文精神失落,明显地决定着人类大多数的日常生活。此外,恶性竞争、金融危机、无国界的就业危机、政治的没落和国家主权的危机等,构成了无数的全球化陷阱。

悲观论者的观点并不是毫无道理的杞人忧天,他们看到了全球化导致的许多严重问题。认为全球化的挑战是多方面的,集中体现在这几个方面:

第一,全球化导致全球分裂化,出现富国更富,穷国更穷的严重的两极分化现象。美国前国务卿基辛格承认:"全球化对美国是好事,对其他国家是坏事……因为它加深了贫富之间的鸿沟。"①德国前总理施罗德发起的有美国、德国、加拿大、法国、意大利等 14 国首脑参加的 2000 年 6 月 3 日柏林国际会议通过的《21 世纪现代国家管理柏林公报》指出,不能听任全球化任意发展。"全球化没有给所有人,尤其是发展中国家带来利益。"联合国《人类发展报告》也承认:"迄今为止的全球化是不平衡的,它加深了穷国和富国、穷人和富人的鸿沟。"马来西亚领导人多次谈到这样一个观点:直到现在,我们没有看到任何发展中国家从正在进行的全球化中得到好处,我们看到的是西方的富国越来越富,发达国家和发展中国家之间的拥有财富的差距越来越大。西方的目的是利用全球

① (德)布·马洛:《全球化、美国谋求霸权和基辛格的担心》,见 2000 年 7 月 22 日《新德意志报》。

化和技术发展将全世界变成他们的殖民地。“因为全球化并不是个平均发展的趋势，资金只涌到能够赚钱的地方。世界上本来条件欠佳的许多国家和地区乏人问津，都有逐渐被边缘化的危险。甚至在一国里面，条件较好的发达地区越来越‘繁荣’，而生产力落后、识字率低的地区就会越来越得不到照顾，贫富日益悬殊。另一方面，在发达国家和原本小康的国家之内，也受到全球化的巨大影响。企业和商家都到外头去投资设厂，造成国内的失业问题加剧。许多国家原来拥有的悠久福利制度，也在经济冲击下无以为继，甚至面临崩溃。据了解，西方左翼青年这股反全球化洪流，主要针对的就是这些与他们有切身关系的议题。归根结底，全球化是个为工商业而设计的机制，从事种植业的低收入农民和资本密集型的国有企业工人，便相对得益较少，甚至利益受损。以地域论，种植业和资本密集型工业的地区，也在‘吃亏’之列。”①全球化所导致的世界秩序显然操纵在先进国手里。“过去人们把地球划分为三个世界，即欧美日本为第一世界，苏联和东欧集团为第二类，发展中国家为第三类。今天这样的分类法可能有所改变，例如中国便或许介于第二和第三类之间。但眼前出现了‘第四世界’却是毫无疑问的。‘第四世界’是指在资讯资本主义价值体系中，价值极小的国家或地区，包括非洲大陆、一些拉丁美洲国家和太平洋小国。这些国家里只有极少的通讯器材，大部分人甚至一生没打过电话，阅读能力非常低。”②美国学者罗伯特·塞缪尔逊认为，全球化确实是一把双刃剑，它既是加快经济增长速度、传播新技术和提高富国和穷国生活水平的有效途径，但也是一个侵犯主权、侵

---

①　庞中英主编：《全球化、反全球化与中国》，上海人民出版社 2002 年版，第 160—161 页。

②　同上书，第 162 页。

蚀当地文明和传统、威胁经济和社会稳定的一个有很大争议的过程。①

第二,全球化对如何管理全球经济带来无法解决的难题。虽然全球经济交往和全球市场的统一发展迅速,但是存在着许多潜在危险,因为日益全球化的经济缺乏一种相应的全球性的管理机构,无法解决资本的跨国流动与民族国家的固定疆界之间的内在矛盾,也难以限制资本的过度投机行为。一旦全球经济出现问题,现有的国际经济组织都无法制订出一套系统的、能够使各国都能接受的方案。当代的全球化似乎正接近于一种局面,其中更新的自由主义经济结构将产生大规模的政治、社会和经济分裂以及对自保产生的持久压力。"20 世纪 90 年代后期东亚的市场混乱就是个恰当的例子,它可以被视为在全球控制中一次不同寻常的危机里的范例。在一个引人注目的分裂中,由金融家乔治·索罗斯所描绘的占优势的全球化版本中的受益者和他的强烈批评者马来西亚总理马哈蒂尔对在全球层次上秩序的缺失——规则的不足或者'权威的冲突'提出警告和感到沮丧。索罗斯告诫说,断言如果任由市场自行发展它就会趋向平衡是错误的。他认为市场是不稳定的,而全球体系迫切要求一种新的控制形式(正如在'谁控制监护者?'中所报告的)。就马哈蒂尔来说,他就在这几个星期内还不断地悲叹,主要由于缺乏规范和全球资本失控的方式而导致的马来西亚失去了它在获得政治独立后的40年中的经济收益"。②

第三,全球化对民族国家权威的销蚀。全球化对民族国家的传统地位和作用冲击巨大,限制了国家的主权地位,约束了国家制

① 参见罗伯特·塞缪尔逊:《全球化的利弊》,《国际先驱论坛报》2000 年 1 月 4 日。

② (美)詹姆斯·米特尔曼著,刘得手译:《全球化综合征》,新华出版社 2002 年版,第 282 页。

定和执行政策的自主性,并削弱了国家作为民族主义象征的凝聚力。国家受到了来自国内外的双重压力。一方面,国际的、地区的、全球的权力结构限定了国家的行动范围,一些国际组织正替代国家的传统职能;另一方面民族国家内部的极端民族主义、地方主义正要求摆脱原来的国家;其三,传统政治出现危机。全球化增强了个人身份的选择机会和数量,种族认同、地方认同、性别认同等正在冲击和替代着传统的阶级认同、政党认同,动摇了政治的非左即右的二分法、阶级政治和政党政治;造成了选民中的犬儒主义的增强和政治参与热情的下降,威胁着民族国家的统一,消解着传统政治价值。其四,全球化带来的文化危机,文化霸权主义凭借着在文化输出和文化传播等方面的强势地位,向弱势国家大肆推行自己的文化价值观,冲击着弱势民族和弱势国家的文化价值观,直接或间接地对他们的生活方式、思维方式和行为方式产生重点影响。特别是西方利用发达的网络优势大力向其他国家推行自己的文化价值观。他们大力赞美网络所享有的不受政治或社会因素干涉、限制和规定的自由。因而网络被欢呼为自由言论的坚不可摧的堡垒,没有头头脑脑或主席的理想的圆桌,不受监督的公开论坛,以及永远存在的临时演讲台。网络在造成了传播技术的革命性变革的同时,也造成了一种新的生活方式,人们可以称为电子游牧生活,同时也是一种电子殖民主义。利用网络进行文化价值观的渗透,已经成为西方的重要手段,对其他国家的无形的干涉和影响已经越来越明显。苏珊·斯特兰奇在《全球化与国家的销蚀》一文中认为,在全球化时代,“国家权威的衰落体现在三个方面,其他方面几乎都从属于这三个方面:第一是防务,即确保社会免于暴力;第二是金融,即维持货币的存在,使之成为可靠的交换手段、结算单位和保值工具(与国家计划经济相比,这尤为市场经济所必需);第三是提供福利,即确保大量财富的某些收益能转到老弱病穷者手中,这对于资本主义市场经济来说,也是特别必要的,因为在这种经济环境中,世界体系往往使富人变得更富,使他们与社会条件低下者的差距越来越大。我们很容易就能迅速找到证据表明,在大多数国家中,政府的权力在这三方面都严重地衰落了,它们对社会提出要求的正当性也因此大打折扣。这正是我们上述所说的全球化力量导致的结果。"①文章具体论述了国家权威销蚀的原因,如在全球化时代,国家间进行大规模战争已经变得陈腐过时,军队不过是一种装饰性的过时之物;国家无法继续与外汇市场抗衡,国家维持货币的价值在急速消失,国家主要通过调整利率,来试图控制货币供应,但是,技术的发展将使他们的努力受挫,对于信用卡消费这种购买力,国家无法加以控制。因特网上的电子货币和电子购物受到国家的控制甚至将更少,它的破坏潜能会更大。全球化为跨国公司和许多个人打开了逃税之门。越来越多的逃税之地被发现了,本来应入国库的钱被越来越多地挪作他用,这使得国家的赋税受到损失,等等。

由于全球化过程中的各种世界性问题不断暴露,国际社会的反全球化运动也风起云涌。反全球化是对经济全球化的根本否定,是对目前西方国家主宰经济全球化的回击,或是对经济全球化加剧的贫富分化、社会分裂、人文精神和公共理性失落、精神文化产品粗俗化、生态环境灾难等的不满。在西方媒体与公众的争论中,反全球化与反经济自由化、反资本主义、反全球贸易、反全球经济、反美国化等的提法差不多。反全球化的理由在于,全球化的进程就是达尔文化的过程。在这一过程中,只有少数人分享了世界的大部分"红利",这样的全球化与其说是社会进步的动力,不如

① 参见王列、杨雪冬编译:《全球化与世界》,中央编译出版社 1998 年版,第 118 页。

说是社会解体的力量。全球化导致生态环境破坏，致使南北差距拉大，造成发展中国家边缘化。经济全球化首先是一种市场力量推动的经济过程，经济全球化基本上是少数大国、强国和富国的全球化，是大型跨国公司的经济全球化和富人的经济全球化。在全球化过程中贫穷的国家和地区、小企业和广大穷人不得不为了生存而苦苦挣扎。其中相当一部分人正在边缘化和赤贫化。由于受益不均，全球化使全球范围内的两极分化严重，尤其是南北矛盾加剧，全球化从整体上加强了发达国家的优势，削弱了发展中国家的地位和作用。以美国为首的发达国家利用先发优势，以及在国家金融、国际贸易和科学技术等领域的主导权，竞相扩张经济实力，分割势力范围，主导制定国家经济规则。发展中国家为了适应这些规则付出了痛苦的代价，短期内又无力改变这些现状。

既非悲观也非乐观的全球化观点认为，全球化对世界产生的冲击和影响并没有想象的那样大，而且各国的情况不同。在发达的西方国家，其国内市场之大足够进行公平竞争，长期以来，贸易、资本和知识壁垒很低，技术处于前沿，所以从全球化中收益较少。对他们来说，全球化是件好事，但不是生死攸关的大事。至于贫困国家，由于其国内市场狭小，技术落后，资本缺乏，所以开放并加入国际经济就是其走出贫困的捷径。现在发达国家所遇到的问题不是来自国际，而是来自国内。根本性问题不是许多人所设想的民主与全球化是否契合，而是民主与自由是否合拍。虽然在资本主义是否会继续与民主和谐共存问题上，悲观派是正确的，但是在二者冲突最可能采取的形式上，他们显然是错误的。在他们看来，现在的危险是，资本主义终将被证明是一场社会灾难，以致于民主国家将被示威游行者、法西斯主义分子或者非民主政体所推翻。事实上，现在的民主国家中充斥着与自由相悖的价值，它们对资本主义提出各种要求,给它加上负担和约束,这就使资本主义连同自由一起消失。在全球化讨论中,更多的人认为,全球化是一把双刃剑。经济全球化一方面是国际生产力发展,特别是世界科技进步的产物;另一方面也是各国为了获得超额利润,发展本国经济,提高国际地位而进行的制度安排的结果。经济全球化这两个方面的动力决定了它具有经济和政治的双重功效。世界科学技术的每一次创新,都直接推动了国际生产力的发展,与此相适应,生产要素必然进一步突破民族国家的疆域界限在全球自由流动,从而使各国企业家能够利用世界任何地方的资金、技术、信息、管理和劳动力,在他希望的任何地方生产,然后把产品销售到世界上任何有需求的地方。经济全球化有利于实现"以最有利的条件生产,在最有利的市场销售"这一世界经济发展的最佳状态,具有增加各国经济福利的经济功效。但是,从经济全球化开始起,各国都从本国经济利益出发,通过国内制度的安排或影响国际制度安排,力求使生产要素的国际流动最终有利于本国政治意图的实现和国际地位的提高。

(三)全球化是文明多样性发展的世界历史进程

我们认为全球化是一种无法回避和否定得了的客观现象,同时是一种十分复杂的文明多样性发展的世界历史进程,是当今世界许多事物矛盾发展的集合体,它决不仅仅是全球一体化的进程,更不能说是全球同质化或者说是美国化,全球化不会导致民族国家日益削弱,而是多元化和一体化在对立统一中的矛盾运动中交织发展的过程。由多元化和一体化所构成的全球化的基本矛盾运动既是推动全球化发展的内在动力,也是全球化进程的主线。全球化包含着各个民族和国家之间的相互依存性日益增强的趋势,但同时也包含着日益增强相互依存的各个民族国家为了他们的特定利益和价值观取向而展开越来越激烈的竞争趋势，即全球化进程中的民族化或本土化的趋势，国外有的学者将此称为全球化中的地方主义现象(global localism)。全球化进程中的一个奇特的现象就是全球与本土的相互作用，或者说是全球化所促成的集中、聚合、趋同、依存的状态或趋势，即可以称为一体化的趋势，与全球化中的分散、离异、冲突、摩擦的状态和趋势，即多元化的趋势之间的相互作用。美国学者欧阳桢在《传统未来的来临：全球化的想像》一文中说：全球化"可以用来指称一种更为复杂的现象，这一现象中全球和本土不是那么对立地作为两极并列在一起，相互排斥的因素相互融合或共存：奥尔布罗用一个贴切的短语，把它们称为'相悖的二元性'(Paradoxical dualities)。'全球化是一个矛盾的过程'，罗纳德·阿克斯特曼写道，它'推动着把世界设想为一个地方的全球意识的展现'，而与此同时，'存在着维护地方自治、本土主义和本土认同的强大压力'。斯图亚特·霍尔坚持认为：'……我们通常所说的全球化，决不是这样一种事物，它以系统的方式创造着相似性，把一切事物卷入其中，实际上它努力超越了特殊性，超越了特定的空间、特殊的种族特点，努力完成了对特殊认同的动员。'霍尔断定：'因此本土和全球之间始终有一种对立，一种延续不断的对立。''全球化'的第二种模式既包含全球，也包含本土，我打算把它转化为名词'globalization'，而把那种洞悉全球与本土辩证关系的思想称为'globalism'。撇开本土来强调全球及撇开全球来强调本土都忽视了它们所包含的辩证的现实。"①一体化不等于全球化，多元化也不等于背离全球化。借助于现代科技而日益扩展的全球化，使马克思当年所设想的"历史向世界历史

① 王宁、薛晓源主编：《全球化与后殖民批评》，中央编译出版社1998年版，第69—70页。

的转变”化为了现实,世界相互依赖、普遍联系的图景越来越明晰。文明之间通过交流出现多样性嬗变的节律越来越快。正如英国学者马丁·阿尔布劳在《全球时代》一书中所说:“全球性强化了对不同文化的表达方式、对不同音调、不同风格和不同乐调间的种种关系的精心探测和利用,这些关系一直在‘并列’、‘融合’和‘求同存异’等状态之间摇摆。这些状态是一些比喻性的说法。它们比喻的是生活在一个多元文化世界中的情形,同时,它也表明:在一个总是力图体现和平的必要性并力图为实现和平再造条件的框架中,人的经验范围能有多大。”①“是世界的多重化(multiplication)和多样化(diversification),而不是同质化或杂交化更好地表现了在全球化条件下占主导地位的文化关系形式。”②同时,全球化的发展迎来了一个全球大变革和大创新的时代。人类文明的多样性就是这种大变革和大创新的结果。交通和通讯的空前进步又为人类文明的发展提供了强大的技术手段,在这一坚实的现代科技平台上,人类的思维不断地从封闭走向开放、从孤立走向联系、从收敛走向发散、从单维走向多维、从常规走向创新,使人类文明的成果越来越丰厚和多样。全球化充分展现了各国多样性文明在新的时期进一步发展的世界历史进程。

辩证思维要求我们应该看到全球化所具有的利弊并存的双重效应,既不能过分夸大全球化的好处,也不能把全球化描述为能够摧毁一切的妖魔。既要看到全球化在经济领域中的表现和基本特征以及发展趋势,也要看到全球化在政治、文化等领域中的表现和基本的以及发展的趋势,总之要全面地看待全球化,历史地看待全

① (英)马丁·阿尔布劳著,冯玲译:《全球时代——超越现代性之外的国家和社会》,商务印书馆2001年版,第233页。

② 同上书,第236页。

球化,非此即彼的形而上学思维是认识事物和指导实践的大敌。要看到全球化作为世界现代化持续发展的阶段,作为世界走向相互依存网络的历史发展趋势,本身是一个不以人们的主观意志为转移的客观进程,是一个存在着利弊双重效应的东西,既能够给人类带来福音,也可以给人类带来灾难,既可以为崇高的事业服务,也可以为恐怖主义分子服务,今天人类遇到的挑战不是如何阻止全球化,而是如何驾驭全球化所带来的风险,趋利避害,让全球化为人类造福,使全球化成为深刻认识和认真实践和平与发展时代主题,促进各国文明多样性发展的重要时机。既然全球化的形成和发展是一个不以人们的主观意识为转移的客观进程,它的前进方向已经不可扭转,那么,世界各国除了积极参与和主动适应全球化以外,并没有别的路径可走。实践已经证明,主动适应全球化发展趋势的发展中国家,只要措施得当,就能取得比闭关锁国的国家优异得多的经济发展成就。已经全方位地置身于全球化浪潮中的中国,不必讳言和害怕全球化,也不必讳言和害怕全球化在政治和文化等多方面的表现。不论人们把全球化视为福音还是看作灾难,全球化已经成为不可抗拒的事实。

二、文明多样性与全球化的价值特性

全球化的发生、发展以及在全球化进程中全球与本土、一元与多元、集中与分散、建构与解构、交融和冲突等矛盾现象都说明全球化不是价值中立的现象,而是一个充满着价值属性的概念和现象。人们对于全球化的不同的说明和评价,都折射出在这一问题上的利益属性,反映着人们对于全球化所作出的价值判断。全球化使人们在价值观以及价值维护上的矛盾更加凸显了出来。作为反映着人类利益关系的不以人们的主观意志为转移的客观事物的发展进程,全球化既是一个事实判断——不管你是承认还是否认,是拥护还是反对,全球化作为客观事实和客观进程都对当代社会生活以深刻影响;还是一个价值判断——全球化决不是中性的现象和事实,而是反映着人们的利益关系的价值现象,全球化会使置身于其间的人们都深切感受到它所反映出的价值关系。在当代社会生活和国际关系中,人们对全球化的见仁见智的观点,以及在实践中产生的积极参与全球化和坚决抵制反对全球化的截然不同的做法,都反映出在全球化问题上,人们所持的不同的价值观和价值评价标准。

(一)决定全球化的价值属性的基本因素

全球化的价值属性是由全球化所表现出来的对人类既有利又有弊的双重属性决定的。全球化对一部分地区和一部分人是机遇和希望,对另一部分地区和另一部分人则是挑战和灾难的事实说明,全球化不是一个单一只对人类产生正价值的过程,而是多种过程的复合,是一个涉及世界经济政治矛盾演变的历史过程,尤其是一个涉及世界的政治、经济、军事、文化以及民族传统、价值观念、生活方式等众多方面的矛盾交织和发展的过程。全球化的复杂性决定了它会由于利益的分化而经常产生各种复杂的矛盾,并在此基础上发生冲突、不和谐以及新的分层形式。全球化在给人类带来正价值的同时,也会给人类带来负价值。全球化所导致的这种正价值和负价值交织在一起的特性,决定了全球化不会平缓人们在各自不同的价值和价值观方面的争论、冲突和交锋,而会把人们推进到更加激烈的价值冲突中。“全球化自始至终都是一个充满矛盾和冲突的进程,不同民族和国家之间的竞争和斗争从来就未停止过,所不同的只是冲突的严重性。全球化或许包含着人类所有的理想、企盼和希望,但冲突所带来的痛苦却是非常真实的。许许多多曾经辉煌过的民族和国家,现在只留下些令人慨叹的历史遗迹。”①当然，只要正视而不是回避、积极而不是消极、主动而不是被动地对待这种客观的价值冲突，通过真诚而不是虚伪、友善而不是恶意、务实而不是敷衍、尽责而不是失责的跨文明对话，有着不同利益要求和价值追求的人们可以在减少价值冲突的同时获得双赢。

全球化的价值属性还由全球化所包孕着的经济、政治和文化诸多方面综合特性之间的矛盾运动所决定。全球化正在构筑一个复杂的多层面的全球复合网络体系。“全球化不仅意味着（经济的）国际化、集约化、跨国交融和网络化，它也在更大的程度上开辟了一种社会空间的所谓‘三维’的社会图景，这种社会图景不以地区、民族国家和领土来界定。”②詹姆斯·H. 米特尔曼的《全球化综合征》一书的书名就昭示出，应该从整体系统的、普遍联系的角度着手分析全球化的各个方面特性，对于全球化问题所采用的经济主义分析或者政治决定论是不正确的，“人们必须识别出全球化的经济、政治和文化层面之间的具体相互作用。实际上，全球化是一系列多层面的过程”。“全球化的占优势的形式意指一种历史变迁：在经济领域中体现为谋生和生存方式的变化；在政治领域，地方所实施的控制在一定程度上丧失，不管在某些情况下这一切最初表现得多么微不足道，都将逐渐导致权力中心在领土国家的上、下两个层面上不同程度地发生转移；在文化领域，贬低一种集体的成就或者对这些成就的认识。反过来，这种结构可能导致和解或者抗拒。……一个全球化的框架使经济、政治和文化等多层面的分析相互联系。因此，这种框架阐明了一个由各种不同的

① 庞中英主编：《全球化、反全球化与中国》，上海人民出版社2002年版，第197页。

② （德）乌·贝克、哈贝马斯等著，王学东等译：《全球化与政治》，中央编译出版社2002年版，第14页。

跨国的和国内的结构而形成的统一体,它允许一个场所的经济、政体、社团和文化向另一个场所渗透。”①正是在全球化这一客观的内在的经济、政治和文化综合作用下,全球化的价值属性和价值冲突自始至终就存在着和发展着。在全球化的综合系统中,一方面表现出经济利益和社会资本之间的价值关系和价值冲突,全球化的经济层面彰显出经济利益和经济诉求,而对经济利益的追逐和张扬在客观上与社会资本产生矛盾冲突。全球化所表现出来的文化价值观的共同属性呼唤着社会资本,因为“没有社会资本,就不会有文明社会;没有文明社会,也就不会有成功的民主主义。”②但是,在全球化进程中,市场经济导致的对个体价值的重视以及对功利价值的关注,对社会资本的培育和积累形成很大的压力,围绕经济利益和社会资本的价值冲突就不可避免地会表现出来。此外,人们对于高尚的精神需求的渴望、科学理性的张扬、公共伦理的期盼以及政治文明的要求等,都与充满着功利色彩的经济层面的全球化发生价值上的冲撞。

就外部而言,全球化的价值属性更多地通过国际关系呈现出来。追求民族利益和国家利益是跻身于全球化进程的众多民族和国家共同的要求。全球化对利益的实现机制具有不平衡性。不同的民族和国家对自身利益的追求是具体的,多层次和多方面的,如经济利益、政治利益、文化利益、军事利益等,表现出利益追求和利益实现上的多样性和差别性。各民族和国家在实现自身利益的时候,总存在着与其他民族和国家利益的不一致,甚至具有很大差异和矛盾的地方,从而使全球化的价值属性充分地表现出来。就政

---

① (美)詹姆斯·H.米特尔曼著,刘得手译:《全球化综合征》,新华出版社2002年版,第6—7页。

② (美)弗朗西斯·福山著,刘榜离译:《大分裂——人类本性与社会秩序的重建》,中国社会科学出版社2002年版,第22页。

治利益来说，全世界多样性的政治制度和政治意识形态，必然代表着多样性的利益要求，表现出多样性的政治诉求，这些差异和矛盾，通过全球化更进一步展示在人们的面前。“不管人们怎么看，全球伦理和全球政治的联系，产生并加深了民主的新斗士，即原西方国家，同不(可能)符合这些标准的‘全球其他国家’之间的文化分野。‘全球共同体’及其价值的界定，排斥世界主义时代的‘全球失利者’。”①全球化使各国围绕军事利益的争夺也紧张起来。世界正在经历一场新的军事技术革命，因为信息技术正在改变现存的军事能力、战争的运作方式、远距离高精度地运用武装力量的能力。新军事技术力量扩展了一些国家武装力量的实施范围和识别能力。拥有洲际导弹和核武器的国家可以进攻全球任何地方。在全球化时代，对国家安全的威胁变得日益分散化，并且不再简单地表现为军事威胁。因此大规模杀伤性武器的扩散对所有国家都造成潜在的威胁。除了在领土和国家主权等方面的有形的争夺外，还有服务于和辅助于军事争夺的意识形态方面的无形的斗争。在国与国政治、经济、文化等方面发展不平衡以及跨文明对话机制还没有建立起来的情况下，一个国家利益的获得往往意味着另一个国家利益的丧失，利益的不平等和不平衡，是引发价值冲突的直接动因。

随着经济全球化进程的加快，多元价值观之间的利害冲突必将会以更加激烈的形式表现出来。全球化将会使人们越来越清楚地看到，全球愈益激烈的经济、政治、文化等方面的冲突，背后隐藏着的是核心和本质的冲突，即价值观和价值追求的冲突。那些妄图通过全球化在全球建立起霸权的自由主义、新帝国主义、新干涉

① (德)乌·贝克、哈贝马斯等著，刘得手译：《全球化与政治》，中央编译出版社2000年版，第45页。

主义甚至会以武装冲突的形式强行地传达着西方的价值观。而东方主义与传统价值观的式微会使传统价值观的前景堪忧。

在全球化的谈论中,对于全球化持否定和怀疑论者的观点,从一定的侧面反映了他们对于以美国为首的西方价值观以全球普遍适用性的姿态出现以及向其他国家强行推广的一种忧虑。因为按照极端全球化主义者的观点,全球化不仅是经济活动的相互依赖,特别是资本和资源的全球性自由流动和配置,而且是世界范围内起作用的以西方主流文化价值观的快速发展和对外辐射影响的过程,经过这一过程,会形成以西方文化价值观为主流和统帅的全球整体价值观和整体的文化体系。而认为全球化就是西方化甚至是美国化的观点,说到底就是一个直截了当的价值判断的观点。总之,在异彩纷呈的有关全球化的大讨论中,各种不同的观点,都从不同的利益所代表的立场直接地或曲折隐蔽地表达了不同的价值观。

价值问题体现出的是经济利益,价值观问题反映出的是文化问题。经济利益问题与文化问题是紧密联系着的。全球化虽然发轫于经济领域,但其影响是全方位的。全球化并不是社会领域单纯的经济现象及其结果,而是政治、经济和文化多种因素综合作用的复合现象与结果。将全球化局限于经济领域是失之偏颇的。只有看到全球化的综合性的特征,才能对全球化的深刻的作为隐蔽层面的价值观因素予以足够的认识。英国著名思想家安东尼·吉登斯认为:“全球化不仅是经济的而且是政治的,技术的和文化的全球化,它主要是在20世纪60年代后期世界传输体系发展的影响下产生的。”①美国学者阿里夫·德里克说得对:“全球化也具有

① 见安东尼·吉登斯著:《失控的世界——全球化如何重塑我们的生活》(Anthony Giddens, *Runaway World -How Globlization is Reshaping Our Lives*, London: Profile Books 1999, reprinted 2000)第10页。

意识形态性，因为它试图根据一种比任何东西都更有效地服务于一些利益的新的全球想象来重新建构世界。”[①]美国《基督教科学箴言报》2000 年 8 月 28 日载文，指出了经济全球化对文化带来的影响，“跨文化这个词现在越来越多地用于说明全球化、流动性增加和种族混杂造成的社会变化。——过去移民可能随着时间的推移而对他们进入的文化施加微弱的影响。今天的情况更可能是，在人们实际创造综合各种文化遗产并与这些文化遗产相一致的‘融合’特征时，主流文化本身也采取了新的表现形式。……改变世界经济的力量也在改变世界的文化‘这些力量与我们同在。我们在全球活动，全球化程度只会加强。跨文化主义是改变我们过去和现在知道的文化，是创造新文化。’政府决策者需要开始从全球化力量的角度来思考，考虑它们对文化的影响。”[②]因此，在承认经济全球化的同时，还应该跳出经济的视域，考察全球化对人类文明等意识形态领域的影响。当代社会，经济、政治与文化三者的关联性和不可分割性是一个重大的特点。按照马克思的唯物史观理论，社会是一个具有自身系统结构的有机体，其中经济是基础，政治和文化是社会的上层建筑。在社会有机体的矛盾运动中，经济基础的变化，或迟或早，必然导致上层建筑做出相应的调整和变革。因此，全球化既对经济，又对政治和文化发生重大影响是必然的和不可回避的。全球化作为一种广泛地发生于世界各地的政治、经济、文化的发展趋势，亦即世界不同的民族和国家借助于先进的交通工具和通讯手段，不断地超越自身活动的空间范围和既定的制度、文化等社会障碍，在全球范围内实现充分的交流、对话、

① 王宁等主编：《全球化与后殖民批评》，中央编译出版社 1998 年版，第 3 页。

② 孙晶：《文化霸权理论研究》，社会科学文献出版社 2004 年版，第 244 页。

协调和沟通，并在此基础上形成一种全球性的文化认同、价值认同和实践认同的发展趋势，全世界人民对于和平与发展共识的增多，必然出现以对话代替对抗，以合作代替争斗，以多元代替一元的生动情景。全球化展示的是各民族、国家在经济、政治、文化等方面的互动、沟通、融合、提升和共进的绚丽多姿的局面。全球化所促成的世界文明的多样性与丰富性远胜于有关全球化话语的多样性与丰富性。

当然，这并不意味着否定人类有着共同的价值追求以及在此基础上的共识。而是要求人们不要因为全球化的发展，就因为共识而忽视充满差异的价值诉求，只讲同质性而看不到差异性，过高地强调长远时期的人类的共同利益，而过少地关注人类不平衡的近期利益。格拉德·博克斯贝格、哈拉德·克里门塔在其著作《全球化的十大谎言》中，强调全球化带来的是单一性和同质化，认为"全球化给世界带来多样化"的观点是全球化的十大谎言之一。① 这一结论显然既经不起驳斥，也不符合当代的事实。确实，全球化在扩大人类的交往的同时，也将人类实践中优秀的普遍性的政治、经济、文化等方面的成果展示出来了，为不同的实践主体所共享和共有。如市场经济的基本规律和规则以及民主法治建设的积极成果已经被越来越多的国家所采用，自由、人权、民主、法治、平等、正义、公正、诚信等价值观也越来越成为全人类的共识。构建充满着人性关怀的体现出真善美精神的全球共同伦理也成了新的话题。另外，人类的生活方式、消费方式、行为方式等方面的相互借鉴和模仿也增强了趋同的趋势。人类对全球性问题的关注所催生出的"全球意识"、"人类意识"、"世界意识"等，也仿佛使

① 参见(德)格拉德·博克斯贝格、哈拉德·克里门塔著，胡善君、许建东译:《全球化的十大谎言》，新华出版社 2000 年版，第 151 页。

"全球共同体"或"全球公民社会"呼之欲出。但是,这只是问题的表象。许多形式上的单一和趋同,并不能消弭内容上和本质上的差异性和多样性。即使对待自由、民主、人权等具有普适性的东西,深究起来,都存在着不同的价值标准和价值表达话语。因为,自由、民主、人权等都不是抽象的,而是具体的,都不是僵死固定不变的,而是动态可变的。

(二)文化全球化的可能性与价值的多样性

在国内外方兴未艾的关于全球化的大讨论中,人们的视野和兴奋点似乎偏重于经济。对于经济全球化谈论得很多和很热烈,往往回避、无视或者很少谈论文化的全球化、政治的全球化等问题。其实只要讨论经济全球化,就无法回避和无视文化以及政治的全球化问题。因为,经济、政治和文化三者是紧密结合,不可分割开来的。就拿文化和经济来说,两者的联姻只存在着是自觉还是自发的问题,而不存在有与无的问题,我们可以说,经济全球化必然蕴涵着文化的全球化,或者说,文化全球化是经济全球化的伴生物。

按照唯物史观关于社会生产是全面生产,即既包括物质生活资料的生产,又包括精神文化的生产,还包括人自身的生产的理论,就不难理解经济全球化决不是一个孤立的经济运行过程,而是一个与文化全球化同时发生和发展的过程。经济与文化本身就存在着天然的割不断的联系。人类在从事物质生活资料生产的同时,总是会进行着精神文化方面的生产。马克思和恩格斯早就明确指出:"思想、观念、意识的生产最初是直接与人们的物质活动,与人们的物质交往,与现实生活的语言交织在一起的。人们的想象、思维、精神交往在这里还是人们物质关系的直接产物。表现在某一民族的政治、法律、道德、宗教、形而上学等的语言中的精神生产也是这样。人们是自己的观念、思想等等的生产者。"①马克思一方面肯定历史进程的决定性因素归根到底是现实生活中的生产和再生产;另一方面,马克思也给文化和其他参与交互作用的因素以应有的重视,肯定了包括文化在内的上层建筑对经济基础的能动反作用。这就既坚持了历史唯物论,又坚持了历史辩证法。马克思还认为,由于人类需要的不断递进上升性而导致的社会生产的能动性,使得"单独的人才能摆脱种种民族局限和地域局限而同整个世界的生产(包括精神的生产)发生实际联系,才能获得利用全球的这种全面生产(人们的创造)。"②在这里,马克思已经预见到了由于人类实践的能动性发展以及社会化大生产的出现而必然导致的经济全球化和文化全球化同时到来的状况。同时,由于人类社会是作为一个整体而存在着和发展着的,其生存方式既有普遍性的特点,又有特殊性的特点。这两类特点决定了不同地区、不同民族、不同国家发生交往、沟通的必要性和可能性。人类的交往从来都是全面的,既有物质经济方面的交往,又有精神文化等方面的交往。而且所有这些交往都不是孤立地进行的,都是相互渗透的,出现你中有我,我中有你的态势。人类的实践从本质上说都是开放的,不同的民族、不同的地区通过实践所产生的交往关系古已有之,因此,全球化具有古老而悠久的历史源头。从全球化的时空范围、规模程度、技术手段以及持久状况等内容综合起来考察,可以将全球化划分为初级阶段的全球化、中级阶段的全球化和高级阶段的全球化等三个不同的阶段。全球工业革命以前,人类经济尚处于农业社会时期,由于生产关系的狭窄和交通、通讯的不发达所造成的交往面的狭小和交往深度的肤浅,可将其称为全球化

① 《马克思恩格斯选集》第1卷,人民出版社1995年版,第72页。

② 同上书,第89—90页。

的初级阶段。以英国工业革命为标志所带来的全球资本主义生产方式占统治地位，交通和通讯的大发展，哥伦布发现新大陆，资本主义海外市场的日益拓宽，促进了历史向世界历史的转变，标志着全球化无论是从广度还是从深度都进入了一个新阶段。现代意义上的即高级阶段的全球化是第二次世界大战以后出现的新事物。它展示的是全球政治、经济和文化发展的关联性、互动性和整体系统性的崭新图景。在现代生产力、科学技术以及交通和通讯技术长足进步的基础上，各国的经济活动越来越超出自己固有的边界区域，向国际和全球的范围扩展，以寻找适当的位置进行最佳配置。市场经济内在规律的作用，使资本流动、劳动力市场、社会分工和合作、信息传递、原料供应、组织管理等出现国际化的趋势，呈现出全球经济相互依存和相互作用的格局。在社会全面生产规律作用下所形成的全球化浪潮不是偶然发生的，而是由全球政治、经济、文化发展的内在规律所决定的，是一个不以人们的意志为转移的必然趋势和自然历史过程。正如马克思和恩格斯所指出的："各个相互影响的活动范围在这个发展进程中越是扩大，各民族的原始封闭状态由于日益完善的生产方式、交往以及因此自然形成的不同民族之间的分工而消灭得越是彻底，历史也就越是成为世界历史。""历史向世界历史的转变，不是'自我意识'、宇宙精神或者某个形而上学怪影的某种抽象行为，而是纯粹物质的、可以通过经验确定的事实，每一个过着实际生活的、需要吃、喝、穿的个人都可以证明这一事实。"①全球化展示了各国经济、政治和文化独特性中隐含着普遍性，相对静止性和相对闭塞性中潜伏着开放性和流变性以及交融性和互补性。当物质生活资料的生产和精神文化方面的生产已经不能局限于和满足于地区、民族和国家的疆域

① 《马克思恩格斯选集》第1卷，人民出版社1995年版，第88—89页。

界限时,全球化就要同时从物质和精神文化等方面展开。马克思认为,真正意义上的全球化的帷幕是由资本主义生产方式揭开的。"它首次开创了世界历史,因为它使每个文明国家以及这些国家中的每一个人的需要的满足都依赖于整个世界,因为它消灭了以往自然形成的闭关自守的状态。"①"资产阶级,由于一切生产工具的迅速改进,由于交通的极其便利,把一切民族甚至最野蛮的民族都卷到文明中来了。"②马克思在这里指明了资本主义生产方式带来了经济全球化的同时造成了文化的全球化。

对于全球化会同时在多种领域展开的一个多层次和多纬度的进程,一个同时在经济和文化两个方面展开的现象,马克思和恩格斯还在《共产党宣言》中作了十分精辟和透彻的论述:"资产阶级,由于开拓了世界市场,使一切国家的生产和消费都成为世界性的了。使反动派尤为惋惜的是,资产阶级挖掉了工业脚下的民族基础。古老的民族工业被消灭了,并且每天都还在被消灭。它们被新的工业排挤掉了,新的工业的建立已经成为一切文明民族的生命攸关的问题,这些工业所加工的,已经不是本地的原料,而是来自极其遥远的地区的原料;它们的产品不仅供本国消费,而且同时供世界各地消费。旧的、靠本国产品来满足的需要,被新的、要靠极其遥远的国家和地带的产品来满足的需要所代替了。过去那种地方的和民族的自给自足和闭关自守状态,被各民族的各方面的互相往来和各方面的互相依赖所代替了。物质的生产是如此,精神的生产也是如此。各民族的精神产品成了公共的财产。民族的片面性和局限性日益成为不可能,于是由许多种民族的和地方的

① 《马克思恩格斯选集》第1卷,人民出版社1995年版,第114页。

② 同上书,第276页。

文学形成了一种世界的文学。”①马克思和恩格斯在这里用经济和文化相互关联和相互作用的原理，揭示了经济全球化与文化全球化相伴随的过程。阐明了经济基础决定上层建筑，而文化作为上层建筑，又能动地反映和反作用于经济基础的唯物史观的基本思想。体现了对社会发展的全面的和辩证的理解。如果我们不是断章取义地理解马克思和恩格斯的这段话，只看到他们所说的“使一切国家的生产和消费成为世界性的”（经济全球化），忽视他们所说的“精神的生产也是如此”，“各民族的精神产品成了公共的财产”，“许多种民族和地方的文学形成了一种世界的文学”（文化全球化），那么，就不会将全球化所同时促成的两个方面，即将经济全球化和文化全球化人为地分割开来，只承认前者而否定后者。总之，文化全球化作为与经济全球化同时伴随着的现象，无论如何是回避不了的。正确的态度是，要认真地研究文化全球化，研究它与经济全球化的关系，研究它对文明多样性和和平发展事业的积极意义。

事实证明，经济全球化并不是单纯的经济扩张现象，它必然会导致文化的全球化。经济与文化是一个彼此关联、互相依存和不可分离的有机系统。经济与文化的紧密联姻以及一体化是一个客观的和必然的现象。经济的背后是文化，甚至可以这么说，任何经济现象都可以从文化的层面加以透视，并且也只有从文化的层面加以透视，才能更加清楚地说明经济现象。任何从事经济活动的组织都既是经济实体，同时又是文化实体，既肩负着经济职能，又肩负着文化职能。任何从事经济活动的主体——人，都既是经济人，又是文化人，其文化价值观贯穿于经济活动的全过程，决定着经济活动的效率和质量。就以物质产品而言，任何物质产品都蕴涵着文化，都有着一定的文化内涵，产品的背后是文化。不管是国

① 《马克思恩格斯选集》第1卷，人民出版社1995年版，第276页。

际上的还是国内的著名品牌都是物质与精神、经济与文化的结合。它以有形的物质产品作为载体,通过经济来衡量其价值,同时又必须借助文化阐明其内涵和意义。所以名牌又是一种文化,是超出了单纯经济范围的一种社会现象和文化现象。名牌是文化的积淀,文化造就了名牌。离开了一定的文化内容和文化背景,是很难说明名牌现象的。在任何名牌产品的身上,人们都可以发现其物质和精神的完整统一性。名牌的形成就是物质和精神统一发展的过程。一种名牌产品,既是物质成果,又是精神成果。其意义是双重的,名牌产品给人以很好的物质享受,而名牌精神也是一种很可贵的精神,在它们的身上,体现了对消费者全面负责的精神,对产品精益求精的精神,为国家和民族争光的精神,充分展示了人的聪明才智实现人生价值的精神,对事业不断追求上进的精神。现代社会,物质产品中的文化含量和文化附加值越来越高。如果把企业的产品质量、机器设备、资金资源、建筑物设施等称为有形资产的话,那么,企业所信奉的理念和价值观、社会声誉、职业道德、员工的精神状态、形象力量、企业文化、品牌宣传推广等就是其无形资产。今天的时代已经是以无形资产取胜的时代,是无形胜有形的时代。世界第一品牌"可口可乐"的无形资产已经超过其有形资产的两倍半。因此,现代具有远见卓识的企业领导都既高度重视有形资产的投入,如重视资金、资源、能源和人力的投入,又十分重视无形资产的投入,如重视企业的文化价值观的培育,社会声誉的提高,产品文化含量的渗透,员工职业道德水平的提高等。经济和文化始终相结合的视野和做法,有利于人们在对物质产品进行认识时能够把对现象的认识和对本质的认识结合起来。

经济全球化最吸引人注目的外在表现形式之一,就是经济越出国别区域的界限而对外扩张,这种经济扩张的过程也就是文化扩张的过程。经济与文化的依存性和一体化是市场经济发展的内在要求和必然趋势。全球化既导致了物质产品和资本等在全球的大流行，也导致了文化产品在全球的大流行。美国大做文化产业化的文章，在全球倾销美国文化产品。以好莱坞为代表的影视文化，以迪斯尼为代表的娱乐文化，以《花花公子》为代表的性爱文化，以摇滚乐、爵士乐等为代表的音乐文化，以迪斯科、霹雳舞等为代表的舞蹈文化，以《读者文摘》、科幻作品、言情小说、侦探小说为代表的通俗书刊，以NBA、美式橄榄球、美式足球、冰球、拳击比赛等为代表的体育文化，都流行到了全世界，给人们以深刻的影响，从价值观层面对人们的世界观、人生观以及生活方式、思维方式、行为方式予以一定的影响。正如阿兰·伯努瓦所说："还有一种有利于理解文化全球化性质的新奇事物，即资本主义卖的不再仅仅是商品和货物，它还卖标识、声音、图像、软件和联系，这不仅仅将房间塞满，而且还统治着想象领域，占据着交流空间。"①当然，其他国家的文化也同样借着文化全球化的契机获得了发展的空间。遍布全世界各地由华人聚集的"中国城"每时每刻都在向全球传播着以儒家思想为主的中华传统文化。

推销产品的背后是推销文化价值观，而购买产品的背后也是购买文化价值观，这是文化全球化所表现出来的一个突出而显著的特征。美国的产品进入中国市场，为中国的消费者所接受，它将产品和文化一起卖给我们了。同样，我们所购买的不仅是物质产品，而且是文化价值观。就以美国的麦当劳和肯德基来说，它们不只是孤零零地出售汉堡包和鸡腿而已，它们同时卖的是经营理念、价值追求、对顾客的承诺和信誉。一句话，卖的是文化价值观。现

① 王列、杨雪冬编译：《全球化与世界》，中央编译出版社1998年版，第10页。

代社会,不仅文化要产业化,而且产业也要文化化,即要全方位地对产业进行文化包装和文化渗透。中国洋快餐和本土快餐的激烈竞争,不仅仅是产品的竞争,更深层次的是文化价值观方面的竞争,这方面的竞争才是最本质和最深层次的竞争,是真正意义上的竞争。现代竞争是通过三个由表及里的竞争表现出来的,最表层的竞争是产品质量和服务的竞争,中间层次的竞争是管理的竞争和体制的竞争,最深层次的竞争就是文化价值观的竞争。作为自古以来就具有"好美食,尚滋味"传统的饮食大国,在产品本身方面的竞争,我国的食品与洋快餐相比,具有优势。但是,在第二和第三层面上的竞争,即管理、体制和文化方面的竞争,就暴露出了问题。正是依靠管理、体制和文化上的优势,而不是产品本身的优势,洋快餐才能在中国赢得市场,赢得顾客和赢得竞争优势。由此可见,文化的竞争才是现代竞争的焦点,才是真正意义上的竞争,才是企业克敌制胜的秘密武器。如果说,物质产品是经济的硬件支撑系统的话,那么,文化就是经济的软件支撑系统。这两个方面是一而二,二而一的不可分割的关系。在经济活动的各个环节、各个方面和全过程,都蕴涵着各种文化因素,文化转变为企业对内部员工和对外部公众的强大亲和力和吸引力,成为企业竞争力的重要因素,成为发展的动力源泉。

有助于我们理解文化全球化的另一事实是,经济发展的意义往往会在文化上表现出来。现代科学技术特别是高科技的迅猛发展,既体现了经济成就,又有着深刻的文化意蕴,它是物质功能和文化功能的统一。一方面,科学技术本身是文化的一个有机组成部分和其赖以生存和发展的基础。一个时代和一个地区的文化水平与其科技水平往往具有正相关性。总体而言,科学技术衰微的时代文化上难以有灿烂辉煌的局面,科学技术落后的地区文化上也会落后。因为只有发达的科学技术才能提供更多的生活资料,才能加大对教育、体育和文化艺术的投入,使人文环境得到优化,使从事文化产品的生产者队伍增加,形成浓郁的文化氛围,促使科学技术的发展。中国自从明清之际开始,科学技术逐渐落后于欧洲,文化上也自然落后了。西方的工业革命促进科学技术的飞速发展,与此同时,呼唤着人文精神和科学理性,要求人的主体性和民主法治精神,反对封建的等级制和对人性的压抑,促进了当时的先进文化的大发展,民主意识、法治意识、契约意识、人权意识、平等意识等深入人心。而中国古代科学技术和文化的辉煌已成为过眼烟云和灿烂的落日余晖。在西方先进的科学技术和文化价值观的冲击和渗透下,中国传统文化价值观的板块结构因为新的文化因素的融合而逐渐变形。另一方面,科学技术会引起人类社会生活各个领域的广泛而深刻的变革,对社会的经济、政治、文化发展予以巨大的乃至划时代的影响。科学技术会潜移默化地演化为一种文化形态,冲击或者更新着以往的文化传统。在欧洲的中世纪,宗教神学占主导地位,它内化为人们的观念,成为人们最重要的价值观。在其主宰下,对上帝的信仰代替了对科学的信仰。到了文艺复兴时期,欧洲出现了一批杰出的科学家和思想家。文艺复兴作为一场席卷西欧的文化运动,尽管最初是以复兴古代文明的面貌出现的,但它很快就超越了仅仅复兴古代文明的涵义。它预言并准备了一个新时代的到来,为了迎接这个新时代的到来,它作出了思想和知识方面的巨大准备。文艺复兴时代这些文化巨匠创造的诸多文学、艺术、哲学、自然科学成就,有的已是当今难以超越的里程碑;文艺复兴时期确立的自然科学研究的基本方法,大部分直到今天仍被广泛地运用;在人文知识和哲学领域,人文主义者所倡导的人本主义精神,也成为人类永久的精神财富。文艺复兴运动开拓了人们的视野,增长了人们的知识,解放了人们的头脑。自由的精神,科学的精神,乐观的精神,成为西欧人的基本的精神面貌。

文艺复兴对欧洲的封建制度、封建精神以及教会的愚民政策和野蛮压迫给予了强大的冲击和摧毁。文艺复兴运动对于后来的启蒙运动以及整个资产阶级文化起着巨大的启迪作用。在其后的几个世纪里,它一直是资产阶级的核心观念“自由”、“平等”、“博爱”必然要回溯的精神源泉。

今天,以互联网络(Internet)为标志的信息高速公路所造成的全球信息革命,实质上是广泛的全球文化革命。网络冲破了一个个区域文化的城堡和壁垒,将各民族的本土文化贯通和串联起来,使整个世界日益成为一个紧密联系的整体,促使多元文化的交流、沟通和融合,使区域文化资源汇聚成人类共享共有的资源,推进着文化全球化的步伐。没有哪一个国家、民族和地区能够游离于文化全球化的海洋,没有哪一种文化价值观不与其他文化价值观交流、对话、沟通和融合。网络还造就了一种新的文化形态——网络文化,与传统意义上的文化不同,网络文化以国际计算机互联网络为载体,拥有自己独立的技术语言和时空状态,具有全新的沟通方式和独特的生存状态,对人们的交往方式、行为方式、思维方式、情感方式以及伦理观念都产生了深刻的影响。比尔·盖茨说:“因特网将改变一切”。他还说:“信息高速公路将打破国界,并有可能推动一种世界文化的发展,或至少推动一种文化活动、文化价值观的共享。”①因此,在经济与文化这一难以割舍的脐带面前,离开文化片面地谈论经济,离开文化的全球化片面地谈论经济全球化,显然是失之偏颇的。

文化全球化作为不可阻挡的历史潮流的事实,还由文化自身的特点所决定。各民族文化都有着自己赖以生存和发展的根基与

① (美)比尔·盖茨著,辜正坤译:《未来之路》,北京大学出版社 1996 年版,第 327 页。

土壤,必然都具有地域性、本土性、特殊性和相对静止性的特点。中国(东亚)文化、印度(南亚)文化、西方文化、阿拉伯文化、拉丁美洲文化、俄罗斯文化、非洲文化等相互区别开来的根据,就在于它们都具有各自的地域范围和适用主体。由这些文化忠实地记录下各民族的性格特征和历史发展的轨迹。各民族文化一旦放弃了传统所形成的各种形式,也就放弃了历史,失去了进一步发展的基础和条件。与此同时,文化又有着普遍性、动态性、渗透性和扩张性的特点,文化虽然总要通过历史的具体的形式表现出来,但是,它作为人类在改造世界的对象性活动中所表现出来的人的本质、力量、尺度的方面及其成果,又概括了不同民族和不同的文化系统中都不可或缺的共同因素,任何文化不管形式如何独特、内容如何多样,都是一定生产方式和一定社会形态基础上的文化,任何形式多样的大大小小的文化系统都从属于人类文化的母系统,有着作为文化的最一般特点,具有通约性和双向对流性。这双重特点决定了任何民族的文化都是静态与动态的统一,都既是单一的,又是多样的,既是民族的,又是世界的。任何民族文化的本土性其实也只具有相对的意义。文化全球化,概而言之,就是在经济全球化的同时,各民族本土文化都以开放的态势与异域文化进行积极的对话,在相互交流中补益和发展自身,全球文化呈现出统一性与多样性,普遍性与独特性并行不悖的格局。“过去那种地方的和民族的自给自足和闭关自守状态,被各民族的各方面的互相往来和各方面的互相依赖所代替了。物质的生产是如此,精神的生产也是如此。各民族的精神产品成了公共的财产。民族的片面性和局限性日益成为不可能,于是,由许多种民族的和地方的文学形成了一种世界的文学。”①例如,人类对全球性问题的反思,即对那些威胁

① 《马克思恩格斯选集》第1卷,人民出版社1995年版,第276页。

人类的生存和发展，决定人类命运，而且只有依靠全人类的共同努力才能解决的当今世界的一些重大问题的反思，如对生态环境问题、人口爆炸问题、能源短缺问题、毒品泛滥问题、种族纠纷问题、宗教冲突问题、战争威胁问题、邪教猖獗问题、腐败滋生问题等重大问题的反思，促使人类共同的文化价值观的形成；对文明、健康、科学的生活方式的推崇和倡导，促使生活方式的变革和创新；对多元文化交流和沟通的重要性的认识，促使不同文化体系间的自觉交流和对话以及在此基础上的世界文化的整合和建构，使得具有人类共性的文化样式逐渐确立并成为全球自觉遵循的范式和惯例。总之，文化封闭状态的不复存在，多元文化的相互依存和发展，民族文化的特殊性与世界文化的普遍性并存共进，构成了文化全球化的有机内容。由此可见，文化全球化决不能理解为全球文化的同化或“西化”，它展示的恰恰是全球多元文化并存、互动和相互建构的异彩纷呈的景象。

不少人之所以回避谈论文化全球化，对客观的文化全球化现象视而不见，是因为他们在认识上生硬地把经济和文化割裂开来了。另外，只是将全球化局限于经济层面，还与他们在全球化以及文化全球化的理解上存在一些思维误区有关。

将文化全球化视为文化的一体化或同质化，是思维误区之一。否认文化全球化的人担心，承认文化全球化，会放纵和鼓励文化竞争中的弱肉强食主义。其结果就是默许或鼓励那些经济上和文化传播上的弱势民族放弃自己具有特色的本土文化，由目前经济上和文化传播上处于强势地位的外来文化来吞并和同化自己，最终结局是今后世界文化园地，各民族多样性的文化被一种统一的文化所代替。不管这种强势文化是先进还是落后，是否反映全球人民的意志和愿望，是否代表时代前进的方向。其实这种担心是多余的。全球化是指全球政治、经济和文化呈现出的相互影响、相互制约、相互交流和融合的过程。全球化的结果，并不意味着世界趋同（至少在阶级和国家消灭之前的相当一段时间内），而只会出现各个民族和国家在充分的交流、沟通、合作中发展壮大自身，全球政治、经济和文化在多样性中存在统一性，在统一性中蕴含多样性。另外，还应该看到，文化全球化与经济全球化是具有显著差异的。经济全球化意味着世界范围内各国和各地经济日益融合成一个整体，按照市场经济要求保证生产要素的自由流动和合理配置，出现国别经济、民族经济和区域经济不断超越自身的边界界限而向全世界流动的趋势。文化从其具体性而言都是独特的，它作为一个民族在长期的历史发展过程中积淀下来的社会心理、价值观念、道德规范、思维模式、审美情趣等，并不是由经济单一方面的因素所决定的，还要受制于该民族的政治法律制度、宗教、哲学等因素的影响。人民对文化具有选择性、建构性和解构性。即使一个国家在经济上强大，在文化传播技术上也先进，如果它所创造的文化在内容上落后，没有发展前途，不能代表最广大人民群众的根本利益，在向外传播过程中也会遭到接受者的强烈的抵制和拒斥的。人民是文化接受的主体，他们对外来文化总是会有选择地接受和理解的。事实上，目前在全世界还没有哪一种文化具有强大的力量来同化多样性的全球文化。就目前和未来很长一段时间来看，全球多元文化并存的格局，展示在人们面前的只能是文化的多样性和丰富性，出现这样的文化多极化局面，出现以西方文化为中心的欧美文化极，以中国和日本为中心的东亚文化极，以印度文化为中心的南亚文化极，以伊斯兰为中心的中东与北非文化极等多极并存，而且相互作用的局面。总之，在目前乃至以后很长一段时间内，全球不可能有哪一极单独力量能够完成统一全球各种文化的使命。

将文化全球化视为文化“西化”或者视为“美国化”，是文化全球化理解上的又一思维误区。人们对历史上发生的“欧洲文化中心论”和现代某些人高叫的“美国文化中心论”记忆犹新,心有恐惧。在第二次世界大战以前,欧洲文化作为一种主流意识形态伴随其经济和军事上的强大力量在非洲、美洲、亚洲以及全世界各地广泛传播。严重地冲击和摧毁当地人民的民族文化,使保存了上千年的阿兹特克文明古迹、印第安历史文献遭到毁灭,玛雅人的原有文明遭到破坏,使殖民地和半殖民地人民痛苦地处于被迫接受欧洲文化的阶段,表现出了强烈的欧洲文化中心主义和文化霸权主义。第二次世界大战结束,欧洲文化中心地位开始衰微,而美国文化伴随经济、科技和军事的高速发展而勃兴。美国接过了文化中心主义和文化霸权主义的大旗,他们在输出商品的同时,又输出大量的文化产品,传播他们的生活方式和价值观念。美国学者罗斯科普夫就直言不讳地声称美国是世界上唯一仅存的军事霸权国家,也是世界上唯一仅存的信息霸权国家,美国应该利用信息时代的工具向全世界推行其价值观。美国所采用的粗暴的文化侵略的做法,越来越遭到全世界人民的抵制。在和平与发展的时代主题更加深入人心,在全球文化更加走向多样化,多样性文明更加展开频繁的交流和对话的今天,在美国的文化价值观已经越来越表现出致命缺点的情况下,文化的西方化和美国化只能是某些人的一相情愿的主观愿望而已。文化的多极化和多样性文明的共存是文化全球化的实质。

三、文明多样性与文化价值观的差异性

在文化全球化的态势下,各民族、各地区以及各大文化系统在交往中发生价值冲突具有客观必然性。因为不同的文化模式孕育出不同的文化因子,它们都具有自身的质的规定性和特定的适用

范围,在多元文化交流中产生价值冲突是正常的和难以避免的。我们既不能粉饰客观存在着的文化价值观的冲突,同时也要将价值观方面的冲突调适在一定的范围和一定的限度,防止过度的文化价值观冲突引发战争等事端。

(一)中西方文化价值观的分殊

价值观是文化的核心和灵魂。文化差异主要表现为价值观的差异。有差异就有矛盾冲突。塞缪弗和波特认为:"价值观通常是规定性的,告诫人们什么是好的和坏的,什么是正确的和错误的,什么是真实的和虚假的,什么是正面的和反面的,等等。文化价值观确定什么是值得为之献身的,什么是值得保护的,什么会使人害怕,什么是应该学习的,什么是应该耻笑的,什么样的事件会使人团结起来。最重要的是文化价值观指导人们的看法和行为。"①由于不同民族和国家的政治制度、道德伦理、历史传统、社会背景、观念习俗、地理环境等的不同,文化价值观具有明显的民族性和地区差异性。

在文化全球化的态势下,多元价值观总会通过多种形式表现出来,即使是语言也早已不仅仅是单纯的思想交流工具,而是一定的文化的反映,从属于和受制于一定的文化。而任何语言文化,都会折射和映现出一定的价值观。价值观是语言文化的内核和灵魂。由于人性具有共同性的一面,人类的基本价值尺度,如真、善、美、利等有着普适性,因此,存在着价值观的共性。但是,价值观又是共性与个性的统一。中西语言文化是在两个不同的文明模式中诞生的。由于政治制度、道德伦理、历史传统、社会背景、观念习

① Larry samovar and Richard Porter, 1995, *Communication Between Cultures*, Wadsworth Publishing Co., p. 68.

俗、地理环境等的不同,所表现出来的价值观具有明显的民族性和地区差异性。

美国的文化价值观是西方文化价值观的典型代表。美国著名的人类学家弗朗西斯·许琅光、艾尔弗雷德·克雷默以及罗伯特·贝拉等人都有过精辟的论述。他们认为,个人主义、个人奋斗、自主、人权、独立是美国的主流文化价值观。它代表了西欧、北美各国文化价值观的共同特点,也是基督教文明各国与佛教和伊斯兰教的主要区别。

(二)中西方文化价值观的矛盾和冲突

以美国为首的西方文化价值观具有将个体价值、人生价值和功利价值扩大化、绝对化和至上化的倾向,与我国传统和现实的文化价值观形成巨大的反差,并构成了文化价值观方面的矛盾和冲突。

第一,在个体价值和群体价值关系上的差异与冲突。以美国为首的西方个人主义的文化价值观,以自我为中心,以个人为本位,表现出强烈的肯定和突出自我的色彩。他们割裂个体价值和群体价值的关系,认为个体价值至上,个体价值是群体价值的源泉,它高于群体价值,突出表现为对个人的人格、价值、尊严等多方面的肯定,对人的个体独立性的尊重与倡导。认为社会是每个个体公民的总和。每个人无论是在上帝面前还是在法律面前都是独立的主体,有着独立的人格和平等的权利。在美国文化中,与“自我”(self, ego)相关的观念根深蒂固,无处不在,无时不有。存在着大量表达这类自我意识的词语,其中不少是与 self 或 ego 合成的词语。如,self-fulfilling(自我实现的),self-help(自立),self-image(自我形象),self-interest(自私自利),self-made(靠个人奋斗而成功的),self-protection(自我防护),self-reliance(依靠自己),self-respect（自尊），self- seeking（追求个人享乐的），egocentric（自我中心的），egodefence（自我防御），egoism（自我主义，利己主义），ego ideal（自我理想化），ego trip（追求个人成就），等等。

将个人价值置于群体价值以上，片面推崇个体价值，西方文化价值观在行为上的表现就是敢于标榜和肯定自我，突出自我，敢于表现自己，敢说敢干，表现出强烈的自我奋斗和自我实现的进取精神。这种个人价值观，与封建宗法制度禁锢人们的思想，压制人们的个性发展的做法相比，无疑是一大进步。对激励整个民族的不断奋斗，参与竞争，也有其积极的作用。但是，过分推崇自我，又容易滑向只顾自己，不管别人，将个人凌驾于集体和社会之上的极端，发展为利己主义、个人英雄主义和自由主义，甚至表现为无政府主义。

个体价值至上论还特别强调对个人私人生活的保护和尊重，不允许他人对之进行窥探、干扰或侵扰。在人与人的交往中，欧美人不过问、不关心别人的私事，也不愿别人来过问和关心自己的私事。“隐私”（privacy）是公民不可侵犯的权利，询问打听别人的私事，哪怕是年龄、收入、婚姻、体重等，也被视为对个人隐私权的干扰，而侵犯别人隐私权的事情是难以容忍的，侵犯别人隐私权的人也是最可憎的。脱离群体价值和社会价值以及人类整体价值，抽象地强调个体价值，往往会导致个人中心主义。追求个人利益，忽视或无视他人利益、群体利益、社会利益和人类整体利益。甚至可以无视人类最基本的伦理道德，把自己利益的获得建立在别人利益的丧失和受痛苦的基础上。

而在中国，主张群体价值高于个体价值，历来把个体看成是社会的一分子，强调个体对社会、对他人的责任，讲个体的自我内省和修养，强调人与人之间的互相帮助和关心，尊老爱幼，亲仁善邻，这些都有着积极的合理的因素，在今天，更要弘扬集体主义的价值观。但是,它也有过分强调整体和谐和统一的一面,因而在一定程度上也容易造成个体对社会的过分依赖等消极后果,缺乏更为积极主动的创造和竞争精神。不少人礼让有余,谦逊过多,性格内向,拘谨自制,不敢公开表现和突出自我,以免有个人主义和出风头之嫌。这与在发展社会主义市场经济过程中,要大力弘扬个体主体性,敢为天下先,同时处理好个体与集体的关系,使两者价值都能得到兼顾是存在一定矛盾的。

其次,在功利价值和伦理价值关系上的差异与冲突。西方表现出强烈的功利色彩,它追求眼前的个人利益,将其视为唯一现实的利益,并以此作为衡量是非善恶的标准。强调个人的现世幸福和享受是人生的目的和真谛,个人利益是唯一现实的利益,并以此作为衡量是非善恶的标准。凡有助于实现个人利益并获得个人幸福的行为都是道德的,道德是实现个人利益,获取个人幸福的条件和手段。认为效用和功利原则是社会生活的起点和道德的最高准则。道德是为个人和社会谋取功利的。人生要服从于主观的意志、欲望。生活的意义在于按照这个欲望行动所带来的好处有多少,有用就是真理。表现出了追求功利价值的强烈的时间观念、利己观念、开拓进取观念以及喜欢流动的观念。

中国传统价值观则重义轻利,以情义为主线,以家庭人伦关系为中心,从家庭、家庭成员,与他人的关系上建立伦理价值。这种伦理价值观以人与人之间的心意相通为出发点,经过理性的过滤,"发乎情,止于礼"。中国传统文化的价值观充满了浓厚的感情色彩,人情化倾向十分突出。强调要树立追求道义的人生观。为了道义,不为物质所诱惑,不为权势所压倒,富贵不能淫,贫贱不能移,威武不能屈。这种对物质漠视的非功利主义的文化价值观,对于增强道德意识,自觉地进行个人的道德修养和伦理践履,经过充分的道德觉醒而产生对他人、民族和国家,推而及于万物"上下与天地同流”的真诚而强烈的道德义务感,维系社会稳定具有积极意义。它塑造了中国人信念坚定、艰苦强韧、厚重笃实、朴实无华、淡泊利禄,以信义为美德的品性。构成了中华文明中独具鲜明个性色彩的文明因素,有着不可全盘予以否定的内容。但是,过分强调伦理,轻视功利,又会导致重义轻利、贵德贱物。如片面强调“君子喻于义,小人喻于利”,“君子谋道不谋食,忧道不忧贫”,甚至将人的一切正当合理的生活欲望都说成是罪恶的“人欲”而加以摒弃。出现人的合理需要被漠视,正当的物质利益和要求被当作丑行而予以鄙视。鼓励人们忍受不平等,安贫乐道,以此换取道德上的所谓“平等”。这就压抑了人们谋求利益的活动,扼杀了人们的进取精神以及对正当利益的追求精神,严重阻碍着生产力的发展和社会的进步。中国乾隆末年,经济总量占世界第一位,人口占世界三分之一,外贸长期出超,但是,由于封建制度落后性的逐渐显露及其相应的儒家重农抑商、轻利重义的价值观和伦理观对人们的思想以及行动上的能动性和积极性的束缚和禁锢,严重地阻滞着中国经济的发展,中国18世纪的辉煌亮点就逐渐地暗淡无光了,留给人们的只能是深深的遗憾和无穷的思索。

第三,在人生价值和道德价值关系上的差异与冲突。西方以个人主义为核心的人生价值观,在人生价值和道德价值的关系上,主张人生价值高于一切,道德价值服从于和从属于它。强调个人利益是唯一现实的利益,并以此作为衡量是非善恶的标准。凡是有助于实现个人利益并获得个人幸福的行为都是道德的,道德是实现个人利益,获取个人幸福的条件和手段。这种人生价值至上的倾向,在个人生活上就表现为,自我利益可以超越社会传统和伦理道德,不顾世俗舆论,在思想上向主观意志、非理性主义发展。从文学艺术到两性关系、生活方式、道德观念都可以否认客观标准,“只要自己主观上认为好,即就是好”。以主观的感觉代替了客观的价值判断标准。在这种文化价值观的指导下,为了自己的人生价值,行为可以不受政治上、社会上、工作中、家庭中的任何权威、任何历史文化传统的约束,个人不需要对社会、对集体和对他人负责。个人与任何其他人的关系都只是一种利益关系,至于道德的责任、感情的责任都不复存在或者十分淡薄。

中国传统文化价值观在人生价值和道德价值的关系上,历来重视道德价值,以道德伦理来标示个人。把个人的道德修养提高到很高的地位,用道德来判断人生。这种价值观,有利于人们正确地对待自我,摆正个体、群体和社会的关系,唤起自我对他人、民族、国家的真诚强烈的道德责任感和义务感,使人们能在现实生活中自觉地加强个人的道德修养和践履社会伦理。但是,片面强调人生价值体现在道德价值之中,而个人的道德价值又体现在社会价值中,也往往会导致忽视人的物质利益要求,压抑人的独立人格的倾向。

韦伯在把18世纪的中国等国家和当时西方一些国家作比较时,认为就当时经济水平而言,双方无显著差异,而以后社会、经济差别如此之大,其原因就在于西方得益于以新教伦理为中心的资本主义精神的形成,而中国等国家始终未出现类似的精神条件。按照他的观点,新教伦理对资本主义的推动作用,可以概括为两点。一是经济行为的合理性。从新教教义中引申出:商业竞争并不违反教义,借钱抽取利息是正当行为,赚钱不讲人情也是道德的。只要是经过敬业守职、勤奋节俭而得到的财富,都是符合新教伦理原则的。二是经济行为在伦理上的至善性。信奉上帝不在于参加礼拜和其他宗教仪式,只要把该做的事务做得尽善尽美,取得世俗职业的成功,就能获得上帝选民这一基督教教徒终身追求的终极目标。这些新的价值观和伦理标准,很快成为新兴资产阶级的精神支柱,刺激着他们永无止息地、乐此不疲地赚钱。原始积累、资本占有、殖民征服的无限冲动，不仅可以毫无顾忌，而且可以蒙上一层神圣的光环。而在中国传统文化价值观中存在着片面地抬高道德价值，贬损人生价值的方面，特别是忽视和否定人的正常的物质需要和精神需要，缺乏激励人们自主地、勇敢地追求经济利益的精神动力机制，加上封建制度的束缚，在经济上就出现了与西方相反的走向。

第四，在情理价值和法理价值上的差异和冲突。西方以个人主义为核心的文化价值观，强调人权平等和人与人之间自由结约、自由交易和自由竞争，主张公正原则、法律原则和契约原则。而中国传统文化价值观产生的基础是以血缘关系为纽带的封建的农业经济。这种经济模式是一种封闭型的以一家一户为基本生产单位的自给自足的自然经济。由此而形成的人们之间的社会联系，主要是一家一族、一村一乡的宗族血缘关系。它注重以理化情，情理融合。这种情理关系高于法理关系，"人情大于王法"，法律迁就情理。

中西方不同的文化价值观均植根于各自不同的民族土壤，有自己赖以生存和发展的条件、基础和历史，它们所形成的个性特征是长期历史发展的产物，并且由于它们都处于动态的进化过程中，随着中国社会主义制度的建立，特别是随着中国改革开放的深入，多元文化价值观之间交流的频繁，中西方文化价值观都随着时代的发展而作出适当的改变。中西方文化价值观既有各自的优点，又有不完善之处。任何站在本民族位置上对多元文化价值观作出孰是孰非的评价的做法，都不可能达到客观公正的程度。中西方文化价值观的冲突虽然存在，但是，这种冲突又可以通过调适来缓和。多元文化价值观虽然都有共性的内容，但是，又存在各自的个性特征，因此它们之间的价值冲突是正常的，不可大惊小怪；是客观的，不可视而不见；是可以调适的，不可采取势不两立的做法；文化价值观的冲突并不都只有消极的意义，也具有通过这种冲突推进文明发展的积极意义。

（三）和谐世界与多样文化价值观的调适

文化全球化和本土化的价值冲突既有客观性，又有可调适性。由于文化价值观方面的冲突是客观的正常的现象，文化价值观冲突的结果未必都是坏事，我们大可不必讳言以及抱着紧张的心理对待它；由于这种冲突具有可调适性，我们就应该本着求同存异的心理，以积极主动的态度，处理好文化价值观方面的矛盾和冲突。对于在文化价值观方面存在的冲突只有不是以消极的心态，而是以积极乐观的心态对待之、处理之，才能使这种冲突成为多元文化发展的强大推动力量。

文化全球化与文化本土化的价值冲突的可调适性建立在多样性的文化具有共性、可借鉴性、互补性和相融性的基础上。

文化亦即人化，是人的本质力量对象化。文化既体现了人的本质力量，同时又促进着人的本质力量的发展。对文化的研究和对人的研究以及对人的实践方式的研究是一致的。文化的内容和形式都来自人类的实践方式。由于人的本质和人类的实践方式具有共性，人类是作为一个统一的整体面对世界和从事实践的，人类在实践中形成的各种价值尺度，如真、善、美、利等标准对各民族都具有普适性的一面，因此文化具有整体性、共同性和普遍性的一面。各民族文化的特殊性是在文化整体性、共同性和普遍性的基础上产生和发展的。人类文化从起源上看，有着共同的祖先和同一的源头，随着人类实践向广度和深度的开拓，世界各民族在各自的时间条件和相对隔绝的状态中，各自发展，形成了绚丽多姿的民族特色文化和富有个性的人文素质以及思维方式、行为方式等的多样性和差异性。与此同时，各民族间文化的交往和价值观的冲突、碰撞、交流以及融会的趋势也在增强。人的本质和实践是发展的,文化也是发展的,任何民族的文化都处在从不完善到完善的进化过程中,并不是完美无缺到可以拒斥其他民族文化的优秀成果而独领风骚。另一方面,任何民族的文化不管其多么弱小,都具有吸收和消化其他民族文化的能力,不同民族文化之间的双向沟通和融合具有必然性和可能性。文化人类学家韦斯特马克、本尼迪克特,社会学家萨姆纳、迪尔凯姆、曼海姆,哲学家尼采、皮尔士以及语言学家华尔福生、汉威等人都提出了民族文化的相对性和价值相对性的原则。他们认为,每一个民族的文化关于行为标准,关于价值的尺度以及种种制度,在其文化体系中的范围内都有某种存在的合理性;尽管不同民族文化的行为标准、价值尺度和社会制度等千差万别,乃至相互对立,但它们都有一定的维护社会存在和本民族稳定的功能。另外,不同民族文化的价值尺度和行为标准都不具有最高标准的意义。各民族文化的价值观都是独特的,不可简单类比的,只有从一定的文化体系的角度来考察它们,才有意义。虽然从文化的演进过程来看,有着文野之分和高低之别,但是,各个不同的民族文化处在同一阶段时很难找出一个衡量文化优劣的价值判断标准。这说明文化是对等的,这也成了各种不同的文化互补、融合的条件和根据。文化中心主义是错误的。

文化全球化与民族文化的本土化之间的文化价值冲突可调适性,具有丰富多彩的内容。其内在机制与主要表现形式有:

首先,文化全球化与本土化的价值冲突通过双向互动予以调适。文化的双向互动主要表现为双向交流。人类文化从整体来说,是各国、各民族多样性文化汇聚和交流的产物。完全封闭的文化是既不能存在,也不能发展的。人是交往的动物,文化交流古已有之,今天更形成了声势浩大,规模空前的多样性文化大交流的格局。美籍华人李杏邨指出:“科学技术的突飞猛进,已经突破了空间的局限,缩短了世界的距离。古代传说中的魔毯飞车、千里眼、顺风耳已经以飞机、轮船、电讯、电脑、电视传真的形象出而问世了,万里之程朝发夕至,隔洋对话,如在目前,东西孔道大开,互通有无,贸易繁兴;文化交流,教育交换,政治协商,使国与国的沟通,人与人的接触,日趋频繁。”①一方面,文化全球化导致了多样性的外来文化对相对单一的民族本土文化的渗透、融合乃至碰撞和冲突。出现文化的单一性被丰富性所补充和取代的格局,异质的文化价值观为同质的文化价值观增添了新的内容,融合进了同质的文化价值观,使同质文化价值观的内容大大地丰富了。皮尔·卡丹、阿迪达斯、梦特娇等西方名牌服装的进入,丰富和发展了中国的服饰文化,拓宽了人们的审美空间,增添了人们的审美情趣,提高了人们的审美水平,补充或改进了人们的审美文化价值观;麦当劳、肯德基在全球星罗棋布般地设店,为各地的饮食文化增加了新的内容,使人们的饮食文化价值观得到了补充和更新;米老鼠、唐老鸭、忍者神龟、狮子王等电视片的播放,使各国的电视文化更加绚丽多姿;迪斯科、国际舞也为各民族的舞蹈文化增光添彩。此外,先进而多样的异质的政治文化、生态文化、科技文化、绿色文化、网络文化、消费文化加速了各民族文化的发展,对其政治改革、生态保护、科技发展以及建立科学的生活方式和消费方式以巨大的启迪和借鉴。另一方面,文化全球化打破了本土文化相对静止和孤立的状态,既有助于外来异质文化在与本土文化的比较中发现其价值,又能有效地激活本土文化,促使其对外辐射,在交流中丰富和提高自己。罗素在《中西文明比较》一文中指出:“不同文明之间的交流过去已经多次证明是人类文明发展的里程碑。希腊学习埃及,罗马借鉴希腊,阿拉伯参照罗马帝国。中世纪的欧洲又

① 李杏邨著:《西方圣哲小传》,中国展望出版社 1986 年版,第 1 页。

模仿阿拉伯,而文艺复兴时的欧洲又仿效拜占庭帝国。"①事实证明,文化价值观的交流是各民族文化发展的强大动力。

其次,文化全球化与本土化的价值冲突通过双向建构予以调适。即外来文化价值观为本土文化增加新的因子,后者也为前者奉献新的内容,达到相互补益之目的。一方面,文化全球化有助于民族本土文化价值观的发展。从理论发展上看,文化全球化促使各种文化理论的应运而生和广为传播,为文化价值观的嬗变、更新和发展提供了理论指导。如理性主义的文化哲学、结构功能的文化哲学、符号主义的文化哲学、自然主义的文化哲学、以及后现代主义、后结构主义、后女权主义、后殖民主义、后马克思主义等理论,为各民族提供了可资借鉴的参考资料。从实践发展上看,文化全球化促使本土文化对异质文化的同化顺应以及内化和固化。表现为,先是对外来文化价值观的兴奋和新奇,接着是情感上的认可和接纳,然后一些外来文化价值观成为本土文化价值观中的一个重要内容和有机组成部分,这种现象在发展中国家的生活方式和消费文化上表现得最为明显。以前人们以民族性、节俭性、单一性为乐、为荣,现在外来文化价值观逐渐在大脑里萌芽直到占据主导地位。喝着可口可乐、啃着汉堡包和肯德基炸鸡、饮着威士忌洋酒、吸着万宝路香烟、跳着霹雳舞、开着凯迪拉克车、听着迈克尔·杰克逊的磁带、操着洋泾浜英语、染着金黄色头发、拿着手机、穿着牛仔裤,这些举止和打扮,已经成为发展中国家一部分群体的生活方式。而那些以"酷"为时尚的所谓"新新人类"更以反传统、反常规、反共性的叛逆姿态出现,对本土传统文化价值观以根本否定。另一方面,本土文化价值观在交流中,也丰富了外来文化价值观的

① 转引自成中英著:《中国文化的现代化与世界化》,中国和平出版社 1988 年版,第 6 页。

内容,促进其发展。西方自工业革命以来不适当地抬高自我的主体性,高扬人对自然的征服力量,主张以"为我所用"为标准的"工具理性",其结果,出现了个人主义泛滥和人类生存环境的恶化,造成了巨大的灾难。美国科学家鲍盖恩深刻地指出:"现代技术的巨大力量,正在不断地给环境带来压力。我们所生活的生态系统,是由一个生物和物理作用的网来维持着的,它的一些至关重要的环节正在被打断。由于多年来不加控制、不加区别地使用现代技术,以致于现在已经产生出了一些在强度和影响范围上都不亚于自然作用的新作用。人们由于有了这种干涉环境的能力,因而能大大提高作物产量,发出无数度的电力,并使千百万人可以乘汽车到处活动。新技术虽然给人类带来生产力的高度发展,提高了人类的生活水平,但是它也在破坏着人类的生态资源——空气、水以及维持人们及其后代的生态系统的其他部分。"①相比之下,中国传统文化宣扬的"天人相应"、"天人合一",主张人与人、人与自然和谐的"价值理性"越来越显示出真理的光辉,有利于消除西方工业文明造成的人与自然对立的状态,得到了世界有识之士的认可和重视。此外,中国优秀的传统文化,如戏剧文化、园林文化、诗歌文化、建筑文化、丝绸文化、饮食文化、医药文化、体育文化、教育文化等诸多文化都在全世界得到了广泛的传播、推广和运用,为世界文化宝库作出了应有的贡献。这种双向建构说明,每一种文化价值观都具有自身的特质和优势,这也是多元文化价值观双向建构的根据与条件。

最后,文化全球化与本土化价值观的多元并存。文化全球化意味着多种文化交流、沟通、互补、融合机会的增多和文化共性的

---

① 转引自邹珊刚主编:《技术和技术哲学》,知识出版社 1987 年版,第 407 页。

增多,但是,这并不排斥民族本土文化价值观的多样性存在。如前所述,文化归根到底是人类的实践方式和生存方式的反映。由于人类的实践方式和生存方式具有普适性,因此,各民族本土文化价值观的背后都蕴涵着共性。这也是多元文化价值观可以相互交流、沟通乃至融合的基础。同时,也由于人类实践方式和生存方式的差异性和多样性,使各民族本土文化价值观有着自己鲜明而独特的个性色彩,它们作为人类文化价值观系统中的一个不可或缺的组成内容,从不同侧面,以不同的形式展示和表征着人类的本质。民族本土文化价值观的主体既是本土文化价值观的建设者、创造者、培育者,又是呵护者和捍卫者,他们对民族本土文化价值观的偏爱、欣赏和珍视,会从心灵深处激起肯定民族本土文化价值观存在和发展的愿望、动机、责任和行为,促使民族本土文化价值观生生不息地绵延下去,这也是世界文化"和而不同",各民族的文化价值观互异其趣的根本原因。正如大千世界是五彩缤纷的组合一样,事物既有差异性、多样性,又有统一性、同质性,表现为多样性的统一,文化的全球化与民族文化价值观的本土化同样是多元共存,并行不悖的。当然,多元文化价值观往往代表多元意识形态,维护着多元的社会存在和政治制度,因此它们之间也会出现冲突,这种冲突在某些时空下,可能会十分激烈,美国学者杰姆逊指出,现在第一世界掌握着文化输出的主动权,可以通过传媒把自身的价值观和意识形态,强制性地灌输给第二世界。而处于弱势和边缘地位的第三世界则只能被动接受,他们的文化传统面临威胁,文化价值观和意识形态受到不断的渗透。因第一世界文化的侵略和渗透而激起的第三世界的反对文化殖民和文化霸权的斗争,并由此而产生的文化冲突就难以避免。但是文化价值观的冲突并不都以一方克服另一方的形式存在,并不意味着应由一种文化价值观来统治全人类。相反,由于世界上每一种地域文化都不具备替代另一类地域文化的功能,由于文化交流的不断扩大以及在交流中双向沟通机会的增多,由于文化自身所固有的特殊性,文化冲突与战争等冲突形式迥然相异,不都以一方消灭另一方的形式存在,多元文化价值观并存应该成为文化全球化和本土化价值冲突的主旋律与积极和声。

(四)文化中心主义情结是阻碍文明多样性的心理障碍

文化全球化并不是单一文明终结论,文化全球化只会导致多元文化价值观的并存与双向建构,而文化中心主义以及这一主义的另一种表现形式——文化民族主义(或称文化部落主义)以及全盘否定传统文化的观点则对价值冲突的关系作了不切实际的另一番诠释。

自发的文化中心主义早已有之,它是各民族珍爱自身文化的本能情绪,还只是一种心理上的文化自恋,与自觉的文化中心主义,即那种既自恋于本民族文化,同时还仇外排外的心态和行为不可同日而语。自觉的文化中心主义在历史上曾以"欧洲文化中心主义","中国文化中心论"等形式表现出来,制造了文化价值观之间的多元对立和相互排斥。很长一段时间,西方文化用自己的价值观来衡量其他文化,采取"顺我者昌,逆我者亡"的路线,以抵御和消灭对方的文化价值观为最终目标。吉卜林在《东西方之歌》中说:"啊,东方是东方,西方是西方,双方永不相聚,自从上帝判决分开天地时就是如此。"①当然,在很长的一段时间内,中国也表现出强烈的文化中心主义的立场。中国人不但认为自己的文化具有普世性,而且也是世界上最优秀的。唯我独尊,惟我自大,其他

① (英)巴特·穆尔-吉尔伯特著,陈仲丹译:《后殖民理论》,南京大学出版社2001年7月版,第1页。

民族只不过尚未开化的异邦和蛮族。正是这种文化中心主义的观点，使中国人认为自己始终处于世界的中心。“天处乎上，地处乎下，居天地之中者曰中国，居天地之偏者曰四夷，四夷外也，中国内也。”①宋代理学家石介先生的这段话，道出了中国文化中心主义的情结。这种极端的文化中心主义和多元文化不可共存的观点，成了文化发展的巨大障碍，已遭到了全世界各族人民的唾弃。

现代的文化中心主义并没有随文化全球化浪潮的兴起而销声匿迹，相反却以各种改装了的形式表现出来。美国福山的“历史终结论”和亨廷顿的“文明冲突论”是其中的主要代表。日裔美国学者弗朗西斯·福山，1989年在美国的《国民利益》夏季号上，发表了一篇题为《历史的终结》的文章。他认为20世纪发生的根本性变化是西方的自由主义取得了胜利，中国和苏联不得不进行改革以及西方文化处于统治地位等现象，不仅标志着冷战结束，而且更表明将以西方自由民主的普及而作为历史的终结。福山从西方文化中心主义，特别是美国价值观优越论的立场出发，将西方的社会和文化模式视为全球普遍化的模式，认为西方文明和价值体系是高级的，其他的则是低级的，其出路和归宿将是与西方文明和价值体系认同。与福山异曲同工的是，美国哈佛大学教授亨廷顿杜撰出了众所周知的“文明冲突论”。认为全球的政治正沿着文明界限进行重组。文明相似的民族和国家走在一起，文明不同的民族和国家则分道扬镳，以意识形态和超级大国关系确定的结盟让位于以文化和文明确定的结盟。福山和亨廷顿无视和平与发展是当今时代的主题，无视从古代、近代到现代各种文明相互吸收和融合的客观事实，否认引起国际冲突的政治利益和经济利益等因素的决定性作用，杜撰文明冲突论，一方面，表现了美国人不得不面

① 石介：《中国论》，见《徂徕先生文集》，中华书局1984年版，第116页。

对内外交困和霸权式微的现实;另一方面,又要为建立以美国为中心的世界新秩序提供理论根据,表现出了强烈的文化中心主义和文化霸权主义的心态。

不可否认,在历史上因为宗教文化价值观的不同而发生的文明的冲突是存在着的,如11世纪末,基督教世界曾经以十字军远征的形式对穆斯林世界宣战。可以说宗教文化价值观之间的冲突表现了各种宗教所持的文化中心主义的偏见。“几乎所有的宗教都宣传人与人之间的和平,然而,许多战争都恰恰是用这些宗教的名义进行的。一个简单的解释似乎是,竞争促使人们力求比邻居过得好一些,尽管神灵要求人们帮助邻居。人与人(不是国家)之间的冲突再没有比表现在我们运用的一套价值观上那么强烈了。纵观历史,就会发现,许多人持有这样的观点:冲突和屠杀是可以接受的,如果受害者不同意他们那一套价值观的话。如果屠杀是为了说服其他人改信自己的那一套价值观的话,那么杀得越多越好。许多战争、往往是非常残酷的战争,就是为了把一种宗教强加于无辜的人。所以,人们自然会问:世界是否能够消除文化方面的分歧,避免对抗、冲突和战争。”①而历史不等于现实,时代在进步,多元宗教文化价值观之间的包容性在当今和平与发展的时代主题下是能做到的。关键是要破除文化中心主义的种族假象。要教导人们理解各种文化,说明为什么各种文化都有自己一套不同的价值观以及价值观的含义。在这种表层之下,各种文化和各种宗教都有许多共同点。事实上,对于那些愿意进行更加深入探讨的人来说,许多优点和缺点在原则上都是一样的。人们必须学会这样的思维:他们的文化或宗教既不比别人的好,也

① 参见(丹麦)奥斯特罗姆·莫勒著,贾宗谊等译:《全球化危机》,新华出版社2003年版,第256页。

不比别人的坏。只不过是各有各的不同而已。

文化中心主义还会以文化民族主义（或称文化部落主义）的形式表现出来。试图以民族主义的激情来拒全球化于国门之外。在中国，有人认为，“21世纪将由中国来制定规则”。有人提出“三十年河东三十年河西”的观点，认为文化的强盛和衰退是有周期性的，现在西方文化已进入衰退期，将逐步让位于三十年河东的东方文化。① 有人认为，近代以来由西方文明主宰的国际关系是一种典型的“武器先进者胜”的社会达尔文主义，这将给人类带来不可纠错的灾难。西方文明的非文明性质注定不能拯救世界。而中国文明内在地具有和平的、伦理的、“天下主义”的性质，它将成为拯救人类于核灾难、建立天下大同的世界新秩序的唯一精神源泉。② 后殖民主义批评派从文化批评的角度重新审视“五四”以来中国的现代话语，判定它们无非是西方“东方主义”在中国的内在化。认为现代性应该在中国终结了，必须代之以具有本土意识的“中华性”。③ 海外新左派以西方的“分析马克思主义”、“批判法学”、“新进化论”等为理论指导，主张“第二次思想解放”，也就是从对西方现代化的迷信中解放出来，在中国通过“新集体主义”等多种制度创新，实践一条超越资本主义和社会主义两分法的中国式现代化道路。④ 儒学复归主义则认为，中国传统古典文化，尤其是由孔子开创，宋明理学继承发扬的儒家文化，是天生优越的，本

---

① 参见季羡林：《再谈东方文化》，《群言》1991年第1期。

② 参见盛洪：《什么是文明》，载《战略与管理》1995年第5期；《从民族主义到天下主义》，载《战略与管理》1996年第1期；《经济学挑战历史》，载《东方》1996年第1期。

③ 参见张颐武：《现代性的终结：一个无法回避的课题》，载《战略与管理》1994年第3期。

④ 参见崔之元：《制度创新与第二次思想解放》，载香港：《二十一世纪》1994年第8期。

质上大大优越于任何西方文化和外来文化。中国文化的唯一出路,就是复兴现代新儒学,寻求继先秦原始儒学、宋代理学新儒学之后的儒学第三期发展,以完成返本开新,内圣外王之道,从而给中国带来希望,给人类带来福祉。① 这种对文化全球化所作的描绘,虽然色彩斑斓,会令人欢欣鼓舞,但是,由于它将文化全球化视为由某一单一民族的文化向全球扩张,进而主宰全球,就与事实大相径庭,这种将东西方文化视为二元对立的心理,实质上是一种试图走文化民族主义式的道路的新普雷维什主义,它同样是一种文化中心主义的观点。发展下去,会蜕变为民族偏执、民族歧视和民族沙文主义等极端形式,仇视和拒斥异域文化,也就堵死了本民族文化发展的通道,它会被实践宣告此路不通。

与文化中心主义和文化部落主义不同的另一种观点是彻底否定传统文化,主张全盘西化。台湾文化人李敖认为他的文化观的基调是"热烈地宣扬西方现代思想,不留情地批评中国传统思想。"他把他的中西文化观归结为"十三条纲领",其主要内容是,中国的传统文化是死的文化;死去的文化至多只适合死去的时代;死去的文化中纵有一两个活的细胞,所谓固有文化的优点,也对活生生的文化不能移植;就好像一座又笨又旧的大挂钟,纵使其中有一两个齿轮没有长锈,可是对于我们新式小巧的手表是毫无用处的;所以我们不要它;洋鬼子研究中国传统文化,除了好奇和骗人以外,只是一种学术研究;传统文化中根本没有民主和科学;世界上一流的国家是讲科学和民主的强国,从来不搬弄什么五千年固有文化;我们老老实实地跟在强国屁股后面学就是了,背着这个传统的大棺材干什么;我们要追求西方活泼泼的大美人,不要东方冷

① 参见张岱年、王东:《中华文明的现代复兴和综合创新》,《教学与研究》1997 年第 5 期。

冰冰的臭僵尸；所谓什么“国情不同”的借口，纯粹是一派胡言；所谓什么“超越前进”、“融合中西方文化的长处”等等，完全是不要脸的夸大狂；我们只有一条路，就是快快按部就班地学习西方的现代文化。①

应该承认，传统文化对中华民族的影响和作用并不都是积极的。其弱点也给中华民族和中国历史带来了不少消极作用。但是，我们不能由此全盘否定其积极作用。中国的传统文化源远流长，它是中华民族所创造的物质财富和精神财富以及社会化行为的积淀，是中华民族认同的纽带和精神的依存，是中华民族的本质形成和展开的过程及其产品。中国传统文化在世界文化宝库中具有举足轻重的地位。中国传统文化中“先天下之忧而忧，后天下之乐而乐”、“天下兴亡，匹夫有责”、“人生自古谁无死，留得丹心照汗青”、“捐躯赴国难，视死忽如归”的爱国主义精神；“天行健，君子以自强不息；地势坤，君子以厚德载物”的进取和宽容精神；“杀身以成仁，舍生而取义”的尚义精神；“才者，德之资也；德者，才之帅也”的以德为主，德才兼备的精神；“天人合一”的人与自然和谐的精神；“天下为公”、“舍天下之私以成天下之公”、“公者重，私者轻”的克己奉公精神等，作为中华民族精神的结晶和体现，都既极大地鼓舞着中国人民开拓奋斗，不断进取，又向全世界辐射，成为全世界人民宝贵的精神财富。当然，由于长期受封建专制主义和小农经济思想的影响，传统文化中也存在着浓重的官本位、等级观念、保守封闭心态、小富即安、知足常乐的思想以及一些迷信成分，对国民习性产生消极影响。成了中华民族发展的精神阻力。在面向现代化和面临中国传统文化与世界文化对接的过程中，如

① 参见熏风：《台湾“文化太保”——李敖》，《中国文化书院学报》1988 年第 17 期。

果不破除狭隘的民族主义思想,不破除传统文化中的糟粕,中国文化就无法在吸纳世界优秀文化的基础上综合创新,成为富有强大生命力的先进文化。

世界上没有完美无缺的文化,民族在自身的发展过程中,不断地扬弃自身的文化,即去其糟粕,取其精华,就推动了民族文化的发展,反过来又成为民族经济发展的助推器。综观全球,世界各国的现代化,没有哪一个是在彻底抛弃传统文化的基础上实现的。珍爱文化传统,又不拒斥其他民族的优秀文化,是"先发"现代化国家的成功之道,也为"后发"现代化国家树立了榜样。事实证明,文化是不能简单移植的。因为不同的国家和民族的文化都有自己赖以生存的根基和土壤,抛弃本民族的文化,全盘照搬照抄别国的文化模式,往往会产生南橘北枳这一事与愿违的结果。现代化决不等同于民族本土文化价值观的终结和西方文化价值观的一统天下。20 世纪俄罗斯著名的文化学家米哈伊尔·巴赫金在 70 年代就批评过那种丧失民族自我品格和审视力的文化观念。这种错误的文化观认为,为了更好地理解异族文化,就应当丢掉本民族文化,站到异族文化的立场上,用异族文化的眼光来审视一切。巴赫金对此这样批评道:创造性的理解并不排斥自我,不排斥自我所处的时间位置,不排斥本民族文化,也不会忘掉任何东西。对于理解而言,重要的是理解者对于他要创造性地加以理解的事物所具有的"外在性"——在时间、空间和文化方面的"外在性"。只有从本民族文化的角度来审视外来文化的优势,才能更清楚地发现自己的长处和短处,才能更好地吸收外来文化的精华以补己之短,促进本民族文化的发展。许多后殖民主义批评家一针见血地指出,对西方文化予以盲目的认同,是一种"西方话语的他者化",是文化殖民主义和文化帝国主义的遗留症。

全球化与本土化是一对形影不离的矛盾,价值冲突是始终存在难以回避的。对于文化价值观方面的冲突,辩证法要求我们不能仅仅作消极的和否定性的理解。从一定意义上说,多元文化价值观方面的冲突具有积极的意义。冲突意味着竞争,意味着在竞争中的互补,文化价值观的发展动力往往来自外部力量的摩擦和碰撞,正是通过这种摩擦和碰撞,才激发出思想的活力和文化的火花,使多元文化各自在冲突中获得完善和补益的动力。从文化价值观发展的历史看,民族文化的更新和创造往往是由外部的刺激引起的。异质文化的碰撞对于文化自身的发展有其重要的意义,有时还会催生着新文化的降临。

"全球化和本土化两个动力之间的紧张关系构成了当今世界事务的核心。而且两股力量相互联系,互为因果,好像全球化的每一次扩展都会导致本土化的增加,反之亦然。……无论全球化还是本土化都是各种力量的聚合,因为它们以不同的方式相互作用,并通过不同的途径促进更具包容力的进程(就全球化来说)和不大具包容力的进程(就本土化来说)。而且这些各种各样的动力作用于人类从文化、社会到经济和政治的所有活动领域。"①只有超越东西方文化二元对立的固有思维模式,确立全球整体视野,进行文化价值观的有机整合和建构,才能发展民族本土文化价值观。早在1907年,鲁迅先生就深刻地指出:"此所为明哲之士,必洞达世界之大势,权衡较量,去其偏颇,得其神明,施之国中,翕合之间,外之既不后世界之思潮,内之仍弗失固有之血脉"。② 在当今这个世界的联系愈益紧密,各国的开放度空前增大,文化的交往更加频繁的时代,只有抓住机遇,才能在博采多

① 王列、杨雪冬编译:《全球化与世界》,中央编译出版社1998年版,第211页。

② 鲁迅:《文化偏至论》,《鲁迅全集》,甘肃人民出版社1998年版,第13页。

样文化众长的基础上发展民族本土文化价值观。

四、跨文明对话助推和谐世界的构建

全球化所促成的多元文化的高度互动化和相关化,所导致的多元文化价值观之间的碰撞和冲突,呼唤着多样性文明之间的积极对话。跨文明对话有力地推动着和谐世界的建设。人类是多样性存在着的社会动物和语言动物。人类的多样性和差异性,显示了跨文明对话的意义和价值——取长补短、完善自我;人类作为社会性的动物,是类的存在物,希望世界和平,大家和平共处,相互尊重,彼此互利,通过建立起共同协调的机制,改善生存和发展的软环境,走向共同的繁荣富强;人类作为语言符号动物,具有很强的交际和沟通能力,具有各自特质的多元文明能够通过交际和沟通,消除误解、化解纠纷、打开阻塞心灵言路之门,达到感情的融洽和心灵的交流。

(一)全球化时代跨文明对话的价值

跨文明对话预设了人类文明的多样性,它承认多元文明的平等性和差别性。如果失去平等性,跨文明对话就失去了共同的基础;多元文明没有差别性,跨文明对话就没有必要。因此,多元文明的平等性确立了跨文明对话的基础,多元文明的差别性使得跨文明对话富有价值。通过跨文明对话,建构起来的既有差别性和多样性,又有平等性和包容性的文明系统,必将是一个更加开放的、富有生机和活力的多元文明组合的全球文明共同体。

全球化没有必要也不可能将各种各样的文化融合一体而形成所谓的取消了差异性的同质性的世界文化。如果有什么世界文化的话,那么,这种世界文化应该是包容了多样性差异的所有文化能够相互尊重以及平等沟通的多元文化共同体。当然,要达到这一理想状态,还需要人类在同心协力的基础上付出艰巨的努力,要走漫长的路程。跨文明对话的立场,潜在地包含着反对取消多元文明个性的文明同质化的普遍主义,以及文化霸权主义和垄断主义,也反对狭隘的民族文化中心主义、宗教排他主义和文化沙文主义。跨文明对话,倡导的是平等、宽容、合作和沟通,就是要使"己所不欲,勿施于人"、"己欲立而立人,己欲达而达人"等基本精神得到落实和具体体现。

跨文明对话反映了当今时代发展的潮流,迎合了世界要和平、人民要合作、社会要发展的时代趋势。对于建设一个多样性文明和平共处,相互包容和友好合作的和谐世界具有十分重要的意义。在全球化时代,民族文化的价值是以开放性来衡量的,越是开放和交流的文化,越能体现出自身旺盛的生命力。正如法国谚语所说,蚕蛹如果固守于自己与世隔绝的安乐窝,永远成不了漂亮的蝴蝶。跨文明对话,既体现出了世界上语言的丰富性和多样性,也表现出文明内容的增值性和包容性。

积极开展全球化时代的跨文明对话,其重要价值还体现在可以在多元文明体现出的价值冲突中架起双向或多向沟通的桥梁,避免或有效克服因不能有效沟通而产生的文化障碍,将文化价值观方面的冲突限定在一定的范围内。跨文明对话的目的是寻找普遍性的全球协调和沟通机制,实现价值观方面的冲突不再作为一种对整体发展的破坏,而走向一种建设性作用,要使冲突在社会发展中发挥建设性的作用,它必须被限制在某种界限之内,但不被消灭。那样,对管理的挑战就是设计出能够在这些界限以内灵活运作的机构。积极而真诚务实的跨文明对话,犹如润滑剂促进着多元文明之间的联动,保证多元文明之间的冲突在一定的张力范围内有序运作。

推进不同文明之间的对话,以交流代替封闭,以沟通代替隔膜,以对话代替对抗,对于推进全世界的和平与发展事业,具有十分重大的现实意义。跨文明对话对于多样性文明本身的发展也有着重要的现实意义。突出表现在有利于不同文明之间的互补、互尊、互信和互利。

首先,跨文明对话有利于多样性文明之间的互补。多元文明之间的对话具有可能性和现实性。多样性的文明虽然是具有差异性的存在,但是,在各种不同的文化价值观中存在着一些共同的价值和具有普遍适用性的文明内容。也因为如此,多元文明才能展开对话。多元文明的普遍性的价值虽然内容多少有所不同,形式表达也有差异,但是,不同民族千百年所追求的自由、理性、法治、平等、权利、个人尊严等价值,都可以充分地普世化。在这些价值以外,还有一些可以与它互补,也可以普世化。比如与自由相联系的有人权、公正和正义;与理性相联系的有同情,或者慈悲;与法治相关的有礼仪;与权利对应的是义务和责任;与个人尊严对应的是人作为社会关系网络中的一个中心点。这些方面都可以相互配合。

通过跨文明对话,实现多元文明之间的交流,达到多元文明之间的沟通和互动,并在此基础上实现不同文明之间的互补,是推动人类文明发展的内在而强劲的动力。法国思想家阿兰·李比雄先生说得好:"一种文化对另一种文化的观察,是具有发展性与互补性的积极观察。其最终效应就是开创一片相互认识的共同空间。各个民族是观察者,同时又是另一种'客家目光'注视的对象。我们认为仅从个别的、对自身文化的观察出发要获取对整个世界与他人全面的真实的认识显然是不可能的。这并不仅仅是因为如维特根斯坦所言,'眼睛无法看自己',也是由于因自身习惯、认识方式及语言表达的固化而产生的视角上的变形。这就像是变形影像游戏中那些哈哈镜的不同弧度一样，会导致图像的扭曲。而在相互认识的游戏中，这些'游戏者'、合作者，就要站在各自的位置上逐步纠正那些扭曲度，令最终的图像得以正确的体现。这就是认识领域相互性的重要功能。”①确实如此，文明之间的对话有助于整合人类文明的积极成果，弘扬人类的文明精华，推动整个社会的不断进步。各种不同的文明既是民族的、地区的和本土的，又是全球性的和世界性的，多样性的文明都是人类世世代代实践的智慧结晶，是人类所拥有和共享的共同财富，是人类继往开来的人文资源和精神支柱，是社会发展和人类进步的强大的助推器，值得我们加以珍视。当今世界科技的迅猛发展，交通和通讯的空前进步，大众传播媒介的空前繁荣，为保护、弘扬和丰富多样性的文明以及世界的整体文明提供了契机。利用现代先进方法传播人类文明中先进的和科学的内容，让人类能够从多样性文明中获取各种丰富的和新鲜的养料，将有助于实现全人类的共同进步和共同繁荣。

杜维明先生说：“在过去的几千年中，各种伟大的民族和宗教传统已经在我们这个世界营造起辉煌的精神景观，超越民族、语言、宗教和文化对立的交流一直是人类历史的一个显著特征。尽管在对立的共同体之间存在着紧张和冲突，但超越这些对立，建立更多的联系和互动，一直是一个不可低估的大趋势。从历史上看，每一个伟大民族和宗教传统都会遇到截然不同的信仰体系或观念体系，它们也经常从这种相遇中获得巨大活力。通过学习他者，某一既有传统可以大大开拓视野。例如，基督教神学便受惠于希腊哲学，伊斯兰教思想也曾经从波斯文学中获得启示，中国思想史则因公元1世纪传入的佛教所负载的思想而变得更加丰富。对多样

① 参见乐黛云主编：《跨文化对话》第11册，上海文化出版社2003年版，第24页。

性的真正接受使我们可以从由衷的宽容走向相互尊重,并最终达到彼此之间的欣然肯定。在宗教、文化、种族和民族的背景下,无知和傲慢是造成固执、偏见和仇恨的主要根源。通过对话,我们将学会最大限度地欣赏他者的独特性。我们将真正理解,一个由不同的人和文化融合而成的绝妙的多样性整体能够丰富关于自我的认识。对话推动我们努力实现一个真正的包含所有人的共同体。"①要有效地避免和减少文明之间的摩擦、碰撞和暴力冲突,就应该在多样性文明之间架起沟通的桥梁,积极展开跨文明的对话。跨文明对话是贯彻落实和平与发展时代主题的实际行动和有效手段,是处理和解决当今世界错综复杂矛盾的正确途径。当今世界,国际局势总体和平、局部战争,总体缓和、局部紧张,总体稳定、局部动荡。人类和平与发展的事业虽然面临着严峻的挑战,但是只要通过积极、广泛而又真诚的跨文明对话,就能解决纷争,迎来更加美好的前景。

其次,跨文明对话有利于多样性文明的互尊。世界上每一种文明的产生都是该地区人民长期辛勤劳动的结果,都凝聚着该地区人民的智慧和心血,都有自己存在的理由,有值得被其他文明所认可、借鉴的成分,因此,理应得到其他文明的尊重。不同文明之间的相互尊重是平等对话的前提和基础。只有互尊,才能以平等的心态去理解其他文明中可能对自己陌生的内容,才能对其他文明的积极成果产生愿意借鉴和吸收的浓厚兴趣,才能在文明交流中自觉地进行文化移情。在相互尊重基础上的不同文明之间的平等对话有利于增进各国人民之间的相互理解并在此基础上达到和睦相处,减少因为文明之间的误读而产生的理解上的偏差,防止因为文明之间的封闭和隔膜而产生的陌生乃至敌意心理。相互理解

① 杜维明:《全球化条件下的文明对话》,《哲学研究》2003 年第 8 期。

是多样性文明之间有效沟通的前提和基础,无知者无法接近真理,而偏见比无知离真理更远。无知和偏见产生的土壤在于封闭、隔膜、夜郎自大、固执己见和自我中心主义。多元文明之间的对话能够有效地打破人们思维中的各种偶像,使人们获得真正的知识。

大力促进不同文明之间的对话,才能以相互平等的姿势和宽容大度的心态,采取和平的方式妥善地处理争端和分歧,从而有助于促进不同文明背景的人民之间化解恩怨,捐弃前嫌,化干戈为玉帛,相互尊重,和睦相处,最终有助于各国之间建立平等互利、互信合作的关系,促进世界的持久和平、稳定与发展。哈贝马斯关于为了确保不同文明能够健康和合理发展,应该遵循"正义"和"团结"的两条原则,具有很重要的方法论意义。他认为,所谓"正义"的原则就是要保障对其他文明的尊重和平等权利;而"团结"的原则要求对其他文明有同情地理解和受到尊重的义务。他坚信,只要不断通过商谈和交往沟通等途径总可以形成在不同文明之间的互动中的良性循环。

再次,跨文明对话有利于多样性文明的互信。人类作为互动的动物,只有用爱才能交换爱,只有用信任才能交换信任。而促使人们之间的相互交换成为可能的中介就是跨文明对话。不同文明之间的对话有助于增进睦邻友好和政治互信,推动建立民主、平等、公正、合理的国际文明新秩序,维护世界各国的合法权益,使世界各国在国际大家庭中和睦相处,共同发展。要消除文明之间的误解,就应该对异域文化有所了解,并在了解的基础上达到相互信任。赛义德在《东方主义》一书中深刻分析了多元文化之间引起误解,产生偏见的原因,指出用肤浅的异文化理论难以解释异文化的问题,只有研究他者的文化,在平等心态指导下积极地进行跨文明对话,才能在此基础上建立起充分的互信,从而促使有利于多样性文明形成和发展的良好的生态环境。随着政治民主化和世界多极化趋势的进一步加强,在国际事务中倡导民主、平等、对话和共同的文明原则至关重要。国家无论大小,无论贫富和强弱,都是国际社会中的平等一员,都应该得到尊重。经济全球化会导致全球利益格局的大调整,出现围绕利益问题的矛盾和斗争。即使出现所谓的文明冲突也是正常的现象。开展不同文明的对话,既有助于各国文明在相互尊重基础上协调各自的利益关系,又有助于各国在世界文明体系中正确地界定自身,采取积极主动的姿态对世界多样性文明的积极成果加以吸纳,并从中获得持久发展的强大动力。

第四,跨文明对话有利于多样性文明的互利。不同文明之间的对话是一种合作双赢的模式。它有助于维护和促进世界文明的多样性,丰富人类共同的文明成果。人类的理性越强大,越能够正确地认识自己。在全球化时代,人类既尝到了全球化带来的福音,也感受到了全球化带来的问题,甚至给人类导致的危害。现在就连直接威胁人类生命和安全的问题也全球化了。恐怖主义的全球化、病菌的全球化、各种灾难的全球化等,这些问题对世界上多样性文明中的任何一种哪怕是最伟大的文明来说,都显示出了自身文明的渺小和微不足道。

经济全球化使人类获得了前所未有的发展机遇,但是全球化不应该以牺牲一些国家的利益来确保其他一些国家的利益。不能指望以单一文明来实现对全球的治理。在全球化进程中将自己的经济体制、社会制度、发展模式和价值观强加于别国,妄图建立由西方价值观主导的世界的做法是错误的,也是注定要在实践中碰壁的。全球化决不会出现同质化和单一化,事实上现在世界上还没有哪一种力量能够阻碍文明多样性发展的道路。将多样性的文明整合为单一的文明只能存在于理论抽象的空间中,而在现实生活中是办不到的。现在某些国家视文明多样性的现实和发展趋势而不顾,竭力推行单边主义,四处插手,干涉别国内政,要全世界接受他们的文化价值观,对全世界的和平与发展事业构成了严重威胁。全球化必然促进文明的多样性,文明多样性的进程必定会使人类能够共同受惠于多种多样的文明成果,达到人类社会永续进步的目的。

(二)跨文明对话与文化整合

跨文化对话其实就是一个文化整合的过程。文化整合并不是一种文化对其他文化的吞并,而是积极包容和借鉴多元文化的聚合方式,是寻找多元文化积极成果相融合的新的文化建构方式。文化整合具有十分重大的价值,它是文化发展的动力。各民族的文化在形成过程中,由于地域的封闭性和交际范围的限制,保持着自身的相对独立性,这种相对独立性也对文化的发展构成了制约性。随着文化与文化交流的增多,文化的相对独立性虽然依然存在,但是,它的开放性和兼容性得到了增强,在跨文化交际中,各种文化通过交流、碰撞,增加了智慧的火花,丰富了思想内容,有力地推动了文化的发展。任何民族不管其历史多么悠久、文化多么深厚、德性多么崇高,其智慧都不是万能的,而是具有局限性的。一般来说,历史积淀越厚重,对于创新的文化阻力也越大。一个民族如果以为自己传统文化的底蕴深厚而不再向其他民族学习,它就会很快落伍。如果以为自己民族的文化存在这样或那样的问题而丢弃之,本民族就会消亡。因为文化实质上构成了一个民族的身份证,是一个民族历史的见证和未来发展的精神支柱,是民族认同的纽带和凝聚人心的磁石,所以,放弃自己民族的文化,该民族也就只能成为徒有其名的躯壳。世界上有些科技发达的国家,也不能因为自己科技文化的先进而以为一切文化都先进。哲学、道德、文学、艺术等文化与科技文化不是一回事,其发展不是一蹴而就的。高科技发达与文化沙漠并存现象并不是奇特的现象。这些民族也只有认真学习其他民族的长处,取长补短,才能达到与科技文化一样先进的程度。总之,文化整合必将推动文化全球化的进一步发展,使全球文化无论从质态上还是数量上都进入一个前所未有的新阶段。

当然,文化整合需要科学的方法论。只有采取科学的文化整合的方法,才能做到如同马克思所说的那样:"不仅探讨的结果应当是合乎真理的,而且引向结果的途径也应当是合乎真理的。"①方法对头,文化整合就能取得事半功倍的成效,就能使不同民族的文化在文化整合中都得到提高壮大。如果方法论上出了问题,文化整合就会出现畸形和扭曲的结果。

文化整合首先需要解决的是整合的主体指向问题,即谁来进行整合?换言之,谁来整合谁?如果将文化整合理解为由外来文化作为主体,那么,这种文化整合就是全盘西化,是本土文化的大撤退和大消亡。科学的文化整合的宗旨和理念是以我为主,博采众长。文化整合不是文化的无原则的糅合,构成所谓全球文化的大拼盘。事实上这是不可能办到的。随着全球化的发展,全球化与本土化的两股张力也在两个方向同时较劲,形成对立统一的灿烂图景。全球化推动着文化认同的潮流,使人类的共识越来越多,文化之间相互渗透和交融的状况越来越明显。而本土化则推动着文化自觉。所谓文化自觉,按照费孝通先生的说法,"指的是生活在一定文化中的人对其文化有自知之明,并对其发展历程和未来有充分的认识。"②文化认同,强调的是文化的主体意识和民族意识。要求各民族在文化认同的同时努力维护自己民族文化的特色

① 《马克思恩格斯全集》第1卷,人民出版社中文第1版,第8页。
② 引自《光明日报》2000年11月7日。

和个性，在文化全球化的浪潮中保持自己文化的应有地位和价值。那种认为文化整合的结果会导致人类在思维方式、生活方式、交往方式、行为方式等方面一致化和同质化的想法是错误的。文化整合也不是以西方文化为轴心和摹本，各民族文化都被西方文化所同化。西方文化或者说美国文化虽然具有自己的优势，但是，它们也都是在特定的历史过程中形成的，并不具有普遍性，没有包孕全球文化的能力。它们在经济、军事和高科技等方面的优势并不等于在文化上的优势，即使文化上具有优势，也不等于世界上所有的文化都非得接受西方的价值观、生活方式、行为方式不可，每个民族的文化都具有自己的存在价值和存在理由，都具有别的民族所欠缺的优势和长处，现在谈论世界文化的大同时代条件还没有具备。

文化整合的基础、前提和首要方法是求同存异。世界上虽然从人种而言，肤色、语言、思维方式、价值观念、行为方式等都存在差异，但是，人之为人，从本质和实践方式等方面来说，都具有共同性的一面。人类是作为一个统一的整体面对世界和从事实践的。人类在长期实践中形成的各种价值尺度，如真、善、美，假、恶、丑等标准对各民族都具有普适性的一面。人类文化从起源上看，有着共同的祖先和同一的源头。随着人类实践向广度和深度的开拓，世界各民族在各自的时间条件和相对阻隔的情况下各自发展，形成了各具特色的文化。各民族的文化虽然有着纷繁复杂的多样性的现象形态，但是透过多样性的背后仍可以发现统一性的方面。正如在一套语言的丰富多彩的万花筒式的无穷变幻后面蕴藏着相同的文法结构一样，在各民族不同的语言和文化的表层结构后面，存在着相同的深层结构。我们越是深入地追溯历史，同出一源的各个民族之间的差异之点，也就越来越模糊和消失。同一个民族的一些分支距他们最初的根源越近，他们相互之间也就越接近，共同之处也越多。随着马克思所说的“历史向世界历史的转变”，经济全球化与文化全球化同时在世界各地展开，互联网络以其巨大的触角快速地向全球延伸，将全球连接为一个具有共时性的超越国界的整体，跨文化交际以前所未有的深度和广度出现，不同文化在反复的交往中日益淡化自己固有的文化自足性，在多样性的文化中铸造自己新的特质。

人类跨文化交际越深入和紧密，存在着的共同的利益越多，对共同利益关注以及由此会产生的共同的思想认识也会越多，这构成了文化整合的前提条件。现在，日益困扰人们的全球问题，即那些决定人类的共同命运，而且只有依靠全人类的共同努力才能解决的当今世界的一些重大问题正越来越严峻地摆在人们的面前。已故罗马俱乐部主席A.贝切伊在《未来的一百页》一书中概括了10个全球问题；美国学者H.卡恩、J.菲利普斯在《经济的现实和未来》一文中则提出了19个全球问题。笔者认为，当前的全球问题，如在国家关系之间产生的国际社会问题，诸如和平、发展、环保、裁军和反国际恐怖主义等问题，在人与社会关系方面产生的问题，诸如人口和健康等问题，在人、社会和自然界的关系中产生的问题，诸如自然资源和粮食问题、生态环境问题，在人与人关系上产生的问题，诸如剥削问题、色情问题、用童工问题、非法移民问题、拐卖人口问题等，已经不是用十个或几十个问题所能概括得了的。求同，就应该正视全球人民在经济利益、政治利益和文化利益上的共同性，努力寻找和扩大与其他文化共有的价值观，达到在一些全球性的重大的基本问题上的共识；存异，就应该尊重别的民族对文化价值观的选择，容许保留各自民族文化的丰富个性以及多样性。求同存异的结果，就是在承认自己民族文化价值观的合理性的同时，对其他民族文化也采取一种宽容、理解和学习的态度，使全球各种文化呈现出多元并存、和而不同的生动局面。

文化不平等的心态反映在跨文化交际中的外在行为上就是民

族文化优越感的流露和宣泄,这种情绪就是民族文化中心主义的表现。世界上所有的人都是一定时间和空间的产物,都自觉或不自觉地经受了促使民族文化中心主义心态发展的社会过程。人们在自己特定的生活范围和文化场景中形成了带有本民族特色的价值准则,形成了以本民族标准判断善恶是非的标准,对本民族文化具有一种天然的好感和自恋心理。容易产生对异民族的历史文化传统、风俗习惯、宗教信仰、审美情趣、民族心理等方面的陌生感,再加上各民族之间在政治经济文化诸方面存在的利害冲突,更容易使这种陌生感上升为民族偏见,甚至上升为像宣传种族优劣论那样的强化民族偏见的理论体系,出现极其荒谬的欧洲中心论、西方文化优越论、美国中心论、日耳曼种族优越论等带有强烈的本土文化至上的民族主义情绪,严重妨碍跨文化交际中的双向沟通。

(三)全球多样性文明共创和谐世界

文化整合的最终目的是文化的综合创新。西方经济学家熊彼特虽然很早就提出了创新的理论,但他主要谈论的是经济的创新、技术的创新、管理的创新、市场的创新等方面。而现代社会的创新则是全方位展开的。除了上述的创新以外,还有体制的创新、观念的创新、人才的创新等方面。创新是通过创造性思维实现的。创造性思维不同于常规性思维,它是突破了惯常的思维模式和认知领域,作出了不同寻常的新奇而独特的思维成果的思维。创造性思维所要解决的问题是没有现成答案可找,没有先例可循,无法用传统的思维方式解决的。它要求对知识信息进行重新加工组合,通过最佳的思维活动,获得富有创见性的思维成果。创新的核心和实质是文化的创新。文化必须与时俱进,包括传统文化要走向现代化、走向世界和走向未来,否则,它就要被飞速发展的时代列车所淘汰。一个民族不管其历史再悠久、传统文化再深厚、国民素质再优秀，如果拒斥学习其他民族的长处，不愿意对自己的文化进行综合创新，就会很快落后。越是能够主动创新的民族，文化上的优秀成分越厚重，越能站在世界民族文化的高峰。中国改革开放以前，对外来文化采取排斥的态度，自恃本民族文化是世界上最优秀的文化。将外来文化视为都是极其腐朽的，在策略上就必须采取批判和全盘否定的态度，采取封锁自己的方式，隔绝与其他民族文化之间的交流。由于长期闭关锁国，封锁信息，使我国的文化因缺乏与全球多元文化之间正常交流而乏力，与全球文化的发展步伐就相距甚远。

文化全球化给民族文化带来了巨大的挑战，同时也构成了大发展的机遇。在文化全球化的浪潮中各民族的文化要想做到既能保持自己的个性特色，又能不游离文化全球化的大道，走孤立封闭的发展道路，从理论和实践两方面来看，都是具有相当的难度的。为此，就需要确立问题意识、前瞻意识和对策意识，对文化全球化的发展方向和在此背景下文化整合的基本趋势有一个大致的把握。

对于文化整合的基本趋势的一种估价是，文化全球化会造成文化的趋同，文化整合就是加速全球文化的趋同，我们认为这种估价是失之偏颇的。那些起劲地鼓吹文化殖民主义和文化霸权主义的理论家将适者生存的原理应用于文化上。他们认为，当今世界与经济发展的不平衡相适应，文化发展也是不平衡的。虽然强势文化与弱势文化共存于世界上，但是，弱势文化是没有前途和出路的，它们的唯一命运就是依附于强势文化，被强势文化所同化。亨廷顿就这样断言："总的来说，人类在文化上正在趋同，全世界各民族正日益接受共同的价值、信仰、方向、实践和体制。"①亨廷顿

① （美）塞缪尔·亨廷顿著，周琪等译：《文明的冲突和世界秩序的重建》，新华出版社1998年版，第43页。

所说的共同的价值、信仰、方向、实践和体制，主要以西方发达国家的文化为基准，特别是以美国文化为基准。美国约·奈在他的《注定领导》中赤裸裸地将美国文化看作是保证美国领导世界的"软力量"，将这种软力量称为"软权力"，形象地说明文化因素在国家交往中所处的巨大作用。按照他的说法，软权力是一个国家文化和意识形态的吸引力，是通过吸引而不是通过武力来得到理想结果的能力。在今天的全球信息时代，软权力正在变得越来越重要。已经成为综合实力中不可忽视的重要内容，成为竞争中的强有力的武器。美国也越来越注意将这种软权力的作用发挥到淋漓尽致的地步。

为了达到用美国的文化价值观影响其他国家的目的，他们凭借强大的经济实力和文化上的优势，对弱势文化发起了猛烈的进攻，国际互联网络成了英语的世界，美国的电影、电视、音像、印刷、娱乐、软件等多种形式的文化制品无孔不入，通过各种手段渗透到全世界，向各个层次的受众发起精神攻势。麦当劳、肯德基、万宝路等美国产品在推销物质产品的同时，推销着资本主义的价值观念、生活方式、消费方式等。将全球文化整合到美国文化中的企图，已经越来越遭到全世界人民包括美国人民的反对。德国学者乌尔里希·贝克尖锐地指出："许多人把文化全球化视同麦当劳化，即视同世界媒体市场集中化过程中文化内容和信息的日益趋同。很少有哪种观点像这种观点那样如此鲜明地遭到反对。这种观点没有看到矛盾，或者用句过时的话说，没有看到文化全球化的辩证法。"①他认为，随着文化全球化的发展，世界一方面变得越来越相似，另一方面又变得差别越来越大。他还以世界语言为例对

---

①　(德)乌·贝克、哈贝马斯等著，王学东、柴方国等译：《全球化与政治》，中央编译出版社2000年3月版，第56页。

此加以说明和解释。他说:"根据趋同理论,理应出现一种普遍的思维幻觉:一切都按照无处不在的麦当劳式的标准统一起来,最终在世界社会的终点形成一种世界语言。而事实却恰好相反:在世界社会意识的形成过程中并没有出现语言层面上的统一,相反语言变得多样化。'一个世界'拥有并承认比以往更多的语言。语言学家萨比纳·斯考德莱克写道:'即使在当代,也有许多新的语言正在形成,许多只有少数人使用的语言则濒临消亡。然而总的看来,语言的数量在不断增加。"①全球化导致了世界文明的交融和新的整合,但这种交融和新的整合并不是简单的态势,而是异质或多样性共存的复合态势。正是世界文明的异质和多样性的共同在场,才构筑了世界文明多样性的整合化。而文明多样性态势下的新的整合正是文明本土化的表现形式。正是这种文明本土化赋予了世界文明丰富而多样化的色彩。全球化发展使文明本土化特征更加明显,且文明越具有本土化,就越具有世界性。埃及金字塔辉映着古埃及人的聪慧与勤劳;悠扬昆曲展现了姑苏吴侬软语、水乡风貌;巍巍长城展示出中华民族的勤劳与顽强……。这些都揭示了世界文明的交融和新的整合离不开本土化,而世界文明的多样性又构成了世界文明的大一同。多样性与大一同相辅相成,难以分割,构建出全球化背景中世界文明的当下态势。在当前日趋交融的世界文明中,本土化特征日益明显,使当今世界更加丰富多彩。无视文化全球化造成的文化多样化的事实,将文化整合视为西化或美国化,理论上是站不住脚的,在实践上会被宣布此路不通。

文化全球化会导致文化分裂化,文化整合是徒劳的。这是反对文化整合,与文化趋同论相反的一种声音。关于全球化带来的

① (德)乌·贝克、哈贝马斯等著,王学东、柴方国等译:《全球化与政治》,中央编译出版社2000年3月版,第64页。

直接后果是导致全球在经济、政治、文化等各个方面分裂化的认识，在贝克、哈贝马斯、吉顿斯、马丁、舒曼等大思想家那里都有精辟的论述。他们认为，在全球化时代，加拿大未来学家马歇尔·麦克卢汉所描绘的“全球村”，即把整个世界看作和谐村落的幻景绝对没有实现。在评论家和政治家过分频繁地使用这个比喻的时候，事实表明，现实世界并没有亲密地融合在一起。全球化造成的经济上的分裂，主要表现在富国更富、穷国更穷。即使在同一个国家，城市和乡村、人与人之间的贫富界线也在扩大。“全球化正在导致一种沙漏社会模式的形成，在这样的社会里，大部分人都将掉入社会底层。”①“通过全球化富裕起来的不是工人，而是资本家，且受冲击最大、处境最糟的是那些没有技术的工人，他们几乎没有能力糊口。全球化将扩大不平等，加剧贫困，并且越来越引发社会的排斥行为。当政府的反应能力不断减弱时，这些问题会变得越来越糟。政府行为的失效会削弱民主国家的基础，使其合法性受到挑战。资本主义由于市场力量的壮大而陷入新危机。”②全球化还将导致政治的分裂，全球化会使权力从国家逐渐转移到强大的跨国公司那里，使国家权威流失。发达国家与发展中国家的矛盾更加尖锐；发达国家之间的矛盾，特别是新起的发达国家与老发达国家的矛盾也在加深；主权国家与跨国公司、无国界公司之间的矛盾也在加强。全球化在促使文化同质化的同时，又导致了文化的分裂化。加拿大工业化进程的加快和大众传播媒体的迅猛发展使以农业为基础的魁北克法语文化受到英语文化四面八方的包围和强有力的冲击，有被同化的危险。为了捍卫自己的语言和文化，法

① 王列、杨雪东编译：《全球化与世界》，中央编译出版社 1998 年版，第 15 页。

② 同上书，第 99 页。

裔加拿大人举行了声势浩大的反同化的斗争，迫使实施双语制和多元文化政策。“在美国使用多种语言的移民长期以来认同于一种共同的民族语言，而数百万西班牙移民的第二代和第三代却拒绝使用英语。种族主义在所有地方都在加强，在许多地区面临从事暴力活动的民族主义或地区沙文主义复活的危险。”①确实，全球化造成了分合的奇特景象，但正是由于有分，才使文化的多样性和差异性越来越明显地表现出来，越来越引起人们的重视，也充分地显示出文化整合的必要性和可能性。文化的分裂化并不是一件可怕的坏事，它打破了由一种文化独霸天下的现象，出现的是多元文化共存的现象，正因为多元文化的存在，才更加显示出文化整合的价值。

文化整合中的趋同论和分裂论虽然表现出两种相反的思维方式，但是都对文化整合持怀疑和否定的态度。我们则认为，只要面对全球化的现实，对文化整合抱科学的态度，就是使文化在分中达到合，又在合中得到分，表现出多样性与统一性并行不悖的发展趋势。

文化整合是一个动态的发展过程，并且有着不同的价值判断标准。在什么是文化整合，为什么要进行文化整合，如何进行文化整合等多方面的问题上，会存在着仁者见仁和智者见智的现象。我们认为文化整合应该考虑的是有助于多样性文化的发展，追求的是多样性文化的互益和共赢。马克思考察社会有机体的方法论思想对于文化整合具有重大的价值。马克思认为，社会“有机体本身作为一个总体有自己的各种前提，而它向总体的发展过程就在于：使社会的一切要素从属于自己，或者把自己还缺乏的器官从社会中创造出来。有机体制在历史上就是这样向总体发展的”。②

① （德）汉斯-彼得·马丁、哈拉尔特·舒曼，张世鹏等译：《全球化陷阱》，中央编译出版社 1998 年版，第 35 页。

② 《马克思恩格斯全集》46 卷（上），人民出版社中文第 1 版，第 236 页。

他总结出了社会有机体活动的两条基本原则:一是使各种要素"从属于自己"的原则,二是使"器官"不断创造和完善的原则。这两条原则同样适合于文化整合。文化整合的目的是形成更加优越和更加高级的文明。文化整合的最终趋势应该达到费孝通先生所提倡的"各美其美,美人之美,美美与共,天下大同。"①要达到这一目的,在文化整合中就应该坚持文化的平等性、对等性和互动性的思想。哈贝马斯主张跨文化交际应该不受国家、经济制度和行政制度乃至文明模式的干预,"使交往者生活在一个美好的、没有任何强制的世界上……把阻隔言路的后工业化逻辑链条打断,使人们关闭的心灵敞开,通过语言使人们的'争辩'转化为'对话'"。②他的主张虽然具有十分理想和浪漫的色彩,在目前阶段还行不通,但是对于人们重视文明多样性,破除文化中心主义成见,以和平发展的美好愿望,积极展开跨文化交往,并在跨文明对话中进行跨文化整合,使多元文化在辩证互动中展示统一性,又在统一性中表现多样性,从而促进全球文化的发展还是很有意义的。

"大江东去,浪淘尽,千古风流人物。"人类社会是各国文明多样性组合的社会,人类自从诞生文明以来的历史就是各国多样性文明共同推进的历史。在和平与发展已成为时代主题的今天,地球虽然越来越小,世界和平发展的道路却越走越宽。多样性的文明、多样性的社会制度、多样性的发展模式、多样性的文化价值观的平等相处,相互交流,相互借鉴,合作双赢,共同进步,必将促使人类文明进入一个更加光辉灿烂的新阶段,必将迎来一个有助于持久和平与普遍繁荣的多姿多彩的和谐世界。

---

① 费孝通:《反思·对话·文化自觉》,《北京大学学报》1997 年第 3 期。

② 王宁、薛晓源主编:《全球化与后殖民批评》,中央编译出版社 1998 年 11 月版,第 298—299 页。

参考书目

《马克思恩格斯选集》(1—4 卷),人民出版社 1995 年版。

《马克思恩格斯全集》(1—46 卷),人民出版社中文第 1 版。

《列宁选集》(1—4 卷),人民出版社 1995 年版。

《毛泽东选集》(1—4 卷),人民出版社 1991 年版。

《邓小平文选》(1—3 卷),人民出版社 1993 年、1994 年版。

江泽民:《论“三个代表”》,中央文献出版社 2001 年版。

江泽民:《全面建设小康社会,开创中国特色社会主义事业新局面》,人民出版社 2002 年版。

胡锦涛:《在“三个代表”重要思想理论研讨会上的讲话》,《“三个代表”重要思想理论研讨会文集》,学习出版社 2003 年版。

(古希腊)修昔底德:《伯罗奔尼撒战争史》,谢德风译,商务印书馆 1960 年版。

(古希腊)柏拉图:《理想国》,郭斌和、张竹明译,商务印书馆 1986 年版。

(古希腊)亚里士多德:《政治学》,吴寿彭译,商务印书馆 1997 年版。

(英)汤因比:《历史研究》,曹未风译,上海人民出版社 1997 年版。

(英)爱德华·泰勒:《原始文化》,蔡江农编译,浙江人民出版社 1988 年版。

(英)马修·阿诺德:《文化与无政府状态——政治与社会批评》,韩敏中译,生活·读书·新知三联书店2002年版。

(英)汤林森:《文化帝国主义》,冯建三译,上海人民出版社1999年版。

(英)保罗·赫斯特、格雷厄姆·汤普森:《质疑全球化——国际经济与治理的可能性》,张文成等译,社会科学文献出版社2002年版。

(英)戴维·赫尔德等:《全球大变革——全球化时代的政治、经济与文化》,杨雪冬等译,社会科学文献出版社2001年版。

(英)理查德·D. 刘易斯:《文化的冲突与共融》,关世杰等译,新华出版社2002年版。

(英)詹姆斯·布赖斯:《现代民主政体》,张慰慈等译,吉林人民出版社2001年版。

(英)齐格蒙特·鲍曼:《全球化——人类的后果》,郭国良等译,商务印书馆2001年版。

(英)巴特·穆尔-吉尔伯特:《后殖民理论——语境、实践、政治》,南京大学出版社2001年版。

(英)拉尔夫·达仁道夫:《现代社会冲突》,林荣远译,中国社会科学出版社2000年版。

(英)约翰·汤姆林森:《全球化与文化》,郭英剑译,南京大学出版社2002年版。

(英)马丁·阿尔布劳:《全球时代——超越现代性之外的国家和社会》,高湘泽译,商务印书馆2001年版。

(英)马克·B. 索尔特:《国际关系中的野蛮与文明》,新华出版社2004年版。

(美)R. 本尼迪克特:《文化模式》,张燕、傅铿译,浙江人民出版社1987年版。

(美)莱斯特·怀特:《文化的科学》,沈原等译,山东人民出版社1988年版。

(美)赫伯特·马尔库塞:《单向度的人》,刘继译,上海译文出版社1989年版。

(美)赫伯特·马尔库塞:《现代文明与人的困境》,李小兵等译,上海三联书店1989年版。

(美)赫伯特·马尔库塞:《爱欲与文明——对弗洛伊德思想的哲学探讨》,黄勇等译,上海译文出版社1987年版。

(美)詹明信:《晚期资本主义的文化逻辑》,张旭东编,陈清侨等译,生活·读书·新知三联书店1997年版。

(美)爱德华·W. 萨义德:《东方学》,王宇根译,生活·读书·新知三联书店1999年版。

(美)爱德华·W. 萨义德:《文化与帝国主义》,李琨译,生活·读书·新知三联书店2003年版。

(美)约翰·罗尔斯:《正义论》,何怀宏等译,中国社会科学出版社1988年版。

(美)约翰·罗尔斯:《政治自由主义》,万俊人译,译林出版社2000年版。

(美)塞缪尔·亨廷顿:《文明的冲突与世界秩序的重建》,周琪等译,新华出版社2002年版。

(美)塞缪尔·亨廷顿、劳伦斯·哈里森主编:《文化的重要作用——价值观如何影响人类进步》,程克雄译,新华出版社2002年版。

(美)威廉·麦克高希:《世界文明史——观察世界的新视角》,董建中等译,新华出版社2003年版。

(美)弗朗西斯·福山:《历史的终结及最后之人》,黄胜强等译,中国社会科学出版社2003年版。

（美）弗朗西斯·福山:《人类本性与社会秩序的重建》,刘榜离等译,中国社会科学出版社2002年版。

（美）威廉·格雷德:《资本主义全球化的疯狂逻辑》,张定淮等译,社会科学文献出版社2003年版。

（美）玛莎·费丽莫:《国际社会中的国家利益》,袁正清译,浙江人民出版社2001年版。

（美）大卫·A. 鲍德温:《新现实主义和新自由主义》,肖欢容译,浙江人民出版社2001年版。

（美）约瑟夫·拉彼德、（德）弗里德里希·克拉托赫维尔:《文化和认同——国际关系回归理论》,金烨译,浙江人民出版社2003年版。

（美）约瑟夫·S. 奈、约翰·D. 唐纳胡主编:《全球化世界的治理》,王勇等译,世界知识出版社2003年版。

（美）约翰·鲁杰主编:《多边主义》,苏长和等译,浙江人民出版社2003年版。

（美）弗雷德里克·詹姆逊:《快感:文化与政治》,王逢振等译,中国社会科学出版社1998年版。

（美）弗雷德里克·杰姆逊、三好将夫主编:《全球化的文化》,马丁译,南京大学出版社2002年版。

（美）杰姆逊:《后现代主义与文化理论》,唐小兵译,北京大学出版社1997年版。

（美）麦克尔·哈特、（意）安东尼奥·奈格里:《帝国——全球化的政治秩序》,杨建国、范一亭译,江苏人民出版社2003年版。

（美）詹姆斯·H. 米特尔曼:《全球化综合征》,刘得手译,新华出版社2002年版。

（美）理查德·扎克斯:《西方文明的另类历史》,李斯译,海南出版社2002年版。

（美）熊玠：《无政府状态与世界秩序》，余逊达等译，浙江人民出版社 2001 年版。

（德）黑格尔：《哲学史讲演录》，贺麟、王大庆译，商务印书馆 1960 年版。

（德）奥斯瓦尔德·斯宾格勒：《西方的没落》，齐世荣等译，商务印书馆 2001 年版。

（德）恩斯特·卡西尔：《人论》，甘阳译，上海译文出版社 1985 年版。

（德）卡尔·曼海姆：《重建时代的人与社会：现代社会结构的研究》，张旅平译，生活·读书·新知三联书店 2002 年版。

（德）卡尔·曼海姆：《意识形态和乌托邦》，艾彦译，华夏出版社 2001 年版。

（德）哈拉尔德·米勒：《文明的共存》，郦红等译，新华出版社 2002 年版。

（德）赫尔穆特·施密特：《全球化与道德重建》，柴方国译，社会科学文献出版社 2001 年版。

（德）诺贝特·埃里亚斯：《文明的进程——文明的社会起源和心理起源的研究》（共二卷）第 1 卷，王佩莉译，第 2 卷，袁志英译，生活·读书·新知三联书店 1998—1999 年版。

（德）卡尔·施米特：《政治的概念》，刘宗坤等译，上海人民出版社 2003 年版。

（德）汉斯-彼得、马丁、哈拉尔特·舒曼：《全球化陷阱——对民主和福利的进攻》，张世鹏等译，中央编译出版社 1998 年版。

（德）乌·贝克、哈贝马斯等：《全球化与政治》，王学东等译，中央编译出版社 2000 年版。

（法）霍尔巴赫：《自然政治论》，陈太先、眭茂译，商务印书馆 1997 年版。

（法）米歇尔·阿尔贝尔：《资本主义反对资本主义》，杨祖功等译，社会科学文献出版社1999年版。

（荷）C. A. 冯·皮尔森：《文化战略》，刘利圭等译，中国社会科学出版社1992年版。

（奥）西格蒙德·弗洛伊德：《论文明》，徐洋等译，国际文化出版公司2000年版。

（意）尼科洛·马基雅维里：《君主论》，潘汉典译，商务印书馆1997年版。

（匈）卢卡奇：《历史与阶级意识》，杜章智、任立、燕宏远译，商务印书馆1996年版。

（日）福泽谕吉：《文明论概略》，北京编译社译，商务印书馆1997年版。

（日）大沼保昭：《人权、国家与文明》，王志安译，生活·读书·新知三联书店2003年版。

（日）星野昭吉：《全球化时代的世界政治——世界政治的行为主体与结构》，刘小林等译，社会科学文献出版社2002年版。

（日）村山节、浅井隆：《东西方文明沉思录》，夏文达等译，中国国际广播出版社2002年版。

（澳）约瑟夫·A. 凯米莱里、吉米·福尔克：《主权的终结——日趋"缩小"和"碎片化"的世界政治》，李东燕译，浙江人民出版社2001年版。

（丹麦）奥斯特罗姆·莫勒：《全球化危机?》，贾宗谊等译，新华出版社2003年版。

（联合国科教文组织）弗朗西斯科·洛佩斯·塞格雷拉主编：《全球化与世界体系》上下册，白凤森等译，社会科学文献出版社2003年版。

（中）乐黛云、（法）李比雄主编：《跨文化对话》丛书第1册到第15册,上海文化出版社1998年开始出版。

俞可平主编:《全球化:西方化还是中国化》,社会科学文献出版社2002年版。

汝信总主编:《世界文明大系》,系列丛书:《儒家文明》、《非洲黑人文明》、《日本文明》、《伊斯兰文明》、《拉丁美洲文明》、《古代西亚北非文明》、《犹太文明》、《印度文明》、《美国文明》、《斯拉夫文明》、《西欧文明》等,中国社会科学出版社2000年版。

俞可平总主编:《全球化论丛》,系列丛书:《全球化时代的"马克思主义"》、《全球化时代的"社会主义"》、《全球化时代的"资本主义"》、《全球化的悖论》、《全球化与中国》、《全球化与世界》、《全球化与后殖民批评》,中央编译出版社1998年版。

程光泉主编:《全球化焦点问题丛书》,系列丛书:《全球化与现代性》、《全球化与价值冲突》、《全球化与文化整合》、《全球化与民族国家》、《全球化与"第三条道路"》、《全球化与全球治理》、《全球化与经济安全》、《全球化与反全球化》,湖南人民出版社2003年版。

刘小枫主编:《施特劳斯与古典政治哲学》,上海三联书店2002年版。

汪民安等主编:《后现代性的哲学话语——从福柯到赛义德》,浙江人民出版社2000年版。

李惠斌主编:《全球化与现代性批判》,广西师范大学出版社2003年版。

王逢振主编:《全球化症候》,天津社会科学院出版社2001年版。

罗钢等主编:《文化研究读本》,中国社会科学出版社2000年版。

谢少波等编:《文化研究访谈录》,中国社会科学出版社2003

年版。

刘海平主编:《文明对话:本土知识的全球意义》,上海外语教育出版社 2002 年版。

叶江:《大变局——全球化、冷战与当代国际政治经济关系》,上海三联书店,2004 年版。

杨雪冬:《全球化:西方理论前沿》,社会科学文献出版社 2002 年版。

王宁:《后现代主义之后》,中国文学出版社 1998 年版。

高福进:《地球与人类文化编年:文明通史》,上海人民出版社 2003 年版。

周浩然、李荣启:《文化国力论》,辽宁人民出版社 2001 年版。

韩璞庚等:《全球化与价值冲突》,人民出版社 2002 年版。

孙晶:《文化霸权理论研究》,社会科学文献出版社 2004 年版。

赵林:《西方宗教文化》,长江文艺出版社 1997 年版。

胡潇:《文化的形上之思》,湖南美术出版社 2002 年版。

王淮苏等:《审美文化新论》,江苏文艺出版社 1998 年版。

何方:《论和平与发展时代》,世界知识出版社 2000 年版。

主要英文参考文献

Heusinkveld, Paula R.: *Pathways to Culture.* Yarmouth: Intercultural Press, Inc. 1997.

Korsch, Karl: *Marxism and Philosophy.* New York, 1970.

Kroeber, A. L. & Kluckhohm C.: *Culture: A Critical Review of Concepts and Definitions.* Papers of the Peabody Museum of American Archaeology and Ethnology. Harvard, vol. 47, 1952.

Mclaren, Margaret C.: *Interpreting Cultural Differences.* Norfolk: Peter francis Publishers, 1998.

Nida, Engene A.: *Language, Culture, and Translating*. Shanghai: SFLEP, 1993.

Plotnik, Rod & Mollenauer, Sandra: *Introduction to Psychology*. N. Y.: Random House, 1986.

Samovar, Larry A. & Porter, Richard E.: *Communication Between Cultures* (2nd edition). Belmont, CA: Wadsworth Publishing Company, 1995.

Samovar, Larry A.: *Intercultural Communication: A reader* (7th edition). Belmont, CA: Wadsworth Publishing Company, 1994.

Samovar, Larry A. & Porter, Richard E. & Stefani, L. A. *Communication Between Cultures* Beijing: Foreign Language Teaching and Research Press, 2000.

Weaver, Gary R.: *Culture, Communication and Conflict: Readings in Intercultural Relations* (Revised 2nd edition). Boston: Pearson Publishing, 2000.

后　记

本书是作者所承担的国家哲学社会科学规划重点资助项目《和平与发展的时代主题与各国文明的多样性》（编号02AKS005）的最终成果。

从2002年开始承担本课题项目的科研任务以来，我就全身心地投入到了研究中。两年多的时间里，我在《哲学研究》、《马克思主义研究》等重要刊物上发表了40多篇相关的学术论文，在学术界获得了比较好的反响，也为本书的完稿奠定了良好的基础。

本课题历经两年多时间。在繁重的工作、教学和社会活动之余，晚上，伴随着我的是堆积如山的书刊杂志、电脑和一杯清茶。阅读和写作，已经成了我的生活方式和工作方式。多年来支持我科研工作的强大动力是马克思的人格魅力和精益求精的科研态度。在伦敦大英博物馆马克思看书写作的阅览室里，我了解到马克思为了写作《资本论》，在这里从早到晚地阅读，达到了废寝忘食的程度。为了写关于英国劳工法的二十多页文章，他曾把整个图书馆里载有英国与苏格兰调查委员会和工厂视察员报告的蓝皮书都研究过。那些铅笔记号表示他曾从头到尾地通读了这些书。马克思习惯边读书边用脚滑动地板，以至天长地久地板上竟然磨出了一道深深的痕迹，人称"马克思足迹"。"马克思认为，不论从事哪一种科学研究，都不应该为这种研究会得出什么结果而烦心；同时他又认为，如果一个有学问的人不愿意自己堕落，就决不应该不积极参加社会活动,不应该整年整月地把自己关在书斋或实验室里,像一条藏在乳酪里的蛆虫一样,逃避生活,逃避同时代人的社会斗争和政治斗争。马克思曾说过'科学绝不是一种自私自利的享乐。有幸能够致力于科学研究的人,首先应该拿自己的学识为人类服务。'他最喜欢说的名言之一是'为人类工作'。"①以马克思为榜样,积极参与社会实践,为人类而勤奋工作,生活就充满了意义。

在本课题进行过程中,2003 年 7 月 1 日,我参加了中共中央宣传部等八家单位联合召开的"全国'三个代表'重要思想理论研讨会"。在中南海怀仁堂聆听了胡锦涛总书记的"七一"重要讲话。不久,中央又下达了关于进一步繁荣发展哲学社会科学的意见。预示着哲学社会科学大繁荣的春天即将到来,对我的科研工作以极大的鼓舞。我将特奥托尼奥·多斯桑托斯的诗《建设》稍作一点改动后作为座右铭:"多姿多彩的建设,是何等的艰难。我参加这一已经开始的建设。我前行,我企盼,义无反顾。建设催我奋进!我是它无畏的战士。不必计算它的代价,不管前程似锦,还是痛苦艰辛。建设需要我,我是它的战士。个人是多么渺小。别无他求。"

本书的研究自始至终得到了国家哲学社会科学规划办公室、江苏省哲学社会科学规划办公室和苏州大学科研处领导和同志们的大力支持;得到了靳辉明教授、赵曜教授、许征帆教授、郑杭生教授、姜琦教授、张月明教授、刘奔教授、鉴传今教授等的悉心指导;得到了苏州大学闵春发教授、任平教授、陈少英教授和政治与公共管理学院的朱炳元教授、周可真教授、林闽钢教授、乔耀章教授、张

① 保尔·拉法格等著、马集译:《回忆马克思恩格斯》,人民出版社 1973 年版,第 2 页。

铭教授、沈荣华教授、姜建成教授、夏东民教授、陆树程教授、马华芳教授以及我的博士生万智慧、田芝健、曹峰旗、侯康超、马安骏、宋振超等人的热情帮助，硕士生罗志勇和谢晓锋帮助我校对了部分注释。学术界同仁的大量研究成果也给我很多启迪，在此一并表示最诚挚的谢意。

写作也是充满着遗憾的工作。费了很大的力气完成了作品，又唯恐作品的不完美而惶恐不安。我是一个喜欢追求完美的人，但是我又深知，由于知识和能力以及精力等方面的限制，我的主观愿望与最终结果很难吻合，我只能尽力而为之。由于本书研究的内容极其广泛，涉及到的学科非常众多，在研究中我尽管作了最大的努力，可谓到了殚精竭虑和呕心沥血的地步，但是仍然感到缺憾很多，总觉得有丑媳妇不敢出门的感觉。好在文明具有多样性，不同的学术观点经过争鸣能够获得更大的发展。我真诚地期待着学术界同仁和广大读者不吝珠玉，惠赐匡正。

方世南于苏都花园

2004年9月初稿，2006年3月改毕

责任编辑:王亚男
封扉设计:曹　春
版式设计:程凤琴

图书在版编目(CIP)数据

时代与文明——和平与发展的时代主题与各国文明的多样性/方世南 著. -北京:人民出版社,2006.8(2007.6 重印)
ISBN 978-7-01-005717-0

Ⅰ.时…　Ⅱ.方…　Ⅲ.①国际形势-研究②文化交流-研究-世界　Ⅳ.①D5②G115

中国版本图书馆 CIP 数据核字(2006)第 080949 号

时代与文明

SHIDAI YU WENMING

——和平与发展的时代主题与各国文明的多样性

方世南　著

人民出版社 出版发行
(100706　北京朝阳门内大街 166 号)

北京集惠印刷有限责任公司印刷　新华书店经销

2006 年 8 月第 1 版　2007 年 6 月北京第 2 次印刷
开本:880 毫米×1230 毫米 1/32　印张:13.75
字数:329 千字　印数:2,001-4,000 册

ISBN 978-7-01-005717-0　定价:28.00 元

邮购地址 100706　北京朝阳门内大街 166 号
人民东方图书销售中心　电话 (010)65250042　65289539